BELGRAD
NOVI SAD

Sehenswürdigkeiten, Kultur, Szene, Umland, Reiseinfos

Birgitta Gabriela Hannover Moser

TRESCHER VERLAG

2., aktualisierte Auflage 2016

Trescher Verlag
Reinhardtstr. 9
10117 Berlin
www.trescher-verlag.de

ISBN 978-3-89794-334-6

Herausgegeben von Bernd Schwenkros und
Detlev von Oppeln

Reihenentwurf und Gesamtgestaltung:
Bernd Chill
Gestaltung, Satz, Bildbearbeitung:
Martina Gerber
Lektorat: Hinnerk Dreppenstedt
Redaktionelle Mitarbeit/Korrektorat:
Antonia Vinz
Stadtpläne und Karten: Johann Maria Just,
Martin Kapp

Gedruckt auf chlorfrei gebleichtem Papier
Printed in Germany.

Alle Angaben in diesem Reiseführer wurden sorgfältig recherchiert und überprüft. Dennoch können Entwicklungen vor Ort dazu führen, dass einzelne Informationen nicht mehr aktuell sind. Gerne nehmen wir dazu Ihre Hinweise und Anregungen entgegen. Bitte schreiben Sie an **post@trescher-verlag.de**.

Titel: Blick auf die Michaelskathedrale
Vordere Umschlagklappe: Belgrad, Markuskirche
Hintere Umschlagklappe: Novi Sad, Rathaus

Essays

Der Republikplatz ist das Herz Belgrads

Vorwort

Belgrad und Novi Sad, die beiden größten Städte Serbiens, weisen einige Gemeinsamkeiten auf: Sie liegen beide an der Donau, besitzen beide eine mächtige Festung und sind beide mit ihrem Gegenüber auf der anderen Flussseite zusammengewachsen. Wie in einer mediterranen Stadt spielt sich in beiden das sommerliche Leben auf den Straßen, an den Ufern der Flüsse und in der jeweiligen Festung ab.

Gleichzeitig aber sind die beiden Städte schon allein in Größe und Zusammensetzung ihrer Bevölkerung sehr unterschiedlich: Belgrad ist mit seinen 2500 Jahren Stadtgeschichte viel älter als Novi Sad, war dabei aber länger im Besitz fremder Herren als in serbischen Händen. Seit dem Sieg über die Osmanen stellten die Serben stets die Bevölkerungsmehrheit. Novi Sad hingegen ist seit seiner Gründung von ethnischer und religiöser Vielfalt geprägt.

Belgrad ist eine Metropole mit wechselvoller, diskontinuierlicher Geschichte. Trotz der dadurch bedingten baulichen, nicht immer schönen Kontraste zieht diese Mischung aus Alt und Neu, Vergangenheit und Gegenwart viele Menschen an. Die Besucher erleben vernachlässigte Fassaden zwischen Neubauten und moderner High-Tech-Architektur, die sozialistische Moderne, restaurierte Villen, Bürgerhäuser, Kirchen, kleine verschwiegene Wohnviertel mit wein- und blumenüberwucherten Höfen, aber auch breite Verkehrsschneisen mitten in der Stadt. Sie kommen wegen der wilden Nächte, den musikalischen Events für Jung und Alt und anspruchsvollen Festivals, dem dichten Netz an Musikkneipen und ebenso vielen experimentierfreudigen Kulturzentren. Auch die Theater bieten witzige und spritzige Inszenierungen. Diese Szene kommt vor allem bei jungen Leuten aus aller Welt gut an. Mit der jüngsten Vergangenheit mag man sich immer noch schwer tun, und dem Sog der allgegenwärtigen wirtschaftlichen Krise konnte man auch nicht entfliehen, aber dennoch oder vielleicht gerade deswegen scheint die Aufbruchsstimmung ungebrochen. Man blickt vorwärts und strebt an, europäische Kulturhauptstadt 2020 zu werden.

Das jüngere und gemütlichere Novi Sad steht der Metropole in Sachen Kultur, Flair und Lebensfreude in nichts nach. Ein Event jagt auch hier das nächste, in ganz Europa bekannt ist das Musikfestival ›EXIT‹, das jedes Jahr in der Festung Petrovaradin stattfindet. Wer dagegen stille Ecken sucht, findet sie ebenso: in den feinen Kunstmuseen und den verträumten Vierteln der Stadt, die sich sehr viel Atmosphäre aus vergangenen Jahrhunderten bewahren konnten.

Bei allen Unterschieden ist man in beiden Städten traditionell bestens auf Besucher aus dem In- und Ausland vorbereitet: Die Fremdenverkehrsbüros und ihre kompetenten Mitarbeiter bieten originelle Führungen, umfassende Informationen und ergiebiges Material, es gibt Dutzende von Hostels und Hotels aller Kategorien, und die Anreise ist denkbar unkompliziert.

Belgrad und Novi Sad, diese Kulturzentren des südöstlichen Europa, überraschen mit ihrer Ausstrahlung, ihrer Gelassenheit und Lebensfreude und lohnen unbedingt einen mehrtägigen Besuch. Dazu möchte dieser Reiseführer einladen.

Hinweise zur Benutzung

Dieser Reiseführer ist in sechs Kapitel gegliedert. Das erste beleuchtet Belgrads Geschichte und Gegenwart und liefert die Informationen zu Serbien, die zum Verständnis der Entwicklung Belgrads beitragen. Das zweite Kapitel stellt Belgrad mit seinen Sehenswürdigkeiten zunächst im Überblick und dann in Stadtspaziergängen vor. Die Routen orientieren sich weitgehend an der heutigen Einteilung Belgrads in Bezirke, sind aber zudem so konzipiert, dass sie auch in Ausschnitten nachvollzogen und nach Belieben miteinander kombiniert werden können. Eine Betrachtung von zwei Vorstädten und Vorschläge für Tagesausflüge zu besonderen Attraktionen in der näheren Umgebung ergänzen dieses Kapitel. Ihm schließen sich im dritten Kapitel die reisepraktischen Informationen zu Belgrad an.

Das vierte Kapitel widmet sich der Stadt Novi Sad und bettet die Darstellung ihrer Geschichte in die der Vojvodina ein. Ihr folgen Stadtspaziergänge, die wiederum ein Angebot darstellen, aus dem sich jeder Leser sein individuelles Besichtigungsprogramm zusammenstellen kann. Das folgende, fünfte Kapitel bündelt die reisepraktischen Informationen zu Novi Sad.

Das sechste und letzte Kapitel beschreibt die Sehenswürdigkeiten, die von Novi Sad aus bequem in Tagestouren erreicht werden können und legt dabei einen Schwerpunkt auf die einzigartige Fruška Gora mit ihren vielen beeindruckenden Klöstern. Sprachführer und Glossar, allgemeine Reisetipps zu Serbien und die Register bilden den Anhang.

Dieser Reiseführer trägt der unterschiedlichen historischen und politischen Bedeutung der beiden Städte, ihrem architektonischen Erbe und ihrer Größe Rechnung; daher nimmt die Würdigung der serbischen Hauptstadt Belgrad einen deutlich breiteren Raum ein als die Darstellung zu Novi Sad.

Das Restaurant ›Drei Hüte‹ im Belgrader Künstlerviertel Skadarlija

Auf dem Freiheitsplatz in Novi Sad

Zeichenlegende

- Tourismusbüros, allgemeine Informationen
- Verkehrsverbindungen
- Busverbindungen
- Bahnverbindungen
- Unterkünfte
- Restaurants, sonstige Einkehrmöglichkeiten
- Museen, Ausstellungen, Sehenswürdigkeiten
- Veranstaltungen, Feste, Festivals
- Weingüter, Degustationen
- Einkaufsmöglichkeiten

Häufig vorkommende Bezeichnungen

Ulica	Straße
Sokak	Gässchen
Aleja	Allee
Trg	Platz
Bulevar	Boulevard
Autoput	Autobahn
Put	Trasse, Weg (auch Wanderweg)
Kej	Kai (Uferstraße)
Most	Brücke
Broj	Hausnummer (abgekürzt Br)
Pješačka zona	Fußgängerzone
Tržni Centar	Einkaufszentrum
Pijaca	Bauernmarkt
Venac	kleinere gewundene Straßen
Brdo	bewaldeter Berg
Bara	Pfütze, Lache, Siedlungen in den Niederungen
Plato	Plateau
Potok	Bach, Wasserlauf
Prštanište	Anlegestelle
Prolaz	Abschnitt, Passage, Durchgang

Das Wichtigste in Kürze

Anreise nach Belgrad

Bahn: Belgrad ist an das mitteleuropäische Bahnnetz angeschlossen und in den Interrail-Verband integriert. Die Strecken verlaufen über Wien - Budapest - Belgrad oder Villach - Zagreb - Belgrad. Die Fahrtzeit ist relativ lang; Informationen z.B. unter www.bahn.de.

Bus: Der nationale und internationale Busverkehr nutzt den zentralen Busbahnhof am Savski Venac in unmittelbarer Nähe des Hauptbahnhofs. Auskünfte unter www.bas.rs.

Flugzeug: Belgrads ziviler Luftverkehr wird über den 18 km entfernt liegenden Flughafen Nikola Tesla in Surčin abgewickelt; es gibt derzeit Direktverbindungen u.a. nach Berlin, Dortmund, Frankfurt/Main, München, Düsseldorf, Stuttgart, Wien, Bern und Zürich (www.beg.aero). Vom Flughafen fährt die Buslinie 73 in ca. 40 Minuten ins Zentrum, Tickets sind über die BusPlus-Karte am Kiosk zu kaufen. Minibusse sind schneller, das Ticket kann im Bus für 250 RSD gelöst werden.

Pkw: Die Anreise mit dem Auto führt entweder durch Österreich und dann über Ungarn und die Vojvodina und die E75 direkt ins Zentrum oder über Zagreb und Sremska Mitrovica und die E70. Die Autobahnen in Österreich, Kroatien und Serbien sind mautpflichtig. In der Innenstadt gelten beschränkte Parkzeiten.

Anreise nach Novi Sad

Bahn: Anschluss an das internationale Fernbahnnetz über die Strecke Wien - Budapest - Belgrad.

Bus: Von zahlreichen Städten in Deutschland, Österreich und der Schweiz Direktverbindungen mit Eurolines.

Flugzeug: Über Belgrad.

Pkw: S. Belgrad. Novi Sad liegt direkt an der E75 Szeged - Belgrad.

Einreiseformalitäten

Seit Juni 2012 benötigen Bürger der EU und der Schweiz für die Einreise keinen Reisepass und kein Visum mehr, bei Aufenthalten bis zu 90 Tagen Dauer genügt ein Personalausweis. Ausländer müssen sich innerhalb von 24 Stunden am Ort des Aufenthaltes polizeilich anmelden. Bei Unterkunft in Hotels wird diese Anmeldung von diesen übernommen, nicht jedoch bei Privataufenthalten.

Kindereinträge im Reisepass eines Elternteils sind seit dem 26. Juni 2012 nicht mehr gültig. Jedes Kind benötigt ein eigenes Ausweisdokument.

Geld

Der Wechselkurs derzeit (März 2016) ca: 1 Euro=123 RSD, 100 RSD=0,81 Euro. Der Euro wird dem Dollar gegenüber bevorzugt. Nahezu alle Hotels, die meisten Restaurants und die großen Geschäfte akzeptieren Euro und Kreditkarten, Bargeld kann in Banken und den zahlreichen Wechselstuben (menjačnica) problemlos gegen Vorlage eines Ausweises getauscht werden. In den größeren Städten stehen ausreichend Geldautomaten zur Verfügung, die auch internationale Kreditkarten akzeptieren und eine mehrsprachige Menüführung besitzen.

Informationen

Zu den Touristenbüros → S. 198 (Belgrad) bzw. → S. 278 (Novi Sad), Informationen vor Reiseantritt z.B. bei www.serbien.travel, www.beograd.rs und www.novisad.rs. Die Nationale Tourismus-Organisation Serbiens (NTOS) unterhält nach wie vor keine Büros im deutschsprachigen Raum, überblickartige Informationen zum Land finden sich auf der Internetseite der Botschafts Serbiens in Deutschland: http://berlin.mfa.gov.rs/lat.

Wichtige Telefonnummern

Vorwahl Serbien: 00381.
Vorwahl Belgrad: 011.
Vorwahl Novi Sad: 021.
Polizei: 92, **Feuerwehr:** 93.
Notruf/Erste Hilfe (itna pomoć): 94.
Kreditkartensperrnummer: 9949/116116 (für alle Karten).

Klima

Generell trifft man in Belgrad auf extremere klimatische Verhältnisse als im westlichen Europa: heißere und trocknere Sommer, eisigere Winter. Beste Reisemonate sind Mai und September.

Sicherheit

Belgrad und Novi Sad sind grundsätzlich nicht gefährlicher als jede andere europäische Großstadt.

Unterkünfte

Das Angebot an Unterkünften reicht vom einfachen B&B bis hin zum erstklassigen Luxushotel. Für längere Aufenthalte bieten sich die preiswerten Appartements an. Das Preisniveau in den 3–5-Sterne-Hotels ist den westeuropäischer Metropolen vergleichbar.

Verständigung

Viele Serben, v.a. jüngere, sprechen Englisch, manche auch Deutsch.

Herausragende Sehenswürdigkeiten in Belgrad

Stari Grad: Festung und Kalemegdan mit Militärmuseum und Zoo (S. 64), rund um die serbisch-orthodoxe Kathedrale (S. 73), Fußgängerzone ulica Kneza Mihailova mit ihen zahlreichen Kultur-einrichtungen (S. 77), Bohèmeviertel Skadarlija (S. 105), Marina Dorćol (S. 112), Save-Promenade mit Beton Hala (S. 113), mit dem Fahrrad von Dorćol nach Ada Ciganlija (S. 113).

Vračar: Terazije (S. 115), SKC-Kulturzentrum (S. 118), ulica Njegoševa (S. 119), Sava-Kirche (S. 123).

Savski Venac: Dedinje-Schlösser der Familie Karađorđeva (S. 133), Museum der Geschichte Jugoslawiens mit Tito-Mausoleum (S. 137), Park von Topčider mit Konak des Prinzen Miloš (S. 138).

Palilula: Tašmajdan-Park (S. 145), Professoren-Kolonie (S. 150), Jüdischer Friedhof (S. 150), Szenekultstätte ›Inex Film‹ (S. 152).

Zvezdara: Kneipen und Kulturleben rund um Vuk Spomenik (S. 153); Neuer Friedhof (S. 155).

Čukarica Sport und Freizeitvergnügen auf Ada Ciganlija (S. 163), Live-Musik im ›Blek Panters‹ (S. 165).

Zemun: Unterstadt und Oberstadt (S. 171 und 177), Flanieren am Zemuner Donaukai (S. 176).

Novi Beograd: Museum für Moderne Kunst (S. 182), Moderne Architektur von Novi Beograd (S. 184).

Umgebung: Flugzeugmuseum in Surčin (S. 190), Ausflug zum Avala (S. 191), Archäologische Ausgrabungsstätte Viminacium (S. 193); Fahrradtour nach Pančevo mit Vogelbeobachtung (S. 195).

Herausragende Sehenswürdigkeiten in Novi Sad

Altstadt mit katholischer Marienkirche (S. 244), Museen Matica Srpska (S. 252) und Stiftung Pavle Beljanski (S. 257), Trg Mladenaca (S. 259), Donauufer (S. 260), **Festung Petrovaradin** (S. 270).

Umgebung: Park von Sremska Kamenica (S. 298), Altstadt von Sremski Karlovci (S. 300), Klöster in der Fruška Gora, v.a. Krušedol und Novo Hopovo (S. 307).

Ausführliche reisepraktische Informationen zu Belgrad ab S. 198, zu Novi Sad ab S. 278, zu Serbien allgemein ab S. 334.

Was für eine herrliche Lage hat aber diese Stadt! Just am Zusammenfluss mächtiger Ströme, der kalten Save und der wunderschönen Donau. Ihre mauer- und wallumschlossene Krone erhebt sich hoch auf einem Felsvorsprung, einem Wachtturm gleich ragt Belgrad empor ...

Jan Neruda, reisender Chronist, 1870

Belgrader Festung bei Nacht

ANNÄHERUNG AN BELGRAD

Serbien im Überblick

Name: Republik Serbien (Republika rbija/Република Србија).

Staatsform: Parlamentarische Republik.

Nationalhymne: Bože Pravde (›Gott der Gerechtigkeit‹).

Fläche: inklusive Kosovo 88 361 km², exklusive 77474 km².

Geographie: Binnenstaat mit Grenzen zu Bosnien und Herzegowina, Kroatien, Ungarn, Rumänien, Bulgarien, Makedonien, zum völkerrechtlich umstrittenen Kosovo, zu Montenegro. Im Norden mit der Vojvodina Anteil an der pannonischen Tiefebene und Einfluss von Donau, Save und Theiß. Zentralserbien ist gebirgig und hat Anteil an Karpaten, Dinariden und Balkan.

Nationalparks: Đerdap (an der Donau), Fruška Gora (Vojvodina), Taragebirge (im Westen), Kopaonik (Grenze zum Kosovo) und Šar Planina (Kosovo)

Höchste Erhebungen: Midžor (2169 m) und Dupljak (2033 m), beide im Balkangebirge, Mogled (2155 m), Mokra Gora.

Welterbestätten: Region Stari Ras, Kloster Sopoćani, Peterkirche, Kloster Studenica, Gamzigrad-Romuliana (Palast des Galerius).

Parlament: Narodna Skuština, 250 Abgeordnete, letzte Wahl war 2014.

Staatsoberhaupt: Präsident Tomislav Nikolić (SNS, seit 2012). Die nächsten Wahlen finden 2016 statt.

Regierungschef: Ministerpräsident Alexandar Vučić (SNS), ehemals radikaler Nationalist. Amtsantritt im April 2014.

Außenminister: Ivan Dačić, ehemals Ministerpräsident, 1992–2000 Sprecher der Milošević-Regierung

Status als EU-Beitrittskandidat seit 2012, Beitrittsverhandlungen seit Ende 2015.

Verfassung: 1. Verfassung vom 15. Februar 1835, als parlamentarische Republik vom 5. Juni 2006.

Die Flagge Serbiens

Landesteile: Zentralserbien, im Norden autonome Region Vojvodina, im Süden ehemalige autonome Provinz Kosovo, die sich am 17. Februar 2008 unabhängig erklärt hat.

Gliederung: administrativ in 30 Bezirke (Okrug/Okruzi) gegliedert, davon 7 in der Vojvodina, 18 in Zentralserbien und 5 im Kosovo. Örtliche Selbstverwaltungseinheiten sind die 54 Landkreise (Opština/Opštine).

Bevölkerung: 7,17 Millionen exklusive Kosovo (Januar 2016).

Ethnische Zusammensetzung: regional sehr unterschiedlich: in der Vojvodina leben Serben (65 %), Ungarn (14,8 %), Slowaken (2,79 %), Rumänen (1,5 %). In Zentralserbien leben mehrheitlich Serben, wenige Rumänen und Bulgaren. Die Roma sind aufs ganze Land verteilt; offiziell sind es 108 000 Menschen, inoffiziell sollen es 500 000 sein.

Bevölkerungsdichte: 92,6 pro km².

Religion (ohne Kosovo): mehrheitlich christlich, davon ca. 86 % serbisch-orthodox, dazu kleinere katholische, protestantische und neuapostolische Gemeinden. Weniger als 5 % der Bevölkerung bekennen sich zum Islam. Die Muslime sind v.a. im Süden beheimatet.

Nationalfeiertag: 15. Februar (Tag der Verabschiedung der ersten Verfassung 1835).

Landeswährung: Serbischer Dinar (RSD). 1 Euro = 123 RSD (März 2016).
Zeit: MEZ mit Sommer- und Winterzeit.
Sprachen: Hauptamtssprache ist Serbisch, das gemäß Verfassung von 2006 kyrillisch geschrieben wird. In der Vojvodina sind zudem Ungarisch, Kroatisch, Russinisch, Slowakisch und Rumänisch als Amtssprachen anerkannt. Im Süden wird auch Albanisch gesprochen. In den Medien und im Alltag wird oft auch vom lateinischen Alphabet Gebrauch gemacht.
Autokennzeichen: SRB.
Vorwahl Serbien: 00381.
Internetkennung: .rs.

Belgrad im Überblick

Postleitzahl: 11 000.
Autokennzeichen: BG (Beograd).
Webseite: www.beograd.org, www.beograd.rs.
Einwohner: 1 344 844 (2016)
Fläche: 359,96 km² (zum Vergleich: München 310,4 km²).
Höchste Erhebungen: Kosmaj (628 m) und Avala (511 m).
Niedrigster Punkt: Novi Beograd (67,5 m).
Gliederung: 17 Stadtbezirke: zehn Stadtgemeinden (градска општина/gradska opština) mit lokaler Selbstverwaltung: Stari Grad, Vračar, Savski Venac, Novi Beograd, Zemun, Palilula, Čukarica, Rakovica, Voždovac, Zvezdara; und 7 Vorstadtgemeinden (pridgradska opština/приградска општина) ebenfalls mit lokaler Selbstverwaltung: Barajevo, Grocka, Lazarevac, Mladenovac, Obrenovac, Sopot, Surčin.
Bürgermeister: Siniša Mali (1972 geboren), parteilos. Seit 2014 im Amt, für fünf Jahre gewählt.
Schutzpatronin: Muttergottes.
Stadtfest: Christi Himmelfahrt.
Namenstagsfest: 16. April, in Erinnerung an das Jahr 878, in dem Belgrad erstmals erwähnt wurde.
Längste Straße: Bulevar Kralja Alexandra (Stari Grad).
Kürzeste Straße: Prolaz Mitrovićev (Vračar).
Partnerstädte: Chicago, Coventry, Lahore, Tel Aviv, Wien und Städtefreundschaft mit Berlin.
Höchstes Bauwerk: Ušće-Turm (137 m).
Tageszeitungen: ›Politika‹, ›Borba‹, ›Blic‹, ›Dana‹.
Hochschulen und Forschungsinstitute: 2 Universitäten, zahlreiche Hochschulen, 5 private Hochschulen, Kernforschungsinstitut ›Jaroslav Černi‹ in Vinča, Mais-Institut in Zemun, die Institute ›Mihailo Pupin‹, ›Kirilo Savić‹, ›Geozavod‹.
Wirtschaft: Anteil am serbischen Bruttosozialprodukt mehr als 30%.
Studierende: ca. 90 000.

Das Belgrader Stadtwappen

Geschichte Belgrads

Die Lage am Zusammenfluss von Donau und Save ist nicht nur beeindruckend, sondern auch von großer strategischer Bedeutung. Kelten, Römer, Byzantiner, Bulgaren, Slawen, Ungarn, Osmanen und Habsburger – sie alle wussten das. Belgrad, heute nach Wien und Budapest die drittgrößte Stadt an der Donau, gilt nach wie vor als Mittler zwischen Europa und Asien, als Tor von Mitteleuropa zum Balkan. Denn hier kreuzen sich seit Jahrhunderten zwei wichtige Routen: Die Ost-West-Achse, weitgehend entlang von Save und Donau, verläuft von Triest bis zum Schwarzen Meer, die Nord-Süd-Achse von Pannonien durch die Morava-Vardar-Furche zum Mittelmeer und weiter nach Thessaloniki und Istanbul. Die Stadt mit den vielen Namen – Alba Iulia, Alba Graeca (griechisch), Belgrado di Schiavonia (italienisch), Bellagrada, Srpski Beograd, Beligrad, Weiße Festung, Alba Bulgarica, Nándor Albor, Nándor-Féhérvár, Asagu Belgrad, Weißenburg, Dar-al ğihad (türkisch) und natürlich Beograd – weckte über Jahrhunderte Begehrlichkeiten als Stützpunkt auf dem Landweg von Mitteleuropa nach Byzanz und war deshalb wiederholt Schauplatz von kriegerischen Auseinandersetzungen, erlebte von den Anfängen bis in die jüngste Geschichte dutzendfach Eroberung und Besetzung.

Die Anfänge

Erstmals schriftlich erwähnt wurde Belgrad am 16. April 878, als Papst Johannes VIII. eine Bulle an den damaligen Herrscher, den bulgarischen Fürsten Boris Michael, sandte. In dieser berief er Bischof Sergej, den ›episcopatus belgradiensis‹, wegen seiner lasterhaften Lebensweise ab. In Erinnerung an diesen Tadel feiert Belgrad seinen Namenstag stets am 16. April. Tatsächlich aber ist Belgrad viel älter, es ist eine der ältesten Städte Europas: Spuren einer 7000 Jahre alten Siedlungsgeschichte wurden nachgewiesen; die dauerhafte Besiedlung begann mit den Kelten. Sie hatten die besondere Lage des Ortes erfasst, insbesondere der Stamm der Skordisker oder Singer, als sie sich nach der Niederlage vor dem griechischem Delphi 279 v. Chr. bis zur Mündung der Sava in die Donau zurückgezogen hatten und auf dem Hügelsporn über der Einmündung der Save in die Donau ein Oppidum (Burg) errichteten, dem sie den Namen Singidunum gaben. Diese Wurzeln liegen in der heutigen Oberstadt (Gornji Grad/Горњи град).

Unter den Römern

Nach dem Sieg des römischen Prätors Asconius gegen die Kelten verleibte Kaiser Tiberius 15 v. Chr. das Gebiet der Skordisker dem Römischen Reich ein. Singidunum lag an der wichtigen ›via militaris‹, die Dacien, Pannonien und Dalmatien mit Byzantion verband, und gehörte zum römischen Grenzgürtel. Als Sitz der IV. Flavischen Legion und einer Abteilung der römischen Donauflotte erhielt es zunächst den Rang eines Municipiums. Später erhielt es den Status einer Colonia, in der sich neben Soldaten auch Zivilisten niederließen. Veteranen verbrachten hier ihren Lebensabend und erhielten Land. Getreide und andere Kulturen wurden angebaut, Fischfang und Jagd in der Region war möglich. In der Umgebung – auf den Hügeln Avala, Kosmaj und Rudnik – wurden Metalle abgebaut. Das strategische Interesse der Römer zeigt sich an der zahlreichen kaiserlichen Prominenz, die Singidunum in den folgenden 250 Jahren ihre Aufwartung machten: 202 besuchte Septimius Severus die Kolonie, 253/254 Valerianus, 295 Dio-kletianus, 349 Constantius II. Mit Iovianus, der ab 363/64 über das römische Reich herrschte, wurde hier sogar ein Kaiser geboren.

Das keltische Oppidum wurde so zum Militärlager, einer Soldatensiedlung mit einem römischen Castrum, und erfuhr eine Erweiterung um eine Unterstadt. Als Brückenkopf an Save und Donau zählte es zur römischen Provinz Moesia und kam mit der Teilung des römischen Reiches 395 zu Ostrom.

Von der Völkerwanderung bis zum Mittelalter

Um die Mitte des 5. Jahrhunderts setzte die Völkerwanderung ein, die große Teile Europas betraf; ostgermanische Stämme und asiatische Steppenvölker suchten auch das Mündungsgebiet der Save in die Donau heim: Hunnen, Goten, Gepiden, Cheruler, Sarmaten, Awaren, Slawen und Bulgaren. Die Byzantiner unter Kaiser Justinian und Anastasius befestigten Singidunum erneut in Stein. Kurz darauf verheerten die Awaren die byzantinische Stadt. Mit der Ankunft der Slawen in diesen Gebieten verlor sich der alte Name Singidunum und der slawische Name Beograd (Weiße Burg, von serbisch: beli, kroatisch: bijeli) wurde gebräuchlich. Die Geschichte vom 7. bis zum 9. Jahrhundert liegt im Dunkeln, bis im Jahr 826 der Name Belgrad im Zusammenhang mit einer Festung in bulgarischem Besitz als ›Alba Bulgarica‹ auftaucht. Dann folgt das eingangs erwähnte Schreiben des Papstes Johannes VIII. an den bulgarischen Fürsten Boris Michael.

Von der bulgarischen Festung zur ungarischen Stadt

Etwa 200 Jahre rangen Byzantiner und Bulgaren um den Hügel, bis 1071 und 1183 die Ungarn auf den Plan traten. Im Jahr 1096, während der byzantinisch-ungarischen Auseinandersetzungen um Belgrad, zogen die Kreuzritter durch die Stadt. 1147 folgte der deutsche Kaiser Konrad III. mit seiner Armee und nach ihm der französische König Ludwig VII. Heinrich der Löwe erreichte Belgrad mit seinem Heer 1172. Damals gehörte zur Burg eine große Stadt, die von starken Mauern und Türmen umgeben war. Auf dem Weg zum zweiten Kreuzzug legte Friedrich I. zu Hohenstaufen, besser bekannt als Barbarossa, seine Flotte hier an der Donau an und fand die Stadt halb zerstört vor: Sechs Jahre zuvor hatte sie der ungarische König Béla III. schleifen lassen. 1190 einigten sich Béla III. und Kaiser Isaak Angelos in Belgrad auf den Verbleib der Stadt im byzantinischen Reich, aber ab 1204 herrschten hier die Ungarn für 80 Jahre. 1284 übergab der ungarische König Stephan V. die Stadt seinem Schwiegersohn, dem Serben Dragutin. Der machte Belgrad für drei Jahrzehnte zum Mittelpunkt seines kleinen Herrschaftsgebietes. Nach Dragutins Tod 1316 besetzte sein jüngerer Bruder, König Milutin, die Stadt. Aus dieser Zeit ist ein Kirchenbesuch der Gemahlin Milutins, Königin Simonida, verbürgt, was auf eine bereits bestehende orthodoxe Kirche schließen lässt. Die Ungarn eroberten die Stadt jedoch zurück.

Belgrad wurde unter dem Despoten Stefan Lazarević erstmals serbische Hauptstadt. Nach der Niederlage der Serben gegen die Osmanen auf dem Amselfeld 1389 trat er das Erbe des serbischen Restreiches an. Zunächst kämpfte er für die Osmanen. Nach deren bitteren Niederlage gegen Timur Lenk in der Schlacht von Angora (Ankara) 1402 diente er sich den Ungarn an. Stefan erhielt von ihnen das südliche Donauland zwischen Save und Morava zugesprochen, zu dem auch Belgrad – ungarisch Nándor-Féhérvár – gehörte. Er verlegte seine Residenz von Kruševac hierher und machte die Stadt zum religiösen und kulturellen Mittelpunkt seines Reiches. Als er 1427 ohne Nachkommen starb, trat sein Neffe Georg (Đurađ) Branković das Erbe an. Gleichermaßen von den Osmanen und den Ungarn bedrängt, gab er Belgrad zugunsten von Smederevo auf. Der ungarische König Sigismund höchstpersönlich übernahm die Stadt nur 25 Jahre später wieder, nun als Grenzposten gegen die herandrängenden Türken.

Eroberung durch die Osmanen

Im 15. und 16. Jahrhundert war Belgrad von Ungarn und Türken umkämpft. 1440 versuchte Sultan Murad II. erstmals, noch erfolglos, die Festung zu stürmen. 1453 war Konstantinopel gefallen, und 1456 nahm Sultan Mehmed II. (1432–1481) kurzfristig auch Belgrad ein. Dem Siebenbürger Johann Hunyadi (1387 oder 1407–1456) gelang es mit Hilfe deutscher Kreuzritter und den vom italienischen Franziskaner Giovanni da Capistrano angeheuerten Söldnern, im Kampf gegen die Osmanen das Blatt nochmals zu wenden, Mehmed II. aus Belgrad zu verdrängen und Belgrad für fast 70 Jahre für Ungarn zu retten. Da aber weitere Unterstützung der ungarischen Magnaten ausblieb und das donauabwärts gelegene Smederevo bereits gefallen war, hatte Süleyman der Prächtige (1495/96–1566) leichtes Spiel, Belgrad 1521 endgültig zu erobern. Fünf Jahre später fiel auch Ungarn als Folge der Schlacht bei Mohács unter die Herrschaft der Osmanen; 1529 bereits erfolgte die erste Belagerung Wiens.

Mehmed II., der erste Sultan in Belgrad; zeitgenössische Darstellung

Für mehr als 300 Jahre wurde Belgrad nun Sitz eines Paschas, der Belgrad zur Janitscharengarnison ausbaute. Nach dem Rückzug der Osmanen aus Ungarn blieb die Festung Belgrad die wichtigste Verteidigungsbastion an der Nordgrenze des Osmanischen Reiches. Belgrad wurde nun Hauptort eines gleichnamigen osmanischen Verwaltungsbezirks (Pašaluk) und als Teil der Reichsgrenze erheblich mit Militär ausgestattet. Die Serben wurden zum

Die Friedenverhandlungen in Karlowitz, zeitgenössische Darstellung

Teil in den Osten des Landes zwangsumgesiedelt; es entstanden Orte, die an die Heimat der Vertriebenen erinnerten: Belograti mahal oder Beligrati ormai. Andere ließen sich als sogenannte Rajahs, die keinen Zutritt zur Ober- und zur Unterstadt hatten, auf dem offenen Feld vor der Festung nieder, während in die Stadt zunehmend Muslime einzogen. Sie nannten sie Dar-al ğihad, Haus der Verteidigung. Im Zuge einer gewissen Toleranz in der Siedlungspolitik folgten Armenier, Juden, Griechen, Aromunen sowie Roma. Das Gros der lokalen serbischen Bevölkerung hielt mehrheitlich am orthodoxen christlichen Glauben fest und lebte als bäuerliche Unterschicht auf dem Land.

Habsburger und Osmanen

Belgrad war im 17. und 18. Jahrhundert unzählige Male Schauplatz von Kriegen zwischen Habsburgern und Osmanen, während derer das kaiserliche Heer dreimal die Stadt eroberte. Die erste habsburgische Besetzung dauerte von 1688 bis 1690 und endete während einer osmanischen Großoffensive infolge der Verlagerung der militärischen Kräfte an die österreichische Westgrenze, die von französischen Truppen bedroht wurde. In Folge der Rückkehr der Osmanen begann eine massive Auswanderungswelle von Serben unter der Führung des Patriarchen Arsenije III. Čarnojević von Peć in das von einer christlichen Armee zurückeroberte Ungarn. Dieses Ereignis ging als ›Velika seoba‹ – Große Auswanderung – in die serbische Geschichte ein. Bis zu 100 000 Serben siedelten sich als Wehrbauern in der öden, malariaverseuchten pannonischen Tiefebene an und erhielten als Gegenleistung von Kaiser Leopold I. das Recht auf persönliche Freiheit und freie Religionsausübung. Im Frieden von Karlowitz (Sremski Karlovci) 1699 verpflichteten sich die Osmanen, die zuvor einige Schlachten gegen die Habsburger und ihre Verbündeten verloren hatten, sich aus Ungarn und Kroatien zurückzuziehen; Belgrad blieb bei der Hohen Pforte und war nun Grenzstadt.

Die Schlacht um Belgrad unter Kurfürst Max Emanuel von Bayern

Als es darum ging, den Gegenangriff der Christenheit gegen die Türken nach Südosten vorzutragen, forderte Kurfürst Max Emanuel von Bayern vom Kaiser den Oberbefehl über das Heer für sich. Er war 26 Jahre alt, blickte aber bereits auf fünf Feldzüge gegen die Türken zurück. Sie hatten ihm den Ruhm des unüberwindlichen Türkensiegers gebracht und seinen Namen in ganz Europa bekannt gemacht. Schließlich kam der Kaiser dem Wunsch nach. Max Emanuel kommandierte alsdann 33 500 Mann, das kleinste Heer, das zu jener Zeit gegen die Osmanen ins Feld rückte. Am 25. Juli 1688 traf er in Peterwardein ein. Der Vormarsch auf Belgrad sollte erst begonnen werden, nachdem Markgraf Ludwig von Baden den Übergang über die Save gesichert hatte. Doch Max wollte nicht warten, ließ eine Vorhut über die Save setzen und begann einen Brückenkopf anzulegen, den er persönlich in Augenschein nahm. Warnende Worte eines kaiserlichen Offiziers schlug er in den Wind. Doch die Osmanen begannen anzugreifen, als die Schiffsbrücke erst zur Hälfte gebaut und sehr gefährdet war. Mit viel Munitionsaufwand wurde der Gegner abgewehrt: Das Munitionsverzeichnis vom 7. bis 8. August 1688 listet auf: »214 dreipfündige, 113 sechspfündige, 182 zwölfpfündige Stückkugeln, 82 dreipfündige Kartätschen, 94 Zentner Pulver, 75 Zentner Lunten, 56 Zentner Bleikugeln, 755 Stück Schanzzeug, 54 Stück Faschinenmesser«. Am 8. August 1688 setzte das Hauptheer mit Hilfe von 60 bis 70 zerlegbaren Schiffen über. Die Türken flohen, 4000 Elitesoldaten blieben in der Festung.

Eine kleinere Truppe, angeführt von Ludwig von Baden, folgte rechts der Donau. Nach vier Wochen Belagerung Belgrads hoffte man nach ungezählten unterirdischen Sprengungen, Kanonaden und Beschießungen auf die Öffnung einer Bresche. Am 6. September 1688 schließlich gab Max den Befehl zum Sturmangriff; er erfolgte an fünf Stellen gleichzeitig. Nach mehrstündigem Kampf wurden die Osmanen überwältigt. Dem persönlichen Einsatz Max Emanuels verdankten ungefähr 300 Osmanen ihr Leben. Ein feierliches Te Deum verkündete den Sieg der christlichen Truppen, 167 Jahre osmanischer Herrschaft schienen beendet zu sein. Als Sieger kehrte Max Emanuel nach Bayern zurück. Doch infolge des Pfälzer Erbfolgekrieges, den der französische König noch im selben Jahr provozierte, vermochten die kaiserlichen Truppen Belgrad nur wenige Monate gegen die Türken zu halten. Die Türken bezeichnete ihren gefürchteten Gegner Max Emanuel wegen seines blauen Waffenrocks als ›Mavi Kral‹, als blauen König.

Etwa 30 000 bayerische Soldaten waren in den Jahren 1683 bis 1688 in Ungarn an den Kämpfen beteiligt. Die Verluste während der Kämpfe sowie durch Hunger und Krankheiten waren hoch, die Kosten immens. Umgekehrt wurden türkische Gefangene seit 1683 in die verschiedenen Hauptstädte Europas gebracht, unter anderem auch nach München. wo sie nachweislich für den Aushub der Kanäle von Schloss Nymphenburg eingesetzt wurden. Nach 150-jähriger Herrschaft der Osmanen hatte der lange Kampf um die Befreiung Belgrads zwar begonnen. Aber 1690, nur zwei Jahre nach dem Sieg Max Emanuels, eroberten die Osmanen Belgrad zunächst zurück.

Max brachte der Sieg zumindest die kaiserliche Ernennung zum Generalissimus und Ritter des Goldenen Vlies.

Unter den Habsburgern

Am 14. Juni 1717 erkämpfte Prinz Eugen mit Hilfe einer Pontonbrücke über die Save für die Habsburger einen entscheidenden Sieg über die Osmanen. Belgrad mit Nordserbien, das Banat sowie Westrumänien fielen an Habsburg und wurden nach dem Frieden von Passarowitz (Požarevac) vom Juli 1718 direkt der Wiener Zentralverwaltung unterstellt. Die Östereicher blieben bis 1739 und veränderten in dieser Zeit das Bild Belgrads: Die Stadt erhielt barocke Konturen und verlor teilweise ihr orientalisches Antlitz. Die Österreicher führten eine an den Osmanen orientierte Verwaltung ein. Die Leitung der Distriktseinheiten (knežina) und der einzelnen Ortschaften überließen sie einheimischen Würdenträgern, den Knezen und Dorfältesten (Kmeten), die ihr Gebiet nach örtlichem Gewohnheitsrecht beaufsichtigten.

Belgrad als Hauptverwaltungsort erhielt eine neue Quartierorganisation. Die Orthodoxen durften ihr traditionelles Wohngebiet um die alte Kathedrale, die sogenannte Raitzenstadt, behalten. Auf der Donauseite (Zemun) wurden die Wiener Verwaltung und eine deutschsprachige, katholische Gemeinde angesiedelt, wobei letztere sich vorwiegend aus pfälzischen Kolonisten rekrutierte. Zu Beginn der 1720er Jahre lebten 333 deutsche Familien in Belgrad. Die römisch-katholische Mission genoss hohe Priorität; neben zwei großen Kasernen entstanden in der deutschen Stadt innerhalb kürzester Zeit fünf Klöster. Der Ausbau der Festung nach den Prinzipien des Franzosen Vauban wurde umgesetzt. Die Festung galt als Bollwerk im katholischen Kampf gegen die vielbeschworene Türkengefahr. Unter der Wiener Herrschaft waren in der Stadt italienische markezi, konti und kavaljeri (Markgrafen, Grafen und sogenannte Ritter) angesiedelt, auch Deutsche,

Prinz Eugen in der Schlacht bei Belgrad 1717. Anonymer Künstler um 1720, Ölgemälde im Heeresgeschichtlichen Museum, Wien

meist adelige Offiziere, Kaufleute und Handwerker, darunter Zuckerbäcker und Ölmüller; Aromunen waren bevorzugt Händler, aber auch Kürschner, Seifensieder und Kaffeewirte. Nach dem Frieden von Belgrad 1739 musste der Habsburger Kaiser die Stadt allerdings wieder an den Sultan abgeben. Alle nach 1717 errichteten Befestigungen der Burg wurden vor der Übergabe zerstört. Belgrad fügte sich wieder in die Nordgrenze des Osmanischen Reiches ein, die Katholiken verließen die Stadt.

Im Jahr 1789 eroberten die Habsburger unter Feldmarschall Laudon Belgrad ein drittes Mal. Kaiser Leopold II. musste es aber im Frieden von Sistova (Svištov, Bulgarien) 1791 wiederum aufgeben. Belgrad blieb nun bis zur serbischen Befreiung osmanisch, Zemun dagegen habsburgisch.

Der Niedergang der osmanischen Herrschaft

Das Osmanische Reich funktionierte als streng hierarchisches, statisches und auf den Sultan zugeschnittenes System. Der osmanische Paschaluk, im Norden von Donau und Save, im Westen von der Drina begrenzt, bildete das Kernland des späteren Fürstentums Serbien. Er war in Distrikte (serbisch nahija) unterteilt und unterstand einem Pascha, der Knezen mit der Eintreibung der Kopfsteuern (serbisch harač) für den Sultan beauftragte. In Belgrad wurde eine umfangreiche Festungsgarnison aufgebaut, die rund 9000 Reiter (serbisch: spahija, pl. spahije) und 2400 Elitesoldaten umfasste, sogenannte Janitscharen. Dem Sultan und dem Gutsherrn geschuldete Steuern, Abgaben und Fron waren im Vergleich zu europäischen Gepflogenheiten moderat. Die Bauern durften eigenes Land erwerben und konnten sich gegen eine Entschädigung auch vom Gutsherrn loskaufen. Im Osmanischen Reich galt der Islam als Staatsreligion, doch herrschte Toleranz und kein Missionseifer. Das Reich finanzierte sich auch aus den Kopfsteuern der Ungläubigen (zimmi); eine Massenkonvertierung hätte den Staatsbankrott bedeutet. Steuerpflichtige hießen serbisch raja, ein Begriff, der im 19. Jahrhundert nur noch Nichtmuslime bezeichnete. Diese wurden zwar benachteiligt, waren jedoch nicht militärpflichtig, konnten jederzeit zum Islam übertreten und genossen wie die Juden Protektion durch den Sultan. Die nichtmuslimische Bevölkerung des Paschaluks Belgrad war mehr oder weniger sich selbst überlassen. Deren Aufsicht besorgten der Millet, eine Religionsgemeinschaft, und die lokalen Knezen. In christliche Streitigkeiten mischte sich der Pascha nur ein, wenn Muslime involviert waren.

Türkische Soldaten; Darstellung aus dem 16. Jahrhundert

Um 1780 zählte Belgrad gut 6000 Häuser und schätzungsweise zwischen 20 000 und 55 000 Einwohner. Wirtschaftlich florierte die Stadt dank dem Handel vor allem mit Schweinefleisch und Getreide über die Grenzen hinweg. Den Serben waren gewisse Handwerke verboten: Hufschmied, Gerber, Sattler, Posamenter, Pantoffelmacher oder Barbier. Während die Türken sich untereinander mit ›Salam‹ begrüßten, war diese Formel den Raja nicht gestattet. Die Kleiderordnung verbot ihnen auch das Tragen der Farbe Grün, den Schal um den Kopf, Schnallen und Janitscharenmantel, mancherorts sogar den Fez und daneben auch den Säbel. 1794 suchte die Pest den Pašaluk heim.

Schleichend begann nach inneren Auseinandersetzungen zwischen Zentralgewalt und rivalisierenden Statthaltern die Macht der Osmanen zu bröckeln. Marodierende Janitscharentruppen terrorisierten die Bevölkerung der Umgebung, was als Auslöser des Ersten Serbischen Aufstandes gilt. Viele Reiseberichte aus dieser Epoche geben ein Zeugnis vom damaligen orientalischen Flair der Stadt ab: Häuser ohne Fenster zur Straße, gewundene Gassen und gutes Essen.

Der Erste Serbische Aufstand

400 Jahre nachdem der Despot Stefan Lazarević Belgrad zu seiner Hauptstadt gemacht hatte, nahmen die Serben einen erneuten Anlauf, der Stadt Herr zu werden. Zunächst formierte sich der Widerstand gegen den Terror der Janitscharen gegen die christliche Landbevölkerung; schließlich verlangten die Serben vom Sultan die Autonomie.

Nach den Massakern der Janitscharen wählten mehrere hundert christliche Würdenträger in Orašac einen vožd, einen obersten Führer: Karađorđe Petrović (ca. 1760–1817). Die erfolgreiche Eroberung Smederevos 1805 und Belgrads 1806 ermutigten ihn, zur Erlangung der Unabhängigkeit nicht nur gegen die Janitscharen, sondern gegen die Osmanen insgesamt zu kämpfen. Von 1807 bis 1813 kontrollierte Karađorđe das Territorium des ganzen Belgrader Pašaluks und richtete eine eigenstaatliche Verwaltung ein. 1811 ließ er sich zum obersten Führer der Serben wählen (vrhoni vožd), verbündete sich mit dem Zaren von Russland und stellte ihm Truppen im russisch-osmanischen Krieg 1806–1812 zur Verfügung. Während der Friedensverhandlungen in Bukarest (Rumänien) bot ihm der Sultan Autonomierechte an; Karađorđe lehnte ab und kämpfte ohne die Russen weiter. Im Jahr darauf folgte der Rachefeldzug Sultan Mahmuds II. Karađorđe und viele seiner Mitstreiter

Karađorđe. Portrait von Vladimir Borovikovsky (Öl auf Leinwand, 1816)

flohen über die Save, einige blieben im Land und harrten der Amnestie, auch der spätere Fürst Miloš Obrenović (1780 –1860). Mit Erfolg, denn Karađorđe wurde in seiner Funktion als Oberknez von Rudnik bestätigt. In Folge einer lokalen Revolte in Trnava im Herbst 1814 (Hadži Prodanova buna) vermittelte Obrenović und kam in Geiselhaft. Kaum zu Hause, zettelte er einen neuen serbischen Aufstand an und eroberte bis 1815 den ganzen Paschaluk. Mit dem Sultan handelte er ein Autonomieabkommen aus, das ihn als obersten serbischen Knezen anerkannte. Mahmud II. sanktionierte die Amnestie aller Aufständischen, das Recht der Raja auf Waffenbesitz, die Ernennung eines zwölfköpfigen obersten serbischen Gerichtshofes (Narodna kancelerija) sowie den Steuereinzug durch christliche Eintreiber. Den Janitscharen wurde der Landbesitz endgültig verboten.

Das serbische Fürstentum unter Fürst Miloš Obrenović

Bis 1839, dem Jahr seiner Absetzung, arbeitete Miloš Obrenović an der Konsolidierung seiner Macht und dem Aufbau des serbischen Staates. Seinen Rivalen Karađorđe ließ er nach seiner Rückkehr aus dem Exil 1817 schlicht ermorden. Als ihn der Sultan 1830 zum dynastischen Herrscher eines autonomen Fürstentums ernannte, befand er sich auf dem Höhepunkt seiner Macht: Diese Ernennung gilt als Geburtsstunde des Fürstentums Serbien. In den darauffolgenden Jahrzehnten baute die serbische Verwaltung ihren Machtbereich kontinuierlich aus. Dabei blieb Belgrad bis weit ins 19. Jahrhundert eine orientalische Stadt mit immer noch elf Moscheen, vier Derwisch-Häusern und einem großen Basar, der Čaršija. Vom Dekret des Sultans Mahmud II. 1830 bis zur Übergabe der Stadtschlüssel 1867 sollten noch 37 Jahre vergehen. Serbien war zwar autonomes Fürstentum, blieb jedoch Teil des osmanischen Grenzgürtels und Grenze zu Österreich. Allein sechs militärisch schwer besetzte Garnisonsstädte befanden sich hier: Belgrad, Fetislam (Kladovo), Smederevo, Šabac, Soko (heute Sokobanja) und Užice.

Die muslimische Bevölkerung musste ihre Besitzungen im Landesinneren aufgeben und sich in die Festungen zurückziehen. Der serbische Fürstenhof residierte von 1818 bis 1839 in Kragujevac. Die Forderung der Serben nach dem vollständigen Abzug der osmanischen Garnison und der Muslime blieb ungehört. Die Industrie der Stadt bestand aus ein paar Windmühlen am Tašmajdan, Wassermühlen an der Save, einer vom Fürsten 1839 ins Leben gerufenen Brauerei in Jaljia (dem unteren Dorćol) und einer Gerberei am Topčiderbach. Noch überwogen türkische Handwerker: kapamadžije (Kotzenmacher, Kotze: mittelalterliche Bezeichnung für eine dicke Wolldecke), sakadžije (Wasserträger), mutavdžije (Pferdendeckenmacher), bojadžije (Färber), fučidžije (Böttcher), terzije (Schneider für Bau-

Miloš Obrenović I.

Mihailo Obrenović am Republikplatz

ernkleider). Nach dem Zweiten Serbischen Aufstand (1815 –1817) wanderten Serben von links der Save zu. Mit ihnen kamen Deutsche, Ungarn, Italiener, darunter Handwerker: šnajderi, šloseri, satleri. Die Buchbinder wurden vinkleri genannt, nach dem Preußen Ludwig Winkler, der dieses Handwerk einführte. Er war einer Einladung des Buchhändlers Gligorije Vozarović 1834 hierher gefolgt. Belgrad war und blieb wichtiges Handelszentrum: Nach dem Pariser Vertrag von 1856 wurde die Stadt Transitzentrum, der Hafen zum Umschlagplatz in beide Richtungen.

Der Aufbau von Verteidigungs-, Verwaltungs- und Bildungseinrichtungen begann ebenfalls in dieser Phase. Fürst Miloš gründete 1834 das Ministerium für Justiz und Bildungswesen (Popečiteljstvo pravosudija i prosvješčenija). Schon unter Karađorđe war der aus dem Banat stammende Aufklärer Dositej Obradović (1742 –1811) als Erziehungsminister tätig. 1844 wurde ein Schulgesetz erlassen, in dem eine Grundschuldauer von drei Jahren auf dem Land und vier Jahren in der Stadt festgelegt war. 1882 wurde die sechsjährige Schulpflicht für alle Knaben und Mädchen eingeführt. Lehrerinnen wurden seit der Gründung der Höheren Mädchenschule (Viša ženska škola) 1863 in Belgrad ausgebildet.

Belgrad veränderte sein Gesicht: Moderne Straßenzüge und ansehnliche Häuser entstanden, man versuchte Belgrad europäischen Städten anzugleichen. Erste Kommunalvorschriften wurden erlassen, Museen und Theater gegründet. Elektrisches Licht wurde eingeführt, der Hauptbahnhof gebaut, von dem aus der erste Zug nach Südosten fuhr. Nationale Einrichtungen wurden gegründet: die erste Druckerei (1831), die serbische Nationalbibliothek (1832) und die serbische Nationalzeitung (Narodne Novine 1834). 1835 wurde eine serbische Verfassung verabschiedet und die Volksversammlung ins Leben gerufen. 1841 war im Theater am Đumruk die erste Vorstellung zu sehen, 1842 konstituierte sich die Gesellschaft für serbische Literatur, und 1841 wurde Belgrad serbische Hauptstadt. Gelehrte ließen sich hier nieder, beispielsweise Dimitrije Davidović, Sima Milutinović, Jovan Sterija Popović und 1850 Siegfried Kapper, der tschechische Wissenschaftler. Besucher waren vom friedlichen Nebeneinander der Belgrader Muslime und Christen fasziniert. Der österreichische Naturforscher, Archäologe und Völkerkundler Felix Kanitz (1829 –1904) schrieb darüber:

»Im Jahre 1861 war Belgrad überhaupt noch das Eldorado merkwürdigster Gegensätze. Am 16. September promenierte ich mit serbischen Freunden auf dem eine entzückende Aussicht gewährenden Kalimegdan Glacis. Tiefroter, herbstsonniger Abendschein lag auf den Savaauen. Er brach sich auf den kleinen Seen der jenseitigen Ebene, glitzerte auf dem reichverzierten Turmhelm der Kathedrale, auf den Fenstern des Seminars und zuletzt noch an der Minarettspitze und Halbmond der höchsten Citadellen-Moschee, während im Westen die rauchblauen Töne amphitheatralisch sich aufbauender Berge ineinander schwammen. Der Übergang vom Tage zur Dunkelheit vollzog sich mit unglaublicher Raschheit. Um sechs Uhr begann die Illumination der christlichen Stadtteile. Musik und laute Živiorufen tönten aus demselben herüber; es war der Vorabend von Fürst Mihails Geburtstag. Gleichzeitig schlug nach türkischer Zeit die zwölfte Stunde vom Uhrturm der Festung. Noch war der letzte Hammerschlag nicht verklungen, da erdröhnten Kanonenschüsse in regelmäßigen Intervallen, und eine Salve, welche den vielfach unterminierten Boden erbeben machte, kündete den Rechtgläubigen den Anbruch der ›Moharremfeier‹ des Geburtsfestes Muhammeds, Allahs großem Propheten, an. Während nun rasch, wie mit einem Zauberschlag, die Galerien von 15 Minarets in Stadt und Fest in hellem Lampenschein erglänzten, entzündeten sich auf der Velika Pijaca Pyramiden und Sterne, Namenszüge und Wappen zu Ehren von Fürst Mihails Geburtstag, ein zauberhaftes Bild, das nur der hellstrahlende Mond etwas beeinträchtigte. Die Nationalhymne spielende Militärmusik zog durch die breiteren Straßen, ein von fröhlichem Volke umringter Kinderchor sang das Fürstenlied. Überall war der Ernst ungebundener Lust gewichen. In dem von einem spekulativen Perser errichteten Erfrischungskiosk saßen sogar Türken und Christen, Tee, Limonade, Scherbet, Čibuk und Nargileh schlürfend, heiter und fröhlich plaudernd beisammen. Wieder ertönten Kanonenschüsse. Die Muezzin luden mit alles übertönender Stimme zum Gebet, und die muslimische Zivilbevölkerung folgte dem Rufe. Nur türkische Patrouillen in weiten Abatuchmänteln zogen durch die fröhlichen serbischen Gruppen; diese dachten nicht daran, ihnen Vorwand zu Streit oder Einmischung zu geben. Man respektierte beiderseitig die festliche Stimmung, obwohl mancher alte Muslim an jene vergangene schöne Zeit denken mochte, wo die Rajah vor jedem beturbanten Kopfe sich demütig beugen musste.«

Auf dem Weg zur Unabhängigkeit

Besucher mochten das Zusammenleben von Muslimen und Christen als friedlich empfinden, tatsächlich aber eskalierten die schwelenden Spannungen. Die Stadt stand nach dem zweiten serbischen Aufstand quasi unter einer serbisch-türkischen Doppelverwaltung. So wurden beispielsweise die Stadttore gemeinsam von serbischen Torwächtern und Nizami-Kontigenten bewacht. Immer wieder kam es zu Provokationen. Fürst Mihailo beauftragte 1860 nach dem Tod seines Vaters den französischen Major Hippolyte Mondain mit dem Aufbau einer Miliz, zigtausende Bauern zwischen 25 und 30 Jahren sollten mit geschmuggelten Gewehren ausgestattet werden. Reservisten wurden ausgebildet. Nikola Hristić, vormals Belgrader Bürgermeister, wurde Innen- und Polizeiminister, Ilja Garašanin Außenminister und 1862 erster serbischer Ministerpräsident. Ein scheinbar banaler Zwischenfall am Schwefelbrunnen Čukur-Česma unweit des Vidintores um den Vortritt des Wasserholens führte nicht nur zum Tod des Knechtes Sava Petrović und zur Verhaftung der osmanischen Soldaten, der Nizami, durch serbische Miliz, sondern zu weiteren blutigen Zusammenstößen und zum Kanonenbeschuss durch die osmanische Festungsbesatzung. Das ging als ›Bombardierung Belgrads‹ in die Geschichte ein. Das grausame Vorgehen

Dieses Denkmal im Kalemegdan erinnert an den so wichtigen Moment der Schlüsselübergabe

der Osmanen rief internationale Empörung hervor. Eine internationale Konferenz wurde einberufen und endete 1862 mit einem Abkommen, ohne dem Ansehen des Sultans zu schaden. Es sah unter anderem folgende Bestimmungen vor: Das Belgrader Stadtgebiet sollte von serbischen Behörden verwaltet werden, muslimischer Besitz in Belgrad gegen Entschädigung an Serbien fallen und Grenzfestungen osmanischer Verwaltung unterstehen. Die Belgrader Burg durfte ausgebaut werden, was auch – nun letztmalig – geschah. Die Garnisonen in Soko und Užice wurden aufgehoben, die Burganlagen geschleift. Die muslimische Bevölkerung musste Serbien innerhalb von vier Monaten verlassen.

Fürst Mihailo Obrenović gelang es 1867 unter Ausnutzung der internationalen Entwicklungen – das Osmanische Reich war geschwächt aus dem Krimkrieg hervorgegangen, Österreich hatte kurz zuvor gegen Preußen eine Niederlage einstecken müssen –, dem Sultan die Übergabe der letzten verbliebenen Festungen abzuringen und die Aussiedlung der gesamten muslimischen Bevölkerung aus serbischen Territorien durchzusetzen. Nach Unterzeichnung eines entsprechenden Vertrags wurden am 6. April 1867 die Stadtschlüssel übergeben, am 6. Mai erfolgte der Abzug der osmanischen Truppen. Mit ihnen verließen weitere ungefähr 15 000 Menschen das serbische Fürstentum. Muslime, die nicht freiwillig gehen wollten, wurden auf Befehl des Sultans zwangsausgesiedelt, weil er ihnen verweigerte, serbische Untertanen zu werden. Sie wurden teilweise nach Vidin, in das bosnische Brčko oder nach Lom Palanka umgesiedelt.

Belgrad wird endgültig serbisch

Nach dem Abzug der Türken 1867 begann die langsame Industrialisierung Belgrads, zunächst vor allem auf dem Gebiet der Lebensmittelverarbeitung. Auf dem Berliner Kongress von 1878 erhielt das Fürstentum endgültige Souveränität, und 1882 proklamierte sich der Fürst zum König.

Das orientalische Stadtbild verschwand rasch: Die Stadtregierung ließ die verwinkelten Gassen begradigen und verlegte die Hauptachse der Stadt quer

Vuk Stefanović Karadžić, Lithographie von Joseph Kriehuber (1865)

zum alten Basar. Bereits um 1900 präsentierte sich Belgrad als europäische Großstadt mit 100 000 Einwohnern. Seine neue Hauptstraße zeigte sich als luftiger, breiter, von repräsentativen Geschäftsbauten gesäumter Boulevard, der zum Flanieren einlud. Eine erste feste Brücke über die Donau entstand. Viele Vertreter serbischer Kultur kamen in die Stadt, darunter Vuk Stefanović Karadžić (1787–1864). Svetozar Marković (1846–1875) gründete 1871 die Zeitung ›Radenik‹ (der Arbeiter), 1869 konnte sich ein festes Theater etablieren. Erste Straßenpflasterungen erfolgten, die elektrische Beleuchtung und ein Wasserwerk (1892) nahmen wie auch die erste Straßenbahn ihren Betrieb auf, 1884 wurde die erste Bahnlinie von Belgrad nach Niš in Betrieb genommen. In dieser Zeit setzte ein Industrialisierungsschub ein: Wo vorher lediglich eine Brauerei, eine Gerberei und Handwerker ansässig gewesen waren, entwickelte sich nun ein bedeutendes internationales Wirtschaftszentrum und ein Knotenpunkt der Eisenbahn.

Ein Abenteuer leistete sich König Milan Obrenović im Jahr 1885, als er unverblümt den Bulgaren den Krieg erklärte. Nur das Eingreifen Österreich-Ungarns bewahrte das Königreich Serbien vor unangenehmen Folgen. Im Frieden von Bukarest am 3. März 1886 wurde der Status Quo wieder hergestellt. Das unabhängige Serbien war von Beginn an von innenpolitischen Machtkämpfen stark erschüttert, die Dynastien der Obrenović und Karađorđević kämpften ständig um die Vorherrschaft. Milan trat zugunsten seines Sohnes Aleksandar schon 1889 zurück. Dieser erklärte sich mit 17 Jahren für volljährig, löste 1900 die Verfassung auf und heiratete die um vieles ältere Hofdame Draga Mašin. Beide wurden Opfer einer Verschwörung und fanden 1903 einen gewaltsamen Tod in Belgrad, womit das Geschlecht der Obrenović ausgelöscht war. Petar I. Karađorđević folgte auf den letzten Obrenović.

Der junge König Aleksandar Obrenović V. im Jahr 1900

Die Dynastien der Karađorđević und Obrenović

Kara Đorđe Petrović und Miloš Obrenović wurden die Begründer der beiden serbischen Dynastien, die 100 Jahre das Schicksal Serbiens bestimmten.

Kara Đorde Petrović (geb. vermutlich 1762 in Viševac, 1817 in Radovanje bei Smederevo ermordet, beerdigt in Topola), genannt Karađorđe, der schwarze Georg, 1804 Führer im ersten serbischen Aufstand.

Aleksandar Karađorđević (1806 -1885), Sohn von Đorđe Petrović, 1842 -1859 vierter serbischer Fürst.

Petar I. Karađorđević (1844 -1921), ältester Sohn Aleksandars, 1903 -1918 König Serbiens, 1918 -1921 König der Serben, Kroaten und Slowenen.

Aleksandar I. Karađorđević (1888 -1934), zweiter Sohn von Petar I., 1921 -1934 König der Kroaten, Serben und Slowenen, seit 1929 König von Jugoslawien, verheiratet mit der Rumänin Maria, in Marseille ermordet.

Petar II. Karađorđević (1923 -1970), Sohn von Aleksandar I., ab 1934 König von Jugoslawien, für ihn regierte der Onkel Pavle I., ging 1941 ins Exil, starb in Denver. Seine Gebeine wurden 2013 von Libertyville (Illinois) nach Serbien überführt und zusammen mit denen seiner Frau in der Familiengruft in Oplenac beigesetzt.

Pavle I Karađorđević (1893 in Sankt Petersburg -1976 in Neuilly sur Seine). Onkel von Petar II., Vetter von Aleksandar I. 1934 -1941 Prinzregent, in Lausanne begraben, im Oktober 2012 exhumiert und nach Serbien (Oplenac) überführt.

Tomislav Karađorđević (1928 -2000), Bruder des letzten Königs, emigrierte nach England, starb in England und wurde in Oplenac in Serbien bestattet.

Aleksandar II. Karađorđević (1945 in London), Sohn von Petar II., Kronprinz von Serbien, lebt mit seiner zweiten Frau Katherine seit 2001 in Belgrad im sogenannten Weißen Hof. Prinz Aleksandar, Erbprinz Petar und Prinz Philip sind seine Nachkommen aus erster Ehe.

Jelisaveta Karađorđević (Elizabeth von Jugoslawien, 1936 in Belgrad), Tochter des Prinzregenten Pavle I., Fürstin von Serbien, lebt heute wieder in Serbien und nimmt aktiv am politischen Leben teil.

Die Familie der Obrenović regierte Serbien in zwei Zeitabschnitten:

Miloš Obrenović I. (1783 in Srednja-Dobrinja, Kreis Užice -1860) Begründer der Dynastie und 1817 -1839 erster serbischer Fürst, 1858 -1860 wiederum serbischer Fürst. Zwei Söhne: Milan und Mihailo.

Milan Obrenović II. (1819 -1839), Sohn von Fürst Miloš Obrenović I. und Fürstin Ljubica. 1839 für nur wenige Tage zweiter serbischer Fürst. Litt und starb an einer unheilbaren Krankheit.

Mihailo Obrenović III. (1822 in Kragujevac -1868), jüngerer Sohn von Fürst Miloš und Fürstin Ljubica, 1839 -1842 und 1860 -1868 dritter Fürst der Serben, ermordet, bestattet in Belgrad.

Milan Obrenović IV. (1854 -1901) Sohn von Miloš Obrenović, einem Neffen des gleichnamigen Fürsten und der rumänischen Adligen Elena Maria Cartargiu. 1868 - 1872 Nachfolger seines Onkels Mihailo als serbischer Fürst. Als Milan I. Obrenović 1882 -1889 erster König Serbiens.

Aleksandar Obrenović V. (1876-1903), Sohn von König Milan I. der Königin Natalija, 1889-1903 zweiter König Serbiens. Mit seiner Ermordung erlosch die Dynastie.

Das frühe 20. Jahrhundert

Die Ermordung des Thronfolgers Franz Ferdinand führte direkt in den Ersten Weltkrieg

Serbien erlebte im frühen 20. Jahrhundert unruhige Zeiten. Den Anfang des Jahrhunderts begleitete ein Zollkrieg, mit dem Österreich das kleine Serbien politisch wie wirtschaftlich unter Druck setzen wollte. Im Jahr 1906 wurde die Grenze angeblich wegen Seuchengefahr für Fleisch, Geflügel und andere landwirtschaftliche Produkte geschlossen. Die Folgen waren ein Wirtschaftseinbruch und eine katastrophale Versorgung der Bevölkerung, andererseits wandte sich Serbien in seinen Handelsbeziehungen stärker Frankreich zu und begann seine eigene fleischverarbeitende Industrie auszubauen. Die beiden Balkankriege von 1912 und 1913 setzten Belgrad schwer zu, aber im Ergebnis wurden die Türken vom gesamten Balkan einschließlich Griechenland vertrieben.

Am 28. Juni 1914 ermordete der bosnische Serbe Gavrilo Princip in Sarajevo den österreichischen Thronnachfolger, Erzherzog Franz Ferdinand, und seine Frau Sophie. Dieses Attentat nahm Österreich als Vorwand für ein unerfüllbares Ultimatum an Serbien, wodurch ein Krieg zwischen den beiden Ländern und infolge der zahlreichen und komplizierten europäischen Beistandsverträge auch der Erste Weltkrieg ausgelöst wurde.

Der Erste Weltkrieg

Obwohl die serbische Armee von den Balkankriegen erschöpft war, scheiterten drei Offensiven der österreich-ungarischen Armee: Die Serben siegten im August 1914 dank Befehlshaber Stepa Stepanović in der berühmten Schlacht am Cer (unweit von Šabac und der Drina), im September an der Drina und im Dezember an der Kolubara. Der Sieg der serbischen Armee in der Kolubara-Schlacht unter Befehlshaber Radomir Putnik verblüffte die ganze Welt; man hatte sie allgemein als mindestens zahlenmäßig unterlegen angesehen. Dennoch konnte Belgrad zweimal von Österreich eingenommen werden: zuerst unter General Potiorek für 12 Tage, das zweite Mal 1915 mit massiver deutscher Unterstützung unter August von Mackensen, der auch in Bukarest erfolgreich war. Die Stadt wurde durch die Kriegshandlungen schwer beschädigt und war drei Jahre lang – vom 9. Oktober 1915 bis zum 5. November 1918 – von den Mittelmächten besetzt.

Am 6. November 1918 wurde Belgrad befreit. Ende November 1918 wurden Montenegro und Serbien zu einem Staat vereinigt, am 1. Dezember 1918 proklamierte Aleksandar I. Karađorđević als Kronprinz im Krsmanović-Haus am

Terazije 8 das Königreich der Serben, Kroaten und Slowenen, das im Zuge einer Verfassungsreform und nach dem Putsch des Königs 1929 offiziell in Königreich Jugoslawien umbenannt wurde.

Im Hotel ›Slavija‹ wurde im April 1919 die kommunistische Partei gegründet, kurz darauf ihr Sekretär, der Kommunist Filip Filipović, zum Bürgermeister Belgrads ernannt. Moše Pijade, Journalist und später engster Vertrauter Titos, war zweitweise Herausgeber der Zeitungen ›Organizovani radnik‹ (der organisierte Arbeiter), ›Slobodna reč‹ (Freies Wort) und ›Der Kommunist‹. Seine politische Gesinnung brachte ihm viele Jahre Kerkerhaft ein. Die Stadt pulsierte nach dem Ersten Weltkrieg: Städtebauliche Maßnahmen wurden ergriffen, eine großflächige Industrialisierung – insbesondere auf den Gebieten Metallverarbeitung, Textil und Chemie – setzte ein.

Der Zweite Weltkrieg

Am 25. März 1941 unterzeichneten jugoslawische Regierungsvertreter in Wien den Beitritt zum Dreimächtepakt (Vertrag zwischen Deutschland, Italien und Japan). Die Nachricht von diesem Schritt hatte eine große Gegendemonstrationen und den Putsch serbischer Offiziere zur Folge; die Regierung wurde gestürzt. Daraufhin entschloss sich Hitler, die in Bulgarien stationierten deutschen Truppen, die sich darauf vorbereiteten, das von Großbritannien unterstützte Griechenland zu besetzen, auch in Jugoslawien einmarschieren zu lassen. Ohne Kriegserklärung und Ultimatum begann am 6. April um 5.15 morgens der Luftangriff auf Belgrad, obwohl es zur offenen Stadt erklärt worden war. 17 000 Menschen starben, ganze Wohnviertel wurden dem Erdboden gleichgemacht; von 20 000 Häusern wurden 9000 zerstört oder beschädigt, darunter Sakralbauten, Regierungsgebäude, Brücken, Fabriken, Verkehrsverbindungen, Wasserwerke und Kultureinrichtungen, unter anderem die Nationalbibliothek samt ihrem unersetzlichen Bestand an Büchern. Hitler persönlich hatte der deutschen Luftwaffe am 27. März 1941 in seiner Weisung Nr. 25 befohlen, die Hauptstadt Jugoslawiens »durch fortgesetzte Tag- und Nachtangriffe … zu zerstören.« Gleichzeitig überschritten deutsche Truppen die Grenzen, und am 12. April übergab der Bürgermeister die Stadt den Deutschen und ihren Verbündeten. Belgrad und ganz Serbien wurden zu einer von den Deutschen besetzten Zone. Andererseits wurde das alte habsburgisch-ungarische Semlin, wo viele ›Volksdeutsche‹ lebten, Kroatien zugeschlagen, das sich als unabhängig erklärt hatte, de facto aber ein Vasallenstaat Deutschlands war.

Tito war die dominierende Figur innerhalb der Widerstandsbewegung

Die Deutschen richteten sich in Belgrad ein: Das Oberkommando des Heeres (OKH Südost), befand sich in der Maksim-Gorki-Straße, unweit des Theaters war die Gestapo-Dienststelle, das Hotel ›Majestic‹ wurde zum einzigen exklusiven Lokal deutscher Offiziere; im Weißen Hof in Dedinje richtete sich die Kommandozentrale der Luftwaffe um General Löhr ein. Deutscher Gouverneur war General Franz Böhme. Drei Jahre später zog sich der Ring um die Besatzungstruppen in Belgrad immer enger, und jetzt bombten die Alliierten: am 16. und 17. April 1944 und letztmalig am 3. September 1944. Am 20. Oktober 1944 wurde Belgrad nach schweren Straßenkämpfen befreit, und am 27. Oktober 1944 dankte Josip Broz Tito, der Führer der Partisanen, den Bewohnern für ihre heldenhafte Haltung und fügte hinzu: »Belgrad, die Hauptstadt Jugoslawiens, wird erst ab jetzt Hauptstadt aller Jugoslawen, eine Stadt, die alle Völker Jugoslawiens lieben werden, eine Stadt, für die alle Söhne Jugoslawiens ihr Blut vergossen haben. Von Belgrad aus haben alle Leitideen auszustrahlen, die uns durch diese schweren Tage getragen haben, die Ideen der Brüderlichkeit und Einheit und die Ideen eines großen und glücklichen Jugoslawiens.«

Belgrad litt während der Befreiung durch Titos Partisaneneinheiten erneut: Das Proletarische Scharfgericht verhaftete alle antikommunistischen Kämpfer, Tschetniks, Deutsche und andere. Ein literarisches Zeugnis der Wirren von 1944 bis nach dem Zweiten Weltkrieg hat Lydia – ein Pseudonym – in ihrem Werk ›Das rote Irrlicht‹ gegeben. In diesem schildert sie die Zeit nach dem Krieg folgendermaßen: »Jeder hatte Angst vor jedem. Die Tschetniks (Königstreue) vor den Partisanen und Nazis, die Nazis vor Partisanen und Tschetniks und die Partisanen vor Nazis und Tschetniks. Anfangs wurden deutsche Soldaten dort, wo sie gefallen waren, begraben. Fast in jeder Straße waren Gräber mit einem Holzkreuz, Hakenkreuz und Stahlhelm. Daneben lagen Partisanenhelden mit Tafeln, auf der der rote Stern der Freiheit leuchtete. Die Partisanen begrub man anschließend auf dem Platz der Republik und errichtete ihnen ein großes Denkmal. Die Gräber der Deutschen wurden eingeebnet.«

Im Jahr 1948 wurden die Lager aufgelöst, die Deutschen konnten Anträge auf Ausreise stellen. Belgrad hatte vor dem Krieg etwa 320 000 Einwohner gehabt, nach dem Krieg war es ein Drittel weniger.

Belgrad als Hauptstadt Jugoslawiens

Nach dem Krieg wurde Belgrad die Hauptstadt der Föderativen Volksrepublik Jugoslawien, die sich ab 1963 Sozialistische Föderative Republik Jugoslawien nannte. Auf dem 5. Parteitag 1948 im Stadtteil Topčider wurde Stalin, der die totale wirtschaftliche und politische Vorherrschaft der Sowjetunion geltend machen wollte, eine Absage erteilt. Zwei Jahre nach Stalins Tod, am 2. Juni 1955, unterzeichneten Chruschtschow und Tito die Belgrader Deklaration, die dem Land die Unabhängigkeit von der Sowjetunion gewährte. Auf Initiative des ägyptischen Präsidenten Nasser, des indischen Premiers Nehru, des Indonesiers Sukarno und des jugoslawischen Präsidenten Tito wurde die Bewegung der ›Blockfreien‹ gegründet und 1961 in Belgrad konstituiert. Zunehmend nahm Jugoslawien unter Tito in dieser Bewegung eine führende Rolle ein.

Jugoslawien 1945 – 1990

Wirtschaftlich war die Zeit von Wiederaufbau und forcierter Industrialisierung geprägt; Werke entstanden, in denen Maschinen, pharmazeutische Produkte, Kühlanlagen, Düngemittel und Rüstungsgüter produziert wurden. Das Bauwesen wurde mit Aufträgen in Syrien, Algerien, Peru, Libyen und im Irak angekurbelt. In der Hauptstadt selbst wurde mit der Erschließung von Novi Beograd auf dem linken Saveufer städtebaulich ein neues Kapitel aufgeschlagen.

Letztmalig sah die Hauptstadt Jugoslawiens ein großes Aufgebot internationaler Staatsmänner und -frauen anlässlich des Begräbnisses von Tito 1980.

Nach Titos Tod

Nach langer Krankheit verstarb Tito am 4. Mai 1980. Er war im Vielvölkerstaat Jugoslawien die einzige unbestrittene Integrationsfigur gewesen, und nun wurden die Stimmen aus den einzelnen Republiken nach teilweiser oder vollständiger Unabhängigkeit immer deutlicher vernehmbar. Die zunehmenden wirtschaftlichen Probleme verstärkten diese Bestrebungen. Sämtliche Teilrepubliken wandten sich mehr und mehr nationalistischen Programmen zu. Zum neuen starken Mann Serbiens stieg Slobodan Milošević auf. Auf ihn gehen beispielsweise die Beschneidung und schließlich vollständige Aufhebung der Autonomie des Kosovo und der Vojvodina zurück.

Im Juni 1991 erklärten Slowenien und Kroatien ihre Unabhängigkeit, rasch wurden die beiden Staaten auf Druck Deutschlands von der EU anerkannt; gleichzeitig wurden die Spannungen zwischen den Volksgruppen in Bosnien-

Slobodan Milošević, Alija Izetbegović und Franjo Tuđman bei der Vertragsunterzeichnung in Dayton 1995

Herzegowina immer stärker. Die serbische Nationalregierung wertete die Unabhängigkeitserklärungen als Verfassungsbruch, und die Streitigkeiten eskalierten schließlich in kriegerischen Auseinandersetzungen. Es gab und es gibt bis heute kontroverse Diskussionen darüber, welche Seite mit ihrem Handeln den Krieg stärker verursacht oder sogar einseitig angezettelt hat; manche Historiker gehen bei ihren Versuchen, die sehr komplizierten Hintergründe für die Kriege zu erklären, gar zurück bis zur Schlacht auf dem Amselfeld im Jahr 1389. Eine ähnliche Diskussion wurde und wird um die Kriegsverbrechen geführt, die vor allem im Bosnienkrieg zweifellos verübt wurden; das schlimmste war sicherlich das Massaker, das serbische paramilitärische Truppen bei Srebenica an bosnischen Zivilisten anrichteten; sie ermordeten etwa 8000 Menschen.

Der Bosnienkrieg endete 1995 mit dem Abkommen von Dayton. Belgrad wurde in dieser Zeit von Flüchtlingsströmen überrannt. Den zunehmend gewalttätigen Unruhen im Kosovo begegneten die serbischen Sicherheitsbehörden zunächst polizeilich, später militärisch. Gegner war die mit terroristischen Mitteln operierende kosovarische Befreiungsbewegung UÇK. Aufgrund von Menschenrechtsverletzungen auf beiden Seiten forderten die westlichen Staaten unter Führung der USA Verhandlungen. Nachdem das Ultimatum dafür verstrichen war, begann die NATO – ohne das dafür laut UN-Konvention notwendige – UN-Mandat mit der Operation ›Allied Force‹: Sie bombardierte ›Rest-Jugoslawien›, also Serbien, dem sie die Hauptschuld an den kriegsähnlichen Zuständen im Kosovo gaben. Schätzungen gehen davon aus, dass rund 3500 Menschen bei den Bombardierungen den Tod fanden; wohl etwa 10 000 Menschen erlitten Verletzungen. Zahlreiche Industrieanlagen und Infrastruktureinrichtungen wurden zerstört oder erlitten erhebliche Beschädigungen, unter anderem wurden auch folgende

Gebäude zerstört: Residenz des Präsidenten der Republik, Gebäude des ZK; beide sich gegenüberliegende Gebäude des Generalstabes der jugoslawischen Armee, der Sender hinter dem Tašmajdan. Innenpolitisch war Belgrad in dieser Zeit Schauplatz von mafiösen Auseinandersetzungen, die in vielen Morden auf offener Straße gipfelten.

Belgrad im 21. Jahrhundert

Mit der Wahl von Vojislav Koštunica zum serbischen Präsidenten im Oktober 2000 wurde das Ende der Ära Milošević eingeleitet. 2001 folgte als Ministerpräsident Zoran Đinđić, der zwei Jahre später einem Mordkomplott zum Opfer fiel. Auf ihn geht die Überstellung von Milošević nach Den Haag zurück. Danach wurde die serbische Politik längere Zeit von dem Europa zugewandten Präsidenten Boris Tadić bestimmt. Er wurde nach einer Stichwahl im Mai 2012 von Tomislav Nikolić abgelöst. Die Regierung stellt die SNS, die serbische Fortschrittspartei, die sich von der serbisch radikalen Partei abgespalten hat. Ministerpräsident ist Aleksandar Vučić. Von 2003 bis Juni 2006 war Belgrad Hauptverwaltungssitz der Staatengemeinschaft Serbien und Montenegro, seit der Loslösung Montenegros ist sie die Hauptstadt der unabhängigen Republik Serbien.

Belgrad ist Messestadt sowie Kultur- und Medienzentrum des Landes. Zahlreiche Verlage, Rundfunk- und Fernsehanstalten sowie Tages- und Monatszeitungen sind hier angesiedelt. Der serbische Patriarch unterhält hier seine Hauptresidenz, sowohl der serbisch-orthodoxe Synod als auch das katholische Bistum haben hier ihren Sitz. Belgrad ist auch das größte Industriezentrum des Landes. Die Industrie ist zum einen an der Donau, hinter dem Kalemegdan in Richtung Pančevo, angesiedelt, zum anderen entstand bereits zwischen den Weltkriegen das Industriegebiet im Süden, Železnik. Belgrad ist ebenso Forschungs- wie medizinisches Zentrum und auch der Ort, wo renommierte internationale Kongresse stattfinden.

Politik und Verwaltung

Belgrad war erstmals unter dem Despoten Stefan Lazarević zu Anfang des 15. Jahrhunderts Hauptstadt des mittelalterlichen Serbien. Im Laufe des 19. Jahrhunderts entwickelte es sich zur Residenzstadt des vom Osmanischen Reich unabhängig gewordenen Serbien. Im 20. Jahrhundert war es Hauptstadt Jugoslawiens: des königlichen von 1918 bis 1941, des sozialistischen von 1944 bis 1991/92. Von 1992 bis 2003 blieb es Hauptstadt der Bundesrepublik Jugoslawien, die damals nur noch aus Serbien und Montenegro bestand. Es war von 2003 bis 2006 Hauptstadt des Staatenbundes Serbien und Montenegro und ist heute politisches, kulturelles und wirtschaftliches Zentrum der Republik Serbien. Die Metropole ist Hauptstadt und gleichzeitig Verwaltungsbezirk (Okrug), der aus zehn Stadtgemeinden und sieben Vorstadtgemeinden besteht. Jeder Stadtbezirk ist eine Einheit mit lokaler Selbstverwaltung. Dragan Đilas, der als Mitglied der Studentenbewegung gegen Milošević von sich reden gemacht hatte, war lange Bürgermeister. Er wurde von Siniša Mali 2014 abgelöst. Mali ist parteilos, steht aber Aleksandar Vučić nahe. So wie die politischen Verhältnisse vielfach gewechselt haben, so haben die Straßen unterschiedliche Namen angenommen. Vor noch gar nicht so langer Zeit wurde eigens für diese Problematik ein Komitee gegründet. Dieses hatte zu entscheiden, welche historische Epoche und welche dazugehörigen Straßennamen ab jetzt gültig werden sollen. Eine der ältesten Straßen Belgrads hieß bis vor kurzem noch Straße des 7. Juli. Von 1872 bis 1904 war ihr Name ul. Dubrovačka und von 1904 bis 1946 ul. Kralja Petra I. Man hat sich für den Zeitabschnitt zwischen den beiden Weltkriegen, also die Zeit der Monarchie, entschieden, und so heißt sie wieder ul. Kralja Petra I.

Belgrad-Verwaltungsbezirke

Geschichte Belgrads im Überblick

279 v. Chr. Der keltische Stamm der Skordisker gründet die Siedlung Singidunum an der Mündung der Save in die Donau.
1. Jahrhundert v. Chr. Die Römer dringen bis an das südliche Donauufer vor.
100 n. Chr. Singidunum wird Sitz der V. römischen Legion des Kaisers Flavius.
Ende 2. Jahrhunderts n. Chr. Singidunum wird zum Muncipium erhoben.
239 Singidunum wird zur Kolonie.
395 Teilung des Römischen Reiches in Ost und West, Singidunum wird als ›Singedon‹ Ostrom (Byzanz) unterstellt.
441–470 Zerstörung Singedons durch die Hunnen, Eroberung erst durch die Byzantiner, dann durch die Sarmaten.
7. Jahrhundert Slawen beginnen im Stadtgebiet zu siedeln.
820 Belgrad wird Teil des bulgarischen Kaiserreichs.
878 Belgrad wird erstmals schriftlich erwähnt.
971 Die Byzantiner kehren als Machthaber zurück.
983 Belgrad wird unter Samuil ins bulgarisch-makedonische Reich eingegliedert.
1018 Die Byzantiner kehren erneut zurück.
1071 Zerstörung durch die Ungarn, 1074 Rückeroberung durch die Byzantiner.
1124 Erneute Zerstörung durch die Ungarn. Danach Aufbau von Zemun.
1152 und 1183 Byzanz und Ungarn kämpfen erneut um Belgrad und Zemun.
1230 Zweite Eroberung Belgrads durch die Bulgaren, zwei Jahre später werden sie von den Ungarn vertrieben.
1284 Der ungarische König Ladislaus IV. überträgt die Verwaltung von Belgrad an König Dragutin.
1319–1403 Die Ungarn herrschen über Belgrad.
1391 Die Türken stehen erstmals vor Belgrad.
1403 Der Despot Stefan Lazarević proklamiert mit dem Einverständnis Ungarns Belgrad zu seiner Residenzstadt.
1427 Der Despot Đurađ Branković muss Belgrad an Ungarn zurückgeben.
1440 und **1456** Erste und zweite Belagerung Belgrads durch die Türken.
1521 Eroberung durch Sultan Suleimans Soldaten.
1688 Die Habsburger erobern Belgrad und halten es zwei Jahre.
1717 Zweite Besetzung Belgrads durch die Habsburger.
1718 Frieden von Požarevac.
1739 Frieden von Belgrad nach der Niederlage der Habsburger bei Grocka, Belgrad wird wieder türkisch.
1789 Dritte Besetzung Belgrads durch die Habsburger.
1791 Im Frieden von Svištov übergibt Österreich Belgrad an die Türken.
1804–1813 Erster Serbischer Aufstand, in dessen Zuge die Serben Belgrad erobern.
1813 Rückkehr der Türken.
1830 Dekret Sultan Mahmuds II. zur inneren Autonomie Serbiens.
1831/32 Gründung der ersten Druckerei und der Nationalbibliothek.
1834 Die erste Nationalzeitung ›Narodne Novine‹ erscheint.
1835 Verabschiedung der ersten serbischen Verfassung.
1839 Belgrad wird Hauptstadt des unabhängigen Fürstentums Serbien.

1841 Das Theater am Đumruk gibt die erste Vorstellung. Gründung des ersten Lyzeums, aus dem 1863 die große Schule und 1905 die Universität hervorgehen.
1860 Das erste serbische Strafgesetzbuch wird erlassen.
1867 Die letzten osmanischen Regimenter verlassen Serbien, Belgrad wird endgültig zur Hauptstadt erklärt, die staatlichen Einrichtungen werden dorthin verlegt.
1869 Das erste Theater mit festem Ensemble wird gegründet.
1867 Die Türken übergeben die Verwaltung an die Serben.
1884 Eröffnung der ersten Bahnlinie nach Süden.
1892 Die erste Straßenbahn fährt durch Belgrad.
1903 Ermordung König Aleksandar Obrenovićs und seiner Frau Draga in ihrem Schlafzimmer. Petar I. Karađorđević kommt aus dem Exil und besteigt den Thron.
1914 Österreich nimmt Belgrad für 12 Tage ein.
1915 Deutsche und Österreicher erobern unter Generalfeldmarschall von Mackenson Belgrad. Drei Jahre bleibt die Stadt besetzt. Die Regierung geht ins Exil nach Korfu.
1918 Befreiung Belgrads durch französische und serbische Truppen, Ausrufung des Königreichs der Serben, Kroaten und Slowenen. Erster König wird Petar I.
1921 Aleksandar I. Obrenović folgt seinem Vater auf dem Thron.
1929 Aleksandar errichtet eine Königsdiktatur, das Land wird in Jugoslawien umbenannt. Aleksandar fällt 1934 in Marseille einem Attentat zum Opfer, für seinen noch minderjährigen Nachfolger Petar II. übernimmt dessen Onkel Pavle Karađorđević die Regentschaft.
1941 Dragiša Cvetković und Cincar Marković unterzeichnen am 25. März in Wien den Beitritt Jugoslawiens zum Dreiländerpakt. Probritische Offiziere putschen am 27. März. Die deutsche Luftwaffe beginnt das Bombardement auf Belgrad am 6. April, 7 Tage später wird die Stadt eingenommen.
1944 Angriff der Englischen und Amerikanischen Luftwaffe auf Belgrad. Titos Partisaneneinheiten marschieren am 20. Oktober in Belgrad ein.
1977/78 Belgrader KSZE-Nachfolgekonferenz.
1991–1995 Jugoslawienkrieg, in dessen Folge ein Flüchtlingsstrom Belgrad erfasst.
1996/97 Auf den Wahlbetrug der herrschenden Sozialisten bei den Kommunalwahlen folgen drei Monate lang Demonstrationen.
1998/99 Krieg im Kosovo. Vom 24. März bis zum 10. Juni 1999 wird Serbien von der NATO bombardiert, schwere Schäden auch in Belgrad.
2012 12. Regierung seit Einführung des Mehrparteiensystems, eine Koalition aus SNS, SPS-PUPS-JS, URS, SDPS und SDA.
2012 Boris Tadić tritt als Präsident vorzeitig zurück. Tomislav Nikolić siegt in der Stickwahl gegen Tadić und wird neuer Präsident Serbiens.
2013 Normalisierungsabkommen zwischen Serbien und Kosovo unter EU-Vermittlung
2014 Die vorgezogenen Parlamentswahlen gewinnen die Konservativen (SNS). Aleksandar Vučić wird Ministerpräsident. Im Mai Jahrhunderthochwasser an der Save. Die Bevölkerung der Stadt Obrenovac wird zeitweise evakuiert.
2015 Serbien übernimmt am 1. Januar den Vorsitz der Konferenz für Sicherheit und Zusammenarbeit. Im März schließt Serbien den Individual Partnership Actionplan mit der NATO, im Dezember beginnt es Beitrittsverhandlungen mit der EU.
2016 Im Januar kündigt Ministerpräsident Aleksandar Vučić trotz parlamentarischer Mehrheit vorgezogene Neuwahlen in Serbien für das Jahr 2016 an.

Belgrads städtebauliche Entwicklung

Belgrads wechselvolle, oft dramatische Geschichte drückt sich im Stadtbild aus. Die oft wechselnden Machtverhältnisse und die vielen Kriege – die Stadt wurde in ihrer langen Geschichte mehr als 40 mal mehr oder weniger stark zerstört – haben Breschen geschlagen. Glücklicherweise wurden die Schneisen der Kriege vielfach nicht zugebaut, sondern in Grünanlagen umgewandelt. Die letzten Wunden schlugen die NATO-Bomben 1999. Sie zerstörten einige Ministerien am Bulevar Nemanjina, die Funk- und Telefonanlage hinter dem Tašmajdenpark (RTS-Gebäude) und fielen auch auf das YU-Businesszentrum in Novi Beograd. Die Spuren sind bis heute zu sehen.

In der Altstadt sind nur wenige Bauten älter als 100 Jahre. Aber nicht nur die Kriege, sondern fehlende finanzielle Mittel, Bauspekulation, Korruption und Gleichgültigkeit gegenüber dem historischen Erbe sind Ursache der mitunter bröckelnden historischen Fassaden. Grund zur Hoffnung auf den Erhalt der Stari Grad geben andererseits private Initiativen, die sich seit einigen Jahren gemeinschaftlich um den Erhalt ihrer historischen Wohnbauten bemühen. Diese sind an der Plakette ihrer Organisation zu erkennen.

Trotz aller Verluste und trotz des manchmal unvermittelten Nebeneinanders ganz unterschiedlicher Baustile hat Belgrad zahlreiche Bauten von architekturhistorischem Rang vorzuweisen, und gerade diejenigen, die sich für moderne Architektur interessieren, finden eine Fülle an Sehenswertem.

Das römische Singidunum

Aus dem römischen Militärlager des ersten nachchristlichen Jahrhunderts entwickelte sich Singidunum, das Verwaltungszentrum der Provinz Moesien. Teile der Burgmauern, so die Fundamente vom Dizdartor in der Festung, gehörten zum römischen Castrum. Die jüngsten Ausgrabungen an der ulica Tadeuša Košćuška brachten den Verlauf einer Straße mit Wasserwerk und Abwasserleitungen hervor. Das Forum, Zentrum des politischen, wirtschaftlichen und religiösen Lebens, befand sich in der heutigen ulica Kralja Petra I. auf Höhe der Nationalbank. Von der Burg führte der Decumanus, die heutige ul. Knez Mihailova, in die eigentliche Stadt. Zivile antike Gebäude standen in der ul. Pariska bis zum Platz der Republik, vom Kosančićev, Obilićev und Topličin Venac zur Save hin und entlang der Simina und Gospodara Jovanova zur Donau hin. Reste einer repräsentativen, mit Fresken und Mosaiken geschmückten Villa fand man am Kosančićev Venac.

Ein Großteil der antiken Infrastruktur ist dank erhaltener Vorrichtungen für Trink- und Abwasserleitungen rekonstruierbar: das Trinkwasser wurde von Mali Mokri Lug über Zvezdara, Vračar und den heutigen Pionierpark bis in die Stadt geleitet. Abwasserleitungsreste fand man unter den Straßen Cincar Jankova, Rajićeva und unterhalb der Straßenbahngleise beim Kalemegdan. Die Reste der öffentlichen Thermen ruhen noch immer vier Meter unter dem Studentenpark und der Kralja Petra I. Zu ihrer Erinnerung hat man Kopien von Teilen des Bades aus modernem Stein vor der Philosophischen Fakultät angeordnet. Eine weitere

Vom osmanischen Belgrad ist fast nichts geblieben

Therme ist nahe der Französischen Botschaft belegt. Die römische Halle – sie kann im Rahmen von Führungen besichtigt werden – befindet sich unterhalb der Stadtbibliothek. Man fand in ihr die Reste des steinernen Forts der IV. flavischen Legion. Ein Teil der Mauer und des südlichen Turms der Burg waren in die neue Versammlungshalle integriert. Reste eines Wasserwerks, Skulpturen, Altarfragmente und Pfeilspitzen vermitteln römische Atmosphäre. Während Mali Mokri Lug, Ritopek und Grocka zur römischen Verteidigungskette mit Forts gehörten, fand man bei Voždovac Siedlungsreste und eine Nekropole. Eine weitere Nekropole befand sich am Tašmajdan. Während des Aushubs für die Tiefgarage unter dem Alten Palast wurden 15 Gräber entdeckt. Im Keller der ehemaligen Villa des früheren Finanzministers Serbiens, Lazar Paču, in der Simina, befindet sich noch immer ein römisches Grab.

Im 4. Jahrhundert breitete sich auch in Belgrad das Christentum aus. Hier erlitten die heiligen Ermil und Stratonik das Martyrium. Eine unweit der Universitätsbibliothek gefundene Inschrift erinnert daran, dass es auch Sklaven gab: »Hier seht ihr das Grab eines fremden Maultiertreibers./Der Hades legte Schatten über ihn und nahm/Die Zügel des Gespanns ihm aus den Händen./Das Heimatland wollte er sehen, das teure./Doch schlich der Hades sich an die Krippen der Sklaven./Und befreite den Körper des toten Mannes./Das Denkmal setzte ein Gefährte ihm/der ihn überlebte.«

Das ungarische Belgrad

An die Zeit der ungarischen Stadt und Residenz von Stefan Lazarević erinnern nur noch das Tor des Despoten von 1405 und das durch zwei Rundtürme verstärkte Zindantor. In der Unterstadt steht aus dieser Epoche noch der Nebojšaturm. Die Unterstadt sowie die Residenz Stefans sind dagegen fast vollständig zerstört.

Die orientalische Stadt

Vom osmanischen Belgrad vermitteln eine Reihe von Berichten und Erzählungen ein lebhaftes Bild. Unter den Besuchern waren unter anderem der Šibeniker Bischof Antun Vrančić, der Deutsche Hans Dernschwam, Vertreter des Augsburger Bankhauses Fugger, der Italiener Marcantonio Pigafeta, der Deutsche Stephan Gerlach – Begleiter des Barons Ungnad auf seiner Reise nach Konstantinopel –, die Franzosen Jean Baptiste Tavernier und Louis des Hayes de Cormenin (1621) – Beauftragter des französischen Königs Ludwig XIII. –, die Türken Hadschi Kalfa und Evliya Çelebi (serb. Evlija Čelebija) sowie der Engländer Edward Brown.

Nach 1521 gestalteten die Osmanen zunächst die Festung, vor allem die Oberstadt, völlig um. Im 17. Jahrhundert, der Blütezeit Belgrads, sollen über 80 Moscheen die Stadt geschmückt haben. Nach 1683, als die Türken vor Wien eine Niederlage einstecken mussten, setzte der Niedergang ein. Doch noch war Belgrad wichtigste osmanische Garnison auf serbischem Boden und nach wie vor begehrter Gouverneursposten (muhafiz). Zur Burg zählte man die Altstadt innerhalb der Stadtbefestigung (varoš und šancu). Vier Burgtore schützten die

Festung und führten auf das Straßennetz durch die Altstadt zu vier gleichnamigen Stadttoren. Auf dem Stadtgebiet durfte gemäß Erlass des Sultans kein Land an Andersgläubige verkauft werden. Trotzdem lebten nicht ausschließlich Muslime in der Altstadt. Vier Quartiere bestanden: zwei muslimische, ein jüdisch-muslimisches und eines, das vorwiegend von Christen bewohnt war. Zwischen der Festung und der Stadt lag ein weites Feld, der Kalemegdan.

Die Hauptstraße verband das Istanbuler Tor der Festung mit dem Istanbuler Tor der Stadtbefestigung am Terazije-Brunnen. Hier gabelte sich der Weg in die Stambuler Landstraße (Carigradski Drum) Richtung Smederevo und in den

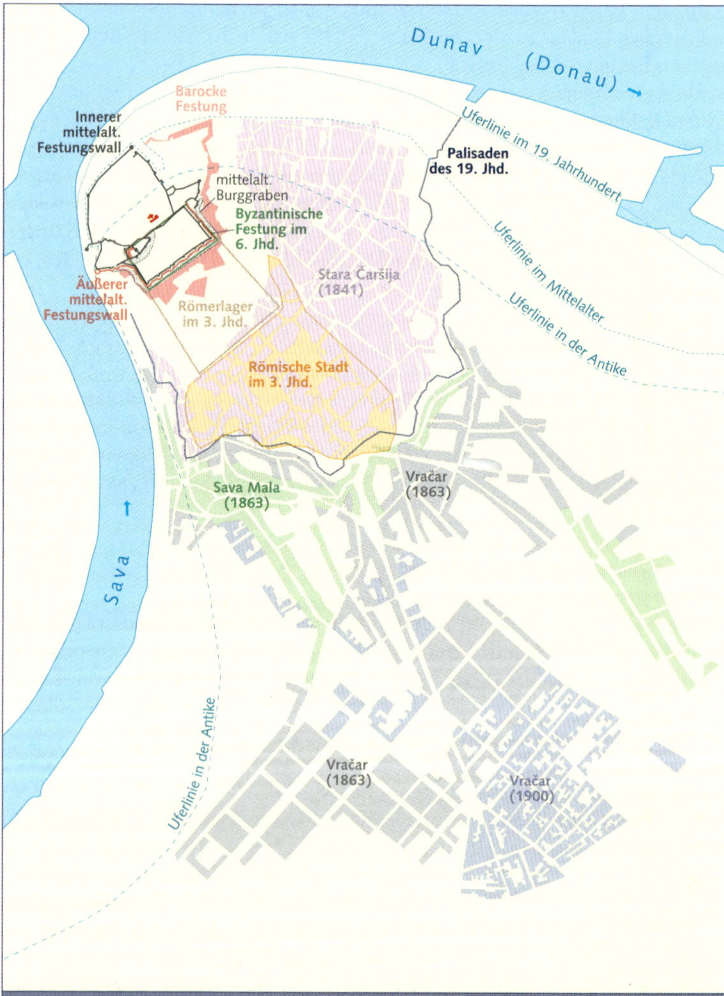

Belgrads städtebauliche Entwicklung im 19. Jhd.

Weg nach Kragujevac. Die Hauptstraße teilte auch das muslimische Quartier vom von Christen besiedelten Quartier (Srpska Varoš). Vom – bis heute erhaltenen – Vidintor der Festung nahm die gleichnamige Gasse (Vidinski sokak) ihren Ausgang und verlief in der Donauniederung entlang der heutigen Cara Dušana durch den sogenannten Dorćol. Nordöstlich davon befand sich donauseitig die Jevrejska mahala, das jüdische Quartier. Zwei kleinere Ausfallachsen durchquerten das serbische Quartier.

Die Straße nach Topčider verlief durch das Varoš Kapija (Stadttor, zerstört) und das Sumpfgebiet von Savamala. Ein vierter Weg führte durch das Sava Kapija (Save-Tor) steil hinab zum Save-Hafen. Gesellschaftlicher und ökonomischer Mittelpunkt der Altstadt war der Basar, die Čaršija, ein Ort des Austausches, der Kommunikation und der Produktion. Er hatte eine vergleichbare Funktion wie in Mitteleuropa der Marktplatz. Das persische Wort bedeutet vierseitig.

Der Belgrader Basar setzte sich aus mehreren Gliedern zusammen. Der obere Basar führte entlang der Hauptstraße über den Velika pijaca – heute: Studentski Trg –, der Untere Basar (Donja Čaršija) verlief in der Donauniederung entlang des Vidinski Sokak; als Rest davon ist der Bajloni Markt zu verstehen. Der Hauptbasar Glavna Čaršija auf der Höhe der heutigen Kralja Petra I. hieß Zerek. Hier traf man sich zum Schwatzen, besorgte Einkäufe, erfuhr die letzten Neuigkeiten.

Die Handwerker fertigten ihre Waren in kleinen, zur Straßenseite hin offenen Läden an, wo ihnen die Passanten bei der Arbeit zuschauen konnten. Geschlossen wurden sie durch große klappbare Bretterflügel, sogenannte Ćepenaki oder ćefenaki; sie dienten aufgeklappt als Regendach oder erweiterte Ladenfläche. In unmittelbarer Umgebung der Čaršija befanden sich Gasthöfe der Fuhrleute (han pl. hanovi), in denen ebenfalls Handel getrieben wurde. Die Fuhrleute (kiridžija pl. kiridžije) besorgten im Osmanischen Reich den Warentransport. Sie brachten nicht nur Waren, sondern fungierten auch als Geldkuriere und Nachrichtenübermittler.

Heute erinnern an die osmanische Zeit der Kaffee, viele Gerichte, einige Bezeichnungen von Straßen und Plätzen und wenige Architekturdenkmäler: der Bedesten (Basar) hinter der Sava-Kirche, die Bajraklimoschee, zwei Mausoleen und das Dositej-Lyzeum (heute Vuk-und Dositej-Museum) sowie einige krumme ungepflasterte Gassen. Auf dem Kalemegdan sind an Stambul-, Dizdar- und Zindantor osmanische Schmuckelemente erhalten geblieben.

Von der Residenzstadt zur modernen Großstadt

Aus Berichten wissen wir, dass Belgrad auch nach den Befreiungskriegen ein typisch osmanisches Gesicht trug. 16 Moscheen gab es Anfang des 19. Jahrhunderts noch, und auch die Serben orientierten sich zunächst am osmanischen Stil. Bereits seit der Zeit des Stefan Lazarević hatte im Nordwesten der Altstadt – auf einer Anhöhe an der Save, nicht weit vom Kalemegdan – eine serbische Siedlung mit einer Kirche bestanden. Wenige krumme Gassen mit Kopfsteinpflaster direkt am Kosančićev Venac markieren bis heute dieses Quartier.

Fürst Miloš ließ die Bautätigkeit in diesem Quartier fortsetzen. Zunächst verschob sich der Mittelpunkt des Basars vom Zerek (heute Kralja Petra I.) in Richtung Save. Die serbische Autonomieregierung zeigte mit der fürstlichen Kanzlei (Kneževa kancelarija) und zwei fürstlichen Villen, dem ›Gospodarski Konak‹ und dem ›Nova Konak‹ (Fürstin Ljubica), Präsenz. Der Konak der Fürstin und das Wirtshaus ›zum Fragezeichen‹ sind die wenigen erhaltenen Architekturbeispiele aus der Ära Miloš Obrenović in der Altstadt.

Im Jahr 1836 ließ Miloš anstelle der alten Kirche aus dem Jahre 1728 eine große Kathedrale (Saborna Crkva) errichten, die erst 1845 vollendet wurde. Der Bischofspalast (Mitropolija) gleich gegenüber konnte 1849 eingeweiht werden. Diese beiden christlichen Sakralbauten bildeten den Abschluss des neuen Hauptbasars. Im Quartier entstanden christliche Schulen, der Belgrader Lesesaal, die fürstliche Druckerei und das erste Hotel europäischen Stils. Das Große Haus zum Hirschen (Veliko zdanje kod Jelena) entstand auf Kosten Mihailos, einem Sohn des Miloš, von 1841 bis 1843, der es an einen österreichischen Hotelier verkaufte. Das im Volksmund Kod Jelena genannte Gebäude war das höchste der Altstadt und diente auch als Veranstaltungsort für Bälle und Theatervorführungen.

Vor den Toren der Stadt entstand eine neue Residenz. An der Landstraße nach Topčider besaß der Fürst beim Dorf Savamala Ländereien, die außerhalb der Reichweite des Festungskommandos lagen. Hier baute er seine Villa, die er zu seiner Hauptresidenz machte. Der österreichische Ingenieur und Architekt Franz Janke erhielt den Auftrag, das Land des Fürsten zu vermessen und entlang der Landstraße ein quadratisches Netz breiter Boulevards anzulegen. Jankes städtebauliche Anlage prägt das Belgrader Stadtbild bis heute. Ab 1836 entstanden innerhalb von nur zwei Jahren der Bau des fürstlichen Regierungssitzes mit Hof (Dvorac), Staatsratsgebäude (Sovjet) und Kaserne (Velika Kasarna). Ein liebe-

Eines der wenigen erhaltenen Gebäude aus dem frühen 19. Jahrhundert

voll konserviertes Relikt des Viertels ist das Hamam des Fürsten Miloš. Einen Eindruck vom Belgrad dieser Zeit gibt der Journalist und Schriftsteller Branislav Nušič (1864 –1938) in seinen Erzählungen ›Stari Beograd‹:

»Der Beruf des kiridžija war kein gewöhnlicher. Fuhrunternehmer waren nicht nur gelernte Handwerkermeister, sondern Vertrauensleute. Ihnen wurden nicht nur Waren anvertraut, sondern auch bares Geld. Sie nahmen es ohne schriftliche Verpflichtung entgegen und transportierten es über gefährliche Wege voller Entführer, Gewalttäter und Räuber an sein Ziel. Diese Leute hatten unterwegs entweder persönliche, freundschaftliche Beziehungen zu diesen Elementen, oder sie waren selbst besonders mutig und stellten mit ihrer Truppe eine ansehnliche bewaffnete Schar dar, die auch potentiellen Angreifern Respekt einflößte. Außerdem waren die Fuhrunternehmer selber Herren. Besonders bekannt war zum Beispiel Kiridžija Vaka aus Niš, der zehn von je zwei Büffeln gezogene Wagen besaß, dann der für sein Heldentum berühmte Zisa aus Serres, der eine Karawane von 60 Pferden hatte; ferner Dimitri aus Saloniki, der elf Kamele sein eigen nannte. Kamelkarawanen ließen sich nicht in den Gasthöfen nieder. Die Kamele brachten die Waren in die Stadt, dann wurden sie zur Übernachtung auf das Feld beim Savamala-Sumpf geführt. Die letzte Kamelkarawane erreichte Belgrad 1854 und brachte dem Kaufmann Anastas Hristodulos Tabakballen aus Serres. Der Fuhrunternehmer begleitete gewöhnlich seine Karawane bis Smederevo und ritt dann nach Belgrad voraus, wo er zwei Tage vor den Waren eintraf. Hier erledigte er alle Geschäfte, bezahlte die Mieten, schloss neue Verträge ab und konnte nach Eintreffen der Karawane die Waren abladen und sich wieder auf den Weg machen. So ein Fuhrmann unterhielt beste und intime Kontakte zur ganzen Čaršija. Er kehrte überall zum Kaffee ein, alle kannten und grüßten ihn, und alle kamen in den Gasthof, um Kiridžija Soundso zu treffen und von ihm Neuigkeiten zu erfahren.«

Der Han, ein Relikt der osmanischen Zeit, war Unterkunft für müde Tiere und Händler, aber auch eine Art Börse für den Abschluss von Geschäften. Die Hanovi waren nach Volksgruppen unterteilt: in türkische, serbische, zinzarische, bosnische, jüdische. Noch zu dieser Zeit, vermerkt die Stadtchronik, war europäische Kleidung in Belgrad eine Seltenheit. Die Bürger, mit Ausnahme der Serben aus der österreichisch-ungarischen Monarchie, trugen das traditionelle orientalische Gewand, der Fez war ihre Kopfbedeckung. Für die hochgelegene Zitadelle bürgerte sich der türkische Name ›Kalemeydan‹, Burgplatz, ein.

Seit 1833 besaß Fürst Miloš die Hoheit über den Belgrader Zoll, den ein Großteil des Handels zwischen Mitteleuropa und dem Osmanischen Reich passieren musste. Bei der Schiffsanlegestelle an der Save wurde dazu 1835 ein serbische Zollgebäude (Đumrukana) errichtet. Daneben befanden sich das österreichische Konsulat und die Lagerhallen des reichen Kaufmanns Miša Anastasijević. Noch war Kragujevac der Hauptsitz des Fürsten; um die Stadt zu gestalten, verteilte er kostenlos Baugrund. Erstmals dehnte sich die Stadt über den Kalemegdan hinaus und rückte auf die umgebenden Hügel vor: Topčidersko Brdo, Banovo Brdo, Pašino Brdo. Es dauerte länger, bis sich die Bürger am Terazije niederließen. Der Plan, auch den Basar vor die Tore der Stadt zu verlegen, misslang trotz Schenkung von Grundbesitz, weil die meisten Handwerker ihre angestammten Läden

Die Kralja Milana: Prachtstraße des späten 19. Jahrhunderts nach Plan

in der Altstadt bevorzugten. Erst als sich der Diplomat Stojan Simić im Sumpfgebiet zwischen Terazije und Batal-Moschee eine Villa in habsburgischem Stil bauen ließ, die ihm die Familie Obrenović für Mihailo abkaufte, gewannen die Grundstücke am Terazije schlagartig an Wert, und viele Serben begannen, ihre Häuser in der fürstlichen Nachbarschaft zu errichten. Mit der Ausführung wurden häufig Baumeister und Architekten aus dem Habsburgerreich betraut. Die Häuser zeichneten sich vielfach durch neobarocke Elemente aus.

Das Stadtbild um 1900

Um 1900 war Belgrad keine Festung mehr, sondern eine Residenz- und Beamtenstadt. Administration und Repräsentation waren den serbischen Herrschern wichtig, und die neuen Anforderungen begannen sich im Stadtbild niederzuschlagen. Anstelle der orientalischen Architektur sollte eine moderne Neustadt entstehen, die Čaršija abgerissen werden. Der Staat übernahm das muslimische Grundeigentum gegen eine Ablösesumme und ließ ein städtebauliches Konzept von Emilijan Josimović ausarbeiten. Es wurde 1867 vorgestellt. Der Plan sah vor, die Festung zu schleifen, um so Platz für ein neues Regierungsviertel zu schaffen. Ein durchgehender Quai sollte Donau und Saveufer säumen und an der Donau ein neuer geschützter Hafen entstehen. Der Plan blieb weitgehend Plan; lediglich der Park auf dem Kalemegdan und der Umbau eines Teils des ehemaligen Marktplatzes wurden realisiert.

Ab 1869 wurden ehemalige muslimische Parzellen verkauft, die Achsen begradigt und ein rechtwinkliges Straßennetz angelegt. Stadtwall und Tore waren bereits 1862 abgetragen worden. An Stelle des Stambul-Tores entstand das Nationaltheater mit Theaterplatz und Reiterstandbild. Die Neuorientierung im Städtebau wird an der Knez Mihailova am deutlichsten: Die neu angelegte Hauptgeschäftsachse verlief quer zur alten Čaršija und war von mehrstöckigen und an westlichen Baustilen orientierten Häusern flankiert. Die Čaršija hieß nun Dubrovačka. Das Terrain wurde durch die ›Velike Stepenice‹ (große Treppe) mit dem Savehafen verbunden. In der südlichen Verlängerung ging die Terazije in die ulica Kralja Milana über, die als Paradestraße mit neuer Residenz (heute Stari Dvor) angelegt und von mehrstöckigen Gebäuden flankiert wurde. Der Slavija-Platz schloss die Straße im Süden ab. Darum herum entstand das von Bäumen gesäumte Wohnviertel Vračar.

Der auf dem Berliner Kongress 1878 fixierte Eisenbahnbau löste einen Investitionsschub aus: Zu Beginn der 1880er Jahre wurde ein großes Sumpfgebiet südlich des Savehafens trockengelegt und mit dem Bahnhof das neue Quartier Savamala angelegt. Die Eisenbahn erforderte auch die erste Brücke über die Save. Erste Straßenbahnen fuhren 1892; sie wurden zunächst von Pferden gezogen und waren 1894 erstmals strombetrieben. Anfang des 20. Jahrhunderts wurde die Frischwasserversorgung modernisiert. Zwischen 1866 und 1905 verdreifachte sich die Bevölkerungszahl, allmählich verdrängte auch die europäische Straßenkleidung die orientalische Stadttracht.

Die Zwischenkriegszeit

Der junge Le Corbusier schrieb enttäuscht im Jahr 1910: »Ganze zwei Tage haben wir uns von der Illusion von ihr [gemeint ist Belgrad] befreit, und das so endgültig und gründlich, da die Stadt tausendmal weniger definiert ist als Budapest. Wir hatten uns das Tor nach Osten vielfach ausgemalt, eine von bunter Lebhaftigkeit vibrierende Stadt, und sie uns mit geschmückter und mit Federschmuck und lackierten Stiefeln ausstaffierter Kavallerie vorgestellt. Dies ist eine lächerliche Hauptstadt; sogar noch schlimmer, eine anrüchige Stadt, schmutzig und desorganisiert. Ihre Lage aber ist umwerfend.«

Das Gebäude des Serbischen Patriarchats

Mochte das Urteil Le Corbusiers auch ein Körnchen Wahrheit enthalten: Nach dem Ersten Weltkrieg setzten sich moderne Konturen im Stadtbild durch. Die Gebäude von Verwaltung und Regierung wurden von international erfahrenen Architekten zeitgemäß gestaltet.

So entstanden in Ergänzung zum sogenannten Alten das Neue Schloss (1911–1922), das später durch die NATO schwer geschädigte Regierungsgebäude Serbiens (1926–1928), ehemals Finanzministerium (Zgrada Vlade Srbije), das Außenministerium (1926–1929). Russische Emigranten wie Vasilij Fjodorovič Baumgarten errichteten das alte Generalstabsgebäude (1924–1928), Viktor Lukomski das Gebäude des Serbischen Patriarchats (1936) und Valerij Staševski die Russisch-Orthodoxe Kirche im Tašmajdan. An der endgültigen Gestaltung der Aleksandar-Nevski-Kirche wirkte der Russische Architekt Vasilij Androsov. Das Nebeneinander von architektonischen Strömungen vermitteln Palata Albanija (Bauhausstil), das Hotel Moskva (Jugendstil), die Akademie der Wissenschaften (1924, Historismus oder akademischer Stil), das Nationalmuseum (1902, Neorenaissance).

An den serbisch-byzantinischen Stil knüpfte die Savakirche an, mit deren Bau noch vor dem Ausbruch des Zweiten Weltkriegs begonnen wurde, die bis heute jedoch nicht fertiggestellt ist.

Die Architektur Belgrads nach 1945

Die Architektur Belgrads ist nach dem Zweiten Weltkrieg von Wegbereitern der Moderne wie Milan Zloković, Nikola Dobrovič, Dragiša Brašovan und Močilo Belobrk maßgebend mitbestimmt worden. Sie hatten Bauwerke bereits zwischen den beiden Weltkriegen entworfen. Vornehmlich in Belgrad gab es nach dem Krieg zahlreiche öffentliche Bauaufträge und Großprojekte, auch ein umfangreicher Siedlungsbau war wegen der deutlich ansteigenden Bevölkerungszahl notwendig. Unter den Großvorhaben sind hervorzuheben:
Die Messehalle am Bul. Vojvode Mišića 14 von Milorad Pantović (1954–1957). Der aus vier Hallen bestehende Messekomplex erreicht in der größten Halle eine Spannweite von 105 Metern, die drei kleineren Hallen haben eine Spannweiten von 48 bis 70 Metern. Das Kongresszentrum SAVA in Novi Beograd war für die damalige Zeit eine neue Form zusammenhängender Architektur in linearer Anordnung mit terrassenförmiger Gliederung. Der Komplex enthält neben dem Kongresszentrum eine Konzerthalle mit mehreren Sälen und kleineren Nebenräumen sowie ein Luxushotel (›Intercontinental‹, heute das ›Crowne Plaza‹). Der Bau wurde zwischen 1976 und 1979 errichtet, das Hotel im September 1979 eingeweiht.

Ein erstes modernes öffentliches Gebäude war das Museum für Zeitgenössische Moderne Kunst (1961–1965) von Ivan Antić und Ivanka Raspopović. Heute wird es wieder saniert. Mit seiner charakteristischen Bauform erzielte Andrić eine gelungene Belichtung der Innenräume. Die gleichen Architekten entwarfen auch den Pioniersklub (1963–1967). Er besteht aus einer mehrflügeligen Anlage unter Einbeziehung von offenen Höfen, die dem Gebäude mitten im Zentrum eine ruhige Raumzone ermöglichten.

Der markante ›Genex‹-Turm in Novi Beograd

Das Sport und Erholungszentrum Milan Gale Muškatorović – ehemals: 25. Mai – an der ulica Tadeuša Koščuška wurde in den Jahren 1961 bis 1973 realisiert. Der Architekt Ivan Antić griff hier auf eine Bauform mit hängendem Dach zurück. Die verschiedenen Hallen des für die Weltfestspiele für Schwimmen und Wasserpolo von 1973 errichteten Komplexes bilden eine zusammenhängende Einheit am Donauufer und schließen mehrere offene Einrichtungen mit ein. Mihajlo Mitrović (geb. 1922) hat zahlreiche serbische Bauten mitgeformt und ist einer der wichtigsten serbischen Architekten. Sein Apartmenthaus von 1967 steht in der Straßenzeile der Braće Jugovića in der Altstadt. Trotz einengender Bestimmungen und der Verwendung von Fertigteilen ist es gelungen, eine größtmögliche architektonische Raumfreiheit zu erlangen. Es fällt durch seine eigenwillige Fensteranordnung und die quadratischen, prismatischen Formelemente in der Wandgliederung auf. Weitere Wohnhäuser (1972–1977) folgten mit stark auskragenden Bauformen in den obersten Stockwerken. Diese Entwicklung wird im Energo-Invest-Verwaltungsgebäude (1968–1971) am Bul. Despota Stefana fortgesetzt. Hier wird der Stahlbeton durch die plastische Gestaltung offen betont. Dieses Prinzip findet sich auch am Bau des Hotel ›Putnik‹ (1970/1971) in der ul. Palmira Toljatija in Neu Belgrad. Mitrovićs Werk erreichte mit dem 1980 vollendeten ›Genex-Zentrum‹ seinen Höhepunkt: zwei 31-geschossige Turmbauten wurden in einen städtebaulichen Rahmen eingefügt und durch eine Brücke in den Obergeschossen miteinander verbunden, der Gesamtkomplex durch die Rundform eines Cafés gekrönt. Dieser Bau, bereits 1970 entworfen, war wegweisend für Serbiens Architektur.

Vielfältig sind die Wohnviertel Belgrads: Ivan Antićs Wohnanlage in Zvezdara (1953–1955) steht am Beginn des modernen Wohnbaus. Sie ist durch symbolische Formen bestimmt; sechs Türme mit 250 Wohnungen wurden in Betonbauweise und mit charakteristischen, gekurvten Dachformen errichtet.

Die ›Beogradjanka‹

Im Wohnviertel ›Julino Brdo‹ (1970) haben die Architekten Milan Lojanica, Predrag Cagić und Borivoje Jovanović mittels einer turmartigen Kompaktheit eine dichtere Bebauung umgesetzt. Hinzu kommt eine in der Höhe gestaffelte Anordnung der Blöcke. Diese Entwicklung wurde in der Wohnhausarchitektur von Novi Beograd vorangetrieben. Der Wohnblock Nr. 23 (1974) der Architekten Božidar Janković, Branislav Karadžić und Aleksandar Stjepanović fasst Einzelbau und Stadtplanung zusammen. Die Häuser sind unterschiedlich hoch und verhindern Monotonie, zudem sind die 21 Stockwerke skulptural gegliedert.

Die Architekten Stojan Maksimović und Mihajlo Mitrović haben sich ebenfalls intensiv mit dem Massenwohnbau beschäftigt. Maksimović hat den Wohnblock an der Ecke Bul. Crvene Armije und Maksim Gorki Str. (1974) entworfen. Die Fahrstühle betonen die Vertikale, plastisch gestaltete Balkone die Horizontale. Aleksandar Dokić setzte Mitrovićs Arbeit fort. In Zusammenarbeit mit Mihajlo Čanak baute er eine Wohnsiedlung in Kneževac-Kijevo (1976); in dieser Wohnanlage steht auch seine Transformatorenstation (1977–1979), die wie eine Plastik aussieht.

Lange war die ›Beogradjanka‹ mit ihren 24 Stockwerken das höchste Gebäude der Stadt. In ihr sind ein Kaufhaus, Banken, Büros und der beliebte Stadtsender ›Studio B‹ untergebracht. Das von Branko Pešić entworfene Gebäude der ›Volksverteidigung‹ war ein gestufter Ziegelbau. Als Sitz des serbischen Verteidigungsministerium wurde es ein Opfer der NATO-Bomben.

Dragiša Brašovan (1887–1965) hat gleichermaßen in Novi Sad und Belgrad gewirkt. In den 1930er Jahren entstanden in Novi Sad die Gebäude des Arbeiterverbandes und der ›Banovina‹, heute Regierungssitz der autonomen Provinz Vojvodina; 1961 folgte die Hauptpost. In Belgrad gehen die Villa des Nikola-Tesla-Museums (1932) und das Gebäude der Staatsdruckerei (1932–1941) am Bul. Vojvode Mišićeva 17 auf Brašovan zurück. Letzeres dient heute Vertretern der alternativen Kunstszene als Plattform. Weitere Werke von Brašovan sind: das vorbildlich sanierte und wiedereröffnete Luxushotel ›Metropol‹ (1953) am Bul. Kralja Aleksandra und die von der NATO zerbombte Kommandozentrale der Luftfahrt in Neu-Zemun. Der Architekt baute auch einige Privathäuser: in der ulica Francuska Nr. 5, in der Despota Štefana Nr. 8, am Bul. Oslobođenja Nr. 2 und die eigenwillige Kuća in der ulica Mileševa von 1931.

Jüngste Entwicklungen

Seit den 1980er Jahren wurde der fehlende Ideenreichtum in der Architektur Belgrads vielfach kritisiert. Eine widersprüchlich beurteilte Architektur ist das mit prägnanter Glasfassade in die Altstadt platzierte Gebäude der Zepterbank. Einen Preis für die besonders gelungene Erschließung einer Baulücke inmitten von historischen Gebäuden erhielt der Brasilianer Isay Weinfeld für seinen umgesetzten Entwurf des Hotels ›Square Nine‹ am Studentenplatz. Und als eines der jüngsten Projekte ging die Gestaltung der Wasserfront um die sogenannte ›BetonHala‹ in Planung. Der spektakuläre Entwurf des Japaners Sou Fujimato hat breite Zustimmung gefunden. Die ehemaligen Lagerhallen am Saveufer sind schon jetzt zu einem umtriebigen Szeneviertel geworden. In Novi Beograd entstanden seit den 1980er Jahren viele einfallslose Wohn- und Verwaltungsgebäude, die mit ihren dominanten Glasfassaden überall in Europa stehen könnten. Mittlerweile boomt die weitere Erschließung von Neu-Belgrad und drückt sich in geplanten Projekten von renommierten Architektinnen wie Zaha Hadid aus. Zaha Hadid hat auch den spektakulären Beko-Masterplan entworfen, ein Projekt, das 94 000 Quadratmeter für Wohnungen und einem Boutique-Hotel am Flussufer unterhalb des Kalemegdan vorsieht. Kontrovers geführte Diskussionen gibt es um das geplante ›Waterfront‹-Viertel an der Save unweit vom Messegelände unter arabischer Federführung.

Geographie

Belgrad liegt einerseits in der Ebene, unmittelbar an den Ufern der Mündung der Save in die Donau am südöstlichen Rand der Pannonischen Tiefebene, und andererseits an der Nordgrenze der Balkanhalbinsel. Nur ihr Kern, die Festung mit Kalemegdan, thront hoch oben 138 Meter über dem Meeresspiegel auf einem Sporn, der wie eine Halbinsel in den Mündungswinkel von Save in die Donau hineinragt. Im Laufe der Zeit rückte die Stadt immer weiter vom Wasser weg auf die nahe gelegenen Anhöhen. Neue Siedlungsgebiete entstanden und wurden nach ihren Anhöhen, den Brda (Hügel), benannt. Insgesamt umfasst das Stadtgebiet heute etwa 20 dieser Anhöhen: Topčidersko Brdo, Vračar-Hügel, Julino Brdo, Kanarevo Brdo, Stojčina Brdo, Glumčevo Brdo, Labudovo Brdo, Petlovo Brdo, Orlovo Brdo, Banovo Brdo. Noch bis 1914 bildete die Save die Grenze zu Österreich-Ungarn. Erst nach der Gründung Jugoslawiens entstanden mehrere verbindende Brücken über die Flüsse. Das alte Semlin (Zemun) wurde eingemeindet. Und nach dem Zweiten Weltkrieg dehnte sich die Stadt

Eine neue Stadt in der Stadt: die Airport City

Die Lage an Save und Donau war für die Entwicklung Belgrads bestimmend

weitläufig jenseits des Flusses aus: Novi Beograd mit dem Sava-Centar (1977–1979), dem größten Konferenzzentrum des Balkans, entstand. In Novi Beograd befindet sich mit 67,5 Meter auch der am niedrigsten gelegene Punkt Belgrads.

Bis zur kroatischen Grenze sind es etwa 90 Kilometer, nach Bosnien oder Rumänien sind die Entfernungen noch kürzer. Die Stadt ist daher Dreh- und Angelpunkt für den Verkehr zwischen Mittel- und Südosteuropa sowie dem Vorderen Orient und wird daher oft als Tor zum Balkan bezeichnet.

Klima

Belgrad und seine Umgebung haben gemäßigtes Kontinentalklima mit Jahresdurchschnittstemperaturen von 11,4 Grad. Der kälteste Monat ist der Februar mit minus 0,3 Grad, der heißeste der Juli mit 22,5 Grad. Ungeachtet dieser Durchschnittswerte kann es in Belgrad im Sommer drückend heiß – mit Temperaturen weit über 30 Grad – und im Winter über einen längeren Zeitraum eisig kalt sein. Dann ist auch mit dem scharfen, aus Nordosten kommenden Wind, dem Košava, zu rechnen, während im Sommer ein leichter Südwestwind vorherrscht. Die Niederschläge sind in den letzten Jahren zurückgegangen.

Flora und Fauna

Belgrads Flora und Fauna sind von der außergewöhnlichen Flusslandschaft geprägt. Die Save, mit 940 Kilometern Länge der längste Fluss des vormaligen Jugoslawien, mündet als wasserreichster Zufluss in den zweitgrößten Fluss Europas, die Donau. Zahlreiche Save- und Donauinseln liegen im Mündungsgebiet bei Belgrad und bieten ein unberührtes Refugium für Vögel, Insekten und Amphibien. Mit seinen 65 Parkanlagen, die eine Fläche von insgesamt

Im Botanischen Garten

363 Hektar ausmachen, seinen Wäldern und den Ausläufern der Hügellandschaft der Šumadija besitzt die Metropole ein reiches Naherholungsangebot. Die meisten Parkanlagen gehen auf das 19. Jahrhundert zurück: Kalemegdan, Topčider und Košutnjak mit jahrhundertealtem Baumbestand. Im 20. Jahrhundert wurden der Park der Freundschaft (Prijateljstva), der Park der Pioniere, der Park Tašmajdan und der Hajd-Park angelegt.

Kulinarisches

Belgrad ist eine weltoffene Stadt, was sich allein am Angebot der vielfältigen Restaurants erkennen lässt. Die Serben lieben die deftige und gehaltvolle Balkanküche mit üppigen Fleischplatten, aber auch aufwendige Gerichte wie gefüllte Auberginen, Krautwickel (Sarma), Gurken, Tomaten, Zuccini, Lamm mit Spinat gekocht und Bratkartoffeln, die leider in letzter Zeit mehrheitlich durch industriell gefertigte Pommes Frites ersetzt werden. Als Beilage wird gerne Ajvar gereicht. Als Vorspeise gibt es hausgemachte Suppen aus Gemüse, Bohnen, Kartoffeln oder sogenannte ›Meze‹, kalte Vorspeisen. Dazu wird pršuta (geräucherter Schinken), pihtije (Schweinesülze), projan (Maisbrot) und Bauernkäse gereicht. Unter den ›Topla predjela‹ (warme Appetitanreger) sind die Srpski uštipci (gegrillte Maisbällchen), Slanina (Speck) und Slanina Kuhanje (gekochter Speck in kleinen Stückchen) zu empfehlen.

Die Mahlzeit wird in der Regel auch üppig beendet: mit einem deftigen Palatschinken mit Nüssen zusammen mit Eis oder Schlagobers. Die serbische Küche ist eine Balkanküche, die sich aus vielen Einflüssen von West und Ost zusammensetzt. Die bei uns mit Vorliebe mit Serbien in Verbindung gebrachten Ćevapčići oder Kebab sind Fast-Food-Gerichte der Osmanen. Die slawischen Völker haben diese Hackfleischgerichte durch Füllungen mit Schafskäse oder Kajmak ergänzt, der der Butter nähersteht als dem süßen Rahm. Schnitzel werden gerne paniert, gefüllt, dann gerollt und nach dem Anführer des Ersten Serbischen Aufstandes ehrfurchtsvoll ›Karađorđeva šnicel‹ genannt. Als nationale Spezialitäten gelten Spanferkel (prasetina/pečenka) und Lamm (jagnetina), aber auch Ribljia Čorba (Fischsuppe aus Donaufischen) und Čorbast pasulj, eine Bohnensuppe mit Speck, Knoblauch und scharfem Paprika. Gerne kocht man im Sač, einem Tontopf, der an den Römertopf erinnert. Die Serben gehen gerne zur Jagd. Wildbret wird exzellent zubereitet.

An Getränken gibt es einheimisches und ausländisches Bier sowie Wein, mittlerweile auch vorzügliche leichte, trockene Weine aus der Fruška Gora oder dem Donaugebiet, beispielsweise Smederevo. Rakija (Schnaps) trägt zur besseren Verträglichkeit der fetthaltigen Speisen bei: Šljivovica (Pflaumenschnaps), Lozovača (Traubenschnaps), Kajsijevača (Aprikosenschnaps), Dunjevača (Quittenschnaps).

In letzter Zeit haben Saftbörsen eröffnet, vegetarische und asiatische Restaurants und natürlich an allen Ecken italienische Restaurants und Pizzerien. Das Fast-Food-Angebot ist genauso umfangreich wie das an guten Restaurants: Einheimisch ist das von den Türken übernommene Burek, die Gibanica oder die Gužvara. Alle bestehen aus Blätterteig und können pikant oftmals mit Käse oder süß gefüllt sein. Daneben verbreiten sich immer mehr weltweite Ketten wie Burger King und McDonald´s. Einheimische Ketten sind Pekara (Bäcker) und Toma, deren Filialen in der Innenstadt rund um die Uhr geöffnet sind und auch Pizza bieten. Statt Coca Cola wird aber häufig Cocta getrunken, eine slowenische Kreation der 1970er Jahre, die angeblich gesünder ist und kein Koffein enthält.

Die serbische Küche ist für ihre Grillgerichte bekannt

Das Herz der Stadt bilden seit den Anfängen Belgrads die Festung mit Kalemegdan und die Altstadt. Hier trifft man auf die meisten Sehenswürdigkeiten und Museen.

Belgrad, Rathaus (Alter Hof)

STADTSPAZIERGÄNGE

Orientierung

Wer die Stadt zum ersten Mal besucht, wird von ihrer Größe und Modernität überrascht sein. Egal, ob man sie von Norden oder Süden erreicht, stets beeindrucken die imposante Flusslandschaft von Donau und Save, über die heute acht elegante Brücken führen, und die moderne, von Hochhäusern geprägte Silhouette.

Belgrad ist ein europäischer Verkehrsknotenpunkt, dessen weiterer Ausbau in Planung ist. Eine wichtige Verkehrsanbindung, der Autoput nach Süden – Richtung Griechenland, Mazedonien, Bulgarien, Türkei – führt mitten durch die Stadt, quert die Save über die Autobahnbrücke Most Gazela und sorgt trotz neuer Ableitung über Surčin

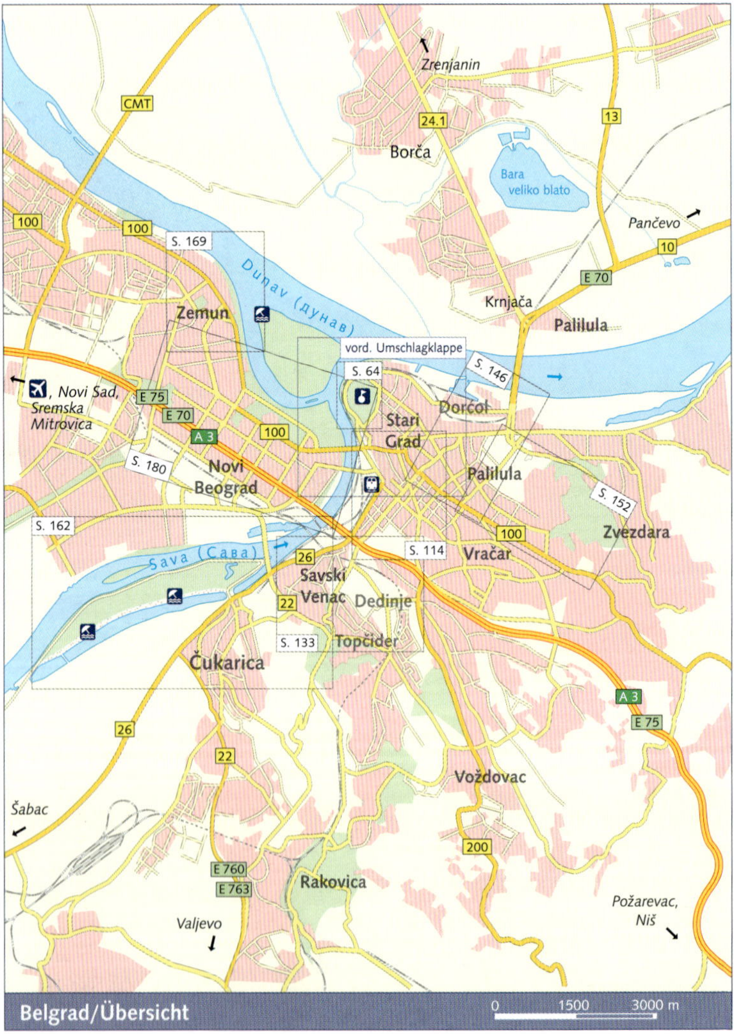

Belgrad/Übersicht

Blick vom Flusshafen auf die Michaelskathedrale

(Umgehungsstraße) nach wie vor für ein nicht geringes Verkehrsaufkommen. Schon von weitem erkennt man das Genex-Hochhaus, das Westtor Belgrads. Es befindet sich an der Stelle, an der die Autobahn von Zagreb das Belgrader Stadtgebiet erreicht.

In Belgrad bewegt man sich am besten zu Fuß. Als Hauptstraße mit den meisten Geschäften, der Tourismusinformation und vielen gastronomische Einrichtungen, Kulturzentren (französisches und spanisches, Goetheinstitut) und Galerien darf die Fußgängerzone gelten. Von ihr aus gelangt man rasch in die Festung und den sie umschließenden Kalemegdan, an die Save und an die Donau, aber auch an die zentralen öffentlichen Verkehrsdrehscheiben wie Studentenplatz, Terazije und Savski Venac mit dem Fernbahnhof.

Neue und alte Straßennamen

In den vergangenen Jahren hat es einige Umbenennungen von Straßen gegeben, und natürlich ist offiziell nur ein Name gültig. Da aber mitunter noch die alten Straßenschilder angebracht sind und es daher zu Verwirrungen führen kann, die folgende Übersicht:

Aktuelle Bezeichnung	Alter Name
Kralja Milana	Srpskih vladara
Svetogroska	Lele Ribara und andere
Kralja Petra I.	7. Juli
Kraljice Natalija	Narodnog Fronta
Venizelosova	Đure Đakovića
Francuska	Žorža Klemansoa
Resavska	General Šdanova
Krunska	Proletarska
Patrijarha Gavrilo	Dušana Bogdanovića
14. Decembra	Cara Nikolaja II.
Despota Stefan	29. November

Festung und Kalemegdan

Die Belgrader Festung (Beogradska tvrđava/Београдска тврђава) ist der bedeutendste Denkmalkomplex der Metropole. Hoch oben im Mündungswinkel zwischen Save und Donau, am Nordende der Altstadt, liegt ein großes Plateau auf einem etwa 50 Meter hohen Kalkstock. Auf ihm befand sich bis zum Abzug der Osmanen eine Festungsanlage, die mit einer Oberstadt (Gornji Grad/Горњи Град) und einer Unterstadt (Donji Grad/Доњи Град) zu einer Zitadelle ausgebaut war und eine westliche und östliche Vorstadt besaß. Die Festung war seit Jahrhunderten Grenze – Grenze zwischen Christentum und Islam, östliche Grenze zu Byzanz, nördliche Grenze zu Ungarn und schließlich

Festung und Kalemegdan

europäische Grenze zum Osmanischen Reich –, um die immer wieder Kriege entbrannten. Der Hügel war bereits in neolithischer Zeit besiedelt, wurde erstmals 279 v. Chr. unter den Kelten als Singidunum erwähnt und später zum römischen Castrum. Die Wehranlage wurde wiederholt zerstört, erneuert, umgebaut und erweitert. Auf der byzantinischen Festung des 12. Jahrhunderts entstand die ungarische Stadt, der serbische Despot Stefan Lazarević erbaute seine Residenz in der alten Burg und einen Militärhafen am Fluss. 1521 kamen die Osmanen und blieben mit Unterbrechungen insgesamt 300 Jahre an der Macht. Während der türkisch-habsburgischen Kriege war die Festung schwer umkämpft und wurde dreimal rekonstruiert.

Der Festungshügel hat eine Fläche von 60 Hektar, die meisten Teile wurden restauriert und zugänglich gemacht. Und bis heute wird noch gegraben. Der gesamte Festungshügel soll von unterirdischen Gängen oder Tunneln untergraben sein, die bis unter die Save reichen. Sie sind im Rahmen des Besuchs des Militärmuseums teilweise zu besichtigen.

Als Kalemegdan (Калемегдан) wird das Plateau um die Festung bezeichnet, das von jeher den jeweiligen Machthabern als Beobachtungsposten diente. Der Name leitet sich von den türkischen Worten Kale – das Feld – und megdan – der Kampf – ab. Die Türken nannten den Kalemegdan auch Fićir-bajir, was soviel wie ›Hügel zum Nachdenken‹ bedeutet. Im Rahmen des ersten Stadtentwicklungsplanes des 19. Jahrhunderts von Emilijan Josimović wurde mit der Umgestaltung des Areals zu einem großen Park begonnen. Heute untergliedert sich der Festungshügel in Ober- und Unterstadt, Großen (veliki) und Kleinen (mali) Kalemegdan. Er ist der größte Park im Zentrum und ein Aussichtsplateau mit wunderbarem Blick auf die Flusslandschaft, Zemun, Novi Belgrad und die pannonische Tiefebene. Die Belgrader Festung ist öffentlich zugänglich und wird über die Straßen Knez Mihailova, Uzun Mirkova und Strahinjića erreicht. Im Stambultor werden erstklassige Audioguides (audio vodič) – sie führen anschaulich durch die Festung – gegen Hinterlegung eines Ausweises und 300 Dinar vermietet (10–18 Uhr). Wer einen ausgiebigen Besuch von Festung und Kalemegdan plant, sollte einen vollen Tag einplanen – es lohnt sich (Infos: www.beogradskatvrdjava.co.rs).

Das mächtige Zindantor

Oberstadt

Die Oberstadt (Gornji Grad/Горњи Град) ist ältester Teil und Mittelpunkt der Festung. Ihre Burgmauer stammt aus dem 15. Jahrhundert und entstand auf den Fundamenten des römischen Castrums. Bei Grabungen wurden Reste der Vinčakultur gefunden. Im Rahmen der türkisch-habsburgischen Kriege nahmen die Österreicher von der Festung Besitz und ließen sie nach Plänen von Nikola Doxat – Schweizer Oberst in Habsburger Diensten, der sich an Vauban orientierte – verstärken und das Plateau nivellieren.

Mehrere Tore verschaffen Zugang zur Oberstadt: Von Süden her gelangt man durch das innere und äußere **Stambultor** (Стамбул Капија) und den **Uhrturm** (Sahat Kula/Сахат Кула) in die Oberstadt. Die Uhr des osmanischen Turms konnte dank technischer Unterstützung durch die Schweiz mit einem modernen Uhrwerk ausgestattet werden. Die Zwiebelhaube erhielt er von den Habsburgern. Bei Grabungen fand man hier römische Häuser. Die Zugänge zur mittelalterlichen Festung erfolgten über ein östliches Tor mit dem **Dizdarturm** (Диздар Кула). Es stellt den ältesten erhaltenen Teil der

Klein, aber von großer ideeller Bedeutung: die Petkakirche

Karte S. 64

Festung dar. Den Namen ›Dizdar‹ erhielt es viel später vom Befehlshaber Dizdar, der in ihm seine Wohnung hatte. Und vom äußersten Osten her gelangt man über das **Zindan-Tor** (Зиндан Капија), einer aus zwei trutzigen Rundtürmen bestehenden eindrucksvollen Anlage, in die Oberstadt. Es ist zur Verstärkung des damaligen Haupteingangs der Stadt angelegt worden, diente auch als Kerker und hat daher seinen Namen vom türkischen Wort ›Zindan‹ für Kerker. Durch das **Karađorđe-Tor** (Карађорђе Капија) zog dieser ›große Befreier‹ im Jahr 1806 in die Festung ein, während die untere Burg durch das **Vidin-Tor** (Видин Капија) erreicht werden konnte.

Zwei Kirchen befinden sich am Rand der Oberstadt: Die **Ružicakirche** (Ружица црква; tgl. 8.30–16 Uhr) liegt direkt unter der Wallmauer. Sie war ursprünglich ein Pulvermagazin, das 1730 von den Österreichern errichtet und nach 1867 in eine Garnisonskirche verwandelt wurde. An dieser Stelle befand sich allerdings schon einmal eine Kirche dieses Namens - übersetzt: Rosenkirche -, die von den Türken bei der Eroberung Belgrads 1521 zerstört worden war. Da sie im Ersten Weltkrieg schwer in Mitleidenschaft gezogen worden war, erfolgte 1925 der Wiederaufbau. Die kleine Ikonostase geht auf Kosta Todorović zurück, die Ikonen auf Rafailo Momčilović. Die Wände wurden vom Russen Andrey Bitsenko vollständig bemalt und zeigen serbische Heilige, darunter berühmte Herrscher mit Kirchenmodell in der Hand, das sie als Stifter der orthodoxen Kirche ausweist. Auf der Westseite erkennt man den russischen Zaren Alexander an seinem Doppeladler, daneben den russischen Metropoliten. Weil die Kirche als Garnisonskirche entstand, haben hochrangige Militärs ihre letzte Ruhe hier gefunden.

Ein Teil der Festungsmauern an der Save

Die **Kirche der heiligen Petka** (Sv. Petka/ Св. Петка) ist die am meisten verehrte Kirche Belgrads. Der Legende nach bestand die Urkirche an dieser Stelle bereits im Jahr 1400 über einer Quelle, aus der heiliges Wasser floss. Das Wasser fließt dort immer noch und wird verkauft. Die Kirche aber wurde mehrmals zerstört, der letzte Bau wurde 1944 Opfer des angloamerikanischen Angriffs, nach dem Krieg erneuert und im Laufe der Zeit mit Mosaiken des Künstlers Đuro Radulović ausgestaltet.

Kalemegdan

Auf dem Kalemegdan liegen zahlreiche Sehenswürdigkeiten. Der kleine Kalemegdan ist dem Sport, der Kunst und dem Zoo vorbehalten. Auf dem großen Kalemegdan findet man dagegen das Pantheon serbischer Literatur und Wissenschaft. Die Save-Promenade bietet einen phantastischen Blick auf die Mündung der Save in die Donau und birgt die **Heldengruft**, in der Kommunisten und Partisanen, darunter der Tito sehr nahe stehende Moše Pijade, beigesetzt wurden. Die Terrasse wird auch für Freilichtausstellungen genutzt. Über die **Große Treppe** von L. Stojanović von 1928 führt der Weg hinab zum Saveufer.

Denkmäler im Kalemegdan

In der Verlängerung der ulica Knez Mihailova betritt man die Allee des Kalemegdan, geradezu das Pantheon serbischer Kunst und Geschichte. Zunächst stößt man auf einen schlichten **Marmorblock**. Er wurde 1967, anlässlich des 100sten Jahrestags der Übergabe der Belgrader Festung, hier aufgestellt. Er erinnert daran, dass an dieser Stelle 1867 das Edikt des Sultans verlesen wurde, gemäß dem am 6. April 1867 der letzte Wali (Statthalter) Riza Pascha die Festung und die Stadtschlüssel an den Fürsten Mihailo Obrenović und die serbischen Streitkräfte übergab. Dicht beieinander folgen nun die **Büsten** vieler Politiker, Gelehrter und Künstler aus verschiedenen Epochen, darunter die Philologen Đura Daničić (1825-1882) und Miloš Đurić (1892-1967), die Dichter Radoje Domanović (1873-1908), Borislav Stanković (geb. 1925) und Đura Jakšić (1932-1978), der Schriftsteller Vojislav Ilić (1860-1894), der Lyriker Branko Radičević (1825-1853), der Literaturtheoretiker Jovan Skerlić (1877-1914), der Musiker Stevan Mokranjac (1856-1914) und der Politiker Jovan Gavrilović (1796 -1877). Im Zentrum des Rondells steht der **Brunnen mit der Figur Borba**, die den Kampf eines Fischers mit einer Schlange zeigt. Simeon Roksandić (1874 -1943) fertigte die Figur für die Weltausstellung in London 1906.

Merci La France (Spomenik zahvalnosti Francuskoj/Споменик захвалности Француској) steht am Ende der Allee und erinnert in Dankbarkeit an die Unterstützung, die die Serben von den Franzosen im Ersten Weltkrieg erhielten. Das Denkmal trägt die kyrillische Inschrift: ›Lasst uns Frankreich lieben, wie Frankreich 1918 uns geliebt hat‹ und ist das Werk des großen Bildhauers Ivan Meštrović von 1930. Die weibliche Figur symbolisiert Frankreich, die Serbien zu Hilfe eilt. An den Seiten sind Flachreliefs angebracht, die die Schulung der serbischen Jugend und die Hilfe im Krieg zeigen.

Am höchsten Punkt der Festung mit Aussicht auf den Zusammenfluss von Save und Donau steht der sogenannte **Sieger** (Pobednik/Победник), ein Wahrzeichen Belgrads. Auch diese Skulptur stammt von Ivan Meštrović. Er begann mit der Arbeit an der Figur bereits vor dem Ersten Weltkrieg, konnte sie aber erst danach beenden. Als Symbol für Krieg und Frieden plante man, sie anlässlich des 10. Jahrestages des Durchbruchs an der Saloniki-Front 1918 als Brunnenfigur am Terazije aufzustellen. Der entblößte Mann erregte jedoch Anstoß und wurde deshalb 1928 auf dem Kalemegdan enthüllt. Während des Zweiten Weltkriegs wurde die 14 Meter hohe Säule vorsorglich als Schutzmaßnahme nach Senjak gebracht. In der Linken trägt der Mann einen Falken und in der Rechten ein Schwert. Auf einer dorischen Säule stehend, scheint er über die Mündung der Save in die Donau zu wachen.

In das **Denkmal für den Vožd** nahe der Save-Promenade ist ein Relief vom Bildhauer Sreten Stojanović eingelassen. Es erinnert an den Winter 1806, als der Anführer (vožd) des serbischen Aufstandes gegen die Türken, Karađorđević, den Befehl gab, Belgrad zu befreien. Die Serben nahmen die Stadt tatsächlich am 12. Dezember dieses Jahres ein.

Der **Engel des Todes** (Anđeo Smrti/Анђео Смрти), eine Großplastik aus Bronze, ist das dritte Werk von Ivan Meštrović auf dem Kalemegdan. Er schuf die Figur im Rahmen seines ›Amselfeld‹-Zyklus für die Weltausstellung in Rom 1911.

Spät gedachte man des bedeutenden Despoten Stefan Lazarević, der das mittelalterliche serbische Belgrad begründete: Er baute ein Schloss auf den byzantinischen Ruinen. Da der serbische Generalstab im Ersten Weltkrieg im Schloss untergebracht war, wurde es im Krieg zerstört. Die moderne **Skulptur** ist das Werk des Bildhauers Nebojša Mitrić aus dem Jahr 1982. Auf dem Sockel befinden sich mittelalterliche Symbole und die Aufschrift ›Ich fand den schönsten Platz seit Menschengedenken – die große Stadt Belgrad. Despot Stefan Lazarević (1377–1427), serbischer Herrscher und Dichter‹.

Zahlreiche **Brunnen** schmücken Festung und Park. In der Oberstadt erinnert der Brunnen von Mehmed Paša Sokolović (Česma Mehmed Paše Sokolovića/Чесма Мехмед Паше Соколовића) von 1576 an die Siege des Großwesirs. Der bosnische Serbe hatte Karriere am Hof des Sultans von Konstantinopel gemacht und es bis zum Großwesir gebracht. Berühmt wurde er, weil er die 1578 fertiggestellte Drinabrücke in Višegrad bauen ließ, wegen ihrer Einzigartigkeit heute ein auf der UNESCO-Welterbeliste eingetragenes Bauwerk.

Der ›Sieger‹ ist ein Wahrzeichen Belgrads

ESSAY

Ein Bewohner des Zoos

Museen

Das **Militärmuseum** (Vojni muzej/Војни музеј) ist in einem Gebäude an der Westbastion eingerichtet. Man erreicht es über das zweite Stambultor. Das Museum dokumentiert die militärische Geschichte Serbiens und Jugoslawiens von der Antike bis zu den Bombenangriffen der NATO 1998/99; unter den Ausstellungsobjekten befindet sich eine in der Srem abgeschossene Lockheed F117. Im Außenbereich stehen Kanonen aus Fetislam (Kladovo) aus dem 18. Jahrhundert. Die Gründung des Museums ist dem Engagement von Milan Obrenović zu verdanken, es hat seit 1961 hier seinen Sitz. Das **Museum der Belgrader Festung** befindet sich im rekonstruierten österreichischen Tor. Im Museum wird die Belgrader Festung in Plänen und Dokumenten präsentiert, darunter sind auch drei Modelle der Festung: je eines aus dem 15. Jahrhundert sowie aus den Jahren 1736 und 1790. Weiterhin sind Fundstücke der römischen Zeit, Werkzeuge der Festungshandwerker, Waffen und Ausrüstungen zu sehen.

Das Militärmuseum unter freiem Himmel

▲ Karte S. 64

Der **Kunstpavillon Cvijeta Zuzorić** (Цвијета Зузорић) wird für Ausstellungen und Festivals genutzt. Er entstand 1928 nach Plänen von Branislav Kojić und trägt den Namen einer schönen Dichterin und Kurtisane aus Dubrovnik, die im 16. Jahrhundert gelebt hat. Davor steht eine weibliche entblößte Brunnenfigur mit sechs Tauben, die der Bildhauer Dragomir Arambašić 1920 schuf.

Das **Naturkundemuseum** (Galerija prirodnjačkog muzeja/Галерија природњачког муезеја) ist in einem renovierten Bau aus der osmanischen Epoche eingerichtet. Seit den 90er Jahren steht es dem Naturkundemuseum zur Verfügung, das auch die Sammlung der Villa in der ulica Nušićeva übernommen hat.

Zoologischer Garten

Der rund sechs Hektar große Zoologische Garten (Zoološki Vrt/Зоолошки Врт) wurde 1936 begründet und in den Ruinen der alten Festung angelegt. Die Höhlen dienen heute den Tieren als natürliche Verstecke. Die Tiere litten während des NATO-Bombardements derartig, dass einer der Tiger sich selbst vor Stress in ein Bein gebissen und zum Invaliden gemacht hat. Etwa 2000 Tiere, darunter bemerkenswert viele Wildkatzen, leben derzeit hier. Es gibt einen Babyzoo, eine Galerie mit Holzskulpturen von Vuk Bojović, Ponyreiten und vieles mehr (im Winter tgl. 8–17, im Sommer tgl. 8–20.30 Uhr).

Unterstadt

Die Unterstadt (Donji Grad/Доњи Град) besaß früher eine eigene Befestigungsanlage mit Türmen. Sie liegt fast an der Save. Im weiten Feld der Parkanlage befindet sich das türkische **Hamam** (Хамам), heute Sitz des Planetariums der Astronomischen Gesellschaft ›Ruđer Bošković‹. Das Hamam war erst nach dem Abzug der türkischen Garnison entstanden und ist eines von ehemals drei Bädern auf dem Burggelände.

Das **Karlstor** (Kapija Karla VI/Капија Карла VI.) ist an dieser Stelle als Triumphzeichen des Katholizismus zu verstehen: Als die Österreicher erstmals Belgrad eroberten, wurde Nordserbien die östlichste Festung des Katholizismus. Der Baumeister Balthasar Neumann, der sich für einen Monat in Belgrad aufhielt, entwarf das Tor 1717. Es gilt als einziges Gebäude im Stil des Barock südlich von Save und Donau. Nordöstlich liegt das **Vidintor** aus der ersten Hälfte des 18. Jahrhunderts mit vier seitlichen Räumen mit Kaminen für die Burgwachen. Außerhalb des Tores befindet sich der Ausgangspunkt für die Straßenbahnen.

Nebojša-Turm

Der Nebojša-Turm (Fürchtenichtsturm/Nebojša kula/Небојша кула) ist heute durch eine Straße von der Festung getrennt. Der Nebojša-Turm hieß ehemals weißer Turm oder Temešvar-Turm. Er wurde umbenannt, als der höchste Turm, genannt Nebojša, der das Schloss des Despoten bewacht hatte, zerstört worden war. Der heutige Turm lag immer an der Donau und bewachte den Zugang zum alten Donauhafen. Seit dem Jahr 2010 beherbergt er ein **Museum**, das auf vier Stockwerken die Geschichte des Freiheitskampfes der Serben und die Biographie des griechischen Freiheitskämpfers Rigas Fereos (auch Rigas Velestinlis) zeigt. Der

Der Nebojša-Turm

Turm wurde 1421 als Kanonenturm erbaut, war ursprünglich 22 Meter hoch und ist über die Jahrhunderte vielfach verändert worden. Der obere Teil des Turms wurde im 18. Jahrhundert abgetragen und für den Kampf mit Feuerwaffen umgebaut. Unter den Habsburgern wurde er ab 1789 als Kerker genutzt, in dem unter anderen Rigas Fereos und auch der serbische Metropolit Methodije als Gefangene gehalten wurden.

Bei Grabungen fand man hier die ehemalige Kanonengießerei, ein Gebäude von 90 Meter Länge. Reste liegen unter der Straße, die die Burg durchzieht (Okt.–Mai tgl. 10–18 Uhr, Juni–Sept. tgl. 10–20 Uhr).

Das Karlstor

Altstadt

Die Altstadt (Stari Grad/Стари Град) liegt am Westhang des zum rechten Saveufer abfallenden Hügels. Wie eine Halbinsel ragt dieser in das Mündungsgebiet der Save in die Donau. Innerhalb der Altstadt liegen unter anderem der Kalemegdan mit der alten Festung, das serbische Viertel mit der orthodoxen Michaelskathedrale als herausragendem Sakralbau, das Viertel Dorćol am Donauufer, die lange Fußgängerzone, der Regierungssitz Serbiens, das Rathaus und auch das Künstlerviertel Skadarlija. Zur Altstadt gehören neben dem Park des Kalemegdan auch der Pionier- und Akademiepark sowie der Botanische Garten. Wegen dieser Dichte an Sehenswürdigkeiten ist die Altstadt neben der Festung für fast alle Touristen der Hauptanziehungspunkt in Belgrad.

Kosančićev Venac

▲ Karte: s. vordere Umschlagklappe

Im südwestlichen Teil der Altstadt, hoch über dem Ufer der Save, befand sich schon im Mittelalter eine serbische Siedlung mit Kirche und Friedhof. Diese wurde noch zu türkischen Zeiten ausgebaut. In diesem alten serbischen Viertel, dem Kosančićev Venac, gibt es einige Gassen, die als ›Venac‹, übersetzt der Kranz, bezeichnet werden: Obiličev Venac, Topličin Venac und Kosančićev Venac. Letzterer ist recht ursprünglich erhalten geblieben: eine mit Kopfstein gepflasterte Gasse mit einigen ebenerdigen Häusern. In einem dieser alten Häuser befindet sich seit einigen Jahren die stimmungsvolle **Weinbar und Galerie U Podrumu**. Das Gebäude mit der Nr. 22 zeigt gleichzeitig deutlich den Wandel zur Jahrhundertwende. Es ist ein Sezessionsgebäude mit serbisch-byzantinischen Einflüssen von 1910. Hier lebte der serbische Mathematiker Mihailo Petrović, auch Mika Alas (Fischer) genannt. Er war Professor an der Belgrader Universität und passionierter Reisender.

Ein Abstecher könnte von hier, vorbei an der Botschaft Österreichs, in die nahe gelegene Pariska Ulica führen, zum Sezessionsgebäude der **Französischen Botschaft** mit ihren ausdrucksstarken weiblichen Figuren an der oberen Front, Allegorien der Einigkeit, Freiheit und Brüderlichkeit.

Sukkat-Shalom-Synagoge

An der Maršala Birjuzova Nr. 19, etwas zurückversetzt, steht die letzte in Belgrad erhaltene Synagoge. Die Existenz der Ashkenazim ist in Belgrad seit dem 18. Jahrhundert belegt, die offizielle Gründung einer Gemeinde erfolgte

Die Österreichische Botschaft am Beginn des Kosančićev Venac

am 1. Oktober 1869. Die Statuten der Gründungsurkunde umfasste 20 Artikel und sah die Gründung einer Schule und eines Tempels vor. Zunächst mietete man sich ein Haus dafür.
Kurz vor Beginn des Ersten Weltkriegs wurde eine Sammelaktion für einen Neubau gestartet. Der Grundstein, der in seinem Inneren in versiegelter Form eine von König Aleksandar und Königin Marija unterzeichnete Gründungsurkunde auf Pergament enthielt, wurde am 15. Juni 1924 feierlich gelegt.
Die Synagoge wurde von 1924 bis 1926 nach einem Entwurf des Architekten Franjo Urban unter Mitwirkung von Milan Slang gebaut. Bis 1941 diente sie den Ashkenazim als Gotteshaus. Die Nazis entweihten den Ort und nutzten ihn als Bordell. Nach dem Krieg wurde der Bau wieder seiner eigentlichen Bestimmung zugeführt und wird jetzt sowohl von Ashkenazim als auch Sephardim genutzt. Stilistisch ist die Synagoge sehr formalistisch, mit Anklängen an die Neorenaissance. Das Gebäude dient der Liturgie, daneben als Lehranstalt, Verwaltung und Freizeithaus.

Ulica Kralja Petra Prvog

Die Ulica Kralja Petra Prvog (Straße König Petar I.) ist eine der ältesten Belgrader Straßen. Sie beginnt beim Kosančićev Venac und bildet so etwas wie das Zentrum der Orthodoxie in Belgrad.
Im 19. Jahrhundert gab es hier die erste offizielle Belgrader Apotheke (Nr. 8, heute ein Wohnhaus) und das erste Hotel der Stadt (›Kod jelena‹, Zum Hirschen). Heute befinden sich in dieser Straße das Patriarchat der Serbisch-Orthodoxen Kirche, schräg gegenüber die Michaelskathedrale sowie die älteste Belgrader Kneipe, das Gasthaus ›?‹.
In der Nr. 7 stand seit 1846 eine ›alte Schule‹ mit Bibliothek. Jelisaveta Načić

Schöne Jugendstil an der ulica Kralja Petra Prvog

ersetzte sie 1905 durch einen Neubau im Stil der Neorenaissance, in dem Fürst Petar Karađorđe residierte. Um die Ecke, in der ul. Gračanička (ул. Грачаничка) Nr. 10, steht ein Bürgerhaus des 18. Jahrhunderts, das Anfang des 19. Jahrhunderts umgebaut wurde. Es stellt ein schönes Beispiel des Übergangs von der balkanisch beeinflussten Architektur hin zu mitteleuropäischen Tendenzen dar.

Palast des Patriarchen

Der Palast des Patriarchen (Patrijaršija/Патријаршија) steht an der Ecke der Kralja Petra zur Kneza Sime Markovica. Er wurde zwischen 1932 und 1935 am Abhang zur Save in serbisch-byzantinischem Stil nach Plänen des russischen Architekten Viktor Lukomski gebaut und ist an der Kuppel zu erkennen. Das Wappen des Patriarchen, das zwei Engel mit der Mitra schmücken, krönt das Eingangsportal. Vladimir Zagorodniuk hat es gefertigt. Oberhalb des Wappens ist Johannes als Mosaik dargestellt, das von Vladimir Predojević stammt.

Stadtspaziergänge

In der Michaelskathedrale

Im Jahr 1930 wurde eine Initiative mit dem Ziel gestartet, dem Patriarchen einen repräsentativen Palast auf dem Vračar zu errichten. Als sich aber der Bau der Savakirche auf unbestimmte Zeit verzögerte, entschloss man sich, den neuen Sitz des Patriarchen an der Stelle zu bauen, wo der Metropolit von Belgrad und Sremski Karlovci seit 1850 seinen Sitz hatte. Der Neubau war für mehrere Funktionen konzipiert: oberstes Verwaltungsorgan der serbisch-orthodoxen Kirche sowie Bibliothek und **Museum der serbisch-orthodoxen Kirche** (Muzej Srpske Pravos/Музej Српске Православне Цркве), das auch als Ikonenmuseum bezeichnet wird. Ausgestellt sind Ikonen, Handschriften, Reliquiare, Textilien, Stickereien, Manuskripte, Inkunabeln und liturgisches Gerät. Vieles stammt aus den Klöstern des Fruška Gora, darunter eine Ikone des Johannes des Täufers von 1645 aus Krušedol, aber auch aus orthodoxen Kirchen in Kroatien. Besonders berühmt sind aber folgende Preziosen: Grablegung des Königs Milutin aus dem 14. Jahrhundert, Kleid des Fürsten Lazar und der Becher des russischen Zaren Ivan Grosny. Im Innenhof befindet sich eine dem heiligen Simon Myroblytos geweihte **Kapelle** mit einer Kuppel.

Michaelskathedrale

Die serbisch-orthodoxe Michaelskathedrale (Saborna crkva/Саборна црква) erkennt man an der Silhouette der vergoldeten Laterne des barocken Turmes, womit sie mehr an westliche Kirchen erinnert als an die traditionellen serbischen Klosterbauten. Zwischen Festungsberg und Save entstand sie anstelle zweier Vorgänger – der letzte stammte von 1728 – im Auftrag des Fürsten Miloš Obrenović in den Jahren von 1837 bis 1840. Die Pläne lieferte Franz Janke, die Bauleitung übernahm Adam Friedrich Querfeld aus Pančevo. Das Innere ist ein im Gewölbe durch Querrippen gegliederter Saal. Die Ikonostase von 1841 ist ein Werk von Dimitrije Petrović, einem bedeutenden serbischen Bildhauer des 19. Jahrhunderts. Zwei Ränge sind mit Ikonen gefüllt, die Dimitrije Avramović zwischen 1841 und 1845 malte. Das Hauptbild zeigt die Himmelfahrt Christi. In der Kirche wurden die serbischen Fürsten Miloš und Mihailo Obrenović beigesetzt. Auf dem Kirchhof ruhen die großen serbischen Gelehrten Vuk Stefanović Karadžić und Dositej Obradović.

Gasthaus Zum Fragezeichen

Im 19. Jahrhundert pflegten auch die Serben noch osmanische Traditionen: Das Privathaus war tabu für Fremde; Außenstehende hatten nur Zutritt, wenn ein wichtiges Fest oder der Tag des Heiligen des Hausherrn, das sogenannte Slava-Fest, begangen wurde. Alle Aktivitäten außerhalb der Familie spielten sich in den Kafanas ab, die als Orte des sozialen, kulturellen und politischen Lebens fungierten. Eine der ältesten Kafanas dieser Art ist das Wirtshaus Zum Fragezeichen. Es befindet sich an der Stelle der ehemaligen Glavna Čaršija, dem wich-

▲ Karte: s. vordere Umschlagklappe

tigsten Handelsviertel. Das Kaffeehaus wurde 1832 als Wohnhaus im Auftrag von Naum Ičko erbaut, Konsul des Fürsten Miloš. Dessen Vater, Petar Ičko, war einer der führenden Organisatoren des Ersten Serbischen Aufstandes von 1794 und bekannt wegen des 1806 mit der Hohen Pforte geschlossenen sogenannten Ičko-Friedensvertrages.

Fürst Miloš erwarb das Haus und schenkte es seinem Leibarzt, der hier nach 1879 eine Kafana (Gasthaus) eröffnete. Wechselnde Besitzer brachten wechselnde Namen: ›Tomina Kafana‹ (Thomas Kneipe), ›Kod Pastira‹ (Beim Hirten) und ›Kod Saborne Crkve‹ (Bei der Domkirche). Den letzten Namen empfand die orthodoxe Kirche als Sakrileg. Der Besitzer reagierte, und seither heißt das Gasthaus Kafana Zum ?. Als eines der wenigen erhaltenen Altbauten Belgrads gibt das schön restaurierte Gebäude einen Eindruck von der Bautechnik in dieser Zeit; es ist in einer zierlichen Mischbauweise aus Holz, Lehm und Stein errichtet.

Wer italienischen Espresso bevorzugt, kann gleich nebenan die ebenso gemütliche Café-Bar **Triangle** gehen. Abends wird hier Live-Musik geboten.

Unverkennbar: das Gasthaus Zum Fragezeichen

Residenz der Fürstin Ljubica

Die Residenz der Fürstin Ljubica (Konak Knjeginje Ljubice/Конак Кнегиње Љубице) ist ein repräsentatives Beispiel für die bürgerliche Architektur Belgrads aus der ersten Hälfte des 19. Jahrhunderts und gleichzeitig ein schönes Beispiel der serbisch-osmanischen Architektur. Das Haus wurde vom Griechen Hadži-Nikola Živković im Auftrag des Fürsten Miloš Obrenović für dessen Frau Ljubica und die Söhne Milan und Mihailo sowie als offizielle Residenz des Fürsten entworfen. Das freistehende Gebäude ist von einem großen Garten umgeben und durch einen hohen Zaun eingegrenzt.

Das zweigeschossige Bauwerk mit Erker über dem Eingang besitzt symmetrisch angeordnete Räume und umschließt in seiner Mitte eine geschlossene Halle mit einem ›Diwanhan‹ (Art Empfangszimmer) im ersten Stock. Obwohl in räumlicher Hinsicht von der orientalischen Tradition abhängig, stellte die Residenz einen Wendepunkt in der Architektur Belgrads dar, weil die dekorativen Elemente der äußeren Formgebung europäische Einflüsse reflektieren: die Fassaden, gebrochene Dachlinien, Kamine, eine achteckige Kuppel auf dem Dach sowie Pilaster, Bögen oberhalb der Fenster, geformtes Gesims. Bis 1842 bewohnte die Fürstin Ljubica den Konak. Danach wurden er unterschiedlich genutzt. Zwischen den beiden Weltkriegen war hier zeitweilig das Museum für Moderne Kunst untergebracht. Seit 1972 wurde das **Museum für bürgerliches Interieur des 19. Jahrhunderts** unter Einbeziehung der erhalten gebliebenen Räumlichkeiten und Objekte der Fürstin Ljubica eingerichtet. Im Erdgeschoss befinden sich das Privatgemach und das Hamam der Fürstin sowie weitere Räume, die im Biedermeier und im türkischen Stil eingerichtet sind. Im zweiten Obergeschoss finden sich Bie-

In der früheren Residenz der Fürstin

dermeier, Neobarock, Rokoko und Napoleonisches Interieur. Gleich neben dem Konak befand sich das traditionsreiche, elegante **Restaurant Royal Knez**, heute die italienische Trattoria Campania.

Serbische Nationalbank

Das Gebäude Nr. 12 wurde von Konstantin Jovanović 1890 im italienischen Renaissancestil für die serbische Nationalbank entworfen. Die Bank hat bis heute diesen repräsentativen Bau als Hauptsitz. Sie präsentiert im Obergeschoss, inmitten prächtigen Interieurs, eine **Ausstellung zur Entwicklung des serbischen Geldes**. Die Führung wird auf Serbisch und Englisch geboten. Unter anderem ist auch ein Geldprägestock zu sehen. Ein Besuch lohnt! (tgl. Mo–Fr 10–16 Uhr, freier Eintritt, Ausweis mitbringen).

Warenhaus

Das erste moderne Warenhaus Belgrads (Nr. 16) wurde 1907 vom Bankier Bencion Buli in Auftrag gegeben und vom Bauingenieur Viktor Azriel im schönsten Sezessionsstil gebaut. Erdgeschoss, Zwischengeschoss und Obergeschosse bilden einen einzigen Verkaufsraum, die oberste Etage wird als Lagerraum genutzt. Der Funktion als Warenhaus war die moderne Konstruktion eines freien, sich über mehrere Etagen erstreckenden Innenraums zweckdienlich. Dessen Stabilität wurde mittels einer neuartigen Eisenkonstruktion gewährleistet. Die gusseisernen Träger und die mit Ornamenten versehenen Säulen wurden in Österreich hergestellt. Der freie Innenraum erhält Licht durch Glasfronten und gläserne Laternen auf dem Dach.

Einkehr und Einkauf im Viertel

Im alten serbischen Viertel lässt sich gemütlich bummeln und einkehren: in der ulica Cara Lazara in der **Buchhandlung und Teestube Apropo,** im **Jazz Belgrade Caffe Philipp** oder im **Café Triangle**. Wer edel essen möchte, geht ins etwas kühl designte **Pire Slow Food** (Cara Lazara 11); wer es lieber urig mag, um die Ecke ins **VUK** oder ins brandneue **Manufaktura** gegenüber der Nationalbank. Überhaupt ist die Cara Lazara eine edle Einkaufsstraße mit zahlreichen Boutiquen. Bei **Strugar** findet man handgenähte Schuhe. Zwei Häuser weiter ist die **Vinoteka Vinodom** und um die Ecke, in der ulica Vuka Karaždića, das **Kunstgewerbemuseum** mit einem Souvenirladen: origineller Schmuck und Keramik. Trendige serbische Strickwaren von **Ivko** findet man in der Kralja Milana 7, Strickwaren von **Luna** in der Zmaj Jovina 26, die serbische Textilproduktion **Mona** am Terazije 10, das **P1 Concept Store** (Kralja Petra 75) und das **Strada** (Kralja Petra 10) bieten die Kollektionen einer ganzen Palette serbischer Edeldesigner an. Der Obiličev Venac ist ein einziges Caféhaus. Schräg gegenüber der Synagoge hat sich das – architektonisch betrachtet – bedeckt haltende Hotel **Townhouse 27** etabliert, eine neue Edeladresse.

Die **Čumićevo sokače** (beim Terazije-Tunnel) mit Designern wie Get up oder LalicA gilt als neuer Designdestrikt.

▲ Karte: s. vordere Umschlagklappe

Entlang der ulica Knez Mihailova

Heute stellt die ulica Knez Mihailova (ул. Кнез Михаілова) eine wichtige Verbindung zwischen Kalemegdan und Altstadt dar. In türkischer Zeit befanden sich hier Bazare, Brunnen und Moscheen, und hier soll sich auch das römische Singidunum befunden haben. Im Zuge des Regulierungsplanes von 1867 wurde die Knez Mihailova als erste Straße des Viertels angelegt und im Laufe der folgenden Jahrzehnte im Stil des Historismus bebaut. Seit 1870 trägt sie den Namen des Fürsten Mihailo Obrenović, dritter serbischer Fürst, jenem Sohn des Miloš und seiner Frau Ljubica, der 1868 in Belgrad ermordet wurde. Unter Mihailo wurde Serbien unabhängig und Belgrad endgültig zur Hauptstadt.

Die über einen Kilometer lange Fußgängerzone reicht vom Kalemegdan bis zum Platz der Republik (trg Republike/трг Републике). Auf diesem Corso reihen sich zahlreiche Gebäude aus dem 19. und 20. Jahrhundert aneinander; als Gesamtensemble steht die Haupteinkaufsstraße der Belgrader unter Denkmalschutz. Viele Gebäude wurden in jüngerer Zeit renoviert. In ihnen sind neben Geschäften auffällig viele Buchhandlungen, Museen und Kultureinrichtungen untergebracht. Großzügig, breit sowie gesäumt von Cafés und Restaurants, scheint das Leben hier weder am Tag noch in der Nacht zur Ruhe zu kommen. Die Geschäfte sind auch sonntags geöffnet, werktags meist bis 22 Uhr. Der Dichter Momo Kapor hat der Mihailova in seinem Roman ›Die Foliranten‹ von 1974 ein literarisches Denkmal gesetzt.

Städtische Bibliothek

Die Gründung der städtischen Bibliothek geht auf das Jahr 1929 zurück. 1931 wurde sie im einstigen Hotel ›Srpska Kruna‹ eröffnet, das im Auftrag der wohlhabenden Kaufmannsfamilie Krsmanović errichtet worden war. Der Besuch der Bibliothek war kostenlos, aber für jedes

Zu allen Tageszeiten ist die ulica Knez Mihailova gut besucht

entliehene Buch musste eine Kaution hinterlegt werden. Marija Ilić-Agapov, Autorin der ersten illustrierten Geschichte Belgrads, war die erste Direktorin. Die Bücherei befindet sich in Höhe des Kalemegdan (Nr. 56) in einem von Andra Stevanović und Dragutin Đorđević entworfenen Gebäude, eben dem früheren Hotel. In der Grünanlage gegenüber erinnert eine Büste an Milan Rakić (1876–1938). Er war Dichter und vor allem ein herausragender Diplomat, der Serbien in vielen Städten Europas vertreten hat.

Haus von Marko Stojanović

Das Gebäude im Stil der Neorenaissance (Nr. 53–55) wurde 1889 als Wohnsitz für den Anwalt Marko Stojanović erbaut. Die 1937 gegründete Akademie der bildenden Künste zog hier ein. Heute kann man die **Galerie der Akademie** mit modernen Ausstellungen besuchen.

Bürgerhäuser

Die Häuser mit den Nummern 50, 48 und 46 sind Paradebeispiele für die Neuorientierung des serbischen Bürgertums in der zweiten Hälfte des 19. Jahrhunderts. Symptomatisch ist die völlige Abkehr von der bisher gepflegten Balkanarchitektur. Alle drei Gebäude zeigen sich im einheitlichen Stil am Übergang zur Neorenaissance. Das Haus Nr. 50 stammt von 1870 und gehörte der Familie Kumanudi. Einige Zeit besaß es die französisch-serbische Bank, und anschließend zogen das belgische und englische Konsulat ein. Heute ist es Sitz des Goethe Instituts. Jovan Kumanudi stammte aus Edirne (Türkei) und war eine einflussreiche Persönlichkeit der griechischen Kolonie in Belgrad. Er war Bankier der Regierung, Herausgeber der ›Trgovačke Novine‹ (Kaufleute-Zeitung) und für längere Zeit Präsident des Komitees der Kaufleute und Händler. Er erwarb die Kafana ›Despot‹, das älteste Gebäude in der Mihailova, und machte das ›Kod Grčke Kraljice‹ (Zur griechischen Königin) daraus.

Jovans Neffe Kosta Kumanudi promovierte an der Sorbonne in Jura und lehrte dann Verwaltungsrecht an der Universität Belgrad. Er war Mitbegründer der Demokratischen Partei, ferner Finanz- und Erziehungsminister sowie von 1926 bis 1929 Bürgermeister der Stadt Belgrad.

Das Haus Nr. 48 wurde 1869 als Verwaltungs- und Handelsplatz gestaltet, später waren in ihm die ›Gaststätte von Krsta‹, dann eine Pension untergebracht. Die Hausnummer 46 entstand 1869 als Geschäfts- und Wohnhaus.

Zepter-Museum mit Buchhandlung

Im 1925 fertiggestellten ehemaligen Bankhaus Dionys (Nr. 42) ist das neue und private Museum für moderne Kunst ›Zepter‹ mit angeschlossener Bibliothek eingerichtet. Philip Zepter, eigentlich Milan Janković (geb. 1950) und studierter Wirtschaftswissenschaftler, blieb während eines Sprachaufenthaltes in Österreich hängen und startete eine Karriere vom ›Tellerwäscher‹ bis zum Multimilliardär. Er

Moderne Kunst in prächtiger Umgebung: das Zepter-Museum

▲ Karte: s. vordere Umschlagklappe

gilt als einer der reichsten nichtrussischen Oligarchen und lebt schon seit längerem in Monaco. Sein Imperium begann er mit dem Verkauf von Haushaltsgeräten, die er über sogenannte Hausfrauenparties vermarktete. Seine Frau Madlena, studierte Philologin, ist bekannt für ihr Mäzenatentum. Während ihr Mann Sportsponsoring betreibt, hat sie das erste private Theater Serbiens,das Madlenianum, die Kunstgalerie Zepter mit Buchhandlung und Bibliothek sowie ein Auktionshaus ins Leben gerufen. Sein neustes Projekt ist das Zepter-Hotel beim Terazije.

Die Ausstellung der zeitgenössischen serbischen Kunst erstreckt sich über drei Etagen: Untergeschoss, Erdgeschoss und erstes Obergeschoss. Die Stadt stellte das historische Gebäude, in dem man im Atrium die Schalter der ehemaligen Bank noch wahrnehmen kann, zur Verfügung. Die Sammlung wuchs derart an, dass eine Erweiterung notwendig wurde. Dieser Anbau ist 2012 eröffnet worden. Das großzügig gestaltete Museum gibt einen umfassenden Eindruck über die moderne serbische Kunst.

Zwei Häuser weiter (Nr. 38) etablierte sich 1870 das Hotel ›Rusija‹ (Russland). 1920 wurde angebaut, heute befindet sich dort ein Bürohaus.

Nikola-Spasić-Stiftung

Das Haus der Nikola-Spasić-Stiftung (Nr. 33) wurde für den Kaufmann Nikola Spasić 1889 von Konstantin A. Jovanović entworfen. Das Konterfei des Stifters ist an der Fassade angebracht. Das dreigeschossige Gebäude greift Elemente der Neorenaissance auf. Im Laufe der Zeit wurden reichverzierte Aufbauten hinzugefügt, eine erste Renovierung um 1970 vollzogen.

Nikola Spasić (1838–1916) stammte aus der Belgrader Handwerkerschicht. Er begannn zunächst eine Lehre als Kerzenzieher und Lebkuchenmacher, wechselte dann in einen Krämerladen und lernte schließlich das Schuhmacherhandwerk. 1865 machte er sich selbständig: zunächst handelte er mit Leder, danach mit Leinen und Lederhäuten. Sparsam, bescheiden nach außen, Ästhet und Philanthrop, Präsident der Börse und der Prometna Banka, starb Spasić 1916 nach langer Krankheit im Exil auf Korfu; seine Frau ließ seine Gebeine auf den Topčidersko-Friedhof überführen. Spasić blieb kinderlos und vermachte sein Vermögen der Stadt. Auf ihn geht auch das städtische Krankenhaus KBC in Zvezdara zurück.

Akademie der Wissenschaften und Künste

Das Sezessionsgebäude (Nr. 35) beherbergt die Serbische Akademie der Wissenschaften und Künste, kurz SANU (Srpska Akademija Nauka i Umetnosti) genannt. Die Akademie wurde 1886 als Königlich Serbische Akademie ins Leben gerufen und 1947 in Serbische Akademie für Wissenschaften umbenannt, 1960 wurde der Name um die Kunst ergänzt. Ihr heutiger Sitz ist in einem prächtigen Gebäude von 1924, das auf einen Entwurf von Dragutin Đorđević und Andra Stevanović zurückgeht. Besonders beachtenswert sind das reiche Archiv der Akademie, die Bibliothek und die Galerie mit ihren Kunstausstellungen.

Die Akademie ist auch Sitz des **Museums von Wissenschaft und Technik**. Die Ausstellungen sind seit neuestem aber im alten Elektrizitätswerk in Dorćol eingerichtet.

Französisches Kulturzentrum

Das Institut Francais unterhält in der Kneza Mihailova (Nr. 31) eine Mediathek; hier finden auch rege besuchte Wechselausstellungen statt.

Das **Institut Cervantes** ist das dritte Kulturinstitut in der Fußgängerzone, die auf die Čika Ljubina ausgedehnt wurde. Es befindet sich hier in der Haus Nr. 19.

An der Ecke zur ulica Đure Jakšića markiert seit 1987 der **Heldenbrunnen** die Stelle eines viel älteren Brunnens, der ein Teil eines türkischen Gebäudes war, das durch die Österreicher zerstört wurde.

Njegoš-Denkmal

Von der Fußgängerzone gelangt man unweigerlich in die ulica Vase Čarapića mit dem Njegoš-Denkmal. Petar II. Petrović Njegoš (1813–1851) wird von allen Südslawen sehr verehrt und schmückt auch den 20-Dinar-Schein der Serben. Er war ein Mitglied der Dynastie der Petrović-Njegoš, die Montenegro über 200 Jahre lang beherrschte. Er regierte sein Land im Geist der Aufklärung und machte sich einen Namen als Dichter. Sein berühmtestes Werk, ›Der Bergkranz‹ (Gorski vijenac, 1846), reihte ihn unter die führenden serbischsprachigen Dichter ein. Njegoš starb an Lungentuberkulose. Sreten Stojanović führte das Denkmal 1994 auf dem Platz vor der Philosophischen Fakultät aus. Die nach dem griechischen Philosophen ›Plato‹ genannte Philosophische Fakultät beherbergt ein **Café**, das sich zur Nacht in einen Musikclub verwandelt und eine große **Buchhandlung** hat. Hier ist einer der Treffpunkte Belgrads für Studenten.

Das Denkmal für Petar II. Petrović Njegoš in der Nähe des Kapitän-Miša-Hauses

Nikola-Spasić-Passage

Die Nikola-Spasić-Passage (Nr. 19) ist 1912 im Sezessionsstil entstanden; in ihr ist das Einkaufszentrum ›Millennium‹ eingerichtet, und zwei Häuser weiter das neue Hotel ›BAH‹ (Belgrad Art Hotel) in der Nr.27/II.

Haus des Verlegers und Buchhändlers Geca Kon

Geca Kon (ungarische Schreibweise: Géza Kohn) wurde 1873 in Csongrád (Ungarn) als Sohn einer bekannten Familie aschkenasischer Rabbiner geboren. Die Familie zog später nach Semlin (heute Zemun), wo Kon eine Ausbildung als Buchhändler erhielt. Nach Abschluss des Gymnasiums in Novi Sad fand Kon eine Anstellung in der Buchhandlung für moderne und antiquarische Bücher von Friedrich Breslauer in Belgrad. Von 1894 bis 1901 arbeitete er als Hauptassistent des Verlegers und Buchhändlers Arsa Pejović in Novi Sad. Seine langjährige Erfahrung bewog ihn, 1901 in der Hauptgeschäftsstraße von Belgrad, der Knez Mihailova, seine eigene Buchhandlung zu eröffnen. Da nach dem damals geltenden Recht nur Serben Unternehmen gründen konnten, nahm Kon die serbische Staatsbürgerschaft an.

Im gleichen Jahr erschien der ›Srpski književni glasnik‹ (serbischer literarischer Bote oder Herold), der maßgeblichen Einfluss auf die literarische Welt der serbischen Gesellschaft hatte.

Erfolgreich war auch die Buchhandlung von Kon. Obwohl sie oft den Standort

▲ Karte: s. vordere Umschlagklappe

wechselte, blieb sie immer in der Knez Mihailova. 1934 wurde die Aktiengesellschaft Geca Kon Verlagshaus gegründet, und die Buchhandlung zog in das Haus Nr. 12, das 1928 nach den Plänen von Radoslav Todorović gebaut worden war. Kon ließ dem Gebäude in den 1930-er Jahren eine vierte Etage hinzufügen. Die Fassade ist dem Formalismus nachempfunden, die Balkone sind dekoriert.
Kon war 40 Jahre lang verlegerisch und im Verband der serbischen Buchhändler tätig, und während dieser Jahrzehnte avancierte seine Buchhandlung zum Treffpunkt prominenter Intellektueller. Die deutschen Besatzer liquidierten Kons Firma, er wurde nach Augenzeugenberichten 1941 von deutschen Soldaten erschossen; seine Familienmitglieder wurden im gleichen Jahr in einem Lager bei Pančevo ermordet.

■ **Kulturzentrum – Belgrad Fenster**
Nicht zu übersehen ist das Kulturzentrum Belgrads im Haus Nr. 6/1. Gleich nebenan ist die Buchhandlung ›Vulkan‹ ansässig. Die Touristeninformation ist gegenüber in einen eigenständigen Trakt eingezogen. Im Kulturzentrum ist neben einem **Café** und der **Galerja Podroom** (Mo- Fr 12-20 Uhr) auch ein **Souvenirladen** eingerichtet, der neben Büchern über das Land – auch in französischer, englischer und deutscher Übersetzung – unter anderem phantasievoll bedruckte T-Shirts und Kunsthandwerk anbietet.

Rund um den Studentenplatz

Der Studentenplatz (Studentski trg, Студентски трг) ist einer der ältesten Plätze der Stadt. An seinem Rande, zur ulica Višnjićeva hin, befanden sich zur osmanischen Zeit eine Gebetsstätte, ein Friedhof und eine ›Tekke‹ (Zentrum eines Ordens oder einer Bruderschaft): ein Ort, an den man sich zurückziehen konnte, der Schutz und Asyl bot. Davon gibt die unscheinbar am Rande des Platzes und gerne übersehene Türbe (Mausoleum) für den Osmanen Sheikh Mustafa ein Zeugnis ab. Sie zerfällt leider allmählich, obwohl sie eines der wenigen erhalten gebliebenen türkischen Sakralbauwerke Belgrads ist. Sheikh Mustafa wurde in Bagdad geboren, war Oberhaupt der Tekke und Mitglied des Saadi-Ordens.

Der Studentenplatz ist auch ein Verkehrsknotenpunkt

1874 stiftete man für ihn im Hof des Gebäudekomplexes der Tekke ein Mausoleum, das mit einer Scheinkuppel überdacht ist. Der schlichte Innenraum, in dessen Zentrum der Sarkophag steht, ist mit Koransuren und einer Gebetsnische geschmückt.
Während des Ersten Serbischen Aufstandes von 1804 bis 1813 diente das Gebäude der Tekke den aufständischen Serben als Sitz ihrer Regierung. Dositej Obradović lebte hier und starb hier auch 1811. Der Friedhof wurde 1860 eingeebnet.
Nach dem Abzug der Türken veränderten die Serben die Stadtstruktur. Sie begradigten der Platz in diesem Zusammenhang, er erhielt als einer der ersten im neuen Belgrad sein heutiges Gesicht. Heute ist der Studentenplatz von den Gebäuden der Philosophischen und Philologischen Fakultät sowie den Fakultäten der Natur- und Mathematikwissenschaften umgeben. Der Platz, auch zeitweise als Akademski Trg bezeichnet, ist einer der zentralen Umsteigeplätze des Nahverkehrs für Straßenbahn und Bus – und auch ein Kneipenviertel.

Akademiepark

Unter dem Akademiepark hat man die Reste einer Römischen Therme gefunden. An der Stelle des heutigen Akademieparks eröffneten die serbischen Behörden 1824 den Handelsplatz ›Pazarište‹, der später Velika pijaca (Großer Markt) hieß. Als 1927 der Große Markt entfernt wurde, entstand der Park und umschloss das bereits 1897 aufgestellte **Denkmal für den Botaniker und Zoologen Josif Pančić** (1814–1888), das vom Bildhauer Đorđe Jovanović stammt. In der Nähe steht die **Statue von Jovan Cvijić** (1865–1927), einem bedeutenden Geographen. Seine Abbildung ziert den 500-Dinar-Schein.

Künstlerisch bedeutend ist im Park das **Denkmal für den Universalgelehrten Dositej Obradović** (1739–1811). Der Aufklärer, Philosoph, Reisende und Schriftsteller Dositej Obradović begründete jene Große Schule, aus der später die Universität hervorging. Eine private Initiative, die maßgeblich von Jovan Skerlić und der Srpska Književna Zadruga (Serbische Literarische Kooperative) gefördert wurde, beschloss zum 100. Todestag von Obradović, dem Gelehrten ein Denkmal zu widmen. Nach der Ausschreibung eines Wettbewerbs wurde der Kroate Rudolf Valdec mit der Ausführung betraut. Es sollte sein Meisterwerk werden. Am 27. Mai 1914 wurde es auf dem Platz vor dem Hotel ›Srpska Kruna‹ (heute die städtische Bücherei) feierlich enthüllt. Es ist das Pendant zu dem Denkmal für Karađorđe, das ein Jahr zuvor am anderen Ende der Hauptallee des Kalemegdan enthüllt worden war. Die Bronzestatue stellt den serbischen Gelehrten als einen ›Meister der Feder‹ dar, der ›die Welt auf der Suche nach Wissen bereist‹. Dositej ist beschwingten Schrittes mit Hut, Wanderstab und Büchern in der Hand

Josif Pančić im Akademiepark

▲ Karte: s. vordere Umschlagklappe

dargestellt; am unteren Abschnitt des Sockels sind seine eigenen Worte zu lesen: »Lernt im Vorbeigehen, schaut auf die Jahrhunderte«. Die Vorderseite des hohen, würfelförmigen Sockels trägt die Widmung: ›an Dositej Obradović, die dankbare serbische Nation‹, während die Rückseite einen seiner Leitsprüche aus seinen Briefen an Haralampije wiedergeben: »Ich werde für den Verstand, das Herz und das menschliche Wesen sowie für meine serbischen Landsleute schreiben, unabhängig davon, welchen Glaubens und welcher Konfession sie sind.« 1920 wurde das Denkmal in den neu geschaffenen Akademiepark als Pendant zum großen Wissenschaftler Josif Pančić verlegt.

Aber nicht nur die Denkmäler, auch einige Bänke, die gepflegten Blumenrabatten und schattenspendende Bäume laden zum Verweilen ein.

Kapitän-Miša-Haus

Einer der repräsentativsten Paläste Belgrads ist das Gebäude von Kapitän Miša (Studentenplatz 1), das zwischen 1857 und 1863 errichtet wurde. Es verdankt seinen populären Namen seinem Eigentümer, Miša Anastasijević (1803–1885), einem Salzhändler und Schiffseigner, der den Titel ›Donaukapitän‹ trug.

Das Gebäude wurde vom tschechischen Architekten Jan Nevola entworfen, der zu jener Zeit Chefingenieur beim Innenministerium des Fürstentums Serbien war. Er war in Prag und in Wien – Hochburgen des Sezessionsstils – geschult worden und versuchte, am Haus von Kapitän Miša diesen Stil mit serbischen Elementen zu kombinieren. Von seinen zahlreichen Bauten in Serbien ist es der einzige, der erhalten blieb. Ursprünglich war er als Residenz des zukünftigen Königspaars gedacht. Der Plan wurde noch während der Bauphase verworfen, und es wurde dem ›Vaterland‹ vermacht, um dort verschiedene Kultur- und Bildungseinrichtungen unterzubringen: die Große Schule, das Gymnasium, das Erziehungsministerium, das Realgymnasium, die Nationalbibliothek und das Nationalmuseum. Ursprünglich lag der Ausführung ein symmetrischer Plan zugrunde: mit zwei Flügeln, die durch ein Vestibül verbunden waren, und einer Zeremonienhalle im zweiten Stock. Als die Große Schule zur Universität von Belgrad mutierte, erhielt das Gebäude 1905 sein kubisches Volumen in der Form eines Blockes, der einen Innenhof umfasst. Die üppige, verspielte Fassadenverzierung mit Anklängen des byzantinischen Stils, der Gotik und der Frührenaissance brachte dem Haus den Beinamen ›venezianischer Palast‹. Die Terrakotta-Fensterrahmen wurden in Wiener und Budapester Werkstätten gefertigt. In der Rotunde stehen die Statuen ›Apollo mit der Lyra‹ und ›Minerva mit Schild und Speer‹ und weisen auf den Charakter der Einrichtung als Lehranstalt hin. Das Wappen Serbiens ist eines der wenigen erhaltenen öffentlichen Darstellungen des Fürstentums. In zwei seitlichen Medaillons ist das Datum der Fertigstellung des Gebäudes signiert. Heute befindet sich hier das Rektorat der Universität.

Weitere Gebäude um den Platz

Am Platz befindet sich auch die **Fakultät für Chemie der Universität Belgrad**. Die Universität von Belgrad besteht aus 27 Fakultäten, deren Gebäude über die ganze Stadt verteilt sind. Sie ist aus der 1808 gegründeten sogenannten Großen Schule (Velika Škola, Велика Школа) hervorgegangen. Die Große Schule wurde nach dem Ersten Aufstand der Serben geschlossen, später nach Kragujevac verlegt und kehrte 1841 nach Belgrad zurück. Im Jahr 1838 wurde die Fakul-

Büchermarkt an der Universität

tät der Philosophie gegründet, 1841 die der Rechtswissenschaften, 1853 die der Naturwissenschaften. Die erste serbische Universität wurde dann 1905 an dieser Stelle eröffnet.

Das **Haus Nr. 5** wurde im Auftrag des Belgrader Mäzens Ilije Milosavljević-Kolarac nach Plänen des Architekten Petar Bajalović gebaut. In ihm sind heute die **Ilije-M.-Kolarac-Stiftung** (Zadužbina Ilije M. Kolaraca/Задужбина Илије М. Коларацa), eine Galerie und der für seine gute Akustik bekannte **Kolarac-Konzertsaal** untergebracht, unter anderem die Bühne der Belgrader Symphoniker.

Nebenan (Nr. 7) steht seit 2011 das elegante **Hotel Square Nine**. Dem Architekten des Hotels, Isay Weinfeld, ist es gelungen, die Baulücke in dieser historischen Häuserzeile unaufdringlich und einfühlsam zu schließen. Zu Recht hat er dafür einen Preis gewonnen.

Die **Belgrader Philharmonie** probt im Haus Nr. 11, wurde im Jahr 1923 gegründet und verfügt bis heute über keinen eigenen Konzertsaal, daher führen sie ihre Konzerte im Kolorac-Konzertsaal auf. Ihr künstlerischer Leiter ist seit dem Jahr 2010 Muhai Tang.

Ethnographisches Museum

Das Ethnographische Museum (Etnografski muzej, Етнографски музеј) am Studentenplatz 13 wurde 1904 auf Initiative des serbischen Staatsmannes Stojan Novaković eröffnet. Bedeutender Mäzen war Stevče Mihailović. Er stiftete sein gesamtes Vermögen der Sammlung. Das Museum befindet sich heute in einem funktionalen Bau der 1970er Jahre und erstreckt sich über drei Stockwerke. Es verfügt über eine außerordentlich große Sammlung an Trachten der Völker Jugoslawiens, Schmuck und Tonwaren. Außerdem werden traditionelle Werkstätten präsentiert: Tabakverarbeitung, Töpferei und eine Werkstatt für Opanken (flache, meist schnabelförmige Schuhe, wie sie traditionell auf dem Südbalkan verbreitet waren). Zum Museum gehört eine große Fachbibliothek, ihm angeschlossen ist das Manakhaus im Bezirk Savski Venac.

Im Ethnographischen Museum sind zahlreiche Trachten aus allen Landesteilen ausgestellt

▲ Karte: s. vordere Umschlagklappe

Galerie der Fresken

Parallel zur ulica Kralja Petra I. verläuft die ulica Cara Uroša, wo sich an der Nr. 20 eine Zweigstelle des Nationalmuseums befindet, die Galerie der Fresken (Galerija fresaka/Галерија фресака). Das Museum ist außerordentlich bedeutend, denn hier werden die Kopien von Wandmalereien aus Klöstern und Abgüsse mittelalterlicher Bildhauerarbeiten ausgestellt. Schulklassen und Studenten nutzen das Museum für ihre Arbeiten, auch Kunstkurse finden hier statt. Dank dieser Einrichtung gibt es Duplikate von den Klöstern, die im März 2004 im Zuge der bürgerkriegsähnlichen Unruhen im Kosovo zerstört worden sind.

Pädagogisches Museum

Die ulica Uzun Mirkova verläuft vom Studentenplatz zum Kalemegdan. Das Haus Nr. 14 ist die alte Realschule von 1836/37, im klassizistischen Stil nach dem Entwurf von Franz Janke als Wohnhaus für Cvetko Rajović errichtet, den damaligen Bürgermeister von Belgrad. Erstmals in Belgrad wurde hier mit orientalischen Bautraditionen gebrochen.
Heute ist hier das Pädagogische Museum eingerichtet. Als Museum der Schule und ihrer Entwicklung war es am 24. November 1896 auf Initiative der Vereinigung der Lehrer mit dem Ziel gegründet worden, Lehrmaterial und auch alles andere zu zeigen, was seit den Anfängen für ein Studium wichtig war. Anfangs war die Sammlung in einer Grundschule im westlichen Vračar untergebracht. Während einer geraumen Zeit gab es keine dauerhaften Ausstellungsräume, viele Exponate gingen in den beiden Weltkriegen verloren. Nach 1945 fand die Sammlung in der Grundschule Sankt Sava ein Zuhause. Die Einrichtung nennt sich seit 1960 Pädagogisches Museum und ist seit 1969 im Gebäude der ehemaligen Sekundarschule untergebracht, die als ›Realka‹ gegründet wurde. Sprachen und Naturwissenschaften wurden hier als Hauptfächer gelehrt.
Die Sammlung wird in drei Sälen und einem Gang präsentiert. Im Gang wird die weltweite Entwicklung der Schrift dokumentiert. Die slawische Schrift ist in ihrer Entwicklung von der Glagolica über Kyrillica bis hin zur eigenständigen serbischen Schrift dokumentiert. Ein besonders kostbares Exponat stellt die Kopie des ältesten Denkmals mit kyrillischer Schrift dar, die sogenannte Tafel Samuilos aus dem Jahr 993.
Das Museum ist täglich außer Montag von 11 bis 18 Uhr geöffnet. Im Sommer während großer Hitzeperioden schließt es auch schon mal früher. Hinter dem Museum besteht eine große unbebaute Fläche, auf der in Kürze ein Hotel Sheraton mit einem neuen Einkaufszentrum entstehen wird, obwohl hier zahlreiche archäologische Relikte gefunden wurden.

Platz der Republik

Das Areal, das heute Platz der Republik (trg Republike/трг Републике) heißt, war bis 1835 unbewohnt. Vor dem Platz stand das Stambultor, das die Österreicher Anfang des 18. Jahrhunderts errichtet hatten (1866 abgetragen). Von hier führte die Straße nach Carigrad (Istanbul); daher der Name des Tors. Unter den Osmanen befand sich hier auch eine Hinrichtungsstätte. Der Platz war Zeuge des Ersten Serbischen Aufstandes, bei dem Vasa Čaparić, einer der Anführer, die schwere Verwundung erlitt, an der er starb. In Erinnerung an dieses tragische Ereignis wurde ihm unweit des Platzes eine Straße gewidmet, wurde ihm zu Ehren in der ulica Pariska – genau an jener Stelle, wo er gefallen ist – ein Denkmal (1954) aufgestellt, das der Bildhauer Rade Stanković schuf.

Der erste Bau am Platz war das Nationaltheater, mit der Aufstellung des Reiterstandbildes 1882 begann er allmählich Formen anzunehmen. In der Grünanlage neben dem Nationaltheater befand sich bis zum Zweiten Weltkrieg die berühmte Kneipe ›Kolarac‹ mit Kino, die nach dem Eigentümer Ilije Milosavljević Kolarac benannt war. Der Palast ›Riunione‹ mit dem Kino ›Jadran‹ entstand 1930. In der Zwischenkriegszeit war am Platz eine Endstation der Straßenbahn. Nach dem Zweiten Weltkrieg wurden die Schienen entfernt und die Haltestelle versetzt. Kurz nach dem Zweiten Weltkrieg wurde der Platz zur Grab- und Gedenkstätte der Roten Armee. Die sterblichen Reste der hier Begrabenen wurden später auf den Neuen Friedhof überführt.

Denkmal Branislav Nušić

Vor einer kleinen Grünanlage am Republikplatz steht, von Vorbeihastenden wenig beachtet, ein Denkmal für Branislav Nušić (1864–1938), ein Werk (1993)

Branislav Nušić als Denkmal

▲ Karte: s. vordere Umschlagklappe

des Bildhauers Zoran Ivanović. Nušić, in Smederevo geboren, studierte Jura in Graz und Belgrad, war Diplomat und später Leiter des Nationaltheaters. Ihm verdankt Serbien große Komödien und Belgrad herrliche Erzählungen. Das nach ihm benannte Theaterfestival ›Nušićijada‹ in Ivanjica wurde 2015 ausgezeichnet.

Am Platz der Republik endet die Fußgängerzone. Schöne Cafés und Kneipen laden rund um den Platz und in der kleinen Seitenstraße Čika Ljubina zum Besuch ein. In der Čika Ljubina Nr. 8 befindet sich die Tourismusinformation und gegenüber das neu eröffnete Hotel ›Envoy‹.

Reiterdenkmal

Das Reiterdenkmal für Fürst Mihailo Obrenović dominiert den Platz. Es ist so einzigartig in der Stadt, dass man sich gerne ›beim Pferd‹ trifft und jeder Belgrader weiß, was gemeint ist. Unmittelbar nach der Ermordung des Fürsten kam die Idee einer Gedenkstätte auf, und nach wiederholtem Wettbewerb wurde der Entwurf des Florentiners Enrico Pazzi angenommen. Pazzis Entwurf war für Serbien insofern innovativ, als es sich um eine Reiterstatue handelte. Im Gegensatz zu den ersten öffentlichen Denkmälern in Belgrad wie beispielsweise Vozars Kreuz (Vračar) oder die Gedenkstätte für die Befreiung Belgrads (Vračar-Hügel) stellt das Denkmal von Fürst Mihailo das erste figurale Nationaldenkmal der Neuzeit dar.

Das Werk wurde 1879 in der Gießerei Ferdinand von Müller in München gegossen, wie das Gusszeichen an der Ostseite des Denkmals belegt. Das Denkmal wurde im Dezember 1882 enthüllt und mit einem niedrigen Zaun und vier Straßenlampen umgeben. Es besteht aus einem Steinfundament, einem ovalen Bronzesockel und dem Reiter. Vermut-

Das Reiterdenkmal für Fürst Mihailo

lich wurden Steinfundament und Bronzeornamente vom Architekten Konstantin Jovanović entworfen, dem Sohn von Anastas Jovanović, dem Hoffotografen von Fürst Miloš Obrenović. An der Südseite des Fundaments ist das Familienwappen der Obrenović dargestellt. An den Seitenflächen des Fundaments sind jeweils drei mit Girlanden geschmückte Platten befestigt, auf denen die Namen der serbischen Festungen eingraviert sind, aus denen sich 1867 die letzten osmanischen Truppen zurückzogen: Belgrad, Smederevo, Kladovo, Soko, Užice und Šabac. Die nördliche Rückseite trägt die Inschrift: ›an Fürst Mihailo Obrenović III, das dankbare Serbien‹. An jeder Ecke des Fundaments gibt es eine Relieftrophäe. Der ovale Sockel zwischen Fundament und Statue weist einen Bronzefries mit tiefen Reliefformen auf, die folgende Szenen darstellen: Fürst Mihailo in Takovo; serbischer Barde; Delegation des Volkes bei Fürst Mihailo und Soldaten, die am Grab des Fürsten einen Schwur ablegen.

Die Reiterstatue des Fürsten entspricht dem Typus eines öffentlichen Monuments, wie man es im antiken Rom im Überfluss kannte. Während des Historismus im 19. Jahrhundert war das Reiterstandbild das populärste öffentliche Monument in ganz Europa. Die von Mihailo Valtrovi formulierte Anregung, dass die Gedenkstätte das Konzept einer nationalen Monarchie symbolisieren sollte, erwies sich als wegweisend. Das Denkmal verkörperte zum damaligen Zeitpunkt die Idee eines idealen Herrschers in einer konstitutionellen Monarchie, eine symbolische Figur, die in ihrer Person den Staat und die dynastischen Ideologien vereinigte und deren Legitimität bejahte.

Nationaltheater

››Dieses Haus, das als Theatergebäude gedacht war, wurde nach langjährigem Einsatz, durch einen starken Willen und erhebliche finanzielle Unterstützung des Fürsten Mihailo Obrenović III. zum Nationaltheater. Mit der ersten Aufführung des Theaterstücks ›Nachruhm des Fürsten Mihailo‹ wurde das Nationaltheater am 30. Oktober 1869 eröffnet.

Die Inschriftentafel am Gebäude macht schon mit den wichtigsten Daten zur Gründungsgeschichte des Nationaltheaters bekannt. Zu ergänzen wäre: Ein erstes Belgrader Theater war noch zu Zeiten der türkischen Besetzung der Festung 1841 gegründet worden. Bereits ein Jahr später wurde aus diesem Amateurtheater ein professionelles, das Theater am Đumruk. Der Name kam nicht von ungefähr, denn die Vorstellungen wurden in einer originalen Zollstation (türkisch: Đumruk) an der Save gegeben. Dieses Gebäude existiert nicht mehr.

Das jetzige Nationaltheater (Narodno Pozorište/Народно Позориште) im Stil der Neorenaissance entstand nach Plä-

Ein Logenplatz im Nationaltheater

nen von Aleksandar Bugarski und war von Anfang an als repräsentativer Bau geplant - bemerkenswert, denn zu dieser Zeit hatte Belgrad nur etwa 30 000 Einwohner. Dank den Spenden prominenter Bürger, darunter auch Fürst Mihailo, konnte 1869 mit dem Theaterbau begonnen werden. Bereits 1870 wurde im Theater die Gasbeleuchtung installiert, und 1912 begannen umfassende Umbauarbeiten, die vom Ersten Weltkrieg unterbrochen wurden. Das Nationaltheater war als Dramentheater gegründet worden. Sein Ensemble bestand aus geschulten Berufsschauspielern und Mitgliedern von Wanderbühnen. Während des Ersten Weltkriegs blieb das Theater geschlossen; es erlitt Bombenschäden, der Wiederaufbau war erst 1922 beendet. Dadurch wurde sein Äußeres in einen Mischstil von Sezession und Barock verändert. Ferner wurde der Zuschauerraum auf 900 Plätze vergrößert. Die dekorative Ausgestaltung lässt den Einfluss russischer Emigranten erkennen, die nach der Oktoberrevolution ins Land strömten. Die Decke bemalte der Russe Stepan Kolesnikov.

Seit 1882 existiert eine musikalische Abteilung mit einem Chor und Orchester. Klassisches Ballett wird in Belgrad seit 1923 getanzt; die Ausbildung erfolgt in der staatlichen Ballettakademie ›Lujo Davico‹. Bis 1940 war das Nationaltheater das einzige professionelle Theater. Im Zweiten Weltkrieg wurde es erneut in Mitleidenschaft gezogen und seitdem mehrfach saniert: von 1987 bis 1989 und im 21. Jahrhundert. Seit dem Jahr 2011 beherbergt es im Souterrain ein **Theatermuseum**, das in den Pausen der Vorstellungen besichtigt werden kann; tagsüber liegt sein Eingang an der Flanke des Theaters. Viele Fotos dokumentieren ein reges Musik- und Theaterleben seit dem 19. Jahrhundert, vor allem vor und zwischen den beiden Weltkriegen. Berühmte zeitgenössische Interpreten sind der Tenor Goran Dime, der Bassbariton Nebojša Babić und der Pianist Ivan Jovanović.

Neben dem Theater zieht neuerdings das 2015 eröffnete 5-Sterne Haus **Mariott-Courtyard** mit seiner modernen Architektur alle Blicke auf sich.

Nationalmuseum

Das Nationalmuseum (Narodni muzej, Народни музеј) wurde erstaunlicherweise schon am 10. Mai 1844, kurz nach der Befreiung Serbiens von der osmanischen Oberherrschaft, gegründet und 1871 mit einer Skulpturenausstellung des Bildhauers Petar Ubav Kić (1852–1910) öffentlich zugänglich gemacht; die erste Dauerausstellung wurde 1904 eingerichtet. Das Museum hatte von Anfang an die Aufgabe, die nationalhistorischen, künstlerischen und archäologischen Schätze dieser jungen Nation zu bewahren. Zur raschen Entwicklung des Museums trugen eine engagierte Kulturpolitik, bedeutende Persönlichkeiten in Verwaltungsfunktionen und großzügige Spender bei. Es umfasste verschiedene Arten von Sammlungen, von denen eini-

▲ Karte: s. vordere Umschlagklappe

ge im Laufe der Zeit ausgegliedert wurden. Doch ist es bis heute trotz empfindlicher Verluste in den beiden Weltkriegen das größte und bedeutendste Museum Serbiens geblieben. Von 1863 bis 1892 war es im Kapitän-Miša-Haus untergebracht, anschließend im Neuen Hof, dem heutigen Präsidentenpalast.

Sein derzeitiger Sitz war 1903 für eine Bank errichtet worden und geht auf die Architekten Andra Stevanović und Nikola Nestorović zurück. Der rechteckige Palast weist mit seiner Stirnseite, die durch drei Scheinkuppeln akzentuiert ist, zum Platz der Republik. Das Gebälk tragende Karyatiden, die auf Ivan Meštrović zurückgehen, schmücken die Front zur Straße (derzeitiger Eingang).

Diese nationale Schatzkammer besitzt einerseits einen äußerst kostbaren Bestand archäologischer Objekte, andererseits wird eine Gemäldegalerie gepflegt, die europäische Werke vom Mittelalter bis in die Gegenwart umfasst. Das graphische Kabinett beinhaltet serbische und ausländische Graphiken. Im einheimischen Teil kann man die wichtigen Persönlichkeiten Serbiens vom 18. bis 20. Jahrhundert kennenlernen. Insgesamt bewahrt das Museum rund 400 000 archäologische und andere Objekte auf.

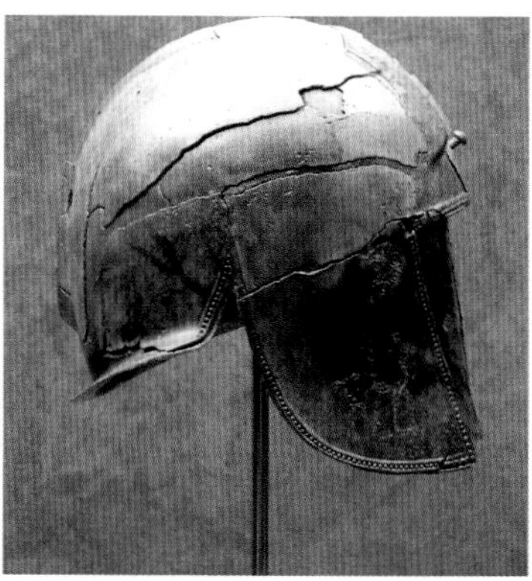

Ein Objekt des ›Schatz von Trebenište‹

Unter den **prähistorischen Objekten** sind Fundstücke aus dem gesamten ehemaligen Jugoslawien vertreten. Hervorzuheben sind die Fundstücke der Ausgrabungsstätten Vinča (bei Belgrad) und Pločnik (bei Prokuplje), darunter Gefäße, Statuetten, aber auch Werkzeuge. Eines der beiden in Dupljaja (Banat) gefundenen Wägelchen der Bronzezeit wird hier aufbewahrt.

In der **Antikenabteilung** werden Fundstücke der Illyrer ausgestellt, darunter ein illyrischer Bronzehelm und Grabfunde von Radolište (Mazedonien). Die illyrischen Stämme siedelten unter anderem auf der westlichen und nordwestlichen Balkanhalbinsel. Ihre Gegner waren die Thraker. Diese sind mit einem besonderen Schmuckstück hier vertreten, der Goldmaske von Trebenište (heutiges Mazedonien). Sie wird in das 6. Jahrhundert vor Christus datiert und stammt aus einem thrakischen Fürstengrab. Hervorzuheben ist besonders ein Fund, den man in der Petruskirche bei Novi Pazar gemacht hat: Der Schatz stellt ein Depot dar, das sich im Bereich eines gewaltigen Grabhügels befand und dann mit einer Kirche überbaut wurde. Sein Inhalt weist auf eine Frau als Eigentümerin hin, vielleicht das Oberhaupt eines illyrischen Stammes, der mächtigen Autariaten.

Auch Handelsgüter wie griechische Vasen sind ausgestellt. Unter den Skulpturen ragen ein Bronzekopf aus Kladovo und eine Marmorstatuette eines Bürgers aus Stobi (Mazedonien) hervor. Fundstücke aus Smederevo, Niš und anderen serbischen Städten sowie Objekte aus Klöstern sind zu sehen. Das Mittelalter ist mit Preziosen vom 7. bis zum 17. Jahrhundert vertreten.

Besonders hervorzuheben ist eine Sammlung von Goldschmuck aus der späten Römerzeit und der Frühzeit von Byzanz. Die Schmuckfreude der Frauen zieht sich durch die gesamte Antike. Aber zwischen dem 3. und 7. Jahrhundert n. Chr. durchlief die Goldschmiedekunst eine außergewöhnlich kreative Phase, die gleichzeitig einige der wesentlichsten Werte der Antike zu bewahren wusste. Die Preziosen wurden trotz gegenteiliger Empfehlungen der Theologen in frühchristlicher Zeit immer luxuriöser und üppiger mit Edelsteinen und Perlen besetzt. Mehrfarbiger Schmuck, vor allem aus Syrien, war bereits seit dem 2. Jahrhundert n. Chr. im ganzen römischen Reich bekannt. Unter dem Einfluss der Goldschmiedekunst an der Schwarzmeerküste und in Südrussland, die von den Goten nach Westen gebracht wurde, erhielten auch die hiesige Goldschmiedekunst und infolge dessen die Schmuckherstellung neue Impulse. Hiervon zeugt die umfangreiche Sammlung des Goldschmucks aus spätrömischer und frühbyzantinischer Zeit. Sie umfasst 95 Exponate, von denen 90 im Nationalmuseum Belgrad zu besichtigen sind, während fünf im archäologischen Museum von Đerdap in Kladovo, einer Zweigstelle des Nationalmuseums, ausgestellt werden. Diese fünf Exemplare und zwei der Sammlung in Belgrad sind Fundstücke unweit von Kladovo. Die übrigen wurden gekauft oder dem Museum übereignet. Darunter sind Fingerringe, Ohrringe, Halsketten, Verschlusssegmente von Halsketten, Halsringe, Kleiderornamente, Nadeln, Spangen, Schnallen, Gehänge und Medaillons.

Unter den **Handschriften** ist das Miroslav-Evangeliar als ältestes erhaltenes serbisches Buch zu erwähnen. Es entstand im Auftrag des Fürsten Miroslav von Hum, eines Bruders Stefan Nemanjas, zwischen 1180 und 1190 im Skriptorium von Kotor oder Dubrovnik. Es ist auf Pergament geschrieben und mit 296 Miniaturen und Initialen geschmückt. Im Jahr 2005 wurde die kostbare Handschrift in

Ein Krug aus dem ›Schatz von Trebenište‹

die Liste des Weltdokumentenerbes der UNESCO aufgenommen.

Aus der **Abteilung der nationalen Malerei** sind vor allem die originalen mittelalterlichen Fresken hervorzuheben, darunter Werke aus Sopoćani, Studenica und Mileševa. Glücklicherweise wurden auch die letzten Fresken der Kirche Đurđevi Stupovi bei Novi Pazar hierher gerettet. Sie stammen von 1168 und gehen vermutlich auf Meister aus Konstantinopel zurück. Unter den Ikonen bestechen eine der Muttergottes Geburt aus Šišatovac (Kloster in der Fruška Gora) und eine Deesis aus dem 16. Jahrhundert: der thronende Christus mit Johannes dem Täufer. Letztere stammt aus dem Kloster der heiligen Erzengel in Kučevište. Eine andere Ikone, im 17. Jahrhundert in Peć entstanden, zeigt das ökumenische Konzil. Dargestellt sind darauf auch die Heiligen Paraskeva und Kiriaki. Hervorgehoben seien außerdem eine Ikone

▲ Karte: s. vordere Umschlagklappe

des heiligen Sava und Simeon Nemanjas vom Beginn des 15. Jahrhunderts, eine Darstellung des Todes der Muttergottes mit den heiligen Meloden Johannes von Damaskus und Kosmas und die Ikone der fünf Märtyrer Maradrios, Eugenios, Eustratios, Orestes und Auxelios.

Die reichhaltige **Sammlung bildender Kunst** bietet Exponate vom 18. bis zum 20. Jahrhundert. Einen großen Teil der europäischen Malerei, darunter Werke von El Greco, Palma Vecchio, Veronese und der Moderne vom Impressionismus bis zum Expressionismus sind der Sammelleidenschaft des Prinzregenten Pavle Karađorđević zu verdanken, dem letzten Vertreter der jugoslawischen Monarchie. Die Sammlung dokumentiert beeindruckend, was Besucher so nur in wenigen anderen Museen nachvollziehen können: den Übergang von der traditionellen akademischen zur modernen Malerei. Viele Gemälde, darunter von Archipenko, Bonnard, Serge Charchoune und Eugène Carrière, gelangten durch Ankauf in den 1930er Jahren und durch den Nachlass der Galerie Zenit Sammlung Ljubomir Micić (1895–1971) sowie durch weitere Schenkungen in den Besitz des Museums, wodurch dessen Sammlung bildender Kunst enorm bereichert wurde.

Im Bestand des Museums sind außerdem Werke folgender Sammlungen enthalten: M. Vučo, Arso und Vojka Milatović, M. Boćković, Ljubica Luković, ein Max Liebermann von J. Novakovićs und der von Nikolai Poliakoff (Sekretär der Akademie) veranlasste Ankauf eines Fritz von Uhde von Baronin Kušević-Hetin.

An der Akademie der Künste, die André Lhote in der Rue d' Odessa 18 in Paris 1922 gegründet hatte, wurden viele Künstler aus Jugoslawien ausgebildet; seine Lehren hatten großen Einfluss auf Sava Šumanović, Milan Konjović, die Farbgebung von Zora Petrović, Stojan Aralica und Anton Huter, deren Werke auch hier zu sehen sind.

Da das Nationalmuseum mit all seinen Schätzen lange nicht zugänglich war, wurden Teile der Sammlungen in Sonderausstellungen gezeigt. Nicht nur die Serbische Nationalbank hat dafür dankenswerterweise in ihrem Gebäude an der ulica Nemanjina Räumlichkeiten zur Verfügung gestellt. Letzte Ausstellung vor Wiedereröffnung war ›Botschaften an der Hand‹ am Flughafen Nikola Tesla, bei der mittelalterliche Ringe aus dem Fundus des Museums gezeigt wurden. Die Wiedereröffnung des Museums wurde für Anfang 2016 angekündigt.

Ulica Francuska

In der Französischen Straße (ulica Francuska) stehen interessante Gebäude und Einrichtungen. Das **Dom Vojske** (Дом Војске) gehört der Serbischen Armee und war früher als zentraler Versammlungsort der Soldaten bekannt. Die großen Säle dienten der Armee für verschiedene festliche Veranstaltungen. Das Gebäude wurde nach Plänen der Architekten Živko Piperski und Jovan Jovanović 1939 fertiggestellt. Es steht heute unter Denkmalschutz und wird vor allem für Kunstausstellungen genutzt.

Der Eingang zum Schriftstellerclub

In der **Villa** an der Nr. 7 ist der Schriftstellerclub ›Klub Književnika‹ zu Hause. Seit mehr als einem halben Jahrhundert sind Keller und Garten der Villa Treffpunkt von Künstlern, Diplomaten, Journalisten und Politikern. Man unterhält ein gepflegtes Gartenrestaurant, in dem gepflegtes Auftreten erwartet wird.

Das Viertel zwischen bulevar Despota Stefana und ulica Takovska

Das Viertel, das heute zum Altstadtbezirk gehört, wurde von 1900 bis 1914 städtebaulich erschlossen. Es wird bei einem Kurzbesuch in Belgrad oft übersehen, weil es durch große Verkehrsachsen von der eigentlichen Altstadt getrennt ist. Die ruhigen Straßenzüge sind mit gut erhaltenen historischen Gebäuden bebaut, in denen sich in den vergangenen Jahren zahlreiche gastronomische Betriebe und originelle Geschäfte etabliert haben.

Das **Jugendzentrum Dom Omladine** (DOB, www.domomladine.org) ist ein sehr kreatives Jugendzentrum (ulica Makedonska 22 IV). Der Sektor des Jugendzentrums gilt als ›Slobodna Zona‹ (freie Zone), in der künstlerischen Experimenten keine Grenzen gesetzt werden. Die städtische Initiative wurde 1964 ins Leben gerufen.

In der gleichen Straße ist die Redaktion der angesehenen Tageszeitung ›Politika‹ (Политика) zu Hause. Ihr Gebäude ist mit der ›Belgraderin‹ und dem ›Albanija‹-Haus das dritte Hochhaus in der Innenstadt. ›Politika‹ ist die älteste noch erscheinende Zeitung Serbiens. Sie wurde am 25. Januar 1904 von Vladimir Ribnikar gegründet und zog 1921 hierher, wo sie erstmals auf einer Rotationsmaschine gedruckt wurde. Herausgeber ist heute der Verlag Politika Newspapers und Magazines, ein Joint Venture des serbischen Verlags Politika A.D. und einer russischen Mediengruppe.

In der **ulica Hilandarska** (Хиландарска) stehen sehr schöne und gut erhaltene historische Gebäude. In der Nr. 7 wohnte der Arzt und Schriftsteller Laza Lazarević (1851–1891). Er studierte in Berlin, machte sich auf dem Gebiet der Neurologie einen Namen und wurde

Die ulica Hilandarska hat sich ihr historisches Gesicht weitgehend bewahren können

▲ Karte: s. vordere Umschlagklappe

Mitglied der Serbischen Akademie der Wissenschaften. Sein Wohnhaus erhielt erst 1910 das serbisch-byzantinische Aussehen. In den Hinterhöfen der städtischen Häuser befand sich je ein Hof oder ein Garten. Diese Flächen wurden im Sozialismus oft mit einem Hinterhaus zugebaut. In Hof des Lazarević-Hauses befindet sich jetzt ein Hostel.

Der Geograph Jovan Cvijić lebte bis zu seinem Tod im Haus ulica Jelene Ćetković Nr. 5. Es wurde 1905 errichtet und beherbergt heute das **Cvijić-Museum**. Cvijić studierte in Belgrad und Wien, seine Promotionsarbeit über die Karstformationen gilt bis heute als Standardwerk zum Karst und seinen Phänomenen. Er gründete 1910 die Serbische Geographische Gesellschaft, war Mitglied der Akademie der Wissenschaften und der serbischen Delegation in Paris. Von nachhaltiger Wirkung war Cvijićs auf ethnischen Kriterien basierende Grenzziehung auf dem Territorium der ehemaligen k.u.k. Monarchie im entstehenden Staat der Serben, Kroaten und Slowenen. Aufgrund der hohen Reputation von Cvijić und seinem Kollegen Pupin konnte sich der neu entstandene Staat wichtige territoriale Zugewinne sichern: Banat, Baranja, Dalmatien, Julische Alpen. Damit wurde erstmals erreicht, dass Belgrad, die Hauptstadt Serbiens und des späteren Jugoslawien, nicht mehr an der ehemaligen Militärgrenze lag und mit der Vojvodina eines der fruchtbarsten Gebiete Europas mit dem starken ungarischen Bevölkerungsanteil als Hinterland Belgrads zu Serbien kam.

Die **Kopitareva Gradina** (Копитарева Градина) hieß vormals Mitropolitana Bašta. Heute ist sie Jernej Kopitar gewidmet, dem slowenischen Philologen und Mitstreiter von Vuk Karadžić.

In der ulica Svetogorska (Светогорска), einer Straße, die unzählige Male den Na-

Die ulica Svetogorska wechselte häufig ihren Namen

men gewechselt hat, steht das renommierte Sprechtheater **Atelje 212**. Das Theater wurde 1956 in der kleinen Bibliothek der Tageszeitung ›Borba‹ (›Kampf‹) von Jovan Ćirilov und Mira Trailović gegründet, die Zeitung wiederum war das Organ der Kommunistischen Partei. Die selbständige Kammerbühne, zunächst ohne eigenes Ensemble, trat mutig mit der erstmaligen Aufführung von ›Warten auf Godot‹ von Samuel Beckett hervor. Seit 1964 hat das Theater ein eigenes Haus unweit vom ›Borba‹-Verlagshaus; der Regisseur, Szenograph und Architekt Bojan Stupica hat es projektiert. Anfang der 1990er Jahre wurde die Heimstatt des Theaters nach Plänen der Architekten Raša Dinulović und Ranko Radović komplett erneuert.

Daneben befindet sich die **Kafana Madera**, ein Traditionshaus mit guter Küche. Überhaupt gibt es im gesamten Viertel viele Kneipen und auch originelle Geschäfte wie die Boutique ›Šlic‹ (Шлиц) mit schräger Mode und die ›hair artistic Zone‹, beide in der Palmotićeva, sowie einige Galerien.

Post- und Telegraphenmuseum

In der ulica Majke Jevrosime (Мајке Јевросиме) Nr. 13, zur ulica Palmotičeva hin, ist das Post- und Telegraphenmuseum in einem Flügel der Postverwaltung eingerichtet; es gehört zum serbischen Telekommunikationsunternehmen PTT. Das Museum wurde umfassend renoviert und wird demnächst mit neuer Präsentation eröffnet. Mit mehr als 10 000 Exponaten zeigt es die Entwicklung des Postverkehrs und der Telekommunikationen in Serbien. Das Museum, eine der ältesten europäischen Einrichtungen dieser Art, wurde 1923 gegründet; 1930 zog es an den heutigen Standort, seit 1958 wird die Dauerausstellung präsentiert. Der Fundus umfasst historische Dokumente, Briefmarkensammlungen, seltene große Postkutschen für 16 Personen aus dem 19. Jahrhundert sowie das Telefon, mit dem Nikola Pašić von der Ermordung des österreichischen Thronfolgers Franz Ferdinand erfuhr. Das Museum besitzt eine umfassende Bibliothek, die seit ihrer Gründung 1958 mehrere tausend Monographien und Fachpublikationen umfasst, darunter technologische Vorschriften, Gebrauchsanweisungen, Projekte, Werke aus der Geschichte der Post, Bücher über die Philatelie, eine große Zahl von

Ein schön restauriertes Ausstellungsstück im Post- und Telegraphenmuseum

▲ Karte: s. vordere Umschlagklappe

Der MGA aus den 1950ern gehört zu den Schmuckstücken im Automobilmuseum

Zeitungen und Zeitschriften sowie alle Sonderausgaben des Museums.
Das sehr dekorative Gebäude stammt vom Architekten Momir Korunović.

Automobilmuseum

Etwas weiter (Nr. 30), in der ersten öffentlichen und deswegen heute denkmalgeschützten Garage Belgrads, befindet sich eine der jüngsten technischen Einrichtungen, das Automobilmuseum. Es handelt sich um ein Gemeinschaftsprojekt der Stadt Belgrad und Bratislav (Braca) Petkovićs, einem Sammler und Liebhaber alter Autos. Das Gebäude entstand 1929 nach den Plänen des russischen Architekten Valerij Staševski.
Insgesamt 40 Autos sind ausgestellt, darunter wahre Raritäten. Das älteste Automobil ist ein französischer Marot-Gardon von 1897. Es handelt sich hierbei um ein Fahrzeug auf drei Rädern mit Holzkarosserie (Esche) und einem Sitz für zwei Personen. In der Sammlung befindet sich auch ein französischer Charron von 1908 mit Holzradspeichen und einer Luxusholzkarosserie vom Typ Landauer, die auf Bestellung von Hand angefertigt wurde; ferner ein Ford Modell T aus dem Jahr 1925, das erste in Serien auf Montageband hergestellte Auto. Zur Kollektion zählen fer-

ner Fahrzeuge aus den 1950er, 1960er und 1970er Jahren, darunter der Mercedes 300 C-Cabriolet, in Deutschland als ›Adenauer-Wagen‹ bekannt, aus dem Jahr 1956, von dem nur 51 Stück angefertigt wurden; ein Jaguar MK2 (1963), der erste Luxus-Sportwagen, der eine Geschwindigkeit von 200 km/h erreichte; ein Cadillac de Ville (1957), ein Cabriolet, das dank elektrisch zurückklappbarem Verdeck, elektrischen Fensterhebern und elektrischer Sitzverschiebung zu den extravaganten Autos dieser Zeit gehörte. Die Sammlung umfasst weitere Originalfahrzeuge und restaurierte Modelle und auch Ausrüstungsgegenstände wie Räder, Hupen, Laternen, Radiogeräte und Werkzeuge sowie Dokumente wie Führerscheine, Poster, kommerzielle Werbung, Nummernschilder, erste Verkehrsvorschriften und -gesetze. Eine Bibliothek und eine Videothek runden die Ausstellung ab (tgl. außer Mo 11–19 Uhr).

Jugoslawisches Filmmuseum

In der Kosovska (Косовска) Nr. 11 befindet sich das reichhaltig ausgestattete Jugoslawische Filmmuseum. Es wurde 1949 gegründet und stellt Dokumente und Objekte zur Internationalen und nationalen Filmindustrie dar, darunter seltene alte Kameras und Edisons Hausprojektor von 1895 mit Filmen und entsprechenden Diapositiven.

Das Archiv der Jugoslawischen Kinematek war einzigartig und weltweit eines der umfangreichsten. Das Depot im Belgrader Vorort Bobanj Potok (Бобањ Поток) wurde von den Nato-Bomben getroffen. Dabei ging ein Teil des Bestandes (80000 Bänder) unwiederbringlich verloren.

Nikola-Pašić-Platz

Der Nikola-Pašić-Platz (Trg Nikole Pašića/ Трг Николе Пашића) trägt seinen Namen nach Nikola Pašić (1845–1926), dem Politiker, Gründer der Radikalen Volkspartei, späteren Bürgermeister von Belgrad und serbischen Premierminister. Noch in der ersten Hälfte des 19. Jahrhunderts war hier eine öde Wiese, durch die der Carigrad-Drum – der Weg nach Istanbul – verlief. Unweit von der Stelle, wo sich das Gebäude der Nationalversammlung erhebt, am Anfang der ulica Vlajkovićeva, befand sich eine der großen osmanischen Moscheen, die Batal Moschee. Sie wurde 1869 zerstört. Nach dem Ersten Weltkrieg säumten vor allem ein- oder zweistöckige Häuser das Areal. In einem davon war der Gerichtshof für den Belgrader Kreis untergebracht,

Am weiträumigen Nikola-Pašić-Platz

in dem sich zur Zeit der deutschen Besatzung das berüchtigte Gefängnis der Gestapo befand. In der Zwischenkriegszeit wurden die Gebäude der Nationalversammlung, der Agrarbank, der Zeitung ›Vreme‹ (›Zeit‹) – heute ›Borba‹ (Kampf) – und des Kinos ›Beograd‹ erbaut. Die architektonische Gestaltung des Platzes in seiner heutigen halbrunden Form begann nach dem Zweiten Weltkrieg: Die alten Gebäude wurden abgerissen, die Endstation der Straßenbahn versetzt, der Springbrunnen erbaut, die Zäune vor dem ehemaligen Schlossgarten und vor der Nationalversammlung entfernt.

Prägnantes Gebäude am Platz ist das **Dom Sindikata**, das Versammlungshaus der Gewerkschaften. In ihm sind vier Kinosäle, ein Ticketverkauf für Belgrader Veranstaltungen und ein Innenhof mit einer Brunnenanlage und Skulpturen untergebracht. Ein Durchgang führt zum Terazije-Platz.

Im Zentrum des Platzes, der viele Jahre Trg Marksa i Engelsa (Marx-Engels-Platz) hieß, steht seit 1998 die **Statue** für Nikola Pašić von Zoran Ivanović. Gegenüber befinden sich die Gebäude der **Zeitung Borba** und des **Museums der Geschichte Serbiens** (Istorijski muzej srbije). Zum Terazije hin hat sich eine türkische Patisserie mit orientalischen Süßigkeiten etabliert, die einen Abstecher wert ist. Am Platz nimmt eine der längsten Straßen Belgrads, der Bulevar Kralja Aleksandra, seinen Ausgang.

Entlang des Bulevar Kralja Aleksandra

Mit dem Parlament, dem Alten und dem Neuen Hof liegen einige der zentralen poltischen Einrichtungen in unmittelbarer Nähe zueinander. Zwischen ihnen befindet sich der gepflegte Park der Pioniere, der zu einer Pause einlädt.

Serbisches Parlament

Am Beginn des Boulevards erhebt sich das Serbische Parlament (Narodna Skupština Srbije). Hier wurde Geschichte geschrieben: Im großen Plenarsaal wurde 1945 die Monarchie aufgehoben und die Republik ausgerufen, hier fand 1961 das erste Treffen der Staatschefs der Blockfreien Staaten statt, hier tagte im sozialistischen Jugoslawien die Bundesversammlung der Sozialistischen Föderativen Republik Jugoslawien.

Und hier begannen Ende der 1980er Jahre die Debatten über eine Beendigung

Das Parlament bei Abendbeleuchtung

Karte: s. vordere Umschlagklappe

des Sozialismus und die Aufhebung des jugoslawischen Bundesstaates. In den 1990er Jahren fanden auf dem Platz vor dem Parlament große Demonstrationen gegen das Milošević-Regime statt. Am 5. Oktober 2000 stürmten Demonstranten wegen des Wahlbetrugs von Milošević das Gebäude und setzten es teilweise in Brand. Mit internationaler Hilfe wurde es restauriert; heute tagt hier das serbische Parlament. Der Bau wurde 1906 nach Entwürfen von Jovan Ilkić begonnen und konnte unter anderem wegen der Kriegswirren erst 1936 von dessen Sohn Pavle Ilkić vollendet werden. Das monumentale Gebäude greift Elemente der Renaissance und des Klassizismus auf. Den Haupteingang flankieren seit 1939 zwei symmetrische **Figurengruppen** mit dem Namen ›Igrali se konji vrani‹ (Tanz der Schwarzen Pferde), die ein Volkslied-Motiv aufgreifen. Diese berühmten Rosse sind ein Werk des Bildhauers Toma Rosandić. Das Motiv findet man in Variationen in ganz Europa, so auch am Neuen Museum in Berlin.

Pionierpark

Der Pionierpark (Pionirski Park/ Пионирски Парк) wurde ursprünglich als Hofgarten für das alte Schloss angelegt und war bis 1944 von einer hohen Mauer umgeben. Nach dem Zweiten Weltkrieg wurde die Mauer entfernt und der Park, nun unter dem Namen Pionierpark, der Öffentlichkeit übergeben. Die ›Jungen Pioniere‹ war eine den Pfadfindern ähnliche Jugendorganisation des sozialistischen Jugoslawien. Zu Ehren des großen Literaten Ivo Andrić (1892–1975) wurde ein Spazierweg angelegt, der sich ›Andrićev Venac‹ (Андрићев Венац) nennt. Ivo Andrić erhielt für sein beeindruckendes Werk ›Die Brücke über die Drina‹ 1961 den Nobelpreis für Literatur. Die Stadt Belgrad hat er in seinem Werk ›Das Fräulein‹ (Gospođica/ Госпођица) verewigt, er lebte und arbeitete am heutigen Andrićev Venac Nr. 12. Seine frühere Wohnung ist als **Gedenkstätte** eingerichtet: In zwei Zimmern der Wohnung werden Leben und Werk des Künstlers dokumentiert, zwei weitere – Wohn- und Arbeitszimmer – beließ man in ihrem ursprünglichem Zustand. Milenko Mandić schuf 1992 das **Denkmal** für den Schriftsteller anlässlich dessen hundertstem Geburtstag; es befindet sich gegenüber der Wohnung, am Eingang zum Park.

Der Pionierpark, im Hintergrund die Kuppel des Parlaments

Alter Hof

Am Rande des Pionierparks stehen zwei Gebäude, die ursprünglich zu einem Komplex von insgesamt vier Palästen der serbischen Königsdynastie gehörten: Königspalast und Weißer Hof in Dedinje, Alter Hof und Neuer Hof hier im Zentrum.

Im sogenannten Alten Hof (Stari Dvor/ Стари Двор), dem alten Schloss der königlichen Residenz, sind heute das **Belgrader Stadtparlament** und das **Rathaus** untergebracht. Der Architekt Aleksandar Bugarski entwarf 1882 für den Hof des Königs Milan Obrenović eine Vierflügelanlage mit rustiziertem Sockelgeschoss.

Karyatidenschmuck am Alten Hof

Mit dem alten Schloss sind wichtige Ereignisse der Obrenović-Dynastie verknüpft: Milan dankte am 22. Februar 1889 im Festsaal zugunsten seines minderjährigen Sohnes Aleksandar ab, der hier in seinem Schlafzimmer im Mai 1903 zusammen mit seiner Frau Draga durch die Hände putschender Offiziere den Tod fand. Petar I. aus der konkurrierenden Karađorđević-Dynastie folgte ihm auf den Thron und residierte auch hier (1903–1914). 1919/20 wurden Sitzungen der vorübergehenden Volksversammlung und bis 1941 Hoffeste und Empfänge für hohe ausländische Gäste hier abgehalten. Ab 1945 diente der Bau als Sitz des Präsidiums des Parlaments und später der Regierung der Föderativen Volksrepublik Jugoslawien. Das Symbol der Monarchie, ein doppelköpfiger Adler mit Krone auf der Turmspitze, wurde daher durch den fünfzackigen Stern ersetzt. Seit 1961 ist hier das Belgrader Stadtparlament untergebracht. Von der Terrasse sprachen oppositionelle Politiker während der Demonstrationen gegen Milošević, erster demokratisch gewählter Bürgermeister Belgrads seit 1945 war Zoran Đinđić; er amtierte 1996/97. In einem ersten Akt der Befreiung wurde in dieser Zeit der Stern abgenommen.

▲ Karte: s. vordere Umschlagklappe

Aleksandar Bugarski schmückte die Fassaden ursprünglich neoklassizistisch, mit Säulen, einem Dreiecksgiebel und Karyatiden vor den Fenstern. In den Kriegen wurde das Gebäude immer wieder zerstört und reduziert wieder aufgebaut. Bei der Wiederherstellung nach dem Zweiten Weltkrieg wurden zwei Kuppeln über den Seitenrisaliten entfernt.

Im gelben Salon ist eine Kopie des Dokumentes von Papst Johannes VIII. vom 16. April 878 ausgestellt; das Original befindet sich im Vatikan. Dieses Schriftstück gilt als älteste schriftliche Erwähnung Belgrads. Im Rathaus finden gelegentlich Konzerte statt (Besichtigungen: Sa/So 10–17 Uhr). Seit 2014 steht in der Grünanlage ein sieben Meter hohes **Denkmal für Zar Niklaus II**.

■ Neuer Hof

Der sogenannte Neue Hof (Novi Dvor/Нови Двор) steht dem Rathaus gegenüber. In ihm hat das **serbische Präsidium** seinen Sitz. Das Gebäude wurde 1913 entworfen, war zu Beginn des Ersten Weltkriegs unvollendet und wurde bei den Kampfhandlungen zudem schwer geschädigt. 1922 konnte es nach Plänen des Architekten Stojan Titelbach vollendet werden. Bis zum Tod von Aleksandar war der Neue Hof die offizielle Königsresidenz. Bevor er zum Präsidentensitz wurde, war von 1936 bis 1941 das Museum des Fürsten Pavle hier eingerichtet, das den Grundstock der Gemäldesammlung des Nationalmuseums bildet.

Der Architekt hat sich im Außenbau klassizistischer Elemente bedient. Über einem rustizierten Sockelgeschoss erheben sich zwei Stockwerke, die zur Parkseite durch eine vorgestellte Säulenreihe betont werden. Darüber ist ein viertes Geschoss, einem Mezzanin ähnlich, aufgesetzt. Zur Straßenfront erhebt sich eine Kuppel mit markanter Spitze.

Dorćol

Neben der Festung mit Kalemegdan und dem alten serbischen Viertel um den Kosančićev Venac gehört das Dorćol (Дорћол) genannte Quartier, auch als Donja Varoš bekannt, zu den ältesten Stadtteilen Belgrads. Während der vielen Kriege wurde es immer wieder in Brand gesteckt und zerstört. Ein Platz in diesem Viertel wurde serbisch ›Dorćol‹, türkisch ›Dört-Yol‹, genannt. Es bedeutet so viel wie ›vier Straßen‹ (Kreuzung) und gab dem gesamten Abhang zur Donau, der von der heutigen ulica Gospodara Jevremova bis zur ulica Dunavska reicht, den Namen. An das Viertel schließen sich das Bitef-Theater, der Bajloni-Markt und der Botanische Garten an, zum Fluss hin der Hafen ›Marina Dorćol‹.
Im Viertel liegen auch einige Fakultäten der Belgrader Universität; kein Wunder, dass man immer wieder auf nette, neue Studentencafés stößt.

Entlang der ulica Cara Dušana

Die ulica Cara Dušana (Kaiser-Dušan-Straße), eine der Hauptstraßen des Viertels, quert vom Kalemegdan am Vidintor samt ihren Verlängerungen die ganze Stadt. An der Ecke zur Tadeuša Košćuška, in der Nähe der Straßenbahnwendeschleife, steht die 1924 gegründete **Luftfahrtakademie** mit Flugzeugen im Hof.

■ Haus von Elijas Flajšman

Ältestes erhaltenes Wohnhaus Belgrads ist das Gebäude an der ul. Cara Dušana Nr. 10. Das Haus von Elijas Flajšman, einem Sattler, wurde zwischen 1724 und 1727 als eines der ersten Häuser während der österreichischen Besetzung Belgrads (1717–1739) errichtet und zwar gemäß dem Straßenregulierungsplan von Oberst Nikola Doksat de Morez. Das Haus verfügt über einen Keller, ein Erdgeschoss und eine erste Etage. Es gehörte zu einer Reihe von sieben Häusern. Die Hausfassade wurde durch einen einfachen Sims oberhalb des Erdgeschosses, durch seitliche Pilaster an den Ecken und vermutlich durch ein Dachgesims unterteilt; die Portale waren von Rahmen aus Stein umfasst. Es ist das einzige Wohnhaus aus der ersten Hälfte des 18. Jahrhunderts, das außerhalb des Festungskomplexes erhalten geblieben ist.

■ Ulica Jevrejska

Von der Cara Dušana führt die Judenstraße (Jevrejska) ab, die auf die frühere Präsenz der Juden in diesem Viertel verweist. In Dorćol ließen sich früh Armenier, Griechen und sephardische Juden nieder. Die Gemeinde wuchs rasch an, und ein reges jüdisches Leben entwickelte sich. Im ehemaligen Theater von 1869 wurde für kurze Zeit eine Synagoge eingerichtet; daran erinnert der erhalten gebliebene Davidstern an der Fassade. Seiner ursprünglichen Bestimmung folgend ist in dem Bau heute die **Kulturhalle Cyberex** eingerichtet.

Hier ist eindeutig die Luftfahrtakademie zuhause

Stadtspaziergänge

Geschichte der jüdischen Gemeinde in Belgrad

Im Jahr 1492 stellte der spanische König Ferdinand II. die Juden in seinem Staat vor die Wahl, entweder zum christlichen Glauben zu konvertieren oder das Land zu verlassen. Die meisten Juden - sie nannten sich Sephardim - verließen das Land und siedelten sich in Frankreich, den Niederlanden und in norddeutschen Städten, vor allem aber rund um das Mittelmeer an, das zum großen Teil zum Osmanischen Reich gehörte. So kamen viele Ladino sprechende Sephardim auch auf den Balkan und nach Serbien. In Belgrad ließen sie sich vor allem an den Ufern und Anhöhen über der Donau, in den Stadtteilen Jalija und Dorćol, nieder. Schon vorher hatte es Juden in der Stadt gegeben. Man weiß wenig über sie, geht aber davon aus, dass jüdische Sklaven sich bereits unter den Römern freikaufen konnten und im damaligen Singidunum blieben.

Die Sephardim stellten seit dem späten 15. Jahrhundert bis zu 80 Prozent der Mitglieder in der jüdischen Gemeinde. Mit ihnen lebten in Dorćol auch Armenier, Griechen und wenige Serben. Die Zeit von 1530 bis zum Einmarsch der Habsburger gilt als Blüte jüdischen Lebens in Belgrad. Einen Höhepunkt erlebte die Gemeinde mit der 1617 gegründeten und über die Grenzen hinaus bekannten Religionsschule ›Yeshiva‹ des Rav Jehuda Lerma. Weitere jüdische Gelehrte wie Josef Almoslino und Simha Hakoen sind in Erinnerung geblieben. Die Juden aus Osteuropa, die Aschkenasim, sollen bereits vor den Sephardim in Belgrad ansässig gewesen sein. Sie waren aus wirtschaftlichen Gründen eingewandert und kamen verstärkt nach Pogromen in Polen und Russland im 18. und 19. Jahrhundert. Diejenigen, die in Belgrad bei Ankunft der Sephardim schon beheimatet waren, wurden teilweise von diesem assimiliert, andere blieben ihren Traditionen treu. Die Aschkenasim siedelten zunächst an der Save. Sie sprachen Jiddisch und hatten bis zum Ersten Weltkrieg ihre eigenen kulturellen, schulischen und sakralen Zentren.

Während der Pest 1643 flohen viele Belgrader, darunter auch Juden, nach Semlin. Zugleich gab es eine innerstädtische Wanderungsbewegung vom Save- an den Donauhang. Der Einmarsch der Habsburger im Jahr 1688 brachte erste Repressalien und Zwangsumsiedelungen nach Böhmen und Mähren. 1690 kehrten die Türken zurück und ließen ihre Wut an den verbliebenen Juden aus, die ihrer Meinung nach als osmanische Untertanen Verrat geübt hatten; zweimal wiederholte sich dieses Szenario. In der Folge zerfiel die jüdische Gemeinde.

Ein berühmter Sepharde von Semlin war Rav Jehuda Hai Alkalaj, der ein halbes Jahrhundert, von 1825 bis 1874, hier wirkte. Seine Familie stammte aus Alcalá unweit von Madrid. Er bekam seine Ausbildung in Jerusalem und wurde mit 25 Jahren Rabbiner in Semlin, am äußersten südlichen Rand des Habsburger Reiches. Rav Alkalaj vertrat 62 Jahre vor Theodor Herzl in seinem Werk ›Shema Israel‹ die Notwendigkeit der Rückkehr der Juden aus der Diaspora ins Heilige Land sowie die Wiederbelebung des als Gebetssprache erhalten gebliebenen Hebräischen in der täglichen Umgangssprache; daraus entstand später das heutige Ivrit. Die fürstliche Druckerei Belgrads verfügte schon damals über einen hebräischen Lettersatz, und so ließen sich seine Schriften drucken und verbreiten.

Während der serbischen Befreiungsbewegung waren die Juden als treue Untertanen der Türken zunächst nicht wohl gelitten: sie nutzten die Sprachen Ladino,

Türkisch und Griechisch, aber fast kein Serbisch; sie kleideten sich ähnlich wie die Türken und waren nicht selten mit einer Position im öffentlichen Dienst begünstigt. Aber allmählich wuchsen Juden und Serben zusammen. Bereits zum Jüdischen Neujahrsfest (Rosch ha-Schana) im September 1815 wurde die restaurierte Synagoge eingeweiht; sie ist 1941 zerstört worden. Unter Fürst Miloš wanderten viele Juden aus Furcht vor der katholischen Staatsdoktrin im Habsburgerreich ins Fürstentum Serbien ein, vor allem nach Belgrad. Ein Abkommen mit dem Sultan unterstellte sie serbischer Verwaltung und garantierte ihnen die Gleichberechtigung mit den Christen. Bis Ende der 1850er Jahre waren zehn Prozent der Belgrader Bevölkerung jüdischer Abstammung. Nach der Abdankung von Fürst Miloš verschlechterte sich die Situation der Juden zusehends. Die etablierten Zünfte sahen in ihnen Konkurrenten und forderten unter anderem eine Begrenzung jüdischer Kaufläden, ein diskriminierendes Gesetz von 1846 verbot den Juden Aufenthalt und Immobilienbesitz im Landesinneren und beschränkte ihren Wohn- und Geschäftskreis auf die Belgrader Altstadt. Viele Juden emigrierten daher.

Im Jahr 1850 schloss das junge Fürstentum die Grenzen für jüdische Einwanderer aus den osmanischen Gebieten. 1856 baten die Juden – bis auf wenige Ausnahmen waren sie sehr arm – Fürst Aleksandar Karađorđević, das Gesetz von 1846 aufzuheben – ohne Erfolg. Große Hoffnung setzten sie daher in die Rückkehr der Obrenović-Fürsten. Fürst Miloš stand zu den Juden und setzte die Aufhebung des einschränkenden Gesetzes gegen die Ziele der Parlamentsversammlung durch. Aber nach seinem Tode 1860 wurde das Verbot erneuert und sein Sohn Mihailo hielt daran fest. Allerdings mit einer Einschränkung: bereits Hinzugezogene durften bleiben. Aber dennoch waren Hetze und Morde die Folge; so sehr,

Früher eine Synagoge, heute die Kulturhalle Cyberex

dass sich die Aschkenasim 1878 unter den Schutz der österreichischen Vertreter in Belgrad stellten.

Das Fürstentum Serbien hatte zwar die Unabhängigkeit vom Osmanischen Reich erkämpft, aber endgültig wurden sein Status und seine Grenzen erst auf dem Berliner Kongress festgelegt. Die Anerkennung der Unabhängigkeit wurde unter anderem von der Gleichstellung der Juden abhängig gemacht.

Kurz vor Ausbruch des Zweiten Weltkriegs lebten etwa 10 400 Juden in Belgrad, die deutschen Besatzer löschten die jüdische Gemeinde fast völlig aus. Zahlreiche Juden schlossen sich im Kampf gegen die deutschen Truppen den Partisanen an. Heute leben nach Schätzungen zwischen 1200 und 1800 Juden in der Stadt, sie bemühen sich um ein vielfältiges Kulturleben. Vor wenigen Jahren beging der jüdische Chor der ›Baruh Brüder‹ sein 125 jähriges Bestehen. Darüber hinaus pflegen die Juden in Belgrad ein reges Gemeinschaftsleben: es gibt einen Frauenklub, den Sportklub ›Makabi‹, die Tanzgruppe ›Nahar Haesh‹ und das ›König David‹ Theater.

Die 1926 errichtete Synagoge ›Sukat Šalom‹ befindet sich in einem alten serbischen Quartier, in der ul. Maršala Birjuzova (ул. Маршала Бирјузова). Sie ist als einzige Synagoge Belgrads bis heute aktiv. Im Jahr 2006 hat man ihren 80. Geburtstag begangen. Eine zweite Synagoge, ›Kal Viezu‹, war nach dem Zweiten Weltkrieg baufällig und wurde abgerissen. Ihr Grundstein steht unter Denkmalschutz. Zur Blütezeit der jüdischen Gemeinde soll es einmal zehn Synagogen in Belgrad gegeben haben. Eine davon stand zwischen der ul. Jevrejska und der ul. Solunska, war im 18. Jahrhundert erbaut, mehrmals zerstört und wiedererrichtet worden, bis die Nazis sie dem Erdboden gleichmachten. Hier befand sich auch das rituelle Bad, die Mikwa, hier das Amam genannt. Zwei jüdische Friedhöfe gab es in der Stadt: der aschkenasische ist Teil des sogenannten Neuen Friedhofs und wird heute für alle Juden genutzt; und der ehemalige sephardische von 1888 in der ul. Dalmatinska (ул. Далматинска).

In den wenigen Straßen des alten Dorćol schlug das Herz des jüdischen Gemeindelebens: in der ul. Slunska (ул. Слунска), der ul. Cara Uroša (ул. Цара Уроша), ul. Cara Dušana (ул. Цара Душана), der ulica Kralja Petra (ул. Краља Петра), wo heute das jüdische Gemeindezentrum mit Museum steht, der ul. Braće Baruh (ул. Браће Барух) sowie in der Jüdischen Straße (ul. Jevrejska/ул. Јеврејска). In Letzterer steht noch heute das Gebäude ›Oneg Sabat‹, eine jüdische Begegnungsstätte, die 1927 nach dem Plan von Samuel Sumbul errichtet worden ist. Zunächst diente sie als Altenpflegeheim, für Hochzeiten, Jugendorganisationen sowie für alle Arten von religiösen und gesellschaftlichen Versammlungen. Nach dem Zweiten Weltkrieg wurde der Bau verstaatlicht und schließlich zum Kino ›Rex‹ umfunktioniert. Im Sommer 1994 mietete es der unabhängige Sender ›B92‹, behielt den Namen des Lichtspielhauses bei und widmete das Gebäude in ein alternatives Kulturzentrum beziehungsweise ein Forum für unabhängigen kritischen Dialog um. Der jüdische Stern an der Fassade lässt aber seinen Ursprung erkennen. In Dorćol gab es alles, was mit jüdischer Traditionspflege und jüdischem Gemeindeleben zu tun hatte. Im Jahr 1997 veranstaltete der unabhängige Radiosender B92 in Zusammenarbeit mit dem Jüdischen Museum eine Ausstellung eines Belgrads, das es nicht mehr gibt, gewidmet den Belgradern, die es nicht mehr gibt, den Bewohnern des alten Stadtteils Dorćol, an die sich nur noch wenige erinnern können.

Im neu gestalteten Museum für Technik und Wissenschaft

Museum für Technik und Wissenschaft

Das Museum für Technik und Wissenschaft (Muzej nauke i tehnike) ist vor einigen Jahren in das ehemalige Elektrizitätswerk (ul. Skender Begova 51) umgezogen. Das Museum sammelt, erforscht und stellt Objekte aus, die für die Geschichte der Wissenschaft, Technik und Technologie Serbiens von Relevanz sind: darunter sind Elektrogeräte, alte Orgeln, Druckmaschinen, die ersten Computer von Apple und Macintosh und das erste elektronische Mikroskop von Siemens von 1960.

Erstes Belgrader Gymnasium

Dort wo sich heute das erste Belgrader Gymnasium befindet (Cara Dušana Nr. 61), stand ursprünglich das Vidintor. Es war eines der vier Stadttore Belgrads, die den Zugang in die Stadt ermöglichten. Die Eroberung des Vidintors während des Ersten Serbischen Aufstands (1806) war von strategischer Bedeutung: Von hier drangen die serbischen Rebellen unter Führung von Stanoje Glavaš und Vule Ilić Kolarac in die Stadt ein. Das Erste Belgrader Gymnasium wurde 1839 begründet und zunächst in der Residenz von Nikola Solaković untergebracht. Seit 1938 hat es seinen Standort in diesem Gebäude neben der Aleksandar-Nevski-Kirche.

Aleksandar-Nevski-Kirche

Erste Ideen für den Bau einer Kirche im Viertel Dorćol entstanden von 1876 bis 1878, als sich das russische Freiwilligenkorps des Generals Černjajev in Serbien aufhielt. So kam es zum Bau der orthodoxen Aleksandar-Nevski-Kirche (Crvka Svetlog Aleksandra Nevskog). Sie wurde 1877 fertiggestellt und ist dem russischen Helden und Heiligen Aleksandar Nevskij geweiht. 1891 wurde ein größerer Neubau beschlossen, den Jelisaveta Načić entwarf. 1912 legte man dafür den Grundstein, der Erste Weltkrieg aber verzögerte den Bau; erst 1928/29 konnte die Kirche vollendet werden. Sie wurde in Anwesenheit von Aleksandar Karađorđević vom serbischen Patriarchen Varnava am 23. November 1930 geweiht.,

Die **Marmorikonostase** war ursprünglich für die Kirche in Oplenac geplant und ist ein Geschenk König Aleksandars I. Karađorđević von 1930. Er stiftete auch

Die Aleksandar-Nevski-Kirche mit ihren auffälligen zwei Kuppeln

die **Throne** für den Erzbischof und den König. Die **Ikonen** kamen im gleichen Jahr aus der Werkstatt des Russen Boris Seljanko. In der südlichen Apsis befindet sich ein **Denkmal** für Nikolaus II., Zar von Russland, und Aleksandar Karađorđević; über der Inschrift sind die Ikonen ihrer Namenspatrone Sankt Nikolaus und Sankt Aleksandar Newski eingelassen und auf der Nordseite ein Marmoraltar für Petar I. sowie für alle Opfer der Befreiungskriege. Die **Wandmalereien** der Apsis malte der Hieromonk Naum Andrić in Seccotechnik in den Jahren 1970 bis 1972. Sie hielten sich aber nicht und wurden daher 1998 von Milovan Bjelošević erneuert.

Die Drei-Konchen-Anlage erkennt man deutlich an ihrem serbisch-byzantinischen Stil mit zwei Kuppeln. Die Fassade ist auffällig mit vielen Reliefs verziert, eine Reminiszenz an die berühmten mittelalterlichen Bauwerke Serbiens. Auf der Nordseite der Kirche erinnert eine Gedenktafel an die 242 Opfer, die während der Bombardierung durch die deutsche Luftwaffe am 6. April 1941 hier verbrannten.

■ Bajloni-Markt

Der Bajloni-Markt (Bajlonijeva Pijaca/ Бајлонијева Пијаца) ist einer der vielen Märkte in Belgrad. Schon von weitem riecht man die vielen einheimischen Produkte, die hier angeboten werden: unter anderem Pfirsiche, Aprikosen, Waldbeeren, Brombeeren, Himbeeren und Heidelbeeren – in Hülle und Fülle und mit Aromen, die ihresgleichen suchen. Der Name dieses Marktes geht auf die Familie des Gerbers Ignjat Bajloni zurück. Sie war aus Tschechien eingewandert und hatte sich mit einer eigenen Gerberei am Topčider-Hang etabliert. Als sie in einer verfallenen Wassermühle unweit Požarevac eine moderne Dampfmühle installierte, begann ihr Aufstieg:

Auf dem Bajloni-Markt

Das Weißmehl fand reißenden Absatz. Nach dem Tod des Vaters 1871 trugen die Nachkommen die Mühle unter dem Firmennamen ›Ignjat Bajloni i Sinovi‹ ins Handelsregister ein. Weitere Investitionen folgten: Weinberge, Schweine- und Rinderzucht. In Belgrad kauften sie in großem Stil Liegenschaften, an der Save bauten sie eine Villa. Heute erinnern der Bajloni-Markt und das frühere Brauereigebäude in der Skadarska an die erfolgreiche Unternehmerfamilie.

■ Bitef-Theater

Hinter dem Bajloni-Markt ragt eine Kirchturmspitze hervor. In der dazu gehörigen Kirche ist das Bitef-Theater untergebracht. Auf Initiative von Mira Trailović (1924–1989), der Grande Dame des Belgrader Theaterlebens, wurde 1989 der attraktive und akustisch hervorragend geeignete Raum einer evangelischen Kirche zum Theater umgewandelt. Die Geschichte des Gebäudes ist spannend und nicht ganz klar: Den Bau sollen nach einigen Quellen alteingesessene Deutsche begonnen haben; andere

▲ Karte: s. vordere Umschlagklappe

Quellen berichten, Adolf Hitler persönlich habe den Bau veranlasst. Dazu soll das Gelände enteignet und die Baumaterialien teilweise gestohlen und teilweise, vor allem die Ziegel, aus Deutschland herbeigeschafft worden sein. Wie auch immer: Als die Deutschen nach dem Zweiten Weltkrieg vertrieben wurden, fehlte der halbfertigen Kirche die Gemeinde. Unvollendet und ungeweiht, wurde sie nach dem Krieg vom Staat konfisziert, mehr oder weniger zu Ende gebaut und diente zunächst als Probebühne für das Jugoslawische Schauspielhaus, dann als Stadtarchiv und als Werkstätte des Kindertheaters ›Boško Buha‹. Schließlich wurde die Kirche dem ›Bitef‹ zur Verfügung gestellt.

Ursprünglich eine Kirche, heute das Bitef-Theater

Das Bitef-Theater hat aber kein eigenes Ensemble, hier finden ausschließlich Gastspiele statt. Vor wenigen Jahren wurde eine eigene Tanzkompanie gegründet, die im gesamten Ex-Jugoslawien auftritt, auch im Kosovo und in Albanien. Ensembles dieser Länder sind andererseits häufig zu Gast im Bitef. Hier funktioniert also bestens, was auf politischer Ebene nicht gelingen will. Das Theater unterhält auch das ›Bitef-Café‹, in dem musikalische Veranstaltungen von Klassik bis Jazz und Fado und vielem mehr angeboten werden.

Künstlerviertel Skadarlija

Gegenüber dem Bajloni-Markt steht der Sebilj-Brunnen von Aleksandar Vitek. Es ist eine Kopie; das Original steht in der Altstadt von Sarajevo und gilt als ein Wahrzeichen der bosnischen Hauptstadt. Die Kopie kam 1989 hierher; sie markiert den Eingang ins ehemalige Bohèmeviertel Skadarlija. Dieses heute stark frequentierte Viertel wird von den Straßen Cetinska (Цетинска), Makedonska (Македонска) und Skadarska (Скадарска) gerahmt; letztgenannte bildet sein Zentrum.

Ursprünglich ein altes Romaviertel, entwickelte sich die Skadarlija, bis heute oft ›Montmartre von Belgrad› genannt, zum Quartier der Bohème und wurde ein Vergnügungsviertel. Das nahm seinen Anfang, als sich 1830 hier, in der verlassenen Gegend gegenüber dem Festungswall, sehr viele Roma niederließen. Etwas später siedelte sich eine Brauerei an - nicht zufällig: hier sprudelt eine Quelle naturreinen Quellwassers, das verantwortlich für die gute Bierqualität war, so dass es auf der Weltausstellung von Paris 1896 dafür mit der Goldmedaille ausgezeichnet wurde. Das Gebäude der Brauerei nutzt heute ein Restaurant, das - abblätternde – Freilichtgemälde ›Mural‹

Romantisch: das kleine Künstlerviertel Skadarlija

ziert es. In der unmittelbaren Umgebung der Brauerei eröffneten bald viele Kneipen und Restaurants. Seitdem spricht man von der Skadarlija (Скадарлија) nach der albanischen Stadt Skadar (Shkoder oder Shkodra). Diese war im Mittelalter Hauptort des serbischen Fürstentums Zeta gewesen und nach einer wechselvollen Geschichte erst im Jahr 1913 Albanien zugesprochen worden.

Einst wohnten viele Maler, Dichter, Schauspieler und Journalisten in diesem Viertel: unter anderem der Maler Petar Dobrinović, der kroatische Dichter Tin Ujević, der Schauspieler Dobrica Milutinović sowie der Schriftsteller und Maler Đura Jakšić (1832–1878). Sein Wohnhaus in der ul. Skardarska 34, in dem er starb, wird heute als **Kleinkunstbühne** und für Veranstaltungen genutzt. In den wenigen Räumlichkeiten sind mehrere Porträts des Künstlers zu sehen. Vor dem Haus sitzt er seit 1990 als **Bronzestatue**; Jovan Soldatović fertigte sie an. Jakšić schrieb über 40 Erzählungen und war schon zu Lebzeiten sehr beliebt.

Gegenwärtig befinden sich an der kopfsteingepflasterten Skadarska zahlreiche **Restaurants**, in denen oft Live-Musik geboten wird – von serbischer Volksmusik bis Pop und Rock –, **Galerien, Antiquitäten- und Souvenirläden** und das kleine **Hotel Piaf.** Das Nachtleben endet hier gegen 1 Uhr. Essen kann man bis 23 Uhr, wenn man Glück hat, auch mal später. Und manchen Eindrücken zum Trotz, hier sei alles nur für Touristen inszeniert, findet man doch viele Einheimische und durchweg eine gute Küche zu fairen Preisen.

Ältestes Gasthaus ist das ›Tri Šešira‹ (Drei Hüte), eine Hutmacherwerkstatt, die 1864 zum Gasthaus umgewandelt wurde. Zu den neueren Lokalen gehören ›Guli‹ (Nr. 13), Café ›Familija‹ (Nr. 7) und ›Campo dei Fiori‹, ein italienisches Restaurant. Vor dem Gasthaus ›Travelling Actor‹, das auch Zimmer anbietet, steht eine **Figur** des ›Travelling Actor‹, des reisenden Schauspielers. Es ist einerseits eine Hommage an Joakim Vujić, der als Vater des serbischen Theaters vom Anfang des 19. Jahrhunderts gilt, andererseits eine Würdigung all jener Schauspieler, die früher von Kneipe zu Kneipe zogen und für Kost und Logis Szenen aus populären Stücken boten.

▲ Karte: s. vordere Umschlagklappe

Entlang der ulica Gospodara Jevremova

Parallel zur ulica Cara Dušana, an dem in Richtung Donau abfallenden Abhang von Belgrad, verläuft die ulica Gospodara Jevremova. Sie begrenzt das Viertel Dorćol zur Altstadt. Die Straße ist bereits in den Stadtplänen aus dem 17. Jahrhundert verzeichnet und in ihrem Verlauf bis heute unverändert erhalten geblieben. Seit 1872 trug ein Abschnitt dieser Straße den Namen des Stadtkommandanten Jevrem Obrenović (1790–1856), einem jüngeren Bruder des serbischen Fürsten Miloš. Seit dem Jahr 1904 wurde sein Name auf die gesamte Straße übertragen. Die Straße erstreckt sich über einen Kilometer, vom Park des Kalemegdan bis nach Skadarlija, und wird von historischen Bauten gesäumt. In jeder der 70 Hausnummern war der Wohnsitz einer mehr oder weniger führenden Gestalt der jüngeren Geschichte Serbiens. Durch das Bombardement von 1944 erlitt die Straße große Schäden, die Baulücken wurden nach dem Krieg nicht immer in vorteilhafter Weise geschlossen. Trotzdem kann man hier Interessantes entdecken. Nicht nur die ulica Gospodara Jevremova lohnt einen Spaziergang, sondern das ganze umliegende Viertel zwischen Studentenplatz und ulica Cara Dušana. Hier ist noch viel alte Bausubstanz erhalten, und viele Bewohner historischer Bauten haben sich zu einer Aktion zusammengeschlossen, die sich den Erhalt dieser Bausubstanz zum Ziel gesetzt hat. Außerdem gibt es unglaublich viele kleine und kleinste Restaurants, Cafés, Bars und Musikkneipen.

In der Jevremova finden sich zahlreiche schöne architektonische Details

Den Anfang der Straße beim Kalemegdan markiert Rigas Feraios, der griechische Freiheitsheld. Sein Denkmal schuf Josif Najman.

■ Bajrakli-Moschee

Von den mehr als 60 Moscheen, die im osmanischen Belgrad bestanden haben sollen, ist die Bajrakli-Moschee (Bajrakli-Džamija/Бајракли-Џамија, übersetzt: Fahnenmoschee) die einzige verbliebene Kultstätte der Muslime aus der osmanischen Periode. Eine erste Moschee an dieser Stelle stammte wohl von 1575, vermutlich in der Mitte des 17. Jahrhunderts, unter Süleiman II., entstand sie neu als Stiftung eines reichen Händlers und wurde daher auch Čohadži-Moschee genannt. Als Hauptmoschee im osmanischen Belgrad verfügte sie über einen Muvakkit (Zeitmesser), der dank seiner exakten Zeitangabe gewährleisten sollte, dass die Gebetszeiten eingehalten werden konnten. Während der österreichischen Besatzung von 1717 bis 1739 wurde sie zur katholischen Kirche umgeweiht. Die Rückkehr der Türken führte sie wieder ihrer ursprünglichen Bestimmung zu. Ende des 18. Jahrhunderts erhielt sie ihren heutigen Namen nach der Fahne, die gehisst wurde, um den Beginn des Betens in allen Moscheen einzuleiten. Ihre Renovierung veranlassten die serbischen Fürsten im 19. Jahrhundert.

Die Bajrakli-Moschee, einer der wenigen erhaltenen Sakralbauten aus Osmanischer Zeit

Bis heute wird sie als Gebetsstätte der muslimischen Gemeinde genutzt.
Der Bau hat die Form eines Würfels, ist mit einer Kuppel überdacht und weist ein Minarett auf. Gegenüber dem Eingang befindet sich der nach Mekka gerichtete Mihrab mit einer flachen dekorierten Nische. Rechts vom Mihrab steht der Minbar und oberhalb des Eingangs eine hölzerne Galerie (Mahfil). Das Innere der Moschee ist schlicht, mit stilisierten floralen und geometrischen Motiven dekoriert und weist kalligraphische Paneelen (levha) mit Gebeten in arabischer Schrift auf. Jusuf Spahić, Großmufti von Serbien, zelebriert hier.
Im Hof der frisch renovierten Moschee steht der **Brunnen** zur rituellen Waschung. Die Moschee bildet mit der **Religionsschule** (Medrese) mitsamt **Bibliothek** einen Komplex.

Haus der jüdischen Gemeinde mit Museum

Das Jüdische Museum (Kralja Petra Nr. 71a) ist das einzige seiner Art in Serbien und wurde 1948 gegründet. Die Sammlung lässt sich in die Ausstellung und das Archiv untergliedern. In der Ausstellung werden der Holocaust und die frühere Existenz jüdischer Gemeinden auf dem gesamten Balkan thematisiert. Bis 1941 lebten in Jugoslawien etwa 80 000 Juden, davon die Hälfte in Serbien. In Serbien, Bosnien und Mazedonien gab es keine Ghettos, in Kroatien und Slowenien hingegen schon.
Das Museum stellt eine Sammlung von ›Judaica‹ aus, darunter Torarollen, rituelle Gefäße, Gewänder und Amulette; außerdem Gemälde und Skulpturen: das Selbstporträt des jüdischen Malers Leon Koen (1859–1934), die Porträts des Zemuner Rabbis David Mose Alkalaj und seiner Frau von Milan Jovanović und eine Mosesbüste von Slavko Bril.
Im Viertel wurden einige Grabsteine gefunden; zwei davon sind hier im Eingangsbereich ausgestellt. Laut Inschriften stammt einer von Avraham Koen aus dem Jahr 1641, ein weiterer von Donna Klara mit dem Todesdatum des 13. Schwebt 5380, nach christlicher Zeitrechnung 1619. Das Museum bemüht sich seit 1998, die Sammlung von Daten über die Opfer des Holocaust zu vervollständigen und dafür von Deutschland Kompensationszahlungen zu erlangen.

Das Haus der Donaudampfschifffahrt-Gesellschaft

Das Haus auf der Ecke zur ulica Kapetan Mišina, das man sofort an seiner Uhr erkennt, wurde 1925 errichtet; es gilt als erstes modernes Haus in der Gospodara Jevremova. Der Entwurf geht auf den Österreicher Alexander Pop zurück, einen Assistenten von Peter Behrens. Seine Pläne wurden vom Bauingenieur Stevan Toblar umgesetzt. Zunächst war hier die Donaudampfschifffahrt-Gesellschaft Serbiens untergebracht, während des Zweiten Weltkriegs das Deutsche Rote Kreuz und nach dem Krieg das Kommando der Schwarzmeerflotte, kurzfristig auch die Botschaft der Schweiz. Heute ist hier das Kulturzentrum des Stadtbezirks Stari Grad: ›Parobrod‹ (das Dampfschiff).

Dositej-Lyzeum

Eines der ältesten erhaltenen Gebäude Belgrads ist das als Dositej-Lyzeum (auch Große Schule/Velika Škola) bekannte Haus (Gospodara Jevremova 21). Es stammt aus der Zeit der Rückeroberung Belgrads durch die Türken, wurde 1740 errichtet und verfügte über einen großen Garten. Es ist ein typisches orientalisches Haus, das in einen selamluk (an der Straßenseite) für die Männer und einen haremluk (auf der Gartenseite) für Frauen aufgeteilt ist. Der repräsentativste Teil ist die zentrale Halle mit einem Wohnraum auf der oberen Etage. Von der Halle gelangte man in die Zimmer und Räume mit Kamin. Das Dach war mit Ziegeln gedeckt und wies das typisch tiefe Dachgesims auf. Den Kern des Hauses bildete ein Holzgerüst, das mit Ziegeln und Kalkmörtel gefüllt worden war. Gegen Ende des 18. Jahrhunderts war im Haus das französische Konsulat untergebracht, im Frühjahr 1809 zog die Große Schule von Belgrad ein. Eine Renovierung erfolgte, ohne dass das Haus verändert wurde. Drei Grundschulklassen waren im Erdgeschoss untergebracht, drei Räume im Obergeschoss wurden der Großen Schule zugeteilt, die restlichen zwei Räume im Obergeschoss standen den Professoren zur Verfügung. 1809 wurde ein großer Raum wegen der steigenden Schülerzahl an der Seitenfassade angebaut. Er blieb bis heute erhalten. Zwei Generationen erhielten ihre Ausbildung hier an der Großen Schule, bevor die Einrichtung mit dem Zusammenbruch des Aufstandes gegen die Osmanen verschwand. Neue Besitzer des Hauses wurden Nikola Kutula und seine Nachkommen. Das Gebäude wurde nach dem Zweiten Weltkrieg komplett restauriert – derzeit erneut – und beherbergt heute das 1949 gegründete

Das Dositej-Lyzeum

Karte: s. vordere Umschlagklappe

Museum von Vuk und Dositej. Dositej Obradović hatte die Schule geleitet und war erster Bildungsminister Serbiens, Vuk Stevanović Karadžić einer seiner Schüler.

Haus von Miloje Božić

In Nachbarschaft zum Dositej-Lyzeum befindet sich das ehemalige Haus des Kaufmanns Miloje Božić von 1836. Hier ist das **Theatermuseum** (Muzej Pozorišne umetnosti/музеј Позоришне уметности) untergebracht.

Das zierliche Haus birgt wenige kleine Räume, die für Ausstellungen und Lesungen genutzt werden. Im Jahr 2012 wurde eine Retrospektive anlässlich des Todes der Schauspielerin Oliera Marković organisiert. In 170 Filmen spielte sie mit, darunter in der Satire ›Balkanexpress‹ (1983). Hauptakteure sind eine umherziehende Gruppe von Musikern, denen Musik lediglich als Vorwand dient, um zu stehlen und zu betrügen. Ihre Talente werden einer strengen Prüfung unterzogen. Als ein Hauptmann der deutschen Wehrmacht sich in die Sängerin der Gruppe verliebt, beschließen sie, ihn dazu zu benutzen, ihnen wichtige Ausweispapiere zu beschaffen. Das Blatt wendet sich, als ein in einem Versteck lebendes jüdisches Mädchen Hilfe benötigt, um seinen Transport in ein Konzentrationslager zu verhindern. Die Gauner beschließen, nicht nur das Mädchen zu beschützen, sondern schließen sich der Untergrundbewegung gegen die Deutschen an, um dabei mehrere deutsche Offiziere zu töten.

Čukur-Brunnen

In der ulica Dobračina wird des Lehrburschen des Krämers Simo Nikolić in Form eines Brunnens gedacht (Nr. 42). Ein türkischer Soldat soll im Jahr 1862 den serbischen Knaben Sava an einem Čukur genannten Brunnen getötet haben.

Dieser Vorfall war der Anlass für einen Konflikt mit weitreichenden Folgen: Der Gewaltausbruch zwischen Serben und Türken mündete in folgenreiche militärische Auseinandersetzungen mit vielen Opfern und ging als ›Bombardierung Belgrads durch die Türken‹ in die Geschichte ein. Die folgende internationale Empörung führte zum endgültigen Rückzug der Türken aus serbischen Städten. Simeon Roksandić schuf 1922 den ermordeten Knaben als liegende Figur. Aus seinem zerbrochenen Krug strömt der Wasserstrahl in ein muschelförmiges Becken.

Das Nikola-Pašić-Haus

Haus der Familie Pavlović

Auf der Gospodara Jevremova folgen historische Gebäude: Im ehemaligen Đurić-Haus ist heute die Mazedonische Botschaft untergebracht, im Haus der Familie Vidanović und im Haus der Familie Gavrilović, einem Eckhaus, jeweils ein Café. Das Haus Nr. 39 wurde 1882 von der Familie Pavlović gebaut und ist glücklicherweise noch heute im Besitz der Nachkommen. Es ist ein bemerkenswertes Kulturdenkmal, weil es in seiner architektonischen Einheit mit großem Garten vollständig erhalten geblieben ist und damit einen Einblick in das Leben des serbischen Bürgertums des 19. Jahrhunderts vermittelt. Die Familie Pavlović unterhält am Familiensitz ein **interkulturelles Zentrum**, das in besonders enger Verbindung zur italienischen Region Emilia Romagna steht und in einer Dauerausstellung die Sammlung der **Gemälde und Kunstgegenstände** aus dem Besitz der Pavlović-Familie zeigt.

Nikola-Pašić-Haus

An der Ecke zur ulica Francuska steht die Villa von Nikola-Pašić (дом Николе Пашића). Das Gebäude wurde für die Kaufleute Nikola und Kosta Džanga 1872 errichtet und 1893 vom Staatsmann und Politiker Nikola Pašić erworben. Er ließ es von Marijan M. Vujović umgestalten und bewohnte das Haus bis zu seinem Tod 1926. Sein heutiges Aussehen erhielt das Haus nach einer grundlegenden Sanierung 1921. Zehn Jahre nach dem Tod des Staatsmannes wurde eine Gedenktafel angebracht.

Zwischen Skadarlija und Donau

Nur wenige Touristen besuchen das Viertel östlich der Skadarlija; dabei lohnt nicht nur der Botanische Garten einen Blick.

Viertel Jevremovac

Auf Vorschlag des Botanikers Josif Pančić wurde 1874 der erste königliche **Botanische Garten** (Botanička Bašta) angelegt. Zunächst am Donauufer von Dorćol eingerichtet, wurde er 1889 auf das heutige Gelände verlegt, wo Milan Obrenović IV. einen großen Obstgarten mit der Auflage zur Verfügung gestellt hatte, das Gebiet nach seinem Großvater Jevrem zu nennen. An der Takovska-Straße liegt der Eingang ›Jevremovac‹. Auf einer Fläche von fünf Hektar findet man über 2000 Arten heimischer, europäischer und exotischer Bäume, Sträucher und anderer Pflanzen. Der Botani-

Im Botanischen Garten

sche Garten ist ein Teil der botanischen Fakultät der Universität von Belgrad. Er beherbergt neben einem Treibhaus (renovierungsbedürftig) aus dem 19. Jahrhundert auch Verwaltungs- und Forschungsgebäude.

■ Erstes Städtisches Krankenhaus

Die Fortsetzung der Cara Dušana nennt sich ulica Đorđa Vašingtona. Das Haus mit der Nummer 19 wurde von 1865 bis 1868 als erstes städtisches Krankenhaus nach einem Entwurf von Josif Frenc erbaut. In einem Teil des Gebäudes befindet sich heute noch die Gesellschaft serbischer Ärzte.

■ Marina Dorćol

Dort wo die ulica Cara Dušana auf die Tadeuša Košćuška trifft, geht es rechts zur Donau hinab. Am Eingang zum Uferweg steht das renovierte **Sportzentrum Milan Gale Muškatirović**, rund um die Uhr ein beliebter Treffpunkt. Das Sportzentrum, das früher ›25. Mai‹ hieß, wurde anlässlich der Weltfestspiele im Schwimmen und Wasserpolo 1973 eingerichtet. Der Komplex birgt verschiedene Hallen und stellt eine zusammenhängende Einheit dar. Der Entwurf geht auf den Architekten Ivan Antić zurück und wurde in den Jahren 1961 bis 1973 realisiert. Dabei wurde auf eine Bauform mit hängendem Dach zurückgegriffen, die mehrere offene Einrichtungen einschließt. Ein zugehöriges Restaurant mit 250 Plätzen ist als auskragende Konstruktion Höhepunkt der Anlage. Das Tennis- und Sportzentrum ›Novak‹ schließt sich an; ›Marconi‹ verleiht hier Fahrräder. Hier beginnt Radweg entlang der Donau über die Mündung der Save und weiter entlang der Save bis nach Ada Ciganlija. In entgegengesetzter Richtung, auf dem Weg nach Pančevo, endet der Radweg nach etwa 800 Metern. Eine Erweiterung der Uferpromenade ist in Planung und schon angekündigt. Die Wohnsiedlungen reichen hier fast bis ans Ufer der Donau. Davor steht ein **Denkmal zum Erinnerung an die jüdischen Opfer im Holocaust**. Der Bildhauer Nándor Glid schuf 1990 eine Menora (siebenarmiger Leuchter), die in Flammen steht.

In Richtung Brankovbrücke steht seit 1988 das **Denkmal zur Erinnerung an die Verteidiger Belgrads** (Spomenik oslobodiocima Beograda) von 1915. Es erinnert an ein aufgeklapptes Buch und ist mit viel Text bestückt, die Inschrift beinhaltet unter anderem den Befehl zum Kampf gegen den Feind des Majors Dragutin Gavrilović: »Punkt drei Uhr muss der Feind von eurem gewaltigen Angriff zerschlagen, von euren Bomben und Bajonetten vernichtet werden. Das Ansehen unserer Hauptstadt darf nicht angetastet werden. Soldaten! Helden! Die Oberbefehlshaber haben unser Regiment aus dem Bestand gestrichen. Unser Regiment ist für König und Ehre des Vaterlands geopfert worden. Ihr braucht euch um euer Leben, das es nicht mehr gibt, nicht mehr zu sorgen. Deshalb vorwärts zum Ruhm! Es lebe der König! Es lebe Belgrad!«

▲ Karte: s. vordere Umschlagklappe

Am Save-Ufer

Zum Viertel Dorćol gehört die Donaupromenade mit den beliebten Sportstätten (**Marina Dorćol**). Hier beginnt der etwa sieben Kilometer lange Radweg; er verläuft zunächst entlang der Donau, ab dem Kalemegdan weiter entlang der Save bis zur Freizeitinsel Ada. An der Donaupromenade steht das **Denkmal zur Erinnerung an die jüdischen Opfer**. Vorbei an weiteren Denkmälern und dem Nebojša-Turm erreicht man das einzige Restaurant an der Mündung von Save in die Donau, das schwimmende **Café Bella Vista**. Ein Besuch lohnt sich. Das Café befindet sich direkt unter dem ›Viktor‹ und bietet einen traumhaften Blick unter anderem auf die Große Kriegsinsel, Zemun und das Ušće-Hochhaus.

In Zentrumsnähe, unterhalb des Kalemegdan, erreicht man den Passagierhafen von Belgrad an der Save. Hier legen die großen Kreuzfahrtschiffe an.

Beim Hafen stehen ehemalige Lagerhallen, die zum Teil schon ausgebaut und saniert wurden. In ihnen haben sich unzählige edle Restaurants, Bars und Clubs etabliert, die ein breites Spektrum an Nationalküchen sowie Live-Musik abdecken, darunter beispielsweise: ›Frida‹ (spanische Küche), Club ›Beton‹, ›Iguana‹ (Jazz), ›Toro‹ (lateinamerikanisches Essen), ›Sofa‹ (frischer Fisch), ›Sakuara‹ (asiatische Küche).

Das Denkmal zur Erinnerung an die jüdischen Opfer im Holocaust

Die erste Savebrücke, die **Brankovbrücke**, verfügt über einen Lift mit Liftboy, der Fahrräder wie Fußgänger nach oben bringt, wo sich der Radweg nach Zemun und Neu-Belgrad fortsetzt. Der Weg zur Adainsel führt aber rechts der Save weiter bis zur neuen Adabrücke. Er wird bis dorthin schmaler. Die Eisenbahnschienen verlaufen streckenweise parallel zum Saveufer, Industrie und abgewrackte Schiffe lagern hier ebenso wie schwimmende Diskotheken, unter anderen das ›Bollywood‹. Hier soll das ›Waterfront‹-Viertel aus dem Boden gestampft werden. Jenseits der Messe, die auch fast ans Ufer heranreicht, trifft man auf eine kleine Landzunge inmitten der Save, die dank der hier lebenden Kormorankolonie als Naturschutzgebiet ausgewiesen ist. Der letzte Abschnitt zur Adainsel führt ein Stück weit über die Adabrücke.

Aus der Save bezieht die Stadt ihr Trinkwasser. Vor der großen sozialistischen Industrialisierung soll der Fluss sauber gewesen sein, heute hat zumindest der abgegrenzte Savasee von Ada Ciganlija strengstens überwachte Trinkwasserqualität. Mit den jüngsten jugoslawischen Kriegen kamen einerseits das Handelsembargo, was zur Erholung des Flusssystems beigetragen hat, andererseits folgte die Verseuchung infolge der NATO-Bombardierung. Obwohl der Abwassereinlass sehr umstritten ist, wird gebadet und geangelt, und die Angler lassen sich nicht hindern, unter anderem große Welse und Karpfen herauszuziehen. Geduldig verharren sie das ganze Jahr über an den Ufern und wärmen sich in den Wintermonaten an ihren Feuerchen.

Vračar

Der alte Bezirk Vračar (Врачар) wurde 1952 aufgehoben und 1960 in neuer Form organisiert. Er umfasst seitdem Neimar, Terazije und Istočni Vračar (Ost-Vračar). Er ist mit drei Quadratkilometern und knapp 70 000 Einwohnern der kleinste Stadtbezirk Belgrads und geht unmittelbar in den Altstadtbezirk über. Der Heilige Sava ist sein Schutzpatron.

Um die Namensgebung ranken sich einige Legenden. Nach der einen soll ein Held namens Vračar, ein Ungläubiger, hier 1521 seine Hütte erbaut haben, nach einer anderen wird der Name von vrapčija polja abgeleitet, was soviel wie Spatzenfeld (vrabac: der Spatz, polje: das Feld) bedeutet. Nach dieser Überlieferung sollen sich hier früher ganze Schwärme

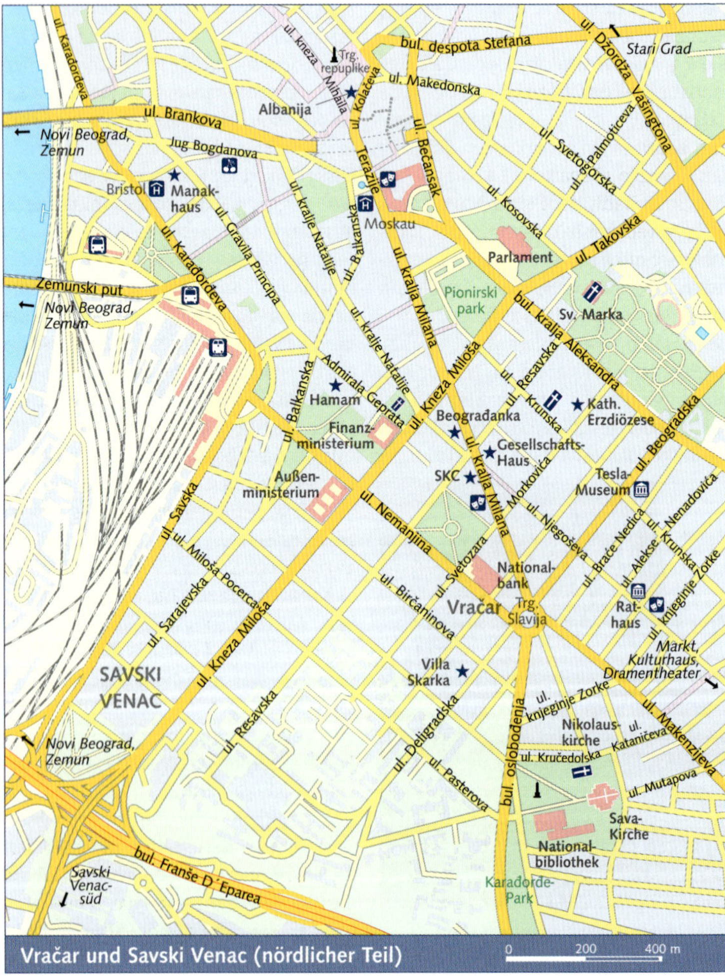

Vračar und Savski Venac (nördlicher Teil)

von Spatzen aufgehalten haben. Sicher ist, dass das slawische Wort vrač die Bedeutung Seher, Hexer oder Arzt hat. In unmittelbarer Nähe zum Zentrum, um die Straßen Krunska und Njegoševa, liegt eine der besseren Wohngegenden; auch eine Reihe von Botschaften gibt es hier. Vor dem Zweiten Weltkrieg lebten viele Deutsche und Österreicher in dem Viertel. In Erinnerung sind Wilhelm Bader, Sohn einer österreichischen Adelsfamilie, Eisenbahnkonstrukteur und Präsident der Gesellschaft zur Verschönerung von Vračar, sowie die Familien Geisler, Liler und Roselt geblieben.

Eine Aufführung im Terazije-Thater

Terazije

Der Terazije (Теразије) ist der einzige Platz der Stadt, der niemals seinen Namen gewechselt hat. Dieser geht auf die Türken zurück und leitet sich von ›teraz‹ ab, was so viel wie Brunnen oder auch Waagebalken bedeutet. Hier, im Vorfeld der Festung, soll sich einer der großen Wasserleitungstürme befunden haben. Außerdem diente der Ort den Osmanen als Hinrichtungsstätte. Heute ist er nicht nur ein beliebter Treffpunkt der Jugend, sondern auch geographischer Mittelpunkt der Stadt. Dieser Mittelpunkt wird vom **Terazijska Česma** markiert, einem Brunnen, der zu Ehren von Miloš Obrenović 1860 entstand. Der Brunnen wurde als großer Steinsockel mit Inschrift und einem polygonalen Brunnenbecken von einem italienischen Meister gestaltet. Bekrönt wird er von einer bronzenen Vase. Von 1911 bis 1976 wurde er, angeblich wegen der Erneuerung des Platzes, nach Topčider versetzt. Erst nach 65 Jahren durfte er an seinen Bestimmungsort zurückkehren. Zur osmanischen Zeit endete die Stadt hier in Stadtgräben, Sumpf und brachliegenden Feldern. Der intensive Ausbau des Gebietes wurde von Fürst Miloš Obrenović in die Wege geleitet, der, um die Handwerker aus der Stadt zu locken, Grundstücke verschenken ließ. Ende des 19. und Anfang des 20. Jahrhunderts erfuhr der Platz bedeutende Umgestaltungen: Fontäne und blumengeschmückte Straßeninseln markierten seine Mitte. Hotels wie das ›Pariz‹, das alte ›Kasina‹, in dem bis 1920 das Nationaltheater seine Bühne hatte, das ›Balkan‹ und das ›Moskau‹ entstanden. In der Kafana ›Kod Zlatnog Krsta‹ (Zum Goldenen Kreuz) lief 1896 die erste Kinovorstellung an. Der Platz entwickelte sich auf diese Weise zu einem Zentrum des gesellschaftlichen Lebens. 1936 wurde auf den Fundamenten des alten Hotels ›Balkan‹ das neue erbaut. Anstatt der kleinen Kneipe ›Albanija‹ baute man 1938 das gleichnamige Hochhaus. Kurz vor dem Zweiten Weltkrieg entstand an Stelle der berühmten Kneipe ›Šiškova kafana‹ das Gebäude, in dem sich heute das **Terazije-Theater** (Pozorište na Terazijama) befindet. Es ist das einzige Musical- und Revuetheater Belgrads. Anfang der 1990er Jahre wurden seine Räume grundlegend renoviert. Die Produktionen des Theaters sind erstklassig und lange im Voraus ausgebucht.

Der Obrenović-Brunnen

Seine endgültige Gestalt erhielt der Terazije nach dem Zweiten Weltkrieg, als Straßeninseln, Fontäne und die Straßenbahnschienen entfernt und Raum für den zunehmenden Verkehr und Paraden geschaffen wurde. In den historischen Gebäuden des Terazije haben einige internationale Designer-Boutiquen ihre Räume. Hier nimmt auch die ulica Kralja Milana ihren Ausgang, die Verlängerung des Terazije, die über den Trg Slavija stadtauswärts nach Süden führt. An der Ecke zur ulica Kralja Aleksandra steht eine **Säule**, die der fünf Opfer gedenkt, die von den Nazis am 17. August 1941 hier gehängt wurden.

■ Albanija-Hochhaus

Der Terazije wird zur Fußgängerzone hin durch das städtebaulich geschickt platzierte Albanija-Hochhaus (Dom Albanija/Дом Албанија) abgeschlossen, das gleichzeitig den Beginn der Einkaufsstraße markiert. Im 19. Jahrhundert befanden sich an seiner Stelle kleine einstöckige Häuser, Buchläden und das bekannte Café ›Albanija‹. Die Architekten Branko Bon, Milan Grakalić und Miladin Prlejvić haben einen funktionalen, am Bauhaus orientierten Entwurf geliefert. In den Jahren 1938 bis 1940 gebaut, war das Albanija mit seinen 13 Stockwerken und 53 Metern Höhe das erste Hochhaus Belgrads. Heute hat sich in ihm das serbische Modehaus ›Zekstra‹ etabliert.

▲ Karte S. 114

■ Hotel Moskau

Das Hotel Moskau (Moskva/Москва) ist das einzige verbliebene Hotel aus der ersten Entwicklungsphase des Terazije. Alle anderen Hotels sind verschwunden oder durch Neubauten ersetzt worden. Zu Beginn des 20. Jahrhunderts kaufte eine Versicherungsgesellschaft aus St. Petersburg ein Stück Land am Terazije, an der Ecke zur ulica Balkanska. Sie wollte hier ein Gebäude bauen und darin eigene Büroräume, ein Hotel, ein Restaurant und Geschäfte unterbringen. Obwohl Viktor Kavačić aus Kroatien den dafür ausgeschrieben Wettbewerb 1905 gewonnen hatte, optierte die Geschäftsleitung für den Entwurf von Jovan Ilkić, der nach einer Überarbeitung mit der Bauleitung beauftragt wurde. Die Ausführung erfolgte im schönsten Sezessionsstil mit Materialien wie Granit aus Schweden, Eisenbeton, Fayencen, Marmor und Keramikziegeln. Die dekorativen, grün glasierten Ziegel der äußeren Verkleidung stammen aus der berühmten Zsolnay-Fabrik in Pécs. Zwei Reliefs zieren die Fassade: eine Frau und drei Kinder sowie eine Allegorie Russlands. Das Innere ist verschwenderisch mit Möbeln im Sezessionsstil, fein gearbeiteten Bronzetüren, Fenstern und Eingängen gestaltet. Das Hotel mit Restaurant wurde am 14. Januar 1908 von König Petar I. Karađorđević feierlich eröffnet und avancierte in kürzester Zeit zum Treffpunkt von Kulturgrößen und Diplomaten. Nach großen Schäden im Zweiten Weltkrieg wurde es renoviert, 1972 modernisiert, vor etwa 20 Jahren erneut saniert, 2014 auf den heutigen Stand gebracht und vor kurzem wieder eröffnet. Allerdings hat es nun moderne Konkurrenz durch das neue, fast benachbarte ›Zepter-Hotel‹ bekommen.

■ Ankerhaus und Atina-Gebäude

Die Versicherungsgesellschaft ›Anker‹ gab 1900 das Gebäude (Terazije Nr. 26) im Neorenaissancestil in Auftrag. Der Bauentwurf stammt von Milan Antonijević.

Dimitrie Leko entwarf ein venezianisches Renaissancegebäude (Terazije 28), in dessen Erdgeschoss das Restaurant ›Atina‹ ansässig war.

■ Aleksa-Krsmanović-Haus

An der Südwestseite des Terazije (Nr. 34) befindet sich das Aleksa-Krsmanović-Haus (дом Алекса Крсмановић). Aleksa Krsmanović war ein Sohn des Nika, der mit seinen Brüdern Rista und Kova aus Bosnien nach Belgrad kam und durch den Handel mit Trockenfrüchten, Pelzen und

Prächtiger Jugendstil innen wie außen: das Hotel Moskau

Lederwaren zu Wohlstand gekommen war. In Belgrad investierten die Brüder in Obstbaumkulturen, Dörröfen sowie in den Weizen- und Salzhandel. Entlang der Save verfügten sie über große Lagerhallen und ein eigenes Transportnetz. Aleksa Krsmanović starb kinderlos und vermachte sein Vermögen dem Staat. Das Gebäude im Stil des Neobarock von 1885 zeigt die Handschrift von Jovan Ilkić. Von 1918 bis 1922 residierte in ihm Aleksandar I. Karađorđević. In den prächtig verzierten Räumen des Hochparterre wurde 1918 offiziell die Vereinigung von Serben, Kroaten und Slowenen verkündet.

Mit dem Namen der Familie Krsmanović ist die Akademische Kultur- und Kunstgesellschaft ›Branko Krsmanović‹ (AKUD-Krsmanović) verbunden. Sie wurde offiziell nach dem Zweiten Weltkrieg ins Leben gerufen, obwohl einige die Gesellschaft konstituierenden Ensembles bereits seit 1884 existiert hatten. Heute bestehen innerhalb der Kulturgesellschaft vier Gruppen: der Chor ›Obilić‹ von 1884, die Theatergruppe von 1922, das Volkstanzensemble von 1945 und das Volksmusikorchester von 1951. Die mehr als 300 Mitglieder treten auf international renommierten Bühnen auf.

■ Bankhaus Smederevo

Ein weiteres Gebäude im Sezessionsstil ist das Wohn- und Geschäftshaus (Nr. 39) der Kreditbank Smederevo. Es ist im Jahr 1912 entstanden und mit plastischen Dekorationen von Milorad Ruvidić verziert. Im Erdgeschoss ist die Boutique ›Nicolas‹ eingerichtet, die serbische Mode anbietet.

■ Justizministerium und Nationalbank

Zwei Häuser hinter dem Bankhaus Smederevo steht das alte Justizministerium, ein Neorenaissancebau (1893) nach Plänen von Svetozar Ivačković. Das Erdgeschoss schmücken die für die Renaissance typischen Rustika, während das Obergeschoss mit roten Keramikfliesen verkleidet und durch fünf verzierte Fenster gegliedert ist. Links schließt sich das 1889 errichtete Gebäude der **Nationalbank** an.

Beograđanka

Städtebaulicher Akzent und Pendant zum Albanija-Hochhaus ist das 24 Stockwerke hohe Gebäude Belgraderin – ›Beograđanka‹ (Београђанка) – an der Ecke ulica Kralja Milana zur ulica Masarikova. Das Projekt wurde nach einem Entwurf von Branko Pešić von 1969 bis 1974 umgesetzt. In den unteren Stockwerken ist das Warenhaus ›Beograd‹ untergebracht, in den darüber liegenden Stockwerken befinden sich Büros.

Studenten-Kulturzentrum

Das Studentenkulturzentrum (Studentski Kulturni Centar/Студентски Културни Центар), unter der Abkürzung SKC bekannt, ist eine Folge eines großen Studentenprotests und wurde 1968 gegründet. Als Gebäude wurde den Studenten das ehemalige Haus der Offiziere (Nr. 46) von 1895 überlassen. Es geht auf die Architekten Jovan Ilkić und Milorad Ruvidić zurück und fällt durch seine Stirnseite, die als kuppelbekrönter Turm ausgeführt ist, im Straßenbild sofort ins Auge. Im Laufe der Zeit hat die Aktivität des Kulturzentrums den universitären Rahmen weit gesprengt, es ist zu einer Kultstätte der jungen Generationen geworden. Im Kulturzentrum stehen zwei Säle zur Verfügung, der größere ist multifunktional und kann den Vorhaben von Konzerten, Kino- und Theatervorstellungen sowie Shows und Revuen angepasst werden. Der kleinere wird für Promotionen, Dichterabende, Vorlesungen oder Ausstellungen genutzt. Weiterhin gehören die Buchhandlung ›BOOKWAR‹ und ein Archiv mit Foto- und Videothek sowie eine Dokumentensammlung zum Fundus. Über die hauseigene Funkstation SKC-Funk (107.9 MHz) im Garten des SKC wird ein Studenten- und Jugendprogramm ausgestrahlt. Im Studentenkulturzentrum werden unter den Namen ›Slic‹ Trickzeichen- und Illustrationskurse abgehalten. Außerdem findet dort regelmäßig das internationale Comic-Festival ›Salon Stripa‹ statt. Im hauseigenen Klub sorgen Musikabende, Ausstellungen und Konferenzen dafür, dass keine Langeweile aufkommt. Viele internationale Künstler waren im SKC schon zu Gast. Die Sommerkonzerte werden gegenüber aufgeführt, im Garten des Manjež-Parks. An die 3000 Besucher finden hier Platz.

▶ Karte S. 114

Jugoslawisches Schauspieltheater

Das jugoslawische Schauspieltheater (Jugoslovensko dramsko pozorište/ Југословенско драмско прозориште) wurde 1948 mit dem Ziel gegründet, Spitzenschauspieler aus der ganzen Föderativen Volksrepublik Jugoslawien zu versammeln und einen besonderen Stil zu entwickeln. Der Regisseur Bojan Stupica wählte für das Ensemble Künstler aus allen Theaterzentren Jugoslawiens und ließ sich in der Umsetzung seiner künstlerischen Ideen nicht durch Parteipolitik beirren. Die Schwerpunkte des Programms liegen heute auf Klassikern der Weltliteratur und Jugoslawiens.

Das ›Pulverfass‹ des mazedonischen Autors Dejan Dukovski, inszeniert von Slobodan Unkovski, avancierte zum meistbesuchten Stück der 1990er Jahre und eröffnete 1996 die Theaterbiennale in Bonn. Vielfach vor ausverkauftem Haus spielte das Ensemble die Theaterversion des Debütromans von Vladimir Arsenijević, ›U Potpalublju‹, übersetzt ›Cloaca Maxima‹ – eine Seifenoper, die kurz nach ihrem Erscheinen zum Kultbuch der Belgrader Jugend- und Alternativszene avancierte. Biljana Srbljanović feierte an diesem Theater mit ihrem Debütstück ›Belgrader Trilogie‹ einen großen Erfolg. Im Stück werden humorvoll die durch den jüngsten Krieg entstandenen sozialen Probleme aus der Sicht von Emigranten geschildert. Dies alles wäre nicht denkbar ohne die Kunst großer Schauspieler wie Mira Stupica, Marija Crnobori, Rachela Ferrari, Milivoje Živanović, gefolgt von Ljuba Tadić, Branko Pleša, Stevo Žigon und Vojislav Brajović, Svetlana Bojković, Đurđija Cvetić, Cvijeta Mesić, Milan Gutović, Miloš Žutić, Branislav Lečić, Vladica Milosavljević, Mirjana Karanović, Žarko Laušević, Goran Šušljik, Nebojša Glogovac, Milica Mihajlović, Nebojša Ljubišić und Dragan Mićanović.

Das Theater brannte am 17. Oktober 1997 vollständig aus und wurde nach Plänen des Architekturbüros ›Archie‹ 2003 erneuert. Schon lange vorher waren die elektrischen Installationen bemängelt worden. Das neue jugoslawische Schauspieltheater wurde am 23. Mai 2003 mit der Premiere von Jovan Sterija Popovićs ›Patrioten‹ in der Regie von Dejan Mijač eröffnet. Die große Bühne mit 650 Plätzen ist nach dem Schauspieler Ljuba Tadić benannt, der 2005 verstarb. Seit dem Jahr 2006 ist das Theater ständiges Mitglied der Union Europäischer Theater.

Ulica Njegoševa

Die ulica Njegoševa beginnt hinter dem Terazije. Sie hat dank ihrer schönen historischen Bebauung sowie den Bars, Cafés, Restaurants und Konditoreien eine sehr charmante Atmosphäre.

Haus Nr. 1 trägt den Schriftzug ›Gesellschaft zur Verschönerung von Vračar‹ (Društvo za ulepšavanje vračara/ Друштво за улепшавање Врачара) und entstand 1901. Das zweistöckige **Apartmenthaus** (Nr. 11) ließen sich die Brüder Jovan und Maksim Nikolić 1912–1914 im serbisch-byzantinischen Stil errichten. Das erste staatliche **Chemielabor** (Nr. 12) wurde 1927 gebaut. Schon im Jahr 1906 konnte sich das dritte **Belgrader Gymnasium** (Nr. 15) hier etablieren. Es wurde von Dragutin Đorđević entworfen und von Dušan Livanović beendet.

Das ›Gebäude der Gesellschaft zur Verschönerung von Vračar‹

Stadtspaziergänge

Es weist Elemente des Jugendstils, aber auch des Historismus auf. Die Bronzebüsten an der Fassade stellen Vuk Karadžić, Dositej Obradović und Josif Pančić dar und gehen auf den Bildhauer Petar Ubavkić zurück. Das **Elezović-Haus** (Nr. 20) von 1927 zeichnet sich durch eine besonders ansprechende Dekoration aus. Das **naturwissenschaftliche Museum** (Nr. 51) war 1895 auf Initiative der Gesellschaft serbischer Professoren gegründet und 1904 eröffnet worden. Besonders interessant sind Mineralien aus dem Bergbau Trepča, wegen ihrer Größe und Schönheit gerühmt, sowie eine vollständige Sammlung von Säugetierfossilien. Ein Teil der Ausstellung ist seit Kurzem in den Kalemegdan umgezogen. Das **Rathaus von Vračar** (Nr. 77, 1958–1960) fällt durch sein modernes Design auf. Zeitgleich mit dem Rathaus entstand gleich daneben der erste Supermarkt von Belgrad mit dem wohlklingenden Namen ›Cvetni Trg‹, übersetzt: Blumenmarkt. Davor steht ein Naturdenkmal, ein 200 Jahre alter Baum.

Pijaca Kalenić

Die Marktplätze in Belgrad werden, abgeleitet vom italienischen Wort Piazza, als ›Pijaca‹ bezeichnet. Der große Bauernmarkt von Vračar ist die Pijaca Kalenić. Hier kann man besonders gut die einheimischen Produkte kaufen, beispielsweise eingelegtes Sauerkraut, eingelegte und mit Kraut gefüllte Paprikaschoten in allen Farben, pikante Soßen wie Ajvar, Gurken von süßsauer bis salzig und natürlich Honig. In unmittelbarer Nähe des Marktes haben sich unzählige sympathische, originelle und auch exklusive Restaurants, Bars und Cafés etabliert. Sie werden von den Einheimischen gerne frequentiert. Sehr zu empfehlen ist das ›Café Factory‹, von dem es mittlerweile fünf Filialen in der Stadt gibt.

▶ Karte S. 114

Ulica Krunska

Die ulica Krunska beginnt beim Pionierpark und setzt sich in ihrer Verlängerung – ulica Mileševska – bis zum Crveni Krst beim Belgrader Dramentheater fort. Übersetzt bedeutet der Straßenname Kronenstraße. In der verkehrsberuhigten Straße stehen viele Villen, in denen unter anderen die Botschaften der Türkei, Belgiens, Spaniens, Brasiliens und Bosnien-Herzegowinas untergebracht sind. Gegenüber der Spanischen Botschaft befindet sich die Musikschule ›Mokranjac‹. Neben dem ›Belgrade Hostel Hotel‹ liegt der Eingang zur katholischen Kirche, der Hauskirche der in Belgrad lebenden Kroaten.

Sitz der römisch-katholischen Erzdiözese

Ganz in der Nähe der katholischen Kirche befindet sich der Sitz der römisch-katholischen Erzdiözese (ulica Svetozara Markovica 20) von Belgrad. Das Gebäude beherbergte früher die diplomatische Vertretung Österreich-Ungarns und war 1884 für drei Briten gebaut worden, die es 1888 an Österreich-Ungarn verkauften. Das Gebäude wird mit den folgenschweren Ereignissen in Verbindung gebracht, die dem Ausbruch des Ersten Weltkriegs vorausgingen. Der Botschafter Österreich-Ungarns, Baron Giesl von Gieseling, überreichte in diesem Gebäude der serbischen Regierung am 23. Juli 1914 das Ultimatum seiner Regierung und nahm auch hier am 25. Juli die serbische Antwort durch Premierminister Nikola Pašić in Empfang. Nach dem Ersten Weltkrieg beherbergte das Gebäude mehrere Geschäftsbereiche der Regierung. Am 21. April 1926 ging es in das Eigentum der römisch-katholischen Erzdiözese über. Im gleichen Jahr wurde ein neues Kirchengemeindehaus hinzugefügt und die 1888 gebaute **Kapelle** vergrößert. Sie erhielt einen Glockenturm und wurde Christus dem König geweiht, der stehend als Mosaik in der Apsis dargestellt ist. Die schlichte Kirche wird durch farbige Fenster des 20. Jahrhunderts und eine Empore mit Orgel geschmückt. Die Liturgie wird in verschiedenen Sprachen wie Deutsch, Französisch, Englisch und Italienisch angeboten.

Der Sitz der Erzdiözese ist ein zweistöckiges Gebäude mit einem Garten, typisch für das Belgrad der 1880er Jahre. Die Fassadendekoration lässt aber auch Einflüsse der Neorenaissance erkennen. Dabei wurde der Dekoration der gegen den Garten gerichteten Nordfassade spezielle Aufmerksamkeit geschenkt. Der Sitz der römisch-katholischen Erzdiözese, die Kapelle von 1888, der Garten und das Kirchengemeindehaus von 1926 bilden in räumlicher und funktionaler Hinsicht ein harmonisches Ganzes.

Nikola-Tesla-Museum

In der Krunska Nr. 51 steht die Villa des Industriellen und Bergwerkseigners Đorđe Genčić (1861–1938). Sie stammt aus den Jahren 1927 bis 1929 und wurde von Dragiša Brašovan konzipiert, dem berühmten Architekten der jugoslawischen Moderne. Genčić war unter Aleksandar Obrenović serbischer Innenminister.

Das Tesla-Museum

In der Villa ist seit 1952 das Nikola-Tesla-Museum eingerichtet. Der Erfinder und Ingenieur Nikola Tesla (Никола Тесла) wurde 1856 als Sohn eines serbisch-orthodoxen Priesters im heutigen Kroatien geboren. Er studierte in Graz, Prag und Budapest, ging 1882 nach Paris und nur zwei Jahre später ohne finanzielle Mittel nach New York. Seine nachhaltigste und bedeutendste erfinderische Leistung war die Nutzbarmachung des Wechselstroms. Das Museum stellt Nachbauten der Erfindungen des Wissenschaftlers aus und verwaltet seinen Nachlass. Das Nikola-Tesla-Archiv wurde im Jahr 2003 in die Liste des Weltdokumentenerbes der UNESCO aufgenommen.

Ulica Braće Nedica

Auf dem Weg zum Kulturzentrum ›Božidarac‹ (Centar za kulturu Božidarac/Центар за културу Божидарац) passiert man die ulica Braće Nedica, benannt nach den Gebrüdern Damjan und Gligorije Nedić, die durch den blinden Guslaspieler Filip Filipović und als Denkmal hier verewigt sind. Sie haben sich im Ersten Serbischen Aufstand vor Šabac hervorgetan.

Die parallel zur ulica Braće Nedica verlaufende **ulica Kneginje Zorke** ist nach Zorka (1864–1890), der Frau von Petar I. Karađorđe benannt.

Kulturhaus Božidar Adžija

In einer ehemaligen Fabrik ist seit einem Jahr das 1953 gegründete Kulturhaus ›Božidar Adžija‹ eingerichtet. Es verfügt über eine Bühne und Ausstellungsflächen. Parallel dazu wurde die gleichnamige Universität in Novi Beograd etabliert, die sich der pädagogischen Schulung junger Leute annimmt. Im Angebot sind viele Weiterbildungskurse. Mit der Ausstellung gegen den serbischen Nationalismus beschäftigt man sich im Kulturhaus mit einem ausgesprochen aktuellen Thema. Gegenüber vom Kulturhaus steht die erste serbisch-französische Schule Sankt Joseph.

■ Das Belgrader Dramentheater

Das Belgrader Dramentheater (Beogradsko dramsko Pozorište/Београдско драмско Позориште) wurde im August 1947 als erstes städtisches Theater gegründet und mit der Premiere von ›Mladost otaca‹ (Die Jugend der Väter) von Boris Gorbatov in der Inszenierung von Petar Petrović am 20. Februar 1948 eröffnet. Bis zur Eröffnung des Neubaus auf ›Crveni Krst‹ (Rotes Kreuz/Црвени Крст) spielte das Ensemble auf verschiedenen Bühnen. Seine goldenen Jahre erlebte das Theater in den 1950er und 1960er Jahren mit legendären Aufführungen wie ›Tod eines Handlungsreisenden‹, ›Die Katze auf dem heißen Blechdach‹ und Theaterstücken von Brecht. Heute wird überwiegend das moderne, heimische Repertoire gepflegt. Das Gebäude entstand in der Zeit des Kommunismus und wurde 2003 renoviert.

Vor dem Dramentheater

▲ Karte S. 114

Trg Slavija

Der Trg Slavija (Трг Славија) ist ein stark frequentierter Kreisverkehr, an dem gleich ein halbes Dutzend Straßen aufeinander treffen. Er ist auch als Platz von Dimitrije-Tucović bekannt, dessen Bronzedenkmal vom Bildhauer Stevan Bodnarov die Mitte des Platzes beherrscht. Tucović gilt als einer der Schöpfer der sozialistischen Idee für die Südslawen. Er war Redakteur der Zeitschrift ›Borba‹ und starb 1914 als serbischer General in der Schlacht bei Kolubara.

Ursprünglich hieß der Platz ›Landgut von Simić‹ nach dem damaligen Präsidenten des Ministerrates und Besitzer des Geländes. Das Areal war bis zu Beginn der Besiedelung in den 1870er Jahren ein beliebtes Jagdgebiet auf Wildenten und andere Sumpfwildtiere. Stojan Simić verkaufte das Terrain an Francis Haford McKenzie. Der 1833 geborene Schotte McKenzie kam während der osmanisch-serbischen Kriege nach Belgrad. Zunächst arbeitete er als Angestellter in der Botschaft von Großbritannien. Er kaufte am Abhang oberhalb des heutigen Slavija-Platzes ein Stück Land mit der Absicht, es landwirtschaftlich zu nutzen. Um die Lebensbedingungen der ärmeren Bevölkerungsschicht zu verbessern, entschloss er sich, das Landstück in ein Wohnquartier nach Maßgabe der damals geltenden britischen Stadtpläne umzuwandeln. Mit der Planung des Projekts wurden der Architekt Frantisek Nekvasil und die Maurer Gaspare Becker und Pericles Zack beauftragt. Es entstanden zwei Wohnhäuser und zwei öffentliche Bauten beim Slavija-Platz: die Friedenshalle (das frühere Filmtheater Slavija, heute ein Pkw-Parkplatz) und das Hotel ›Slavija‹. McKenzie, der im Volksmund Mr. Englishman gerufen wurde, baute sein eigenes Haus in der ulica Knjeginje Zorke. Der Platz erhielt seitdem den Namen ›Englezovac‹ (Engländer).

Auf dem Honigmarkt

McKenzie gehörte der Nazarenerkirche an und war ein Vertreter der britischen Bibelgesellschaft. Er kam in humanitärer, religiöser und aufklärerischer Mission nach Belgrad. Obwohl die serbisch-orthodoxe Kirche ihn wegen angeblicher Verbreitung von Ungläubigkeit anklagte, vermachte er ihr einen Teil seines Vermögens, der dem Bau der zukünftigen St.-Sava-Kirche zu Gute kommen sollte. McKenzie starb 1895. Bis zum Ende des Zweiten Weltkriegs kannte man den Platz unter dem Namen Slavija, den er seit 2006 wieder hat.

Den Rahmen für die Platzanlage bildet das aus kommunistischer Zeit stammende gleichnamige **Hotel**, dem eine neue Luxusausgabe angegliedert wurde. Im Jahr 1947 wurden die sterblichen Überreste von Dimitrije Tucović auf dem Platz beigesetzt. Von der historischen Bebauung steht nur noch ein Gebäude; alle anderen, diesem ähnlich, fielen dem Modernisierungswahn zum Opfer.

In einer kleinen Grünanlage am Ende des Bul. Kralja Milana werden kleine Märkte abgehalten, beispielsweise ein Honigmarkt. Hier werden verschiedene Honigsorten, aber auch Honigwein und -schnaps, Kosmetika und Heilmittel auf der Basis von Honig aus ganz Serbien angeboten.

Vračar-Hügel

Auf dem Vračar-Hügel befindet sich das Sava-Plateau (Svetosavski Plato/ Светосавски Плато) mit der riesigen Sava-Kirche und der Nikolauskirche, dem Karađorđe-Park samt einigen Denkmälern und der Nationalbibliothek. Dahinter hat sich eine ganze Reihe origineller Cafés und Restaurants angesiedelt.

■ Sava-Kirche

Dank der Kirche des heiligen Sava (храм св. Сава) ist der Vračar-Hügel (Врачар) von vielen Teilen Belgrads aus zu sehen. Die Kirche ist nicht zufällig an dieser Stelle platziert: Die Gebeine des heiligen Sava waren zunächst in Mileševa beigesetzt, wurden dann von den Türken entwendet und sollen an dieser Stelle unter Hodscha Sinan Pascha verbrannt worden sein, um dem Pilgerstrom nach Mileševa ein Ende zu setzen.

Die Kirche des heiligen Sava gilt als ›Hram‹, was so viel wie Tempel bedeutet. Von weitem erkennt man sie an ihrer großen Kuppel. Tatsächlich ist die Kirche die größte Serbiens und sogar des Balkans, die drittgrößte orthodoxe Kirche und eine der zehn größten Kirchen weltweit. Ihre Maße betragen 91 mal 81 Meter bei einer Scheitelhöhe von 68 Metern ohne Kreuz. 12 000 Gläubige finden in ihr Platz, im Chorraum 800 Sänger. Die Kirche hat vier Glockentürme mit Treppen und Aufzügen und, in den zwei westlichen Glockentürmen, 40 Glocken. Sie wird von einer 400 Tonnen schweren Kuppel bekrönt. Am Ostteil der Kirche liegt der Svetosavski trg. An ihrer Nordseite steht der Schutzheilige für Bildung und Schulen, der heilige Sava, mit dem Blick zur Stadt – ein Geschenk der russisch-orthodoxen Kirche.

Der Plan zum Bau einer orthodoxen Kirche bestand bereits seit 1894. Nach zwei Wettbewerben wurde das Projekt den

Die mächtige Sava-Kirche

Architekten Bogdan Nestorović und Aleksandar Deroko vergeben. Am 15. September 1935 legte der Patriarch Varnava Rosić den Grundstein. Am 27. Mai 1939 konnte Patriarch Gavrilo die Weihe vornehmen und die Gründungsurkunden im Altar verwahren. Der Weiterbau wurde durch die deutsche Invasion am 6. April 1941 unterbrochen. Während der Tito-Ära durfte nicht weitergebaut werden. Die Fortsetzung begann erst am 30. April 1985, als Patriarch German den Bau neu weihte. Bis heute ist der außen vollständig mit Marmor verkleidete Ziegelbau im Inneren nicht ganz vollendet. Die Kirche ist aber bereits geweiht, und seit 2009 werden in ihr die Festtagsgottesdienste wie Weihnachten und Ostern zelebriert, neuerdings auch die Sonntagsmessen. Im Januar 2010 fand hier die feierliche Inthronisierung des 45. Patriarchen der serbisch-orthodoxen Kirche statt.

Nikolauskirche

Am Rande des Plateaus steht die kleine, vollständig ausgemalte serbisch-orthodoxe Kirche an der Stelle, an der sich bis 1895 eine Kapelle befand. Hier finden noch immer Gottesdienste statt. Die Kirche wurde 1935 nach Plänen von Viktor Lukomski erbaut und mit Fresken russischer und serbischer Meister geschmückt.

▲ Karte S. 114

Bedesten

Einer der wenigen Reste aus der osmanischen Zeit ist der Bedesten (Бедестен), der hinter der Savakirche liegt. Das ist eine überdachte Markthalle, in der traditionell Händler und Handwerker ihre Waren anboten. Wenngleich der ursprüngliche Glanz gewichen ist, bewahren doch die in dem Bau heute etablierten Cafés ein wenig davon. Er geht auf den Großwesir Sokolović Pascha zurück und war einst mit Bleikuppeln überdacht.

Nationalbibliothek

Im südlichen Teil des Vračar-Plateaus befindet sich die serbische Nationalbibliothek. Sie entstand von 1968 bis 1970 nach einem Entwurf der Architekten Ivo Kurtović und Slobodan Mihajlović. Die alte Bibliothek, 1832 gegründet, befand sich ursprünglich beim am Kosančićev Venac. Sie wurde am 6. April 1941 Opfer des deutschen Bombenangriffs, wobei ein unschätzbarer Bestand an kostbaren Büchern verloren ging. Am 6. April 1973, genau 32 Jahre später, zog die Nationalbibliothek in dieses Gebäude.

Lange war die Bibliothek ausgelagert, das Gebäude wegen Renovierung und Modernisierung geschlossen. Nach der Milošević-Ära wurde der Romanautor Sreten Ugričić Direktor der Bibliothek

Im Innenhof der Nationalbibliothek

und leitete umgehend Modernisierungsmaßnahmen ein. Nach ihrem erfolgreichem Abschluss wurde die Bibliothek im Jahr 2011 den Lesern wieder zugänglich gemacht. Schön ist vor allem der lichte Innenhof, der zum Verweilen, Diskutieren und Lesen einlädt.
Sreten Ugričić musste seinen Posten räumen, und sein Fall zeigt, dass die serbischen Polit-Eliten in Sachen Meinungsfreiheit bis heute keinen Spaß verstehen: Ugričić hatte eine Petition des serbischen ›forum pisaca‹ unterzeichnet, in der gefordert wurde, die Hetzjagd auf den montenegrinischen Autor und politischen Kolumnisten Andrej Nikolaidis endlich einzustellen.

Nikolaidis hatte unter den Titeln ›Was von Groß-Serbien übrig ist‹ und ›Make-up eines politischen Monstrums‹ die serbische Verstrickung mit der Republika Srpska – der serbischen Entität des Staatsprovisoriums Bosnien und Herzegowina – in drastischen Bildern und den ihm eigenen scharfen Worten angeprangert. Wie so oft, wurde Nikolaidis' komplexer Text in Teilen der serbischen Presse verfälschend und stets nur in Auszügen gedruckt und einer harschen Kritik unterzogen. Nikolaidis wurde gar als Terrorist bezeichnet, von der serbischen Regierung für untragbar erklärt und einer beispiellosen hajka (Hetzjagd) ausgesetzt. Sreten Ugričić, der als einziger Unterzeichner seine Haltung zum Fall Nikolaidis öffentlich kommentierte, wurde vom Innenminister Ivica Dačić als Sympathisant und Unterstützer terroristischen Gedankenguts bezeichnet und sofort seines Postens enthoben. Dačić äußerte öffentlich wörtlich: »Er kann das gerne unterstützen, aber nicht von der Position des Bibliotheksleiters aus, sondern aus dem Gefängnis.« Sreten Ugričić ist derzeit Stipendiat an der Stanford University.

Đorđe Petrović Karađorđe

Karađorđe-Park

Der Karađorđe-Park (Карађорђев Парк) schließt das Plateau zur Westseite ab. An dieser Stelle befand sich 1806, während des Angriffs der Aufständischen auf Belgrad, eines ihrer Lager. Nach der Einnahme Belgrads wurden alle gefallenen Aufständischen hier beigesetzt.
Fürst Aleksandar Karađorđević ließ 1848 auf diesem Soldatenfriedhof ein Denkmal mit folgender Inschrift errichten: »Zum Ruhme und zu Ehren der serbischen Helden, die 1806 für das Vaterland mutig ihr Leben ließen, wird dieses Denkmal hier errichtet.« Es war das erste öffentliche Denkmal in Belgrad. Danach begann der Park Gestalt anzunehmen, 1903/04 wurde er erheblich ausgedehnt und eine kleine Laube, die noch auf einer Anhöhe steht, erbaut. Vor dem Zweiten Weltkrieg wurde im Park ein Luftschutzbunker errichtet, in dem beim deutschen Bombenangriff am 6. April 1941 192 Menschen starben. Eine Steinplatte erinnert an dieses tragische Ereignis. Das Denkmal eines Soldaten vom Bildhauer Stavenko Đurđević gedenkt der Opfer des Ersten Weltkriegs. Zuletzt enthüllte man im Jahr 1979 die ausdrucksvolle Figur, die der Bildhauer Sreten Stojanović schuf. Sie stellt Đorđe Petrović Karađorđe dar, den Anführer des Ersten Serbischen Aufstandes.

Savski Venac

Der Stadtbezirk Savski Venac (Савски Венац) gehört mit Stari Grad und Vračar zum eigentlichen Zentrum der Stadt. Er ist mit einer Fläche von 14 Quadratkilometern einer der kleinsten Bezirke; knapp 39 000 Menschen leben hier. Zu Savski Venac gehören einerseits die eleganten Viertel Dedinje, Topčider und Senjak und andererseits mit Savamala und Venecija Bara die einzigen Gebiete der Stadt, die so niedrig liegen, dass sie bei hohem Wasserstand der Save überflutet werden, zuletzt 1984 und 2006. Und diese Überschwemmungsgefahr ist das Hauptargument derjenigen, die das geplante ›Waterfront‹-Viertel‹ ablehnen. Durch Zusammenlegung von älteren Zonen wie Zapadna (West) Vračar und Topčidersko Brdo (Topčider-Hügel) entstand 1957 unter neuem Namen der Bezirk Savski Venac, was soviel wie Rand der Save bedeutet. Weiterhin gehören Jatagan Mala, Lisičji Potok, Mostarska Petlja und Prokop dazu. Im Stadtbezirk befinden sich mit den Grünzonen am Savski Trg, dem Finanzpark, Manjež, dem Hajd-Park, dem Topčiderski-Park und dem Wald von Senjak sowie den Grünzonen um die Stadien Partizan und Roter Stern viele parkähnliche Flächen. Im Stadtbezirk gibt es ferner mehrere große Kliniken und wichtige Verwaltungsgebäude: Ministerien und das Gebäude der Regierung der Republik Serbien, das neue Gebäude der Nationalbank, die ehemalige Militärverwaltung von Jugoslawien (beim NATO-Angriff zerstört), über 30 Botschaften und Residenzen sowie das Jugoslawische Archiv. Außerdem verfügt der Stadtbezirk mit dem Haupt- und Busbahnhof über einen wichtigen innerstädtischen Verkehrsknotenpunkt und ist Standort von Save-Brücken. Er ist für Touristen wegen einiger sehenswerter Museen und dem Weißen Hof attraktiv.

Ausstellungsstücke im Manakhaus

▲ Karte S. 114

Savamala

Savamala war die erste Siedlung, die außerhalb vom Burggraben für die Serben entstand. Unter Fürst Miloš Obrenović begann man ab 1830 das Sumpfgebiet nahe der Save –zunächst ›Ciganska bara‹, später ›Bara Venecija‹ genannt – trockenzulegen und den Bau der Siedlung Savamala zu forcieren.

■ Manakhaus

Ältestes Haus in Savamala ist das Manakhaus (Kyħa Манак) in der ulica Gavrila Principa 5. Es ist nach seinem ersten Eigentümer, dem Kaufmann Mana Mihajlović, benannt. Das seltene Beispiel aus der ersten Bauphase steht an der alten Verbindung zwischen Varoš kapija (Varoš-Tor) und der Straße nach Topčider sowie der mittelalterlichen Verbindung zwischen dem rechten Ufer der Sava mit Zeleni venac. Das pittoreske Gebäude im Balkanstil hat die Wirren und Veränderungen der Stadt von 1830 bis heute glücklicherweise überlebt. In ihm ist ein Teil der Sammlung des Ethnographischen Museums untergebracht, insbesondere die ethnographische Sammlung

Der Hauptbahnhof

von Hristifor Crnilović (1886–1963). Im Erdgeschoss befanden sich ursprünglich eine Gaststätte und eine Bäckerei, später auch die Post und einige Geschäfte von Handwerkern, im ersten Stockwerk die Wohnungen. Heute sind dort malerische Trachten, Schmuck und Produkte des traditionellen Handwerks ausgestellt.

■ Pijaca Zeleni Venac

Die Pijaca Zeleni Venac (Пијаца Зелени Венац) ist ein alter Bauernmarkt. An seiner Stelle befand sich bis 1840 ein Teich, nach dessen Trockenlegung hier Restaurants, Wohnhäuser und öffentliche Gebäude entstanden. Eines der Gasthäuser, von Frau Herman, einer Deutschen, eröffnet, war statt durch einen Namen durch einen grün bemalten Blechkranz gekennzeichnet. Er gab dem Quartier den heutigen Namen Zeleni Venac (grüner Kranz). Der Markt besteht aus einer großen mehrstöckigen, frisch renovierten Markthalle und einem Freigelände.

■ Hauptbahnhof

Der Belgrader Hauptbahnhof (Главна Железничка Станица) am Savski Trg (Савски Трг) wird vom großen Busbahnhof (Glavna Autobuska Stanica/Главна Аутобуска Станица) flankiert. Auf dem Berliner Kongress von 1878 wurde eine Eisenbahnstrecke durch Südosteuropa beschlossen; die Trasse sollte über Belgrad nach Niš mit Anschlüssen über Pirot nach Konstantinopel und über Vranje nach Saloniki führen. Belgrad kam dieser Verpflichtung nach, und es entstand ein Schienennetz, das Mitteleuropa mit dem Nahen Osten verband. Der erste Zug dampfte am 23. August 1884 um 8.35 Uhr von Belgrad los. Wenige Tage später traf der erste Zug von Zemun, das damals noch zu Österreich-Ungarn gehörte, über die Savebrücke auf dem Belgrader Bahnhof ein.

Der Kopfbahnhof entstand auf der zugeschütteten Bara Venecija 1884; es ist ein typischer Bau des Historismus nach einem Entwurf des Wiener Architekten Schlicht. Im Ersten und im Zweiten Weltkrieg wurde der Bahnhof zerstört und jeweils wieder aufgebaut. Bis 1914 hielt hier der Orientexpress auf seinem Weg nach Konstantinopel. Es liegen bereits Pläne vor, sowohl Bus- als auch Hauptbahnhof in naher Zukunft auf die andere Flussseite zu verlegen. Derzeit wird der Ausbau des Bahnhofs Zentrum (Železnička Stanica Beograd Centar/Железничка Станица Београд Центар), besser bekannt als Projekt ›Prokop‹, vorangetrieben.

Eine besondere Attraktion ist der **Plavi Voz** (Blauer Zug). Das ist der populäre Name für den ehemaligen Staatszug von Josip Broz Tito. Er wurde zwischen 1946 und 1980 eingesetzt. Seine letzte offizielle Staatsfahrt unternahm er anlässlich der Überführung des verstorbenen Präsidenten von Ljubljana nach Belgrad im Mai 1980. Seit Ende 2009 verkehren auf der Strecke Belgrad–Bar einmal täglich Kombinationen mit einem Salonwaggon des Blauen Zuges, die als eine der schönsten und spektakulärsten Zugfahrten über den Balkan gilt.

Verblichener Sezessionsstil: das Hotel ›Bristol‹

Ulica Karađorđeva

Die Ulica Karađorđeva verbindet den Kalemegdan bzw. die Brankovbrücke mit dem Hauptbahnhof. Auf der Höhe des Busbahnhofes ist sie von zwei Parks flankiert. Die Straße ist zwar verkehrsreich und entsprechend laut, aber an ihr und in unmittelbarer Nähe stehen sehenswerte historische Gebäude.

Hotel Bristol

Das Haus ulica Karađorđeva 50 gilt als Paradebau des Sezessionsstils in Belgrad. Es wurde nach Plänen des Architekten Nikola Nestorović von 1910 bis 1912 errichtet. Das ›Bristol‹ war früher zweifellos ein Luxushotel, erreicht aber heute nur noch das Niveau eines Zwei-Sterne-Hauses. Im Bahnhofsquartier sind aber eine ganze Reihe weiterer Hotels anzutreffen: das ›Belgrade City‹ in einem historischen Gebäude mit einem guten Restaurant, der Neubau ›Mr. President‹ und das ›Astoria‹.
In der kleinen Grünzone beim ›Belgrade City Hotel‹ steht ein Denkmal für die Opfer der Bombardierung durch die NATO.

Belgrader Genossenschaft

Gleich neben dem ›Bristol‹ steht ein weiteres Zeugnis des Sezessionsstils: die Belgrader Genossenschaft (Nr. 48). Sie wurde von 1905 bis 1907 als Verwaltungs- und Geschäftshaus der Belgrader Genossenschaft errichtet. Die 1892 gegründete und damit erste serbische Versicherungsgesellschaft hatte hier ihren Sitz. Die repräsentative Fassade stammt von Andra Stefanović und Nikola Nestorović.

Das türkische Bad des Fürsten Miloš

Das türkische Bad des Fürsten in der Admirala Geprata, in das die stimmungsvolle Bar ›Monument‹ integriert ist, ist der spärliche Rest des einstigen Residenz-Komplexes. Es wurde 1829 aus Ziegeln gebaut, während des Ersten Weltkriegs teilweise zerstört und 1954 rekonstruiert. Obwohl der Hamam in einer Zeit entstand, in der sich der serbische Staat herausbildete, lehnt er sich an türkische Vorbilder an. Als freistehender Teil der Residenz besteht er aus einem Erdgeschoss und einem herausragenden Kamin. Es wird vermutet, dass der Entwurf auf den Hofbaumeister des Fürsten Hadži Nikda Živković zurückgeht. Dieser war auch für die Residenz Topčider und die Residenz der Fürstin Ljubica verantwortlich. Trotz seiner bescheidenen Dimensionen enthält der Hamam alle wichti-

Karte S. 114

Die Bautätigkeit unter Fürst Miloš und seinen Nachfolgern

Während der ersten Regierungszeit (1815–1839) von Fürst Miloš, als die Festung von Belgrad immer noch in der Hand der Türken war, plante der Fürst für sich auf dem Savamala-Abhang, auf unbewohntem Gelände zwischen der heutigen ulica Nemanjina und der ulica Admirala Geprata, eine Residenz zu errichten. Sie sollte zum Kern des neuen, serbischen Belgrad werden. Der Österreicher Franz Janke wurde mit der Planung der Stadterweiterung vom türkischen Teil der Stadt bis hin zum Vračar-Hügel betraut. Damit wurden die Weichen für die zukünftige Metropole gestellt. Noch während der ersten Regierungszeit entstanden folgende Gebäude: 1835 das alte Zollhaus ›Dumrukana‹ an der Save, eine Kaserne in der Knez Mihailova – beide im Stil des Klassizismus – sowie ein Ratsgebäude. Eine Kaserne unweit der türkischen Machthaber zu errichten, stellte zu jener Zeit eine gewisse Provokation dar. Im Jahr 1837 folgte der Bau der Residenz und 1839 jener der Brauerei.

Aleksandar Karađorđević verfolgte diese Pläne weiter, indem er das neue Viertel um die Artillerieschule – später bekannt als der Nähereiplatz – und die Militärakademie erweitern ließ. Unter Miloš Sohn Mihailo folgte 1863 der Bau der Himmelfahrtskirche und unter dessen Nachfolger Fürst Milan 1881 das Parlamentsgebäude sowie 1889 das Hauptgebäude der Aufsichtsbehörde (das heutige Finanzministerium). Die neue Residenz des Fürsten mit einem Hamam von Konstantin Radotić wurde nie bewohnt. Miloš musste Serbien verlassen, sein Nachfolger überließ sie dem Staatsrat, der sie an das Finanzministerium übergab. Die Deutschen zerstörten das Gebäude im Zweiten Weltkrieg; nur das Hamam blieb übrig.

Die Residenz des Fürsten Miloš

Der ›konservierte‹ Hamam

gen Elemente eines türkischen Bades: Brunnen, Kleiderablage, größerer Raum für den Fürsten, kleinerer für den Diener sowie Heißwasserraum. Der Hauptraum, der dem Baden und Ausruhen diente, ist von einer niedrigen Kuppel aus Ziegel überdacht, die in konzentrischen Kreisen angeordnet sind. Von den Malereien und den Fliesenbelägen blieben Spuren erhalten.

Christi-Himmelfahrt-Kirche

Die Christi Himmelfahrt-Kirche (црква Успења Богородице) wurde vom Fürst Mihailo Obrenović und dem Metropoliten Mihailo in Auftrag gegeben und mit Spenden der Belgrader finanziert. Die Architekten Pavle Stanišić und Jovan Ristić folgten in ihrem Entwurf von 1863 alten serbischen Vorbildern. Nikola Marković bemalte Ikonen und Wände, ihm folgte Steva Todorović, der weitere Ikonen ausarbeitete. 1937 wurden die Farben von Andrey Bitsenko aufgefrischt. Der Kirche kommt eine außerordentliche symbolische Bedeutung zu. Christi Himmelfahrt wurde die Kirche geweiht, Christus ist auch Schutzpatron von Savski Venac. Deshalb findet an diesem Feiertag alljährlich eine reich geschmückte Prozession auf einer festgelegten Route durch Belgrad statt, die im Hof der Himmelfahrtskirche endet. Das Gesetzesbuch Dušans wurde am Himmelsfahrtstag veröffentlicht und an eben diesem Tag nur Jahre später auch ergänzt. In der Kirche wird symbolträchtig auch die städtische Fahne aufbewahrt. 1992 durfte die erste Prozession seit 1945 veranstaltet werden.

▶ Karte S. 114

Bulevar Kneza Miloša

Der Bulevar Kneza Miloša (Бул. Кнеза Милоша) ist eine der längsten Straßen der Stadt. Er hieß früher Topčiderski Drum (Topčider Landstraße), da er die Hauptverbindung zwischen der Stadt und dem Vorort Topčider darstellte, in dem Fürst Miloš eine Residenz unterhielt. Heute ist der Bulevar mit seinen Verlängerungen eine wichtige Verbindungsachse von der Autobahn bis zur Pančevo-Brücke. An ihm und in seiner Nähe befinden sich Behörden und Regierungsgebäude, sehr repräsentative Gebäude wie das Außenministerium ebenso wie - nach wie vor - die großen Schäden, die das NATO-Bombardement 1999 verursacht hat.

Finanzministerium des Königreichs Jugoslawien

Das Finanzministerium (Kneza Miloša 22) war das erste öffentliche Gebäude Belgrads, das von Beginn an als Sitz eines Ministeriums geplant war. Die Vorarbeiten für den Bau begannen 1925. Ursprünglich als Sitz des Ministeriums für Handel und Industrie gedacht, wurde das Gebäude dem Finanzministerium zugeteilt. Dessen Einzug erfolgte 1928. Der Entwurf stammt vom Russen Nikola Petrovič Krasnov (1864–1939) der sich auf einen vorausgegangen Plan zweier russischen Kollegen aus dem Jahr 1908 stützte. Das monumentale Gebäude ist als kubischer Block konzipiert, der einen Innenhof umschließt und zur Straße mit auffällig weit vorkragenden Gesimsen und Säulen repräsentativ gestaltet ist. Seine vorstehende abgerundete Ecke wird durch eine Kuppel akzentuiert. Anstelle nationaler Embleme befindet sich an der Spitze der Kuppel die bronzene Allegorie ›Serbien‹ vom Bildhauer Đorđe Jovanović. Schon bald genügte das Gebäude den Bedürfnissen des Ministeriums nicht mehr, und es wurde deshalb 1938 um ein viertes Geschoss erhöht und die Dekorationen angeglichen. Es war das letzte Werk von Nikola Krasnov. Im Finanzpark davor weihte Präsident Nikolić 2015, unter großer Aufmerksamkeit deutscher Medien, ein **Denkmal für Gavrilo Princip** ein, dessen Attentat auf den österreichischen Thronfolger als Auslöser des Ersten Weltkriegs gilt.

In einer benachbarten Ecke des Komplexes sind die Ministerien für Forstwesen, Bergbau, Land- und Wasserwirtschaft beheimatet. Städtebaulich bilden sie eine Einheit. Heute ist hier die **Regierung der Republik Serbien** (Vlada Srbije/Влада Србије) untergebracht. Im Hinterhof wurde am 12. März 2003 Premierminister Zoran Đinđić ermordet.

Durch den Bau des Bahnhofs im Jahr 1884 wurde die **ulica Nemanjina** – ihren Namen erhielt sie 1896 nach Stefan Nemanja – einer der Hauptverkehrswege in der Stadt. In dieser Straße befinden sich viele Verwaltungsbauten, an der Ecke zur Kralja Miloša wurde einst der erste Park Belgrads angelegt. An diesem Boulevard stehen wie Mahnmale der NATO-Bombardierung das ruinöse jugoslawische Verteidigungsministerium und das ebenso ruinöse Generalhauptquartier der jugoslawischen Armee. Für Abriss oder Wiederaufbau scheinen bis heute Geld oder Wille zu fehlen. Zur ulica Resavska ist anstelle der ehemaligen Reitschule der **Manjež-Park** angelegt. In ihm stehen Büsten berühmter Musiker, unter anderem von Chopin und Liszt.

Generalhauptquartier

Das Gebäude des Generalhauptquartiers (Knez Miloša Nr. 33) entstand von 1924 bis 1928 nach einem Entwurf des in Russland geborenen Architekten Wilhelm Baumgarten. Es war ein imposantes Architekturbeispiel der Zwischenkriegszeit. Sein Erdgeschoss war in Rustika gehalten, während der obere Abschluss des Gebäudes ringsum mit Statuen von Ivan Rik geschmückt war. Die reich verzierte Fassade war in der Werkstatt Ivan Vanik und Milan Duhac ausgeführt worden. Durch das mit Medaillons und Blu-

Das massige Finanzministerium

Finanzministerium, Fassadendetail

menornamenten geschmückte Vestibül gelangte man die Zeremonienhalle, als Kriegshalle bekannt, die mit einer Reihe von nackten und bewaffneten Kriegern repräsentativ gestaltet war. Den Eingang schmückte eine von weiblichen Figuren gestützte Kartusche mit dem Wappen Serbiens und militärischen Insignien geschmückt. Oberhalb der Fensterwölbungen waren der doppelköpfige Adler und das serbische Wappen zu sehen. Geblieben ist von all dem nur eine Ruine.

■ Außenministerium

Das Gebäude wird von den Straßen Nemanjina, Knez Miloša und Birčaninova eingefasst. Es war von Anbeginn für die Unterbringung von zwei Ministerien - Forstwirtschaft und Rohstoffvorkommen sowie Landwirtschaft und Wasserbau - gedacht. Den Wettbewerb von 1921 entschieden zunächst die Architekten Nikola Nestorović und Dragiša Brašovan für sich. Unter Beteiligung des Ingenieurs Mihailo Petrović begann man mit dem Fundament. Im Jahr 1928 arbeitete Nikola Krasnov einen neuen Entwurf aus, und ein Jahr später konnten die Bauarbeiten abgeschlossen werden.

Das Ministerialgebäude weist in länglicher Blockform mit drei Innenhöfen eine symmetrische Anordnung der Räume mit monumentalen Vorhallen und Treppen auf. Die Fassaden werden durch Kuppeln im neobarocken Stil akzentuiert; Đorđe Jovanović und Momčilo Živanović konzipierten das bildhauerische Programm. Die Ausführung der Statuen, die Forstwirtschaft, Bergbau, Landwirtschaft, Viehzucht, Weinbau und Fischzucht personifizieren, oblag Petar Palavičini und Dragomir Arambašić. Gemeinsam mit dem benachbarten Finanzministerium verleiht der Bau der Straße ihr besonderes Gepräge. Heute ist hier das Außenministerium der Republik Serbien untergebracht. Zwischen beiden Bauten liegt eine **Grünzone**, in der seit 2004 eine Replik von Knez Miloš an den zweiten serbischen Aufstand erinnert.

■ Serbische Nationalbank

Am Bul. Nemanjina, schon fast am Trg Slavija, steht das neue Gebäude der Serbischen Nationalbank. Die Bank stellte in der Vergangenheit ihr Erdgeschoss für Ausstellungen aus den Beständen des Nationalmuseums zur Verfügung.

■ Skarka-Villa

Das Haus an der ulica Deligradska 13 wurde für den tschechischen Ingenieur und Direktor der Prager Bank in Belgrad, Rihard Skarka, als repräsentative Stadtvilla 1926/27 erbaut. Architekt war Dragiša Brašovan. Die Villa ist, wie auch etwa die Villa Genčić in der ulica Krunska, ein Beispiel für die urbane, mittelständische Architektur Belgrads und zählt zu den bedeutendsten Werken von Brašovan. Diverse dekorative Elemente, die Anklänge an die venezianische Gotik und den Barock zeigen, schmücken die Fassade. Es gibt keine strikte Teilung der Fassade im Sinne des Formalismus, was der Kreativität Raum gelassen hat. Der rustikale untere Bereich wird durch die ebene

▶ Karte S. 114

Fassadenfläche des Obergeschosses ausgeglichen, die jedoch von einem dreiteiligen Bogenfenster akzentuiert wird, das mit vegetabilen, tiergestaltigen und anthropomorphen Motiven verziert ist. Spitzbogen und Wölbung treffen auch am Eingangstor aufeinander. Brašovans Augenmerk war auch auf die Gestaltung der weniger sichtbaren Innenhoffassade gerichtet. Dem Äußeren entsprach die kunstvolle Ausgestaltung im Inneren, wo es ein Deckengemälde eines unbekannten Künstlers gibt.

In der beschaulichen Resavska ulica wendet sich seit 2008 das **Teatar 78**, eine Plattform für experimentelles Theater, an Jugendliche und Kinder.

Turm des Arztes

Die ulica Kneza Miloša führt stadtauswärts zu einem großen Klinikzentrum. Die Nr. 103, ein Ziegel- und Natursteinbau, wurde 1824 für den Arzt Vita Romita entworfen. Romita gilt als einer der ersten Ärzte im sich von den Türken befreienden Serbien. Wegen seiner auffälligen Formgebung, unverputzten Außenmauern und kleinen Fenstern im Erdgeschoss hieß der Bau im Volksmund ›Turm des Arztes‹; er gehört zu den ersten bürgerlichen Wohnhäusern, die nach dem zweiten Aufstand in Serbien entstanden. 1861 wurde er zu einer medizinischen Institution, in der heute die psychiatrische Klinik untergebracht ist.

Dedinje

Das Nobelviertel Dedinje (Дедиње) liegt wie ein Streifen zwischen Topčidersko Brdo, Topčidersko Park, Topčider Banjica und Hajd-Park. Die gesamte Politprominenz unterhält in Dedinje ihren Wohnsitz, die Villen und Residenzen hier sind wie kleine Festungen abgesichert. Dedinje und Topčider liegen etwa fünf Kilometer vom Stadtzentrum entfernt.

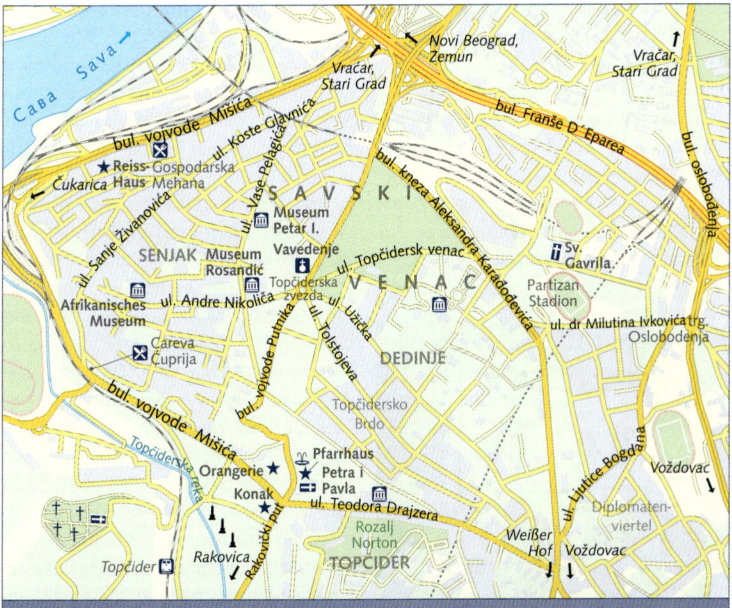

Dedinje, Topčider und Senjak

Beide großen Fußballvereine der Stadt haben hier ihre Stadien: ›Roter Stern‹ (Crvena Zvezda/Црвена Звезда) und ›Partizan‹ (Партизан). Das Stadion Partizan verfügt über 33 000 Plätze und war im sozialistischen Jugoslawien alljährlich am 25. Mai Austragungsort der Parade zum Tag der Jugend. Der Fußballclub ›Roter Stern‹ erlebte 1991 mit dem Gewinn der Champions League einen in Belgrad begeistert gefeierten Triumph.

In der ulica Humska 26, in umittelbarer Nähe zum Stadion ›Partizan‹, wurde zur Erinnerung an die im Ersten Weltkrieg gefallenen Soldaten die serbisch- orthodoxe **Erzengel-Gabriel-Kirche** errichtet. Sie entstand von 1937 bis 1939 nach Entwürfen des Architekten Grigorije Samoilov.

Im Quartier **Diplomatska Kolonija** (Diplomatische Kolonie) haben, wie der Name schon sagt, viele Botschaften ihren Sitz: Kongo, Zypern und Dänemark; vor kurzer Zeit ist auch die Deutsche Botschaft an den Rand dieser Kolonie gezogen.

Topčidersko Brdo

Das Viertel Topčidersko Brdo ist auch als die ehemalige ›verbotene Stadt‹ bekannt, da es zu Lebzeiten Titos, der hier seine private Residenz unterhielt, nicht zugänglich war. Diese ehemalige Residenz wurde zum Bestandteil eines Museumkomplexes, das heute **Museum der Jugoslawischen Geschichte** heißt. Es wurde 1996 zunächst durch den Zusammenschluss des Museums der Revolution der Völker Jugoslawiens und der Gedenkstätte zur Erinnerung an den Präsidenten, kommunistischen Machthaber und Kriegshelden Tito mit seinem Mausoleum, der sogenannten Kuća Cveća (Haus der Blumen). Zum Komplex des Museums der Jugoslawischen Geschichte gehören das Museum 25. Mai (Muzej 25. Maj/Музеј 25. Мај), das Alte Museum (Stari Muzej/Стари Музеј) und eben die Kuća Cveća (Кућа Цвећа).

Eine der repräsentativen Botschaftsvillen

▲ Karte S. 133

Ein nicht unerheblicher Teil der einst ›verbotenen Stadt‹ war bis 2002 in Teilen noch von Slobodan Milošević bewohnt und von einer hohen Betonmauer, dem ›Beogradski zid‹, vom Memorialkomplex mit der Kuća Cveća getrennt. Seit Ende 2008 wurde auch die ehemalige Residenz Titos und Miloševićs, jene Villa in der ulica Užička Nr. 11 – während der NATO-Bombardierung Ziel eines Angriffs und heute als einziges Objekt in einem schlechten Zustand –, das Jagdhaus sowie die legendäre ovale Geheimresidenz von Milošević in den Komplex des Museums der Jugoslawischen Geschichte integriert. In der Geheimresidenz, der ›Villa Mir‹, wurden die Verhandlungen mit Milošević zu seiner Auslieferung an das Kriegsverbrechertribunal in Den Haag geführt.

Der Bau des **Museums 25. Mai**, ein Entwurf von Mika Janković, war ein Geschenk der Stadt Belgrad an Tito zu seinem 70. Geburtstag. Das Gebäude wird heute für Wechselausstellungen genutzt, unter anderem auch von Studenten der Kunstakademie. Hinter dem Gebäude befinden sich das bewachte und vielbesuchte **Tito-Mausoleum**, in dem sein schlichter weißer Marmorsarkophag steht. Fotografien und Dokumente illustrieren das Leben des Marschalls. Im sogenannten **Alten Museum** wird eine

Ein Nebengebäude im Weißen Hof

reichhaltige und kostbare Sammlung mit Geschenken aus aller Welt an Tito gezeigt. Besonders schöne Stücke wurden ihm aus dem Sudan zuteil.
Nach dem Zerfall Jugoslawiens setzte eine Anti-Tito-Kampagne ein. Mittlerweile ist eher eine Tito-Nostalgie zu beobachten. Das Museum ist mit den Buslinien 40, 41 und 94 zu erreichen.
In der ulica Užička sind auch viele ausländische **Vertretungen** angesiedelt. Ein Spaziergang lohnt sich wegen der zum Teil sehr schönen Villen der Botschaften von Ghana, Kanada, Iran, Norwegen, Schweden sowie Villen neureicher Serben.

Königlicher Palast und Weißer Hof

Auf dem höchsten Hügel Dedinjes, auf einem Grundstück von 135 Hektar, liegt der Komplex des königlichen Palastes. Er war von 1903 bis zum Ausbruch des Zweiten Weltkriegs Sitz der Familie Karađorđević und besteht aus dem Königlichem Schloss (Kraljevski Dvor, Краљевски Двор), der privaten Residenz und dem sogenannten Weißen Hof (Beli Dvor/Бели Двор), der eigentlich als Prinzenschloss konzipiert, jedoch ausschließlich für repräsentative Anlässe genutzt wurde. Zum Komplex gehören auch einige Nebengebäude wie das Marschallamt, heute Privatschloss der Prinzessin Katharina. Der königliche Palast ist über den Bul. Kneza Aleksandra Karađorđevića zu erreichen und nur im Rahmen einer organisierten Führung zu besichtigen. Unweit des Eingangs haben die amerikanische Botschaft und das Hauptquartier der US-Navy im Mittelmeer (6. Flotte) ihr neues Haus bezogen. Auch die Israelische und Albanische Botschaft sind in der Nähe. Während des Zweiten Weltkriegs war hier das Hauptquartier der Deutschen Armee. Von 1944 bis zu seinem Tod war es Residenz Titos. Das Anwesen diente auch Slobodan Milošević zur Repräsentation und ist insbesondere durch die Verhandlungen während der Krisen in Bosnien und im Kosovo zwischen Richard Holbrooke, Madeleine Albright, Joschka Fischer und den serbischen Machthabern einer breiteren Öffentlichkeit bekannt geworden.
Seit dem Jahr 2001 ist der **Komplex** wieder im Besitz der königlichen Familie, die das Schloss auch bewohnt. Trotz seiner wechselhaften Geschichte und der Kriege blieb die Einrichtung beider Palazzi im Original erhalten. Das obere Gebäude mit Belvedere ist im serbisch-byzantinischen Stil nach einem Entwurf des russischen Architekten Nikola Petrovič Krasnov aus weißem Marmor in den Jahren zwischen 1924 und 1929 errichtet worden. Die Räumlichkeiten sind mit wertvollen Möbeln, Porzellan und

Kolonnade zwischen Schloss und Kapelle

Stadtspaziergänge

Tito

Über Tito gibt es unfassbar viele Bücher, Biographien und Aussagen, sein Leben scheint aus Abenteuern und seltsamen Zufällen sowie erfundenen Geschichten bestanden zu haben. Was immer davon wahr und was erfunden ist und wie immer man sein Leben und Handeln beurteilen mag: Tito war eine charismatische Persönlichkeit, die maßgeblich an der Befreiung Jugoslawiens von den Besatzern mitgewirkt und die Nachkriegsgeschichte des Landes entscheidend geprägt hat. Ebenso unbestritten ist, dass er dabei mit Gegnern nicht zimperlich umging.

Josip Broz soll in Kumrovec (Kroatien) als Sohn eines Kroaten und einer Slowenin am 25. Mai 1892 geboren worden sein. Der gelernte Mechaniker geriet 1915 als Feldwebel der österreichisch-ungarischen Armee in russische Gefangenschaft und schloss sich 1918 der Roten Armee an. Nach seiner Rückkehr in die Heimat beteiligte er sich am Aufbau der kommunistischen Partei und der Gewerkschaften. Mit deren Verbot geriet er mehrfach in Haft und entwickelte nach seiner Entlassung eine konspirative Tätigkeit unter verschiedenen Tarnnamen, am häufigsten nannte er sich Tito. Im Untergrund für seine Partei tätig, organisierte er nach dem deutschen Angriff auf die UdSSR von seinem Hauptquartier im serbischen Užice aus den Widerstand. Sein Aufruf zur Verteidigung der Heimat war nichts weniger als das Versprechen, einen unabhängigen jugoslawischen Staat wiederherzustellen. Bedrängt von den Deutschen, verlegte er sein Quartier nach Bosnien und konnte sich sowohl gegen konkurrierende Widerstandsgruppen als auch gegen die Besatzer behaupten. Er schaltete innenpolitische Gegner ebenso aus wie die Exilregierung und das jugoslawische Königshaus. So trat er an die Spitze eines Befreiungskomitees, das 1943 zu einer provisorischen Regierung umgebildet und dessen Ministerpräsident er wurde. Bei Kriegsende formte man die provisorische Regierung in die Föderative Volksrepublik Jugoslawien mit Tito als Generalsekretär um. 1963 wurde er Staatspräsident auf Lebenszeit. Die Verfassung lehnte sich eng an das große Vorbild Sowjetunion an, mit der es aber unter Stalin 1948 zum Bruch kam. Unter Betonung des Rechtes auf einen eigenen Weg zum Sozialismus entwickelte Tito das Modell einer sozialistisch bestimmten Selbstverwaltung der Wirtschaft, sowjetischen Wirtschaftsblockaden suchte er mit einer Annäherung an die USA zu begegnen. Nach dem sowjetisch-jugoslawischen Ausgleich 1955 gewann Tito großes internationales Ansehen als einer der Sprecher der sogenannten Blockfreien Staaten; ein Zusammenschluss, den er mit initiiert hatte.

Innenpolitisch verstand er es einerseits, sich seiner Gegner und Kritiker zu entledigen, andererseits versuchte er dem Konfliktpotential des Vielvölkerstaates durch Verfassungsreformen (1963 und 1974) zu begegnen. In ihnen wurden besonders nichtserbische Nationalitäten berücksichtigt, was ihm die Serben heute zum Vorwurf machen. Tito starb nach längerer Krankheit am 4. Mai 1980 im slowenischen Ljubljana. Die Nachfolger Titos fürchteten eine Einflussnahme seiner dritten Ehefrau, Jovanka Broz, und stellten sie unter Arrest. Sie lebt heute hochbetagt in Belgrad.

Nach dem Ende Jugoslawiens suchte man die Schuld für den Zusammenbruch auch bei Titos Politik; seine Grabstätte und das Museum wurden meist gemieden. Heute jedoch sehnt man sich mancherorts zurück nach dem alten Jugoslawien und seiner Stabilität, und auch Titos Ideen erleben wieder eine Renaissance.

Tapisserien ausgestattet, außerdem sieht man sehr schöne Elfenbeinarbeiten. Die Kellerräume sind mit Fresken und Schnitzereien im russischen Stil geschmückt, deren Themen russischen Opern und Märchen - beispielsweise dem ›Feuervogel‹ - entnommen sind. Weiterhin sind ein Billardzimmer mit Motiven der serbischen Geschichte, ein ›Flüstersalon‹ (Salon Šapanta), in dem König Aleksandar konspirative Gespräche führte, und daneben ein Kinosaal, in dem Tito die in seinem kommunistischen Staat verpönten Filme schaute, zu sehen.

Die **Palastkapelle** ist dem Heiligen Andreas, Patron der Familie Karađorđević, geweiht und durch eine Kolonnade mit dem Palast verbunden. Nach Kriegsende war sie in einen Lagerraum umgewandelt worden. Anlässlich des Besuchs des tief religiösen äthiopischen Kaisers Haile Selassie wurde sie in kürzester Zeit wieder zur Kapelle verwandelt. Im Park befindet sich die **Grabstätte von Davorjanka Paunović**, der schönen Sekretärin Titos und seiner großen Liebe.

Das untere Gebäude, der eigentliche ›Weiße Hof‹, entstand 1936 nach einem Entwurf von Aleksandar Đorđević im italienischen Stil. In ihm ist eine wertvolle Sammlung der europäischen Malerei von der Spätgotik bis zur Frühmoderne zu sehen: französische Werke von Eugène Fromentin, Simon Vouet, Nicolas Poussin sowie Sébastien Bourdon, Gemälde aus dem Umfeld Altdorfers, Rembrandts, Breughels sowie Veroneses und Canalettos. Die serbische Malerei ist mit Werken von Đura Jakšić und Stevan Todorović (1832–1926), die Bildhauerei mit Skulpturen von Ivan Meštrović und Vlaho Bukovac vertreten.

■ Moderne Kunst in Dedinje

An der ulica Teodora Drajzera steht eine moderne Villa von Zoran Radojšičić.

Transparenter Bau, hervorragende Ausstellungen: das Museum für Moderne Kunst

Sie wurde der Stadt Belgrad von Milica Zorić und Rodoljub Čolaković vermacht. In ihr werden Wechselausstellungen zur modernen Kunst präsentiert. Das Ausstellungsgebäude ist kaum bekannt und gehört als Zweigstelle zum Museum für moderne Kunst. Die Ausstellung ›Bourgeois Modernism and popular Culture‹ mit Werken von 1918 bis 1941 wurde von Kunsthistorikern zur besten Ausstellung Serbiens 2011 gekürt. Gegenüber liegt die Grünanlage ›Rozalj Norton‹.

Topčider

Topčider - auch Topčidersko Brdo (Топчидерско Брдо) - ist ein teurer Villenvorort, der sich vier Kilometer südwestlich des Zentrums befindet. Er ist von Hügeln umgeben und wird von den Belgradern auch wegen dem Topčidersko-Park gerne als Naherholungsziel am Wochenende besucht.

■ Bahnhof Topčider

Zeitgleich mit dem Hauptbahnhof in der Innenstadt entstand 1884 das erste Stationsgebäude des Bahnhofs Topčider, heute kaum bemerkt am Rande des Parks. Nach Zerstörungen im Ersten Weltkrieg wurde das Gebäude erneuert und 1936 um einen höfischen Wartesaal ergänzt.

Dieser erinnert im Stil an einen kleinen Renaissancepalast. Er ist das einzige erhaltene Bauglied des Bahnhofs und dient als Station für die Pendler, die in die weiter außerhalb gelegenen Wohnstätten über den Nobelvorort fahren.

Topčidersko-Park

Der Name Topčider geht wie so viele Ortsbezeichnungen innerhalb Belgrads auf die Türken zurück, ist aber persischen Ursprungs und bedeutet ›Tal der Kanonen‹. Es war die Gegend, an der die Türken 1521 für ihren ersten Angriff auf Belgrad die Kanonen gegossen haben. Später wurde es zum beliebtesten Ausflugsort der Paschas, die oft mit einer großen Entourage aus der Stadt zu einem ›Teferič‹ (Ausflug) kamen. Während der Habsburger Herrschaft 1688 war dieser Teil Belgrads als Topčijino selo, also Topčider Dorf, verzeichnet. Hier erstreckten sich Bauerngüter reicher Habsburger. Zur Zeit des Ersten Serbischen Aufstandes befand sich hier ein Militärlager. Nachdem Serbien im Jahr 1830 Autonomiestatus erlangt hatte, beschloss Fürst Miloš Obrenović, sich abseits vom türkischen Befehlshaber und von den militärischen Garnisonen der Belgrader Festung einen ständigen Wohnsitz erbauen zu lassen, während er für seine Frau und seine Kinder in der Altstadt den Konak Fürstin Ljubica hatte errichten lassen. Der darüber aufgebrachte Pascha wurde mit Geschenken gefügig gemacht. Ein Komplex aus Palast, Kirche, Kirchenherberge, Brunnen und Mehana (Gasthaus) entstand. Die bekanntesten Baumeister konnten für den Bau des Komplexes gewonnen werden; dieser wurde dann in nur drei Jahren fertiggestellt. Gleichzeitig wurde auf dem sumpfigen Gelände eine der ersten Parkanlagen Belgrads angelegt. Die Platanen der damaligen Zeit leben immer noch und bestechen durch ihre großartigen Baumkronen. Noch während der Regierungszeit von Miloš gewann der Park immer mehr den Charakter einer öffentlichen Anlage. In einer Anzeige von 1860 wurde angekündigt, das täglich ein Gefährt von Terazije bis nach Topčider fahren würde. Heute erreicht man den Park sehr bequem mit der Straßenbahnlinie 3 ab Hauptbahnhof.

▲ Karte S. 133

Blick über den Topčider Friedhof Richtung Save

Konak von Knez Miloš

Der Konak wurde ab 1831 nach Plänen von Janja Mihailović und Nikola Đorđević errichtet, Hadži Nikola Živković überwachte die Ausführung. Fürst Miloš nahm am 3. Mai 1834 seine Residenz in Besitz und hielt sich während seiner ersten Regierungszeit (1815–1839) häufig hier auf. Hier dankte Miloš 1839 auch zugunsten seines Sohnes Milan ab, der jedoch nur einen Monat später verstarb. Der Konak war in Miloš zweiter Regierungszeit (1858–1860) repräsentativer Sitz des Fürstentums Serbien, in dem auch Parlamentssitzungen stattfanden. Am 14. September 1860 starb der Fürst in diesem Haus. Vor dem Konak steht noch heute der ›Binjektaš‹, ein runder Stein, von dem der klein gewachsene Fürst aufs Pferd stieg.

Architektonisch stellt der Konak eine Übergangsform von serbisch-balkanischer Bauweise zu mitteleuropäischen Einflüssen dar. Zentraler Raum ist ein großzügiges Foyer mit einem Divan. Besonders dekorativ sind Decken und Böden. Heute hat das **Historische Museum** hier eine Dauerausstellung eingerichtet, die dem Ersten und Zweiten Serbischen Aufstand gewidmet ist. Ausgestellt sind handwerkliche Geräte und Einrichtungsgegenstände des 18. Jahrhunderts: Küche, Webstuhl, Pflug, Joch.

Vor dem Konak steht eine uralte Platane mit einem mächtigen Stamm und einer riesigen Baumkrone, die unter Naturschutz gestellt wurde (34 Meter Höhe, Umfang des Baumstamms 7,35 Meter, Breite der Baumkrone 49 Meter). Nach der Rückkehr von Miloš auf den Thron entstand auf der Anhöhe hinter dem Konak der sogenannte **kleine Palast**, den Fürst Mihailo vermutlich als Sommerhaus benutzte.

Ein dritter Bau war von Anbeginn als Mehana gedacht und ist auch heute noch ein einladendes Gasthaus: **Restaurant Milošev Konak** (Tel. 2663146, 8–1 Uhr, am Wochenende Live-Musik). In der Holzhütte ist das Gasthaus Šarić eingerichtet. Beide Häuser bieten eine nationale Küche.

Der Park und seine Denkmäler

Der Park ist als Englischer Garten gestaltet. Ein Bach durchfließt ihn und mündet bei der Insel Ada Ciganlija in die Save.

Platane wie Konak stehen unter Denkmalschutz

Zunächst war der Park als Hofgarten angelegt worden, aber schon aus dem 19. Jahrhundert wird von den Spazierfahrten mit Fiakern berichtet. Mit der Einführung der Straßenbahn wurde auch sogleich eine Trasse vom Tašmajdan nach Topčidersko verlegt, die noch heute als als Linie 3 die Strecke bedient. Ab 1903 wurde der Park der gesamten Bevölkerung zugänglich gemacht, seitdem florierte die Gastronomie. Dank der Ideen von Atanasije Nikolić wurde der Park mit Trinkwasserbrunnen, öffentlichen Denkmälern, Teichen und Springbrunnen verschönert. Anlässlich der Wiederkehr von Miloš Obrenović auf den serbischen Fürstenthron wurde 1859 der Obelisk von Franz Loranne aufgestellt.

Die Peter-und-Paul-Kirche

Die lebensgroße **Statue einer Schnitterin** steht seit 1852 im Park. Sie wird gern mit der Fruchtbarkeitsgöttin Ceres assoziiert. Der Bildhauer Fidelis Kümmel schuf eine Bronze im klassischen Kontrapost mit einer Weizengarbe im Arm und Weizenhalmen zu ihren Füßen. Die Gussfigur wurde in Wien hergestellt. Als die Erntearbeiterin im Park aufgestellt wurde, gab es in Belgrad noch kaum öffentliche Skulpturen, was ihren besonderen künstlerischen Stellenwert ausmacht.

Die Statue einer Schnitterin

Peter-und-Paul-Kirche

Außerhalb des Parks, durch die Straße getrennt, steht die als Hofkapelle angelegte Kirche der Heiligen Petrus und Paulus (Crkva svetih apostola Petra i Pavla). Sie entstand von 1832 bis 1834, besitzt eine schöne Steinfassade und eine Ikonostase mit Werken von Stevan Todorović von 1874. An Wochenenden werden in der Kirche gern Trauungen abgehalten, zu denen dann die Roma herbeiströmen, um sich mit ihrer Blasmusik ein wenig Geld zu verdienen. Miloš Obrenović stiftete die Kirche aus Dankbarkeit, weil er 1804 an dieser Stelle nach einem Streit mit Karađorđe dem Tode entronnen war. Bis 1860 war die Kirche Sitz des Metropoliten Serbiens. Zur Kirche gehört das Pfarrhaus von 1833 im Stil der Šumadija-Häuser mit Flechtwerk und Lehm.

▲ Karte S. 133

Archibald Reiss

Das Denkmal von Rudolf Archibald Reiss (Arčibald Rajs/Арчибалд Рајс) im Topčidersko-Park erinnert an einen großen Freund der Serben. Archibald Reiss wurde 1875 auf Gut Hechtsberg in Baden geboren, studierte und promovierte in Lausanne im Fach Chemie und war ein Experte der Fotografie. 1906 avancierte er zum Professor für Kriminologie an der Universität von Lausanne. Auf Einladung der serbischen Regierung untersuchte und dokumentierte er 1915 die Kriegsverbrechen der österreichisch-ungarischen Armee während des Ersten Weltkriegs. Von besonderer Bedeutung war dabei das Auffinden von Propaganda-Postkarten der österreichisch-ungarischen Wehrmacht, auf denen Hinrichtungen an serbischen Zivilisten zu sehen sind. Als Serbien 1915 überrannt wurde, trat er der serbischen Armee bei und begleitete den Rückzug über Albanien zurück nach Belgrad, das in den letzten Kriegstagen befreit wurde.

Reiss war Mitglied der serbischen Delegation auf der Pariser Friedenskonferenz von 1919. Sein Ziel, die serbische Polizei zu modernisieren, erreichte er jedoch nicht und zog sich daher desillusioniert aus der Öffentlichkeit zurück. Bis zu seinem Tod lebte er in Bačko Dobro Polje in der Vojvodina. Als Vermächtnis an das serbische Volk hinterließ er das 1928 fertiggestellte Manuskript ›Ecoutez, Serbes‹ (Čujte Srbi/Чујте Срби) mit warnendem Charakter. Im Jahr 2004 wurde es in großer Stückzahl gedruckt und gratis verteilt.

Das Denkmal, das einen gedankenverlorenen Archibald Reiss darstellt, stammt von Marko Brežanin und wurde zwei Jahre nach seinem Tod aufgestellt. Als Zeichen ihrer Dankbarkeit schenkte die serbische Regierung Reiss 1921 in Topčider ein Stück Land, auf dem er sich ein Haus nach dem Entwurf des Architekten Lazar Lacković bauen ließ. Er nannte es ›Villa Dobro polje‹ nach einem Ort in Mazedonien, wo 1918 eine entscheidende Schlacht an der Saloniki-Front stattgefunden hatte. Die Villa war serbischen Landhäusern nachempfunden: mit einem Erdgeschoss, einer überdachten Vorhalle, Arkaden und Säulen, die in den Farben der serbischen Fahne bemalt waren. Sie steht am Bulevar Vojvode Mišica 73.

Nicht weit vom Denkmal, durch die Eisenbahnschienen getrennt und unterhalb von Košutnjak, liegt malerisch der Topčidersko Friedhof. Hier fand Archibald Reiss seine letzte Ruhe. Nur sein Herz wurde auf seinen persönlichen Wunsch hin auf dem Berg Kajmakčalan an der mazedonisch-griechischen Grenze beigesetzt.

Ein nachdenklicher Archibald Reiss

Senjak

Am Verkehrsknotenpunkt ›Topčider Zvezda‹ (Topčider Stern) stehen moderne Skulpturen in Form von Giraffen aus Metallgittern, die darauf warten, von Efeu bewachsen zu werden. Von hier gelangt man nach Senjak (Сењак), eines der besseren Wohnviertel. Nicht aber die Wohnbauten lohnen ein Besuch, sondern gleich drei Museen – das Afrikanische Museum, Museum Tome Roksandić, das Museum König Petar I. – und das Jugoslawische Archiv.

Das **Afrikanische Museum** ist ein Relikt aus den Tagen der Solidarität mit Entwicklungsländern. Es steht gegenüber einem Gebäude, das von der Deutschen Botschaft genutzt wird. Grundstock des afrikanischen Museum bildet die Stiftung von Veda und Zdravko Pečar, die während ihres langjährigen Aufenthalts in Afrika eine kostbare Sammlung zusammengetragen haben.

Das **Wohnhaus des Bildhauers Tome Rosandić** (1878–1959) wurde zu einem Museum für seine Werke hergerichtet. Rosandić wurde in Split geboren, hatte Meštrović zum großen Vorbild und unternahm viele Reisen, auch nach Italien. Nach dem Zweiten Weltkrieg ließ er sich in Belgrad nieder, wo er sich mit dem ›Müden Krieger‹ im Kalemegdan und den ›Tanzenden Rossen‹ am Serbischen Parlamentsgebäude verewigte.

■ Museum König Petar I.

▲ Karte S. 133

Die Villa des Händlers Đorđe Pavlović von 1896 hat eine originelle Geschichte. Hier auf dem Topčider-Hügel, eingebettet in Weinreben, befanden sich im 19. Jahrhundert einige Landhäuser (Manor) der Reichen. Das Landhaus von Đorđe Pavlović ist eines der ältesten davon. Als König Petar I. Karađorđević im Jahr 1919 aus Griechenland zurückkehrte, war der alte Palast in der Stadt zerstört. Auch um dem Trubel des Zentrums etwas zu entgehen, mietete er sich in dieser Villa ein, und der Staat zahlte eine Miete dafür. Nach dem Tod Petars wollte das Kultusministerium das Landhaus kaufen und museal gestalten; dieses Vorhaben wurde aber nicht realisiert. Nach dem Zweiten Weltkrieg wurde die Villa weiter vermietet und dadurch vieles vom Bestand vernachlässigt oder zerstört, nur wenige Stücke konnten sichergestellt und auf Museen verteilt werden. Nachdem die letzten Mieter 2005 ausgezogen waren, zog die Kommune von Savski Venac die Betreuung des Anwesens an sich und renovierte die Villa von 2005 bis 2009. Im Jahr 2011 wurde eine Kommission ins Leben gerufen, die das Anwesen beaufsichtigt. Seitdem dient es als Kulturzentrum in Gedenken an König Petar I.; Ausstellungen, Konzerte und Buchvorstellungen finden hier statt, außerdem Feste für humanitäre Zwecke. Zur Erinnerung an König Petar I. wurde ein Raum im Landhaus als Dauerausstellung eingerichtet. Petar I. Karađorđević lebte von 1844 bis 1921. Er war von 1903 bis 1918 König von Serbien und von 1918 bis 1921 König der Serben, Kroaten und Slowenen. Als Führer der siegreichen serbischen Armee im Ersten Weltkrieg erhielt er den Beinamen ›Oslobodilac‹ (Befreier). Petar war der Sohn von Prinz Aleksandar und Prinzessin Nenadović. Als sein Vater 1858 abdankte, ging er mit der Familie ins Exil nach Rumänien. Der junge Petar verbrachte einen großen Teil seiner Exiljahre in Paris, wo er seine Ausbildung erhielt und in der französischen Armee im französisch-preußischen Krieg 1871 kämpfte. Danach nahm er unter dem Namen Mrkonjić am Befreiungskampf gegen die Osmanen in Bosnien und Herzegowina teil. Auf Druck von Prinz Milan Obrenović verließ er die Gegend.

Petar I., vermutlich 1919

Petar heiratete 1883 Prinzessin Zorka von Montenegro, Tochter von König Nikolaus I. Mit ihr hatte er fünf Kinder. Die Zweitgeborene Milena starb nach nur einem Jahr, das fünfte Kind, ein Knabe, starb mit der Mutter im Kindbett. Petar kehrte 1903 nach Serbien zurück, als Aleksandar Obrenović nach einem Militärputsch zur Abdankung gezwungen wurde. Am 21. September 1904 wurde Petar als Petar I. zum König von Serbien in der Michaelskathedrale gekrönt. Bereits nach der Wahl durch das Parlament hatte er die Amtsgeschäfte übernommen. Nach 45 Jahren löste damit die Familie der Karađorđe die Familie Obrenović wieder auf dem Thron ab. Während des Balkankrieges, der für Serbien ein großer Erfolg war, legte er seinen Titel nieder. Petar starb 1921 im Alter von 77 Jahren.

Die ständige Ausstellung im **Gedächtnisraum** von König Petar I. Karađorđevic vermittelt ein für Belgrad neues mediales Erlebnis. Sein konzeptueller Rahmen lässt sich von der Vorstellung leiten, dass Geschichte und historische Figuren das Ergebnis spezifischer Diskurse darstellen. Der Fokus der Ausstellung ist ein Mosaik, das sich aus mehreren hundert Fotos zusammensetzt, die derart angeordnet und gestaltet sind, dass sie in einer Gesamtschau ein Porträt von König Petar I. an der Hauptwand des Gedächtnisraumes bilden. Die von staatlichen Stellen und aus privaten Sammlungen stammenden Fotos zeigen den König und seine Familie, seine Zeitgenossen und Ereignisse und damit alle Einzelheiten, aus denen eine historische Persönlichkeit besteht. Das Mosaik ist ein diskursives Gebilde, in dem die in zeitlicher Abfolge festgehaltenen Momentaufnahmen das Porträt des Königs bilden. Gleichzeitig erfährt das Mosaik durch die Verwendung der AR-Technologie (AR: augmented reality; erweiterte Realität), einer computergestützten Erweiterung der Realitätswahrnehmung, eine visuelle Ergänzung durch virtuelle Objekte mittels Einblendung oder Überlagerung. Diese neue, die reale mit der virtuellen Welt verbindende Technologie ist heute sehr populär und daher bestens geeignet, das Mosaik zu beleben. Ferner eignet sich die AR-Technologie hervorragend für die Ersetzung von fehlenden Artefakten und für die ordnungsgemäße Darstellung der königlichen Insignien. Die Verwendung von Applikationen für Smartphones oder Tabletcomputer im Gedächtnisraum ermöglicht eine zusätzliche visuelle Ergänzung des Porträts. Die in chronologischer Folge gezeigten Aufnahmen und die Informationen über die wichtigsten Momente im Leben des Königs, das Filmmaterial zu den Krönungsfeierlichkeiten, ein dreidimensionales Modell der Krone und interaktive Einladungen stellen nur einen ersten Schritt in Richtung einer digitalen Aufwertung und Umformung des Gedächtnisraums von König Petar I. dar. Einerseits entspricht dieser moderne Ansatz durch seine räumliche Leichtigkeit und dem minimalen Design in konzeptioneller Hinsicht der bescheidenen und disziplinierten Lebensweise des Königs Petar I.; andererseits verwandelt der betont interaktive Charakter der Ausstellung den passiven Zuschauer in einen aktiven Teilnehmer. Dadurch wurde das wesentliche Ziel der Ausstellung erreicht. Es besteht darin, beim Besucher einen denkwürdigen Eindruck zu hinterlassen und dazu beizutragen, mittels moderner Medien die Erinnerung an die historische Figur von König Petar I. und das kulturelle Erbe Serbiens wachzuhalten.

Kloster Vavedenje

Zum Frauenkloster Vavedenje (Maria Tempelgang) gehört ein großer Waldbesitz. Die Stiftung von Perso Milenković wurde von Petar Popović 1936 in mittelalterlich-serbischer Bauweise gestaltet. Im Zentrum steht die Nikolauskapelle mit einer holzgeschnitzten Ikonostase. Außerdem besitzen die Nonnen schöne Ikonen aus dem 18. bis 20. Jahrhundert.

Gastronomischer Tipp

Bei einem Besuch in Senjak bietet sich eine Einkehr vor allem in diesen beiden Lokalen an:

Careva Ćuprija (Zarenbrücke), Bul. Vojvode Mišića 79, Tel. 3690144, www.carevacuprija.rs, tgl. 9–24 Uhr. Hier stimmt so gut wie alles: eine authentische serbische Küche und vorbildlicher Service; gestärkte Stoffservietten, Stofftischdecken; feine serbische Weine zu erschwinglichen Preisen (Essen für zwei Personen mit Wein ca. 3200 Dinar); alles ist im Sač zubereitet, dem traditionellen serbischen Topf; auch das Brot.

Gospodarska Mehana, Bul. Vojvode Mišića 59, Tel. 2651433, 9–1 Uhr. ›Mehana‹ lässt sich mit Weinschenke übersetzen. Das Wort kommt aus dem Persischen und setzt sich aus Mej für Wein und Han für Haus zusammen: Ein Haus, in dem der Wein gegossen wird. Traditionelles populäres Haus.

Die Nikolauskapelle des Klosters Vavedenje

▲ Karte S. 133

Palilula

Im Stadtbezirk Palilula (Палилула) wohnen 170 000 Menschen auf rund 44,6 Quadratkilometern, dazu kommen große landwirtschaftliche Flächen. Somit ist Palilula einer der großen Bezirke Belgrads. Er ist teils ländlichen, teils städtischen Charakters. Palilula ist der einzige Stadtbezirk, der Siedlungen beiderseits der Donau umfasst. Links der Donau liegen: Krnjača, ein Bauerndorf, das von der Landwirtschaft lebt; Borča, das aus drei Teilen besteht; Ovča, ein Hirtendorf, in dem seit dem 19. Jahrhundert Rumänen leben, die Schafzucht betreiben; Kotež, das erst 1968 gegründet wurde; Padinska Skela, wo das Hotel ›President‹ steht. Die Ortschaften sind durch die Pančevo-Brücke über die Donau mit dem Belgrader Zentrum verbunden und seit 2014 mit der Pupinovbrücke, der zweiten Brücke über die Donau, mit Zemun. Rechts der Donau liegen neben Karaburma und Ada Huja noch der Ortsteil Višnjica – einst berühmt für seine Kirschen, die ihm den Namen gaben –, und Slanci mit dem 1970 erneuerten Kloster Sankt Stefan.
Im Namen Palilula stecken die slawischen Wörter ›pali‹ für Feuer und ›lula‹ für Pfeife. Der Ideenreichtum für die Herleitung des Namens kennt keine Grenzen. Am naheliegendsten scheint jedoch zu sein, dass unter den Osmanen innerhalb der Stadtmauern nicht geraucht werden durfte. Zum Rauchen musste man einfach in die Vorstadt gehen. Deshalb weist das Wappen von Palilula auch im linken oberen Viertel eine Pfeife auf. Der Name tauchte Anfang des 19. Jahrhunderts auf und bezog sich auf das Gebiet innerhalb des heutigen Stadtbezirks, das von Belgrad durch einen Wassergraben getrennt war. Bis zur Donau hin reichten Gärten, Weinberge, Wiesen und Mühlen. Andere Quellen schreiben, dass sich in Palilula große Töpfereien mit Brennöfen in Form eines Schornsteins (Lula) für die Tonware befunden haben. Den Ton gewann man unweit der Donau. Bereits 1860 wurde Belgrad in sechs Bezirke aufgeteilt, einer von ihnen war Palilula. Die Gebiete beiderseits der Donau sind nachweislich schon jahrhundertelang besiedelt. Als die Habsburger im 18. Jahrhundert das nördliche Serbien erobert hatten, verbanden sie die Siedlung ›Karlstal‹ mit Belgrad über die ulica Cara Dušana, legten Straßen, Gärten und Klöster an. In ihrem Gefolge kamen Deutsche und Serben, die sich von nun an hier niederließen. Im 19. Jahrhundert war das Gebiet fast ausschließlich von Serben bewohnt. Unter Fürst Miloš veränderte sich abermals das Gesicht des Gebiets: Ehemaliges Ackerland wurde bebaut und Straßen angelegt, auch die Industrialisierung Palilulas begann in dieser Zeit.

Orientierung

Palilula grenzt an Stari Grad. Der Bezirk beginnt im Westen an der ulica Takovska, wo sich unübersehbar die Hauptpost von 1934 erhebt. Entlang des Boulevards Kralja Aleksandra bis zum Vuk-Denkmal liegen die Sehenswürdigkeiten in fußläufiger Nähe zueinander: der Tašmajdan-Park, die Markuskirche, das RTS-Gebäude, das kleine Kindertheater ›Duško Radović‹, die Pionierhalle, das Hotel ›Metropol‹, die Universitätsbibliothek und das Serbische Archiv sowie die Fakultäten für Bergbau, Jura, Geologie und Technik.

Tašmajdan-Park

Das Gelände des Tašmajdan (парк Ташмајдан) ist ein ehemaliger Steinbruch, mit dessen Material viele Gebäude Belgrads erbaut wurden. Sein

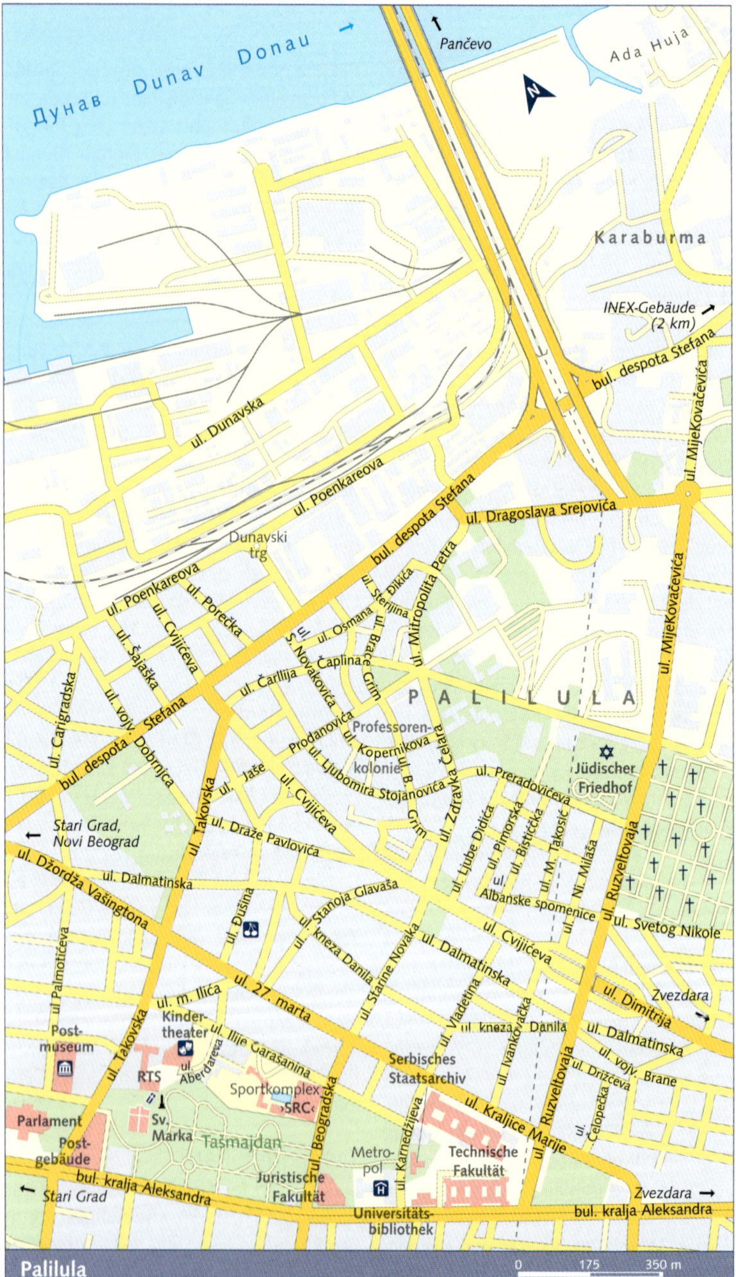
Дунав Dunav Donau
Pančevo
Ada Huja
Karaburma
INEX-Gebäude (2 km)
bul. despota Stefana
ul. MijeKovačevića
ul. Dunavska
ul. Poenkareova
ul. Dragoslava Srejovića
Dunavski trg
ul. Poenkareova
ul. Porečka
ul. Cvijićeva
ul. Šajaška
ul. Sterijina
ul. Đikića
ul. Mitropolita Petra
ul. Osmana
ul. S. Novakovića
ul. Braće Grim
Čaplina
ul. Čarlija
PALILULA
ul. Carigradska
ul. Vojv. Dobrnjica
Prodanovića
Professoren-kolonie
Kopernikova
ul. B. Grim
ul. Zdravka Čelara
Jüdischer Friedhof
ul. Jaše
ul. Ljubomira Stojanovića
ul. Preradovićeva
Stari Grad, Novi Beograd
ul. Takovska
ul. Draže Pavlovića
ul. Ljube Didića
ul. Pimorska
ul. Bistička
ul. M. Takosić
ul. Ni. Milaša
ul. Džordža Vašingtona
ul. Dalmatinska
ul. Albanske spomenice
ul. Ruzveltovaja
ul. Svetog Nikole
ul. Đušina
ul. Stanoja Glavaša
ul. kneza Danila
ul. Starine Novaka
ul. Cvijićeva
ul. Palmotićeva
ul. m. Ilića
ul. 27. marta
ul. Vladetina
ul. Dimitrija
Zvezdara
Post-museum
Kinder-theater
ul. Ilije Garašanina
ul. kneza Danila
ul. Ivankovačka
ul. Dalmatinska
ul. Vojv. Brane
RTS
ul. Aberdareva
Sportkomplex ›SRC‹
ul. Beogradska
Serbisches Staatsarchiv
ul. Drižčeva
ul. Čelopečka
Parlament
Sv. Marka
Tašmajdan
ul. Karnedžijeva
ul. Kraljice Marije
ul. Ruzveltovaja
Post-gebäude
Metro-pol
Technische Fakultät
bul. kralja Aleksandra
Juristische Fakultät
Stari Grad
Zvezdara
Universitäts-bibliothek
bul. kralja Aleksandra
Palilula
0 175 350 m

Name geht auf die türkischen Wörter ›Taš‹ (Stein) und ›majdan‹ (Steinbruch) zurück. In die Felsen von Tašmajdan hatten sich die Ureinwohner von Belgrad Grotten gegraben; es entstanden Katakomben und Säle mit Gängen. Auch ein römisches Gräberfeld wurde gefunden. Während vieler Kriege dienten die Katakomben als Munitionslager, Magazin oder Schutzraum. Die Türken nutzten bis Ende des 19. Jahrhunderts das Terrain auch als Friedhof. Kurz vor Ende des Zweiten Weltkriegs verbarg sich in dem Labyrinth der Generalstab der deutschen Besatzer. Es soll in Kürze im Rahmen der Führungen ›Untergrund Belgrad‹ öffentlich zugänglich gemacht werden.

Über dem ehemaligen Steinbruch entstand nach dem Zweiten Weltkrieg die knapp elf Hektar große Parkanlage, die die ulica Beogradska in einen kleinen und einen großen Abschnitt teilt. Der Ort ist geschichtsträchtig: Hier errichtete Karađorđe 1806 sein Lager im Kampf gegen die Türken; 1826 verfügte Miloš Obrenović die Verlegung des alten serbischen Friedhofs vom Stadttor hierher, um in Savamala ein serbisches Viertel anlegen zu können. 1830 wurde hier der Erlass des Sultans über die innere Unabhängigkeit Serbiens verlesen, und 1835 entstand an dieser Stelle die alte Markuskirche, die 1941 dem Bombardement Belgrads durch die Deutschen zum Opfer fiel. Heute dominiert die orthodoxe neue **Markuskirche** mit ihren Kuppeln die Szenerie.

Brunnen und **Figuren** schmücken den Park, seit 1909 ist in ihm eine **seismologische Station** aufgestellt, und einen Teil nimmt der **Sportkomplex Tašmajdan** ein. Spannend ist es im Sommer, den vielen Schachspielen an den modernen großen Spielbrettern beizuwohnen oder auf einen Kaffee ins ›Madera‹ (zum Bul. Kralja Aleksandra hin) zu schlendern.

Dieser Gedenkstein erinnert an die Bombardierungen Belgrads durch die NATO

Hinter dem Park steht das **Gebäude des serbischen Staatssenders** ›Radio Televizija Srbije‹ (RTS). Die NATO stufte den Sender als wichtiges Machtinstrument der Regierung Milošević ein und bombadierte ihn. Er wurde wieder aufgebaut, die Ruinen der in der Nachbarschaft betroffenen Privatgebäude ließ man als Erinnerung dagegen bis heute stehen. Am Rande des Parks erinnert der **Gedenkstein zašto?** (etwa: ›wofür‹) an diesen Krieg und seine Opfer.

An der ulica Aberdareva, direkt am Park, steht das kleine **Kindertheater Duško Radović**. Geistiger Vater des Kindertheaters ist der in Niš geborene Journalist Duško Radović (1922–1984), dem Redakteur des Kinderprogramms von Radio Belgrad, Herausgeber der Zeitschrift ›Pionier‹ und ab 1975 Leiter von ›Studio B‹, dem ersten privaten Radio- und Fernsehsender Serbiens.

Jeder Stadtbezirk von Belgrad hat einen großen **Bauernmarkt**; jener von Palilula ist gegenüber dem Tašmajdan angelegt.

Markuskirche

Die orthodoxe Markuskirche (Crkva Svetog Marka/Црква Светог Марка) ist ein monumentaler Sakralbau, der zwischen den beiden Weltkriegen (1931–1940) erbaut wurde. Die Brüder Petar und Branislav Krstić lehnten sich in ihrem Entwurf an die bedeutende Klosterkirche Gračanica im Kosovo an; der Kirchenbau greift auf den traditionellen byzantinischen Stil zurück.

In den Gräbern der **Krypta** ist das 1903 ermordete Königspaar Aleksandar und Draga Obradović bestattet. Rechts vom Eingang steht der Sarkophag mit den Gebeinen Zar Dušans, die vom Erzengel-Michael-Kloster aus Prizren, einer Stiftung Dušans, hierher überfuhrt wurden. Der linke Marmorsarkophag verwahrt die sterblichen Überreste des Patriarchen German Đorić. German hatte die serbisch-orthodoxe Kirche mit seiner öffentlich geäußerten Unterstützung der Politik Miloševićs international in Misskredit gebracht. Die **Ikonostase** ist mit Mosaiken ausgestattet: Oben sieht man das Abendmahl, im unteren Rang die Deesis, heilige Krieger und den heiligen Nikolaus. Die Kuppel der Markuskirche ist das zweite Symbol auf dem Stadtbezirkswappen. In der Kirche ist eine bedeutende **Sammlung von Ikonen** aus dem 18. bis 19. Jahrhundert aufbewahrt.

Neobyzantinisch: die Markuskirche

▲ Karte S. 146

Dreifaltigkeitskapelle

Hinter der Markuskirche befindet sich die kleine russisch-orthodoxe Dreifaltigkeitskapelle (Sveta Trojica/Света Тројица). Sie wurde 1925 für die russischen Emigranten errichtet, die nach der Oktoberrevolution eine neue Heimat in Serbien gefunden hatten. In der Kirche liegt der russische General Baron Piotr Nikolajewitsch Wrangel begraben, Befehlshaber der antibolschewistischen Armee. Heute ist die Kapelle Sitz des offiziellen Repräsentanten des Patriarchen von Moskau.

Serbisches Staatsarchiv

Das serbische Staatsarchiv (Arhiv Srbije/Архив Србије) wurde 1898 gegründet und 1925 in einem speziell dafür konzipierten Gebäude in unmittelbarer Nachbarschaft zur ›Carnegie Bibliothek‹ untergebracht, wo sich vormals eine Pferderennbahn befunden hatte. Städtebaulich war das Gebiet als neues Universitätszentrum vorgesehen. In der Folge entstanden in unmittelbarer Nachbarschaft zum Archiv die Juristische Fakultät, die Technische Fakultät und die Universitätsbibliothek.

Der russische Architekt Nikola Krasnov, damals mit den Plänen für das Bauministerium betraut, entwarf einen klassizistischen Bau unter Verwendung großzügiger Dekorationselemente. 1928 war der monumentale Bau des Staatsarchivs abgeschlossen. Beidseits des Eingangs waren

Nikola Tesla als Statue vor der Universität

Wappensymbole angebracht: Löwen mit Schildern, auf denen das Wappen des Königreichs der Serben, Kroaten und Slowenen zu erkennen war, und Doppelkopfadler mit Schildern, die Monogramme des Staatsarchivs enthielten. In der Attika der Fassade sind die Statuen der antiken Philosophen Platon und Aristoteles platziert.

Bulevar Kralja Aleksandra

Der siebeneinhalb Kilometer lange Boulevard war in der Antike als via militaris ins Fernstraßennetz der Römer integriert. Bis ins 18. Jahrhundert blieb der Weg eine wichtige Verbindung nach Istanbul (Carigradski drum/Цариградски Друм). Aus diese Fernstraße entwickelte sich später ein städtischer Boulevard mit Geschäften. Er hieß zunächst Gasse zur Goldenen Kammer (Sokače kod Zlatnog Topa), nachfolgend Markusstraße (Markova ulica) und nach 1934 wegen zahlreicher alter Läden, die Schießpulver in typischen Tütchen verkauften, Fišeklija ulica (Patronentaschenstraße). Ende des 19. Jahrhunderts trug die Straße den Namen von König Aleksandar Obrenović. Nach dem Zweiten Weltkrieg nannte man sie Bulevar Oslobođenja (Freiheitsstraße), anschließend Bulevar Revolucije (Revolutionsstraße) und Anfang des 21. Jahrhunderts wieder Kralja Aleksandra. Die im Volksmund nur Boulevard genannte Straße beginnt in der Altstadt, führt durch Palilula, Vračar und Zvezdara und dann stadtauswärts als Smederevski put an die Donau.

■ Technische Fakultät

Auf die Juristische Fakultät folgt das historistische Gebäude der Technischen Fakultät. Vor der Fakultät steht seit 1961 die sitzende Figur des Nikola Tesla, die der kroatische Bildhauer Frano Kršinić (1897–1982) schuf. Das Konterfei dieses bedeutenden Wissenschaftlers, Erfinders und Ingenieurs schmückt auch den 100-Dinar-Schein.

■ Universitätsbibliothek

Das Gebäude für die Universitätsbibliothek ›Svetozar Marković‹ (Nr. 71, auch Carnegie Bibliothek) war der erste Bau in Serbien, der speziell als Bibliothek geplant und ausgeführt wurde. Die Stadt stiftete das Gelände, und 1926 konnte dank der Unterstützung durch die Andrew Carnegie Stiftung des amerikanischen Stahlmagnaten und Philantropen die Bibliothek eröffnet werden. Sie war 1921 als Nachfolgeeinrichtung der Belgrader Hochschulbibliothek von 1844 gegründet worden. Anlässlich ihres hundertsten Geburtstages wurde die Bibliothek nach dem sehr jung verstorbenen Publizisten, Literaturkritiker und Sozialisten Svetozar Marković benannt, der als wegweisender Schriftsteller des serbischen Realismus gilt. Das Denkmal für Marković (1946) vor der Bibliothek stammt vom Bildhauer Stevan Bodnarov.

Stadtspaziergänge

Hotel Metropol

Das legendäre Hotel wurde in den 1950er Jahren vom Meister der jugoslawischen Moderne, Dragiša Brašovan, entworfen. 2002 brannten die oberen beiden Stockwerke komplett aus. Lange stand es als Ruine da, nach einer Generalsanierung erfolgte seine Wiedereröffnung 2012 als ›Metropol Palace‹. Es repräsentiert die Belgrader Luxus-Kategorie und gehört zur Starwood-Kette. Ein Brunnen mit einer nackten weiblichen Figur von Petar Palavičini schmückt seit 1956 den Platz vor dem Hotel.

Professoren-Kolonie

Die Professoren-Kolonie (Profesorska Kolonija/Професорска Колонија) ist ein 1926 erschlossenes Gebiet, das die Straßen Jaše Prodanovića, Ljuba Stojanovića, Stojan Novaković und Rački umfasst. Das städtebauliche Experiment ermöglichte es Professoren und Gelehrten der Belgrader Universität mit der Unterstützung der Stadt, Hypotheken zu günstigen Konditionen aufzunehmen und sich hier in diesen Straßen ein kleines Eigenheim zu errichten. Mehr als 40 Professoren haben hier gewohnt und gewirkt: unter anderem der Physiologe Jevrem Nedeljković, der Literaturwissenschaftler Bogdan Popović und der Philosoph Borislav Lorenz. Besonders bekannt wurde der Geophysiker und Mathematiker Milutin Milanković (1879–1958), der auf Grund seiner Berechnungen der sogenannten Milanković-Zyklen in der Paläoklimatologie berühmt wurde. Nach ihm ist der Asteroid Milanković benannt, und auf ihn geht auch die Neuberechnung des orthodoxen Kalenders zurück.

Das Villenviertel ist außerordentlich gepflegt, jedes Haus verfügt über einen kleinen Garten, und an fast jedem hängt eine Gedenktafel zur Erinnerung an die früheren gebildeten Eigentümer. Das Viertel steht unter Denkmalschutz und lag einst, durch den Bulbuderskog-Bach getrennt, außerhalb von Belgrad. Der Bachverlauf wurde von der ulica Cvijićeva überbaut.

▲ Karte S. 146

Jüdischer Friedhof

Der jüdische Friedhof ganz in der Nähe der Professoren-Kolonie ist vom Neuen Friedhof, der schon zum Bezirk Zvezdara gehört, nur durch die ulica Ruzveltova getrennt. Er wurde 1888 als sephardische Begräbnisstätte errichtet, weshalb er auch sephardischer Friedhof genannt wird. Auf einer Fläche von gut 12 000 Quadratmetern verteilen sich annähernd 4000 Grabsteine. Nicht selten sind sie mit wertvollen Skulpturen geschmückt, zu denen sich die Steinmetze von den allgemeinen Kunststilrichtungen des späten 19. und frühen 20. Jahrhunderts inspirieren ließen. Wesentliche Merkmale jüdischer Friedhöfe und jüdischer

Auf dem Jüdischen Friedhof

Grabmarkierungen sind die Hinweise auf die unterschiedlichen Orte der Diaspora und der Zeitperioden. Die Emanzipation der europäischen Juden im Laufe des 19. Jahrhunderts und ihre aktive Teilnahme am gesellschaftlichen Leben veranlasste die europäischen Juden dazu, ihren neuen Status der Gleichberechtigung zu bekräftigen. Im Bereich der Kunst kam dieses Bestreben im Bau von repräsentativen Gebäuden – etwa Synagogen oder Schulen – oder der Herstellung prächtiger Grabsteine zum Ausdruck. Die Neigung, ihre Gleichberechtigung gegenüber nichtjüdischen Nachbarn unter Beweis zu stellen, und das Wissen um ihre besondere Herkunft und Tradition konnten zu inneren Konflikten führen. Deshalb sind die Grabsteine oft das Resultat eines ungewöhnlichen Eklektizismus, was insbesondere auch im jüdischen Friedhof von Belgrad zu beobachten ist. Im Jahr 1952 wurde das **Holocaust-Denkmal** von Bogdan Bogdanović auf dem Friedhof eingeweiht.

Neben dem jüdischen Friedhof befindet sich der **Heldenfriedhof** für die Befreier der Stadt im Zweiten Weltkrieg.

Karaburma

Karaburma (Карабурма) entstand auf einer ehemaligen Landzunge in der Donau. Während des Baus einer Siedlung hat man hier ein illyrisch-keltisches Gräberfeld – ›Rospi Ćuprija‹ (Роспи Ћуприја) – aus der Zeit der Skordisker freigelegt. Laut Iustinus, einem römischen Geschichtsschreiber aus dem 2. Jahrhundert vor Christus, ließen sich die Kelten nach ihrer großen Wanderung aus ihrer Urheimat Richtung Rom und Griechenland am Zusammenfluss von Donau und Save nieder und beschlossen, sich von nun an Skordisker zu nennen. Die Römer nutzten die Hänge und das Donauufer später für ihre Sommerfrische.

In Karaburma liegt versteckt zwischen Wohnbauten eines der schönsten Kafanas der Stadt, das ›Daćo‹.

Früheres Inex-Gebäude

Eine ungewöhnliche Geschichte ist mit dem Haus an der ulica Višnjićka 76 verbunden: Der frühere Hauptsitz der Filmgesellschaft ›Inex Film‹ stand viele Jahre verwaist da und verwahrloste, bis junge Künstler und Stadtteilaktivisten das Gebäude für sich in Anspruch nahmen und es 2011 besetzten. Nur wenige Monate danach hat es sich bereits zu einem Zentrum für alternative Künstler entwickelt, die durch Vorstellungen und Ausstellungen immer mehr Zulauf gewinnen. Jedes Wochenende finden Gäste-Workshops, Ausstellungen, Konzerte, Kinovorstellungen auf Großleinwand und Diskussionsrunden statt. Jedermann ist willkommen zum Mitmachen oder Teilnehmen. Das Museum für Moderne Kunst nutzt die Flächen auch für Ausstellungen.

Ada Huja

Ada Huja (Ада Хуја) war, wie das türkische Wort für Insel ›Ada‹ schon erkennen lässt, ursprünglich eine Donauinsel. Nach dem Zweiten Weltkrieg mutierte sie durch Müllablagerungen und Deponien zur Halbinsel. Altlasten von stillgelegten Fabriken belasten Ada Huja ganz beträchtlich. Während ihr zentraler Teil noch unberührt ist, ist im Westen und Osten Industrie angesiedelt, sind dort auch Lager ärmlicher Roma anzutreffen. Eine neue Promenade mit Sportplätzen von Tennis bis Beach Volleyball sowie einer großen Kartbahn zwischen Pančevo-Brücke und dem Dorf Višnjica sind ein erster Schritt, die Gegend aufzuwerten und ihre Lebensqualität zu verbessern. Über die generelle Richtung der Inselgestaltung gehen die Meinungen aber immer noch weit auseinander.

Zvezdara

Der Stadtbezirk Zvezdara (Звездара) markiert mit einem interessanten Hochhauskomplex der 1960er Jahre, einem Pendant zum Genex-Turm, das Osttor der Stadt. Über den Bulevar Kralja Alexandra gelangt man in die Dörfer Veliki und Mali Mokri Lug, wo man vorwiegend von der Landwirtschaft lebt. Orlovsko, eine Siedlung in Mirijevo, machte von sich reden, weil hier das erste Roma-Kulturzentrum Serbiens entsteht. Der junge Architekt Ivan Božić konnte die Ausschreibung der Gemeinde Zvezdara in Zusammenarbeit mit der Belgrader Universität für sich entscheiden; Baubeginn war 2012.

Der Bezirk erstreckt sich auf 32 Quadratkilometern; 132 000 Menschen wohnen hier. Im Bezirk sind wichtige städtische Institutionen angesiedelt: das Bestattungsinstitut, die städtischen Verkehrsbetriebe und das Wasserwirtschaftsamt. Eine grüne Lunge stellt das Waldgebiet des großen Vračar dar. In ihm sind Observatorium und das Institut Mihajlo Pupina angesiedelt. Das Gebiet ist seit alters her reich an Wasser, weswegen viele städtische Trinkbrunnen entstanden: der Paša-Brunnen in der Živka Davidovića ulica und der Landesverteidigerbrunnen von 1923 – zur Erinnerung an die Gefallenen im Ersten Weltkrieg – in der Dimitrije Tucović ulica.

Das moderne **Sportzentrum Olimp** mit einem großen Freibad befindet sich auf einem der höchsten Punkte Belgrads im Waldgebiet von Zvezdara. Für den Bezirk von großer Bedeutung sind auch die Medizinischen Zentren: Das **KBC Zvezdara** (Kliničko-Bolničko Centar) wurde bereits 1935 dank dem Vermächtnis von Spasić gegründet. Eine weitere Klinik befindet sich in Mirijevo.

Kultureinrichtungen im Bezirk

Eines der jüngsten Theater Belgrads ist das 1984 ins Leben gerufene **Theater Zvezdara**. Es hat sich mit seinen Auf-

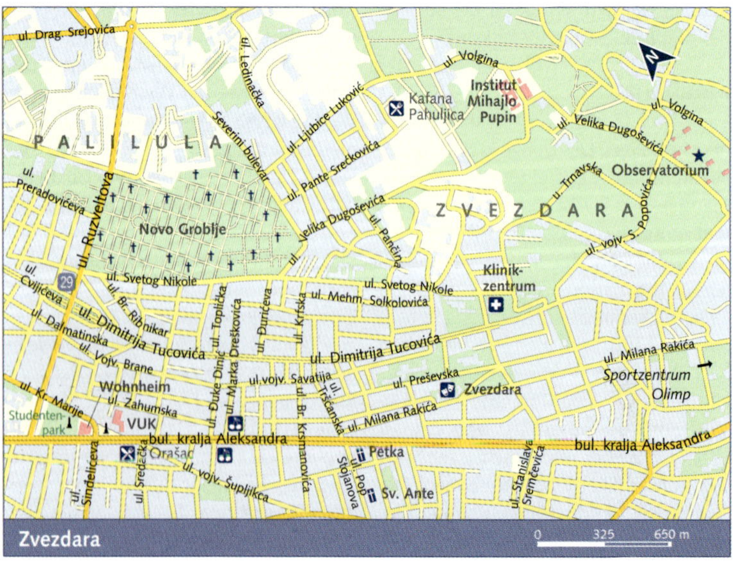

Zvezdara

führungen zeitgenössischer Werke von Dušan Kovačević, Aleksandar Popović und Siniša Kovačević innerhalb kürzester Zeit einen beachtlichen Ruf erworben. In den Produktionen spielen viele bekannte Film- und Fernsehschauspieler. Mit seiner multimedialen Bühne mit 650 Sitzen soll es den deutschen Regisseur Peter Stein zur Nachahmung inspiriert haben. Die Kinderprogramme werden im **Pan-Theater** gespielt. Außerdem ist der Bezirk Sponsor des **Kindertheaterfestivals Zvezdarište**.

Eine breitgefächerte Plattform für Theater, Tanz, Diskussionsforen und Workshops ist das **Kulturzentrum VUK** beim Studentenpark. In seiner Bar finden Live-Musikabende von Klassik bis Jazz statt.

Entlang des Bulevar Kralja Aleksandra

Kulturelles Zentrum des Bezirks ist die Gegend um den Studentenpark, einiger seiner Hauptsehenswürdigkeiten liegen am Bulevar Kralja Aleksandra oder in der unmittelbaren Nähe.

Rund um den Park Cirila i Metodija

Das **Vuk-Denkmal** (Vukov Spomenik/Вуков Споменик), im Volksmund kurz ›Vuk‹ genannt, das dem Platz den Namen gab, steht am Rande des sogenannten Studentenparks. Das Denkmal für Vuk Stefanović Karadžić (1787–1864) des so bedeutenden Reformators der serbischen Schrift und Sprache, wurde anlässlich seines 150. Geburtstags enthüllt. Der Bildhauer Đorđe Jovanović schuf es. Im Park sind **weitere Denkmäler** zu sehen: für Puschkin, den russischen Nationaldichter, und für die als ›Slawenapostel‹ verehrten Kyrill und Method.

Hier befindet sich neben einem **Einkaufszentrum** auch ein **Verkehrsknotenpunkt** der öffentlichen Verkehrsmittel: oberirdisch die zentrale Tram-und Bushaltestelle, unterirdisch die S-Bahnstation Vukov Spomenik. Die Station in 43 Meter Tiefe gehört zum Beovoz-Streckennetz und ist seit 1995 in Betrieb.

Das Terrain liegt am Schnittpunkt von drei Stadtbezirken: Palilula, Vračar und Zvezdara.

Lang zieht sich der Bulevar Kralja Aleksandra

Kyrill und Method im Vuk-Park

Studentenwohnheim der Universität

Die Stiftung König Aleksandars I. Obrenović, im Volksmund ›Lola‹ genannt, steht mit der Rückseite zum Studentenpark (Bul. Kralja Aleksandra 75). Der stattliche Bau wurde 1928 vom russischen Architekten G. Pavlovitsch Kovalevski als Unterkunft für die Belgrader Studenten geplant. Er konzipierte das Wohnheim als freistehendes Gebäude auf einem trapezförmigen Grundriss. Die Hauptfassade ist in drei Ebenen vertikal nach hinten gestaffelt, der Eingangsbereich durch einen vorspringenden Risalit mit einer Terrasse im ersten Obergeschoss betont. Ein raffiniert aufgegliedertes Triumphbogenmotiv betont die Mitte des ersten und zweiten Obergeschosses. In der Horizontale liegt wiederum eine Dreiteilung vor, die durch ein weit vorkragendes Gesims und die Balustrade der Terrasse markiert wird. Über alle Stockwerke ziehen sich Reihen gleichmäßig angeordneter Fensteröffnungen. Bis heute dient das Gebäude seinem ursprünglichen Zweck. Der Architekt gehörte zu einer Gruppe von in Russland geborenen Architekten, die maßgeblich das Stadtbild Belgrads nach dem Ersten Weltkrieg mitgeformt haben.

Vor dem Gebäude befindet sich eine kleine **Grünanlage** mit der Büste vom Stifter Aleksandar I. Obrenović, einem Trinkwasserbrunnen und Skulpturen. Hier finden auch kleine Märkte statt.

▲ Karte S. 152

Einkäufe

Der örtliche Bauernmarkt heißt ›Đeram‹ und befindet sich direkt am Bulevar. Schräg gegenüber, in einer Halle des alten Straßenbahn-Depots, ist der beliebte Kleidermarkt ›Depo‹ zu finden, in dem Textilien zu guten Preisen zu haben sind. Nur wenig weiter stadtauswärts befindet sich das Lederwarengeschäft ›Manual‹. Die Produkte, vorwiegend Taschen, Schuhe und Gürtel, werden in Handarbeit in Novi Sad produziert; angeboten werden aber auch italienische Lederwaren. Für das leibliche Wohl sei das Gasthaus ›Orašac‹ empfohlen: Deftige Küche, gut gekühltes Bier oder guten Wein sowie regen Zulauf von Einheimischen findet man hier.

Am Ende eines Markttages

Klein, aber hübsch: die Petkakirche

Kirche des heiligen Anton von Padua

Die Antoniuskirche ist eine architektonische Besonderheit. Zwar liegt sie an der ulica Bregalnička, doch kann man schon vom Bulevar Kralja Aleksandra den ungewöhnlichen Glockenturm erkennen.
Das Franziskanerkloster wurde in Belgrad spät - erst 1926 - gegründet. Anlässlich des 700-jährigen Geburtstages des Antonius von Padua (1195-1231) wurde 1932 eine ihm geweihte Kirche gebaut. Der Bau geht auf den großen slowenischen Architekten Jože Plečnik (1872-1957) zurück. Plečnik, ein Schüler von Otto Wagner in Wien, ist durch seine städtebaulichen Leistungen in Ljubljana berühmt geworden. Er kombinierte hier eine Rotunde mit einem länglichen Kirchentyp. Als Baumaterial wählte er Ziegel sowohl für innen als auch für außen und knüpfte damit an die frühchristlichen Kirchenbauten an. Der Ziegelbau stellt in Belgrad ein Unikat dar.
Der zylindrische Glockenturm an der Südostseite der Rotunde ist 52 Meter hoch und hat einen Durchmesser von 9 Metern. In der Ornamentik der Kapitelle beschränkte sich Plečnik gemäß dem Armutsgebot der Franziskaner auf florale Motive. An der Innendekoration wirkte auch der kroatische Bildhauer Ivan Meštrović mit.
Nicht weit von der Antoniuskirche steht die klassisch gebaute orthodoxe **Petkakirche**.

Neuer Friedhof

Der sogenannte Neue Friedhof (Novo Groblje/Ново Гробље) an der ulica Ruzveltova wurde 1886 als erste Bestattungsstätte Belgrads planmäßig angelegt. Zunächst und bis zum Ersten Weltkrieg wurden hier nur Mitglieder der serbisch-orthodoxen Gemeinde bestattet, zwischen den beiden Weltkriegen stellte man Parzellen des Geländes auch Angehörigen anderer Konfessionen - Katholiken, Protestanten, Juden, Muslimen - zur Verfügung. Spezielle Bereiche wurden nach der Oktoberrevolution auch für die Gemeinde der russischen Emigranten reserviert. Die Vorschriften über die Bestattung in den für die einzelnen Konfessionen reservierten Parzellen wurde häufig durchbrochen, was niemanden störte. Die Weltkriege forderten viele Opfer auf seiten vieler Nationen, dem mit der Einrichtung alliierter, britischer, französischer und italienischer Militärfriedhöfe Rechnung getragen wurde. Auch ein österreichisch-ungarischer Sektor wurde angelegt. Außerdem findet sich ein Memorial von 1935 mit der Inschrift ›Ewiges Gedenken an Zar Nikolaus II. und 2000000 Russische Soldaten des Großen Krieges‹.
Die Grabkapellen, Bildhauer-, Steinmetz- und Schmiedearbeiten bilden eine riesige verwunschene Freilichtausstellung. Der neue Friedhof darf mit seinen Gräbern

berühmter Leute gleichzeitig als Pantheon der serbischen Kulturgeschichte gelten. Berühmte Mitbürger wie der Schriftsteller Ivo Andrić (1892-1975), der Maler Petar Dobrović (1890-1942), der Bildhauer Đorđe Jovanović (1861-1953), der Komponist Stevan Mokranjac (1856-1914), der Dichter und Essayist Branislav Nušić (1864-1938), der Schriftsteller Danilo Kiš (1935-1989), der Maler und Dichter Đura Jakšić (1832-1878), der Schauspieler Milosav ›Mija‹ Aleksić (1923-1995), der Befehlshaber in beiden Serbischen Aufständen Uzun Mirko Apostolović (1782-1868, Urnengrab), der Dichter, Dramatiker und Bühnenautor Matija Ban (1818-1903), die Schauspielerin des Belgrader Nationaltheaters Ljubinka Bobić (1897-1978) und, nicht zu vergessen, der ermordete Ministerpräsident von Serbien, Zoran Đinđić (1952-2003), haben hier ihre letzte Ruhe gefunden.

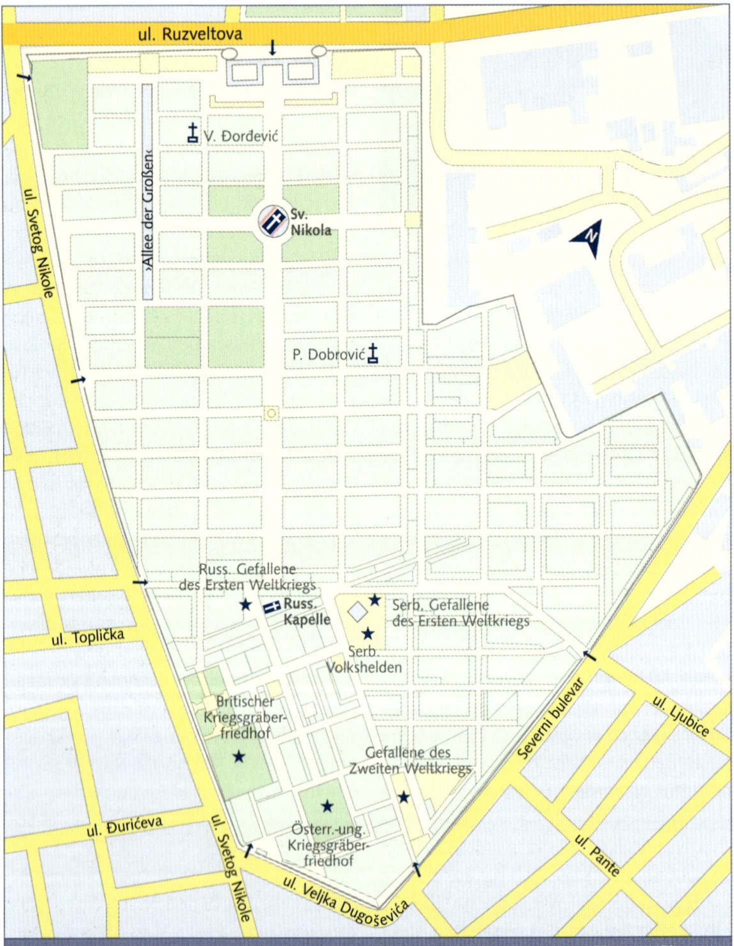

Vračar, Neuer Friedhof

Ehemaliger Vračar-Hügel

Der ehemalige Vračar-Hügel ist die grüne Lunge des Stadtbezirks Zvezdara, an deren Rand kleine Einfamilienhaussiedlungen liegen. Seit Gründung der Sternwarte (serbisch Zvezdara, Zvezdarnica) im Jahr 1887 wurde sein Name in Zvezdara verändert.

Das Stadtbezirkswappen zeigt sieben Sterne, die das Sternbild des Kleinen Bären bilden. Der 1940 vom serbischen Astronom Petar Đurković entdeckte Asteroid trägt seit 1980 den Namen Zvezdara.

■ Astronomisches Observatorium

Das 1887 gegründete astronomische Observatorium, auf der höchsten Erhebung von Ost-Vračar gelegen (ulica Volgina 7), zählt zu den ältesten wissenschaftlichen Einrichtungen Serbiens. Nach ihm wurde der ganze Stadtteil Zvezdara – übersetzt: die Sterne beobachten – benannt. Die Planung und Ausführung wurden dem Tschechen Jan Dubovy anvertraut, der führendes Mitglied im Gremium für die Gesamtplanung des Stadtgebiets war. Daneben war er Mitinitiator der ›Architektengruppe der modernen Bewegung‹. Das Observatorium wurde zwischen 1930 und 1932 gebaut. Auf einem unebenen Gelände sind mehrere Pavillons um eine zentrale Verwaltung angeordnet. Die Entwürfe für die Reliefs gehen auf Brank Krstić zurück. Das Observatorium besitzt selten gewordene astronomische Instrumente, darunter ein Teleskop von Zeiss von 650/1055 mm. Von diesem Modell existieren weltweit nur sechs Exemplare, zwei davon sind noch in Betrieb, eines eben hier.

Das Observatorium kann zwecks Sternenbeobachtung bei gutem Wetter am Freitag und am Samstag von 21 bis 22 Uhr besucht werden, Anmeldung unter Tel. 3032133.

■ Institut Mihajlo Pupin

Unterhalb vom Observatorium befindet sich das Institut Mihajlo Pupin (Инситут Михајло Пупин), kurz IMP genannt. Das 1946 eingerichtete Institut gilt in der Informations- und Kommunikationstechnologie als führend in Südosteuropa.

Mihajlo Idvorski Pupin wurde 1854 in Pančevo an der Donau geboren und wanderte bereits als 19-Jähriger in die USA aus. Nach einigen Jahren in Verlegenheitsjobs begann er 1879 zu studieren. Er wurde in Berlin promoviert und war ab 1889 als Professor für mathematische Physik tätig. Seine als Pupinspule bekannte Erfindung von 1894 ermöglichte das Telefonieren und Versenden von Telegrammen über große Entfernungen. Auch als Schriftsteller war Pupin erfolgreich: Für sein Buch ›From Immigrant to Inventor‹ (Vom Einwanderer zum Erfinder) erhielt er 1924 den Pulitzer-Preis. Der Mondkrater Pupin und die 2014 freigegebene Donaubrücke sind nach ihm benannt.

Das ›Denkmal für die Befreier Belgrads‹ auf dem Neuen Friedhof

Voždovac

Der Stadtbezirk Voždovac besteht aus einer Mischung aus ländlicher und urbaner Bebauung, als neueste der vielen Wohnsiedlungen entstand 2010 das Quartier ›Stepa Stepanović‹. Insgesamt umfasst der Bezirk 148 Quadratkilometer, auf denen rund 167 000 Einwohner leben. Jeder Stadtbezirk von Belgrad hat seinen eigenen Heiligen; in Voždovac wird der Heilige Andreas als Schutzpatron verehrt. Bekannt ist der Bezirk für seinen bereits 1912 gegründeten Fußballclub ›FK Voždovac‹. Außer Wohnsiedlungen findet man eine Reihe medizinischer Einrichtungen und große Kasernen.

Der Name des Stadtbezirks Voždovac leitet sich vom slawischen Wort ›Vožd‹ – der Führer – ab. Die Bezeichnung wird mit Karađorđe in Verbindung gebracht, der auf dem Lekino-Hügel seine Truppen zum ersten Aufstand gegen die Osmanen versammelte. Zum Andenken daran entstand 1911 die **Konstantin-und-Helena-Kirche** in der ulica Jove Ilića. Die 1969 vergrößerte Kirche ist auch unter dem Namen Crkva Voždovačka bekannt. Ihre Decken- und Wandmalereien stammen vom serbischen Maler Milić aus Mačva. Zum Bezirk gehören die Hügel Mitrovo Brdo, Pašino Brdo und Lekino Brdo. Im eher ländlich anmutenden Torlak ist das angesehene Torlak-Institut für Virologie, Impfstoffe und Sera seit mehr als 80 Jahren ansässig. Im Park von Šumice befinden sich große Sportanlagen mit Stadion.

Banjica

Banjica (Бањица) südlich des Zentrums von Vozdovac ist ein sehr grünes Viertel. In ihm befinden sich viele militärische, aber auch sportliche Einrichtungen. Im 19. Jahrhundert war es für seine Weinberge und Obstgärten bekannt. Während des Zweiten Weltkriegs unterhielten die deutschen Besatzer in einer der Kasernen ein Konzentrationslager, in dem viele Partisanen und Juden ihr Leben ließen. Ein **Museum des Lagers** ist in der ul. Veljka Lukića-Kurjaka 33 (ул. Вељка Лукића Курјака) eingerichtet.

■ Medizinische Militärakademie

Dieser Bau (1984) gilt als letzter großer Wurf der sozialistischen Architektur. Das Gebäude erinnert an einen Vogel mit ausgebreiteten Flügeln.

Karte S. 152

Im Ortsteil Banjica

Kumodraž

Das ehemalige Dorf Kumodraž (Кумодраж) im Südosten wurde gemeinsam mit Voždovac in die Stadt Belgrad eingemeindet. In diesem Stadtteil befindet sich ein großer Friedhof, auf dem auch Teilnehmer an den beiden Weltkriegen bestattet sind.

An der ulica Kosovski Božura steht eine ältere orthodoxe **Dreifaltigkeitskirche**. Der Stadtteil ist besonders mit dem Feldmarschall Stepa Stepanović verbunden. Stepa Stepanović (Степа Степановић), der legendäre General des Ersten Weltkriegs, wurde 1856 in Kumodraž geboren. Seit 1874 stand er in militärischen Diensten der serbischen Armee. Zunächst zeichnete er sich im Kampf gegen die Türken im ersten Balkankrieg aus, insbesondere in der Schlacht von Adrianopel 1913. Seinen legendären Ruf erwarb er sich jedoch dank seiner Siege gegen die österreichisch-ungarische Armee im Ersten Weltkrieg. Erstmals führte er die serbische Armee in der Schlacht am Cer, etwa 35 Kilometer von Šabac entfernt, zum Sieg. Dies brachte ihm die Beförderung zum Feldmarschall (Vojvode). Anschließend folgten Siege an der Drina und an der Kolubara.

Der berühmte Marschall Stepa Stepanović

Sein Geburtshaus in der ulica Vrčinska 1, wo die typische ländliche Umgebung Belgrads des 19. Jahrhunderts erhalten blieb, wurde zur **Gedenkstätte**. Davor steht sein Abbild, das der Bildhauer Drinka Radovanović schuf. Nach Stepanović sind die Hauptstraße wie auch der Stepin Lug (Stepan-Hain) benannt.

Čukarica

Der Stadtbezirk Čukarica soll seinen Namen nach einer Mehana (Wirtshaus) von Stojko Čukar von 1850 und der Čukar Česma (Brunnen) tragen.

Gesichert ist in jedem Fall, dass auf Erlass König Petars vom 30. Dezember 1911 das ehemalige Dorf von der Gemeinde Žarkovo abgetrennt und zu einem besonderen Bezirk erklärt wurde. Dieses Datum gibt heute Anlass zum Feiern in Form eines Stadtbezirksfestes. Čukarica ist mit 156 Quadratkilometern und 160 000 Einwohnern einer der großen Bezirke Belgrads. Hier liegen unter anderem das phantastische Freizeitgelände Ada Ciganlija, das dichte Waldgebiet Košutnjak (Кошутњак) mit der deutschen Kriegsgräberstätte Banovo Brdo und das Wohnviertel Banovo Brdo (Bans Hügel, Баново Брдо), benannt nach dem Haus von Matija Ban (1818-1903, einem serbisch-katholischen Diplomaten aus Dubrovnik, der sein hiesiges Anwesen als Banovac bezeichnete

Die Brücken von Belgrad

Belgrad liegt an gleich zwei Flüssen - Save und Donau -, und so ist es kein Wunder, dass die existierenden Brücken das Stadtbild prägen. Lange führten fünf Brücken über die Save, eine sechste - die Ada-Brücke - wurde 2012 eingeweiht.

Als schönste Belgrader Brücke gilt die **Gazela** (Gazelle/Мост Газела), die sich elegant auf 1609 Meter Länge in einem einzigen Bogen über die an dieser Stelle 300 Meter breite Save schwingt. Ihren Namen verdankt sie der dynamisch wirkenden Konstruktion: Die schrägen Pfeiler scheinen sich vom Ufer abzustoßen. Die ›Gazela‹ wurde 1970 als Autobahnbrücke fertiggestellt und war für ein Verkehrsaufkommen von 40 000 Autos ausgelegt; heute fahren viermal mehr Fahrzeuge über die Brücke, auf der der Transitverkehr von Wien nach Thessaloniki lastet.

Die **Brankov-Brücke** (Бранков мост), die in die gleichnamige Straße mündet, ersetzt die alte Alexanderbrücke von 1934, die 1941 zerstört wurde. Beim Bau von 1957 nutzte man die von Ivo Meštrović im serbisch-byzantinischen Stil verzierten Unterseiten der Alexanderbrücke. Die 450 Meter lange Balkenbrücke ist die drittlängste im Stadtgebiet und wird täglich von etwa 90 000 Fahrzeugen überquert. Ihre Konstruktion geht auf die MAN zurück. In den 1970er Jahren wurde ihre Fahrbreite verdoppelt. Unter Tito hieß sie offiziell Most Bratstva i jedinstva (Brüderlichkeit und Einheit). Dieser Name setzte sich aber nicht durch, und man nannte sie nach dem serbischen Romantiker Branko Radičević. Nachdem sich der populäre Schriftsteller Branko Ćopić, dessen lustige Bücher Pflichtlektüre eines jeden Kindes sind, in einem Augenblick tiefster Depression am 26. März 1984 von der Brücke gestürzt hatte, setzte sich der Name Brankov endgültig durch.

Die **Alte Save-Brücke** (Stari Savski Most/Стари Савски Мост) wurde von den Deutschen während der Besetzung Belgrads nach dem Türkenbezwinger ›Prinz-Eugen-Brücke‹ genannt. Sie war während des Zweiten Weltkriegs die einzige Brücke über die Save. Von den Belgradern wurde sie auch lange nach dem Zweiten Weltkrieg noch ›Deutsche Brücke‹ (Nemački Most) genannt. Die Brücke wurde von den Deutschen 1942 erbaut, da die Alexanderbrücke, heute Brankov-Brücke,

Die Alte Save-Brücke

1941 zerstört wurde. Über die Brücke wurden 1984, als Anbindung an Blok 45 in Novi Beograd, Straßenbahnschienen gelegt. Die Brücke von 430 Metern Länge ist eine der kleineren. Sie hat je eine Fahrspur in beide Richtungen, die sowohl von Autos als auch von der Straßenbahn genutzt werden. 1944 konnte der Lehrer Miladin Zarić die Soldaten der Deutschen Wehrmacht davon überzeugen, die Brücke vor ihrem Rückzug nicht zu sprengen.

Die Ada-Brücke

Die **neue Eisenbahnbrücke** (Novi Železnički Most/Нови Железнички Мост) ist Bestandteil des Belgrader Eisenbahnknotens mit der Anbindung an den im Ausbau befindlichen neuen Hauptbahnhof Prokop. Die zweigleisige Schrägseilbrücke besitzt eine Länge von 1928 Metern bei einer maximalen Stützweite von 558 Metern. Der Entwurf stammt von Nikola Hajdin und Ljubomir Jeftović.

Über die **alte Eisenbahnbrücke** (Stari železnički most/Стари Железнички Мост) war 1884 der erste Zug von Zemun nach Belgrad gedampft. Im Ersten Weltkrieg zerstört, 1919 wieder aufgebaut und im Zweiten Weltkrieg erneut zerstört, wurde sie 1945 mittels Reparationszahlungen erneuert.

Die **Adabrücke**, die sechste und jüngste unter den Belgrader Brücken, wurde 2012 für den Verkehr freigegeben. Mit ihrer raffinierten Konstruktion gilt sie als neues Wahrzeichen Belgrads: Es handelt sich um eine einhüftige Schrägseilbrücke, die die Halbinsel Ada Ciganlija berührt. Die 939 Meter lange Konstruktion hängt an Stahlkabeln, die an einer 200 Meter hohen Nadel, dem Pylon, festgemacht sind. Wenn die Kabel von der Sonne bestrahlt werden, glitzern sie wie Harfensaiten. Das Projekt war auf 100 Millionen Euro veranschlagt, kostete bis heute jedoch bereits das Vierfache – und an ihrem Umfeld wird noch gebaut. Zunächst war der Bau namenlos. Die Vorschläge reichten von ›Pavle‹ nach dem verstorbenen Patriarchen über ›Giraffe‹ wegen der hohen Pylone und ›Đinđić‹ nach dem ermordeten Präsidenten bis zu ›Đoković‹ nach dem Weltklasse-Tennisspieler. Eine Volksbefragung brachte die Lösung: Die Bevölkerung entschied sich für die einfache Variante ›Adabrücke‹. Ein Bonmot kursiert in der Stadt: Immer wenn der damalige Bürgermeister nach seinen Taten für Belgrad gefragt wurde, antwortete er mit der Frage: »Kennen Sie schon die neue Brücke?«. Kritiker stellen bis heute die Notwendigkeit der Brücke in Frage und merken an, dass das viele Geld sinnvoller hätte verwendet werden können. Tatsächlich hält sich der Verkehr über die Brücke noch sehr in Grenzen. Für Fußgänger und Radfahrer gibt es nur auf einer Seite eine eigene Spur.

Es gibt sechs Savebrücken, aber bis vor Kurzem nur eine über die Donau: Die **Pančevo-Brücke** (Pančevački most/Панчевачки мост), die die beiderseits der Donau liegenden Gebiete des Bezirks Palilula verbindet. Eine zweite Donaubrücke, 2012 von einer chinesischen Firma geplant, konnte 2014 unter dem Namen **Pupinov-Most** eingeweiht werden. Sie verbindet Borča, das zu Palilula gehört, mit Zemun.

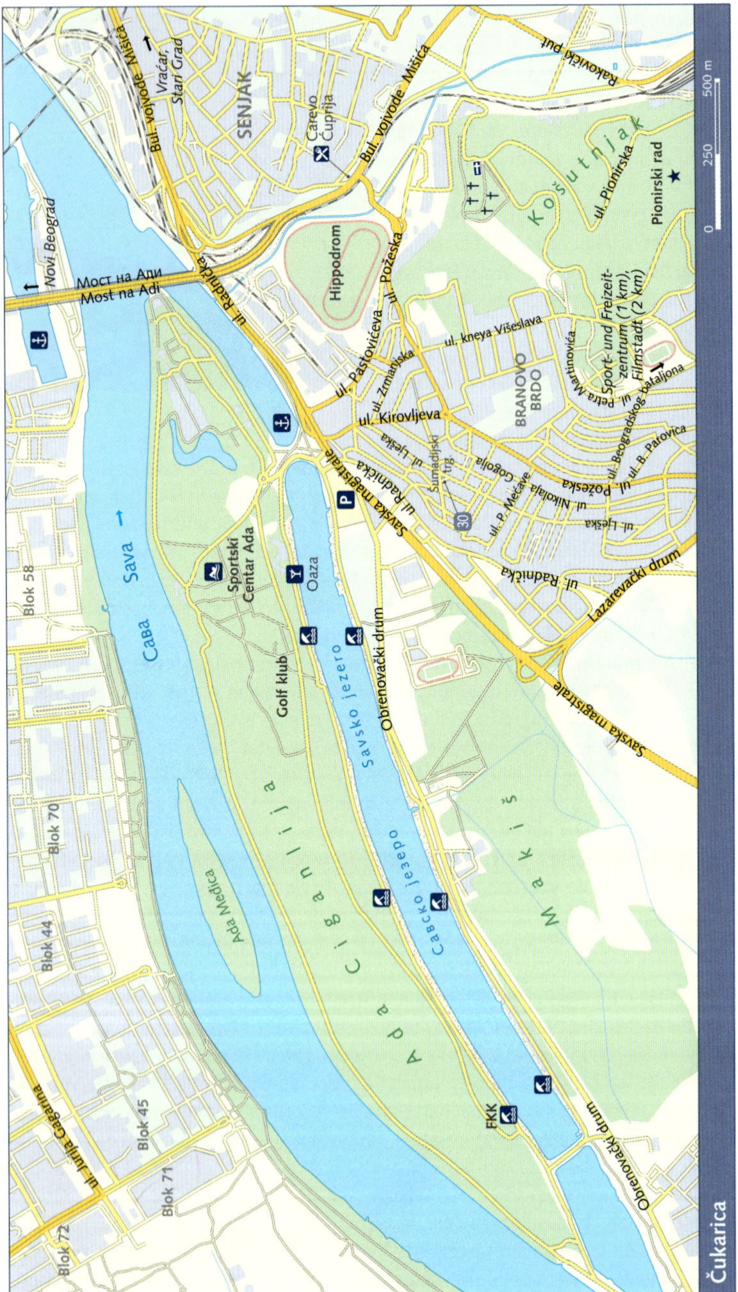
Novi Beograd
Мост на Ади
Most na Adi
Bul. vojvode Mišića
Vračar, Stari Grad
SENJAK
Carevo Ćuprija
Rakovički put
Hippodrom
ul. Radnička
ul. Požeška
ul. Pastrovićeva
ul. Zrmanjska
ul. Kirovljeva
ul. kneya Višeslava
BRANOVO BRDO
Košutnjak
ul. Pionirska
Pionirski rad
0 250 500 m
Sport- und Freizeitzentrum (1 km); Filmstadt (2 km)
ul. Petra Martinovića
ul. Beogradskog bataljona
ul. B. Parovića
ul. Lješka
Šumadijski trg
ul. Gogolja
ul. P. Mečave
ul. Nikolaja
ul. Požeška
Savska magistrale
ul. Radnička
Lazarevački drum
Sava
Сава
Sportski Centar Ada
Oaza
Golf klub
Savsko jezero
Савско језеро
Obrenovački drum
Ada Ciganlija
Ada Medica
Makiš
FKK
Blok 58
Blok 70
Blok 44
Blok 45
Blok 71
Blok 72
ul. Jurija Gagarina
Čukarica

Messegelände

Das Messegelände erstreckt sich entlang des Bulevar Vojvode Mišića, direkt am Ufer der Save, und wurde nach dem Zweiten Weltkrieg erbaut. Architekt war Branko Žeželj, der auch den Bahnhof Zentrum und die Donaubrücke bei Beško entwarf. Das Gelände hat 14 Hallen mit 100 000 Quadratmetern überdachter Fläche und zusätzlich mehr als 35 000 Quadratmeter Ausstellungsfläche im Freien. Die zentrale Halle mit einer großen Glaskuppel verfügt allein über eine Ausstellungsfläche von gut 21 000 Quadratmetern.

Jeden Herbst findet hier der Belgrader ›Automobilsalon‹ statt, andere Messen widmen sich etwa den Themen Lebensmittel und Weiterbildung. Als große Kulturveranstaltung gilt die internationale Buchmesse, auf der seit 2007 der Dositej-Obradović-Preis an ausländische Verleger vergeben wird. Ausgezeichnet wird das Verdienst und Engagement um die serbische Literatur im Ausland. 2015 konnten 180 000 Besucher gezählt werden (www.belgradefair.com, www.beogradskisajam.rs). Die Messe findet in der Regel im Oktober statt und wird deshalb auch ›Oktobersalon‹ genannt.

Zur Messe gehört auch ein **Einkaufszentrum** (www.starosajmiste.info).

Hippodrom

Durch den Bau der Ada-Brücke ist das Hippodrom (Хиподром), nicht sehr weit vom Messegelände entfernt, ein wenig von seiner Umgebung isoliert worden. Erste Pferderennen fanden in Belgrad 1822 auf dem Platz hinter der Markuskirche statt. Anfang des 20. Jahrhunderts wurde die Pferderennbahn in den Stadtteil Banjica und noch im Jahr 1914, vor dem Balkankrieg, zur ›Kaiserbrücke‹ (Careva Ćuprija/Царева Ћуприја) verlegt, wo sie sich heute noch befindet. Initiator waren der Donau-Reiterverband Knez Mihailo (Dunavsko kolo jahača Knez Mihailo) und Vladislav Ribnikar, Präsident dieser Vereinigung und Begründer der Tageszeitung ›Politika‹.

Das Hippodrom wurde in den 1980er Jahren erneuert, bietet 5000 Zuschauern Platz und wird auch gelegentlich als Bühne für Rockkonzerte genutzt. Die Galopp- und Trabrennen finden von April bis Oktober statt.

In Richtung Košutnjak steht das renovierte ›Best Western Hotel Šumadija‹ und hinter den Gleisen (ulica Sanje Živanovića) befindet sich, ganz versteckt, das sehr zu empfehlende traditionsreiche **Restaurant Careva Ćuprija** (Царева Ћуприја)‹.

Insel Ada Ciganlija

Die Insel Ada Ciganlija (Ада Циганлија) ist ein riesiges, phantastisches Sport- und Freizeitgelände, das nicht weit vom Stadtzentrum und vier Kilometer von der Mündung des Flusses in die Donau entfernt ist. Von Marina Dorćol führt ein sieben Kilometer langer Radweg, zunächst an der Donau bis Ušće und weiter an der Save entlang, bis Ada Ciganlija. Im Volksmund spricht man nur von Ada, was im Türkischen Insel bedeutet. Ihr Name Ciganlija wird von den keltischen Wörtern singa – die Insel – und lija – überschwemmte Erde – abgeleitet, was als Hinweis auf den schwankenden Wasserstand der Save gedeutet werden könnte. Demnach war das Gebiet während der Niedrigwasserperioden eine Insel und während der Hochwasserperioden überschwemmt.

Ursprünglich war Ada Ciganlija eine Insel inmitten der Save. Lange lag sie an der Grenze zwischen Österreich und Serbien, sodann entwickelte sie sich zum trostlosen Eiland mit einem berüchtigten Kerker, in dem viele Kommunisten einsaßen. Die Insel wurde 1967 über Dämme

Stadtspaziergänge

nach Süden mit dem Festland verbunden und ist seitdem auf der einen Seite vom Save-See (Savsko jezero) und auf der anderen von der Save umschlossen. Auf Ada gilt ein Hundeverbot, Autos kommen nicht weit, können aber davor auf einem großen Parkplatz kostenfrei parken. Fahrräder, Rollerblades und andere Sportgeräte können hier problemlos gemietet werden.

Das Gebiet von Ada Ciganlija, einschließlich der kleinen, nördlich vorgelagerten Saveinsel Ada Međica und dem Waldgebiet Makiš südlich der Insel, weist eine Fläche von 800 Hektar auf. Der dem Fluss abgerungene **See** ist 4,2 Kilometer lang und maximal 200 Meter breit und hat eine Tiefe von 4 bis 6 Metern. Der See ist ein streng geschütztes Trinkwasserreservoir für Belgrad. Er reinigt sich auf natürliche Weise: Das auf seinem Grund vorhandene Gras nimmt Schadstoffe als Nahrung auf. Im Winter wird dieses Gras regelmäßig geschnitten und in Teilen beseitigt. Der See weist einen reichen Fischbestand auf, darunter vorwiegend Karpfen und auch den Großen Wels. Es gibt einen beliebten, im Sommer gut besuchten Badestrand, der stolz die Auszeichnung ›Blaue Flagge‹ führt. Die Wasserqualität wird kontinuierlich überprüft. **Kafanas, Imbissbuden, Bars mit Live-Musik** reihen sich am Ufer, **Kinderspiel- und Sportplätze** gibt es ebenso reichlich. Neueste sportliche Herausforderung ist das Fahren mit Aqua-Skiern. Ein kleiner Bereich am See ist für FKK-Anhänger reserviert.

Um den See herum zieht sich einerseits der **Sandstrand**, andererseits auch ein **Fahrrad- und ein Fußgängerweg**, der auch von Rollerbladefahrern genutzt wird. Während der Saison vom 15. Juni bis 15. September wird der gesamte See von 10 Uhr morgens bis abends um 19 Uhr bewacht: Wasserwacht, Erste Hilfe und Aufsicht. Nach 19 Uhr endet die Aufsicht, weswegen das Baden offiziell untersagt ist, auch wenn sich nicht jeder daran hält.

Das Fahren mit Motorbooten ist strikt verboten, nur die Wasserwacht darf sie nutzen. Duschen gibt es nur am Ufer des Sees, Toiletten und Trinkwasserbrunnen stehen dagegen auf der gesamten Insel kostenlos zur Verfügung. Auf dem See, den am Eingang zur Insel eine große Fontäne schmückt, werden international renommierte Sportveranstaltungen ausgetragen: Kanu- und Kanadier-Welt- und Europameisterschaften sowie Ruderregatten.

Der Steinpark auf der Insel, im Hintergrund die Ada-Brücke

▲ Karte S. 162

Der See ist aber nicht die einzige Attraktion der Insel. Ein großes **Laubwaldgebiet** vorwiegend mit Eichen- und Ulmenbestand – Mitte der 1960er Jahre wurde auch mit Espen und Eschen aufgeforstet – durchzieht sie. In dem Wald finden zahlreiche Insekten, Amphibien, Reptilien und Vögel ein teilweise unberührtes Refugium.

Ein **Golfplatz** mit 18 Löchern ist ebenso vorhanden wie ein **Trimm-Dich-Pfad** und, ganz besonders ideenreich, ein wissenschaftlicher Parcours, der hier **Abenteuerpark** genannt wird. Man kann hier das Phänomen der Hebelwirkung, optische Täuschungen und vieles mehr kennenlernen und praktisch ausprobieren. Möglichkeiten für Basketball, Hand- und Fußball, Tischtennis, Tennis, Feder- und Beachvolleyball bestehen ebenfalls. Und mitten im Wald befindet sich die **Kafana Oaza** (tgl. 11–2 Uhr), daneben sind großzügige Grillplätze für Selbstversorger angelegt.

Von der Nordseite kann man mit kleinen Booten nach Neu-Belgrad übersetzen. Ein **Radweg** führt über die ganze Insel, und wer es ganz bequem haben möchte, fährt mit dem **Ada-Voz**. Dieses Bähnchen startet gleich hinter dem Damm, nachdem man den **Steinskulpturenpark** (Kameni Grad/Камени Град) des Bildhauers Ratko Vulanović passiert hat.

Am Save-Ufer, gegenüber der Insel Međica, dienen kunterbunt gestrichene und liebevoll gepflegte Flöße (splavovi) als Wochenendhäuschen. Hinter dem Safari-Park stehen Wochenendhäuser, und über den Damm erreicht man die schwimmenden Nachtclubs und Fischrestaurants, unter denen man sich das ›Blek Panters‹ nicht entgehen lassen sollte. Als Spezialität des Hauses wird neben phantastischer Roma-Musik das Gericht ›Đinđi Rinđi Toma‹ empfohlen, ein deftiger Eintopf.

Eine Station des Wissenschaftlichen Parcours (›Abenteuerpark‹)

Viele Sportclubs unterhalten hier ihre **Vereinshäuser mit Café oder Bar**, so auch der Kajakclub ›Kajakaški Savez Srbije‹: Ada Ciganlija 10, Tel. 3541145 www.kajakss.org.rs

Wald von Košutnjak

Das 330 Hektar große Waldgebiet Košutnjak (Кошутњак) erstreckt sich auf mehreren Hügeln im Süden der Stadt. Es gibt dort einige Kaltwasserquellen. Bis 1903 war es ein geschlossenes Jagdgebiet für den fürstlichen Hof, nach dem Zweiten Weltkrieg wurde es für die Bevölkerung erschlossen. Es gibt zahlreiche unmarkierte Wanderwege. Ein trauriges Ereignis ist mit diesem Wald verbunden: Hier kam am 29. Mai (10. Juni) 1868 der serbische Herrscher Mihailo Obrenović ums Leben. Unter diesem aufgeklärten Absolutisten wurde Belgrad endgültig Hauptstadt des neuzeitlichen Serbien, das erste stehende Heer rekrutiert, eine eigene serbische Währung eingeführt und der Bau des Nationaltheaters veranlasst. Wichtige Einrichtungen befinden sich hier: die **Pionierstadt** (Pionirski Grad/Пионирски Град), ein Sport- und Freizeitgebiet, und das **Sport- und Freizeitzentrum Košutnjak** mit mehreren Schwimm-

Grillvergnügen im Wald von Košutnjak

bädern und Leichtathletikanlagen. Für Skifreunde steht eine Piste zur Verfügung. Der Skiclub ›Alexander‹ unterhält hier auch eine Kafana mit traumhafter Aussicht auf Belgrad und die Adabrücke. Der Hügel war im Ersten Weltkrieg von strategischer Wichtigkeit. Nach zwei vergeblichen Anläufen der österreichisch-ungarischen Armee gelang es August von Mackensen, den erbitterten Widerstand der Serben zu brechen. Der **deutsche Kriegsgräberfriedhof Banovo Brdo** wurde unmittelbar nach der Einnahme der Stadt angelegt. Im Zentrum steht das im klassizistischen Stil gehaltene, von einem Marmorsarkophag gekrönte Mahnmal. Es wurde kürzlich renoviert und trägt die Inschrift ›Das Preußische Reserve- Infanterieregiement 208 seinen gefallenen Soldaten.‹ In einigem Abstand folgt eine Steinpyramide mit folgendem Text: ›Seinen treuen Kameraden das 22. Reservekorps‹. Zwischen diesen beiden Denkmälern hat Mackensen aus Respekt vor den serbischen Verteidigern einen Obelisken aufstellen lassen auf dem in serbischer und deutscher Schrift zu lesen ist: ›Hier ruhen die serbischen Helden‹. Am Fuße des Berges, wo die Familie Obrenović einst ihr Jagdgebiet besaß, befindet sich die **Quelle des Hajduk-Brunnens**. Verschiedene Picknickplätze sind ausgewiesen und werden an den Wochenenden gerne genutzt.

▲ Karte S. 162

■ Filmstadt

Im Wald von Košutnjak liegt die Filmstadt (Filmski Grad/Филмски Град) mit den großen Filmstudios, Drehort zahlreicher Produktionen mit berühmten Regisseuren. Heute wird sie häufig für ausländische Produktionen genutzt. Einheimische Produktionsfirmen wie Avala Film, Pro Vision, Emotion und Košutnjak Film sind hier ansässig. Das Medienunternehmen RTV-Pink (Radio, TV, Film), das einst Milošević nahestand, hat ein weiteres Studio außerhalb von Belgrad. An die Erfolge des serbischen Films der jugoslawischen Ära konnte noch nicht wieder angeknüpft werden, nach Teilprivatisierungen kämpft Avala Film ums wirtschaftliche Überleben. Košutnjak Film produziert Fernsehserien und hat mit dem Film ›Šešira Profesora Koste Vujića‹ (Der Hut von Professor Vujić) vor Kurzem einen Erfolg erzielt.

Direkt neben dem Fernsehturm lädt das **Restaurant Filmski Grad** mit großem Gastgarten zum Besuch ein.

Rakovica

Im Stadtbezirk Rakovica leben rund 108 000 Einwohner auf einer Fläche von 30 Quadratkilometern. Ein Besuch lohnt sich vor allem wegen des Klosters Rakovica.

In der **Siedlung Kneževac** besteht ein unterirdisch angelegter Militärkomplex, besser bekannt als **Straževica**. Diese Anlage und die Radarstation Rakovica wurden von der Nato bombardiert, wobei auch Kloster Rakovica in Mitleidenschaft gezogen wurde. Dennoch lohnt sich der Besuch dieses Klosters. Sein Name soll sich vom serbischen Wort für Rak – der Krebs – ableiten. Der Ort taucht erstmals in der türkischen Volkszählung von 1560 als Dorf ›Vlaha‹ auf. Seit 1960 gehörte Rakovica zum Stadtbezirk Čukarica, 1974 wurde es selbständig. Zu Rakovica gehören die Siedlungen Kanareva Brdo, Labudovo Brdo, Petlovo Brdo, Pionirski Grad, Kneževac, Jelezovac, Sunčani Breg, Vidikovac und Vidikovačka Padina. Die Straßenbahnlinie Nr. 3 fährt ab Tašmajdan acht Kilometer bis Kneževac. Die vorletzte Station befindet sich in unmittelbarer Nähe zum Kloster.

Das **Nonnenkloster Rakovica** (Раковица), geht auf das 16. Jahrhundert zurück. Es wurde oft geplündert und zerstört. Die heutige Erzengel-Kirche entstand laut einer Inschrift 1912/13. Der Dreikonchenbau im Stil der Moravaschule mit Kuppel liegt in einem schönen Anwesen mit Nutz- und Zierpflanzen, umgeben von Konaci. Das Ensemble hat sich trotz der Erneuerung die Aura und das Gesicht der alten Zeit bewahren können. In der Vorhalle befindet sich das Familiengrab von Jevrem Obrenović, an der Außenmauer dasjenige vom serbischen Helden Vasa Čaparić. Im Beisein höchster religiöser Würdenträger wurde hier am 19. November 2009 der serbische Patriarch Pavle neben seinem Vorgänger Dimitrije beigesetzt. Zum Besitz des Klosters gehört ein Teil des anliegenden Waldgebiets.

Unterhalb des Klosters liegt die Johanneskirche von 1939. Der Malereizyklus im Inneren hält sich an den klassischen Kanon: in der Apsis die stehende Muttergottes mit ausgebreiteten Armen, darunter die Apostelkommunion.

Klein und schmuck: Kloster Rakovica

Zemun

Zemun (Земун, ungarisch Zimony), etwa sechs Kilometer vom Belgrader Zentrum entfernt, war über Jahrhunderte Nachbar und Rivale Belgrads. Es wurde von 1934 bis 1941 erstmals in die Hauptstadt Belgrad eingemeindet und ist seit 1945 einer seiner Stadtbezirke. Nur ein Zwischenspiel bildete die Zugehörigkeit Zemuns zu Kroatien von 1941 bis 1945. Das Gebäude des ehemaligen Hotels ›Jugoslavija‹ markiert die Grenze Zemuns zum benachbarten Novi Belgrad. Zu Zemun gehören auch Zemun Polje und das weiter nordwestlich gelegene **Batajnica**. Hier ist die barocke **Erzengel-Gabriel-Kirche** mit Malereien von Teodor Kračun sehenswert. Bekannt ist Batajnica aber aufgrund des **Militärflughafens** ›Aerodrom Batajnica‹ (Аеродром Батајница), der 1947 begonnen, 1951 eingeweiht und bis heute nur militärisch genutzt wird. Es besteht aber die Absicht, ihn vermehrt für die Zivilluftfahrt zu nutzen. Der Flughafen war 1999 ein Hauptangriffsziel der NATO. Seit aber 2006 zwei Kampfflugzeuge der US Air Force – erstmals wieder nach 20 Jahren – auf diesem Flughafen gelandet sind, spricht man von einer Annäherung der Streitkräfte beider Staaten. Im Zentrum von Zemun befand sich die Kommandozentrale der Luftstreitkräfte Serbiens. Das 1935 gebaute, vom Architekten Dragiša Brašovan konzipierte moderne Gebäude mit seiner berühmten Ikarus-Statue fiel den Bomben der NATO zum Opfer. Mit seiner Form sollte es symbolisch an den Luftkampf zweier Maschinen erinnern. In ihm planten pro-britische Offiziere 1941 den Putsch gegen die pro-deutsche jugoslawische Regierung.

In Zemun leben heute rund 168 000 Einwohner auf einer Fläche von 138 Quadratkilometern. Der Stadtbezirk liegt am rechten Donauufer, vor dem sich die Insel Veliko Ratno Ostrvo erstreckt. Man erreicht den Stadtbezirk vom Belgrader Zentrum aus über die Savebrücken mit den Buslinien 82, 88, 610 und 611 und ab Zeleni Venac mit dem Bus 705. Am schönsten ist die Annäherung mit dem Fahrrad; der Weg führt an den kilometerlangen Ufern von Save und Donau entlang. Ein Aufzug an der Brankov-Brücke

Blick über Zemun Richtung Belgrader Festung

▶ Karte S. 169

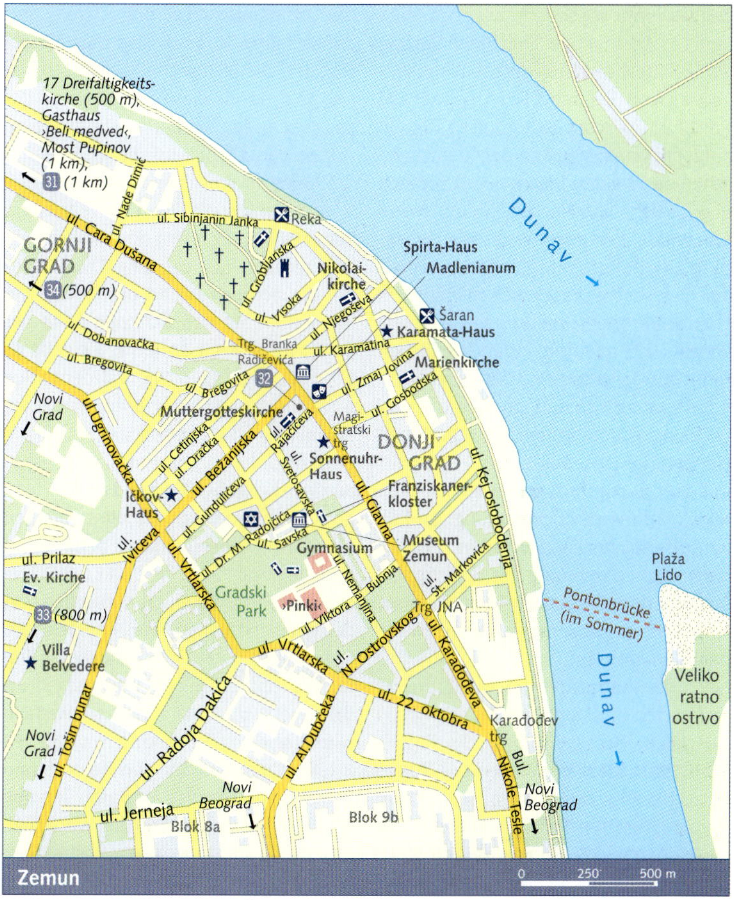

erleichtert Radfahrern und Fußgängern die Überquerung der Save.

Zemun unterhält Städtepartnerschaften mit Offenbach am Main und Mödling bei Wien.

Geschichte

Die Mündung der Save in die Donau trennt das Belgrader Zentrum von Zemun. Hier lag der südlichste Punkt der österreichischen Militärgrenze Semlin, was übersetzt ›Erdloch‹ (zemljani: erdig) bedeutet. In der Antike befand sich hier das römische Taurunum, das aus einem Hafen mit Castrum bestand. Taurunum wurde von den Hunnen zerstört. Die beeindruckenden Grabfunde dieser Epoche werden im Nationalmuseum aufbewahrt. Im Feldzug gegen Byzanz eroberten die Ungarn Belgrad und zerstörten es auf dem Rückzug unter dem Ungarn Stefan II. Das zerstörte Belgrad diente danach als Steinbruch für die Befestigung von Semlin, das sich im Mittelalter zur selbständigen Stadt an der Südgrenze des ungarischen Königreichs entwickelte.

Zeitweise war es serbisch, zwischen 1521 und 1717 osmanisch. Durch den Vertrag von Požarevac (1718) und den Friedensvertrag von Belgrad (1739) wurde die Präsenz türkischer Behörden in Zemun aufgehoben, das nun an der Grenze zwischen den beiden Reichen – Österreich und Türkei – lag. Nach mehreren Wechseln wurde eine militärisch-zivile Verwaltung geschaffen, und Zemun wurde als Teil Österreichs und dessen militärischer Grenze ein freies militärisches Gemeinwesen. Die nachfolgenden friedlichen Jahre ermöglichten ein schnelleres Wirtschaftswachstum und eine positive Entwicklung für die Bürger, Kaufleute und Handwerker der Stadt. Der Fortschritt in dieser Grenzstadt spiegelte sich in einer Zunahme der Bevölkerung, im Bau von öffentlichen und privaten Häusern und in der Erweiterung des Siedlungsgebiets, in dem Serben, Deutsche, Juden, Griechen, Armenier und andere Nationalitäten lebten.

Nach der Auflösung der Militärgrenze und nach dem österreichisch-ungarischen Ausgleich 1867 gehörte Semlin zur Gespanschaft (Bezirk) Syrmien des Königreichs Kroatien und Slawonien innerhalb der ungarischen Reichshälfte der Donaumonarchie. Zemun wurde erst 1918 dem Königreich der Serben, Kroaten und Slowenen angeschlossen und verlor allmählich seine Selbständigkeit. Bis dahin lag es an der Grenze zweier Welten, die von Alexander William Kinglake (1809–1891) auf seiner Südosteuropareise in seinem Reisebericht ›Eaton‹ von 1844 so beschrieben wurden: »In Semlin war ich noch immer von den Szenen und Klängen vertrauten Lebens umgeben; der Lärm einer geschäftigen Welt ermunterte und ärgerte mich noch; noch glänzten die unverschleierten Gesichter der Frauen im Tageslicht. Wendete ich hingegen den Blick nach Süden, sah ich die Ottomanische Festung – streng und dunkel hängend, hoch über dem Tal der Donau –, das historische Belgrad. Ich war also an das Ende dieses kreiselnden Europas gekommen, und nun würden meine Augen den Glanz und die Verheerung des Ostens sehen. Die zwei Grenzstädte sind weniger als einen Gewehrschuss voneinander entfernt, doch ihre Bevölkerung hat keinen Umgang. Die Ungarn auf der nördlichen und die Türken wie die Serben auf der südlichen Seite der Save sind so weit entfernt, als gäbe es 50 weite Provinzen, die auf dem Weg zwischen ihnen lägen. Unter den Menschen, die in den Straßen von Semlin um mich herum eilten, war vielleicht keiner, der herabgegangen wäre, um die fremde Rasse zu betrachten, die unter den Mauern der gegenüberliegenden Festung siedelte. Es sind die Pest und der Schrecken der Pest, die einen Menschen von den anderen trennen. Alles Kommen und Gehen steht unter Verbot durch den Terror der gelben Flagge. Wagtest du es, die Gesetze der Quarantäne zu brechen, wird man dich mit militärischer Hast verurteilen; das Gericht wird deine Strafe von einem 50 Yards entfernten Tribunal herab schreien; der Priester wird dich, anstelle dir sanft die süßen Hoffnungen der Religion zu flüstern, aus der Distanz eines Duells trösten, und danach wirst du dich gewissenhaft erschossen und gewissenlos begraben finden im Grund des Lazaretts. Als alles für unsere Abreise geordnet war, gingen wir zur Umgrenzung der Quarantäneeinrichtung herab, und hier erwartete uns der ›aussätzige‹ Beamte der österreichischen Regierung, dessen Pflicht es ist, das Passieren der Grenze zu überwachen, und der zu diesem Zweck in einem Zustand ständiger Verbannung lebt. Die Boote mit ihren ›aussätzigen‹ Ruderern waren ebenfalls in Bereitschaft.«

▲ Karte S. 169

Als habsburgisches Semlin erlebte die Stadt eine bedeutende Entwicklung. Klöster, Kirchen, Wohn- und Verwaltungsbauten entstanden; diese Epoche prägt das Stadtbild bis heute.
Zemun besteht aus der historisch gewachsenen Ober- und Unterstadt sowie der Neustadt. Über die Neustadt wächst Zemun mehr und mehr mit Novi Beograd zusammen. Über die Pupinov-Most besteht neuerdings eine direkte Verbindung zum Stadtteil Palilula auf der gegenüberliegenden Donauseite.

Unterstadt

In der Unterstadt (Donji Grad) findet man viele Gebäude aus dem 18. und 19. Jahrhundert. Sie sind teilweise vom Verfall bedroht und nicht allein wegen ihrer Architektur von Interesse, sondern vor allem wegen der spannenden Geschichten, die sich um ihre Bewohner ranken. Außerdem befinden sich das Puppentheater und das Madlenianum sowie zahlreiche Sakralbauten in der Unterstadt.
Älteste Straße der Unterstadt ist die stets belebte, fast schnurgerade verlaufende Glavna Ulica (Главна), übersetzt: die Hauptstraße. Sie wird bis auf die Römer zurückgeführt, war seit jeher die Haupteinkaufsstraße und ist von schönen Gebäuden aus dem 19. Jahrhundert flankiert. Diese Einheitlichkeit wurde durch den Bau eines modernen Einkaufszentrums und einer Filiale von McDonald´s durchbrochen.

■ Haus von Spirta

In der Glavna Ulica Nr. 9 steht das Wohnhaus der Familie Spirta von 1855. Ein Wiener Architekt errichtete es im neogotischen Stil. Heute beherbergt es das 1955 eingerichtete **Zemuner Heimatmuseum** (Zavičajni muzej zemuna/ Цавичајни Музеј земуна), das 7000 Jahre Geschichte dokumentiert (Di–Fr 10–17, Sa 10–20, So 10–14 Uhr).

■ Haus von Dimitrije Davidović

Die Nr. 6 ist ein zierliches einstöckiges Wohnhaus im schönsten Klassizismusstil. Hier wurde Dimitrije Davidović geboren, Begründer der Serbischen Zeitung und Sekretär des Fürsten Miloš Obrenović.

In der Glavna Ulica, im Hintergrund ist schon Novi Beograd auszumachen

Rochuskapelle (links) und Erzengelkirche (rechts)

Haus mit der Sonnenuhr

Das Eckgebäude mit der Sonnenuhr (Kuća sa sunčanim satom) in der ulica Dubrovačka 2 entstand Anfang des 19. Jahrhunderts im klassischen Stil und mit Barockelementen versehen. Der Schriftsteller Jovan Subotić verbrachte in ihm die letzten Jahre seines Lebens.

Madlenianum

Das Madlenianum (Мадленианум) gilt als erstes Privattheater Südosteuropas und bietet auf 554 Plätzen ein Repertoire, das Oper, Ballett, Musical, Konzerte und Sprechtheater umfasst. Das Haus unterhält ein eigenes Ensemble. Madlena Zepter, die Frau des serbischen Geschäftsmannes Philipp Zepter, hatte das nach ihr benannte Theater 1997 ins Leben gerufen, die erste Theateraufführung fand am 25. Januar 1999 statt. Der Umbau und die Modernisierung des Gebäudes, das ehemals die zweite Bühne des serbischen Nationaltheaters beherbergte, wurden 2005 abgeschlossen. Das Theater ist Mitveranstalter von internationalen Festivals.

Stadtpark

Der Stadtpark (Gradski Park/Градски Парк) ist die älteste Grünzone Zemuns. An dieser Stelle, an der Grenze zweier Reiche, war seit 1730 die Quarantänestation etabliert, ein Muss für Aus- und Einreisewillige. 1880 wurde zunächst ein kleinerer Park angelegt, der von 1886 bis 1888 auf seine heutige Größe anwuchs. Einige Reste der Quarantänestation blieben in ihm erhalten, darunter zwei Sakralgebäude:

Der Kaufmann und Seifenproduzent Teodor Toša Apostolović stiftete im Jahr 1786 die orthodoxe **Kapelle des Erzengels Gabriel** für die Quarantänestation. Die einschiffige barocke Kirche in der Form eines griechischen Kreuzes mit einem zweistöckigen Glockenturm unterstreicht ihre spezifische Funktion einer Quarantäne-Kirche: Der wesentliche Teil, der zum Kirchenschiff hin geschlossen war, war für Reisende in Quarantäne bestimmt. In die Ikonostase wurden Ikonen von den Malern Dimitrije Bratoglić und Konstantin Lekić integriert. Das Inventar umfasst Gemälde aus dem 18. und dem frühen 19. Jahrhundert. In der Kapelle finden heute Gottesdienste statt.

Die katholische barocke **Kapelle Sankt Rochus** wurde 1836 während des Mandats des Quarantäneleiters Franc Minas nach den Plänen des Architekten Jozef Felber an der Stelle der alten Quarantänekathedrale gebaut. Das einschiffige Gebäude mit einer halbkreisförmigen Apsis ist in sechs Abschnitte untergliedert. Sein Quarantänecharakter wird im Plan ersichtlich, der neben einem Haupteingang sechs andere Türen, jeweils drei an jeder Längsfassade, vorsieht. Die Kapellenausstattung umfasst sechs Gemälde des 19. Jahrhunderts von Živko Petrović, Aleksandar Masić und Dražanski. Die Kapelle ist geschlossen. Zwischen beiden Kirchen steht eine Alphonse de Lamartine gewidmete **Säule**, die die jugoslawisch-französische Gesellschaft 1933 zur Erinnerung an den Quarantäneaufenthalt des Dichters stiftete.

Im Park erinnern ferner zwei **Gedenkstätten** mit Werken der Bildhauer Vanja Radauš und Boris Kalina an die jüngere Geschichte, nämlich die Befreiung Jugoslawiens von der deutschen Besatzung. Am Rand des Parks befindet sich das **Kultur- und Sportzentrum Pinki** (Пинки) von 1974 – nach einem Entwurf von Ivan Antić (1923–2005) –, in dem außer Sportveranstaltungen auch Konzerte moderner Musik und Ausstellungen stattfinden. Der Sportbereich verfügt über zwei große Schwimmbäder. Schräg gegenüber stehen die historischen Gebäude, in denen die landwirtschftlichen Fakultät und eine Grundschule eingerichtet sind. An den Park grenzt das alte **Gymnasium** Serbiens. Es wurde 1858 gegründet und ist bis heute im 1878 erbauten Gebäude von Nikola Kolar untergebracht. 2000 Schüler werden derzeit hier unterrichtet.

Franziskanerkloster

Aus schriftlichen Quellen wissen wir, dass sich Franziskaner um 1344 in Zemun niederließen. Nach der Zerstörung des Ortes duch die Osmanen 1453 verließen sie für rund 300 Jahre den Ort. Als von 1718 bis 1739 die Habsburger in Belgrad das Sagen hatten, errichteten die Franziskaner dort ein Kloster. Erneut vertrieben von den Osmanen, zogen sie von Belgrad wiederum nach Zemun, wo sie um 1750 ein neues Kloster gründeten. Dieses wurde 1790 durch Blitzeinschlag zerstört, sein Wiederaufbau zog sich 40 Jahre hin. Um die Wende vom 19. zum 20. Jahrhundert existierten zwei Schulen im Kloster: eine deutschsprachige und eine serbisch-kroatische.
Im Kloster wurden während des Krieges Kunstschätze und Bücher von Vukovar verwahrt. Die Johannes dem Täufer geweihte Kirche ist eine schlichte Barockkirche mit einem Westturm und kann

Kloster und Kirche der Franziskaner

▲ Karte S. 169

besichtigt werden, während die Klostergebäude verschlossen sind. Gegenüber dem Kloster befindet sich eine Kaserne.

Ehemalige Synagoge

An der Ecke der ulica Rabina Alkalaja zur ulica Preka steht die ehemalige Synagoge (1850). Sie erinnert an die Zeiten, in denen es eine große jüdische Gemeinde in Zemun gab. Die Straße trägt den Namen des bekannten Zemuner Rabbis Jehudi ben Šomlo Haj Alkalaj (1798–1878).
Im November 1996 wurde der radikale Nationalist Vojislav Šešelj Bürgermeister in Zemun. Er sorgte für Unruhe, als er 1997 die ehemalige Synagoge in ein Wirtshaus umwandeln ließ. Die Synagoge war von der jüdischen Gemeinde Belgrads an die Zemuner Gemeindeverwaltung mit der Auflage verkauft worden, sie für kulturelle Zwecke zu nutzen. Der Bürgermeister aber sah sie als Gemeindeeigentum an und genehmigte die Gaststätte. Gegen Šešelj läuft zwar ein Verfahren in Den Haag. Ihm wird vorgeworfen, im Jugoslawienkrieg Kriegsverbrechen angeordnet zu haben. Er durfte aber aus gesundheitlichen Gründen nach Serbien, was er medienwirksam inszenierte. Er denkt gar nicht daran, nach Den Haag zurückzukehren.
Die jüdische Gemeinde Belgrads bemüht sich die Kosten für den Rückkauf der Synagoge aufzutreiben. Derweil hat sie ihren Sitz an der ulica Dubrovačka 21

Ičkov-Haus

Das Haus in der ulica Bežanjiska 18 (ул. Бежанјиска) ist mit Petar Ičkov verbunden, einem Belgrader Kaufmann, Politiker und Diplomat, der 1804 in Belgrad starb: Ičkov machte sich im Serbischen Aufstand verdient und wohnte in diesem Haus. Es wurde 1793 im Übergangsstil vom Barock zur Klassik errichtet. In ihm ist heute ein Gemischtwarenladen.

Evangelische Kirche

Die evangelische Kirche von Zemun (1926–1930) steht an der Kreuzung Ecke Prilaz und Tošin Bunar ulica. Ihr moderner Grundriss ähnelt einem Kleeblatt: im Kern eine Rotunde mit Apsis im Osten und zwei symmetrisch angeordneten Seitenflügeln. Ein enger Narthex (West) und die Seitenflügel sind mit Walmdächern gedeckt, über denen sich ein großes zylinderförmiges Element mit Kuppel erhebt. Der ursprüngliche Abschluss, eine Laterne, wurde durch ein Kreuz ersetzt. Die Fassaden sind durch symmetrisch angeordnete Öffnungen strukturiert. Der kompakte Entwurf wird der Architektenschule von Hugo Ehrlich und Viktor Kovačić zugeschrieben. Die Kirche verweist auf die Präsenz der Reformierten im Zemun zwischen den beiden Weltkriegen. Sie wird glücklicherweise von der neu gegründeten evangelischen Gemeinde wieder genutzt. Jeden 2. und 4. Sonntag eines Monats finden Gottesdienste in deutscher Sprache statt (www.auslandsgemeinde.belgrad.de).

Muttergotteskirche

Im westlichen Teil der Altstadt von Zemun, die seit dem 18. Jahrhundert eine vehemente städtebauliche Entwicklung erfuhr, wurde im Sommer 1776 der Grundstein für den Bau einer neuen orthodoxen Kirche gelegt (ul. Rajačićeva 4/ ул. Рајачићева). Der größte Kirchenbau Zemuns wurde von serbischen, griechischen und armenischen Bürgern finanziert. Im Jahr 1780 entstand zunächst ein einschiffiger, spätbarocker Bau mit halbkreisförmiger Apsis und flachen Chornischen und 1794/95 an der Westseite ein großer Glockenturm nach Plänen von Maurilijus Rabl. Unter dem Glockenturm war ein Beinhaus eingerichtet, das jedoch nie als solches genutzt wurde. Arsa Teodorović schuf die holzgeschnitzte und vergoldete Ikonostase 1788. Im Volksmund Neue Kirche genannt, diente sie der Liturgie für Griechen, Armenier und Serben. Die Gottesdienste wurden in Kirchenslawisch abgehalten, bis 1914 an manchen Tagen sogar auf Griechisch. Die Kirche mit ihrem Hof avancierte im 19. Jahrhundert zum Kultur- und Schulzentrum: 1822 entstand die serbische Schule, 1825 die Bibliothek.

Eine Taufe in der Muttergotteskirche

Haus der Familie Karamata

Das barocke Haus der Familie Karamata von 1764 steht in der gleichnamigen Straße Nr. 17 (ul. Karamatina 17/ул. Караматина). Es ist eines der ältesten Gebäude in Zemun und befindet sich immer noch im Besitz der Familie Karamata. Seine Entstehungsgeschichte ist spannend, seine Einrichtung gibt einen Einblick in ein gutbürgerliches Haus des 18. Jahrhunderts. Es beherbergt heute Familienporträts sowie Werke von Pavel Đurković, Milenko Šerban und Pavle Vasić. Eine Besichtigung kann über das Tourismuszentrum in Zemun erbeten werden. Das Haus besteht aus Unter-, Erd- und Obergeschoss sowie einer Mansarde, die durch eine einheitliche Fassade und einen Haupteingang miteinander verbunden sind. Bauherr war der reiche Kaufmann Kuzman Jovanović aus Zemun. Von diesem kaufte es 1772 Dimitrije Karamata, ein Immigrant aus Katranice in Mazedonien. Seit dieser Zeit ist das Gebäude im Familienbesitz der Familie Karamata. Dimitrijes Sohn Jovan Karamata erhöhte den Mittelteil, sorgte für eine Generalsanierung und ließ die einheitliche Fassade im Empirestil und das Eingangstor anbringen. Daran erinnert die Jahreszahl 1827. Während des österreichisch-türkischen Kriegs 1788 wohnte Kaiser Josef II. mit seinem Stab in diesem Haus. Hier traf sich auch der Kriegsrat: Josef II., Feldmarschall Latzi und Laudon. Aus diesem Anlass wurde ein großer zweiköpfiger Adler aus bemaltem Holz, der vermutlich von einheimischen Schnitzern gefertigt wurde, an der Decke der ersten Etage befestigt. Während der Zeit von Atanasije Karamata, dem Sohn von Jovan, der Kassenverwalter der Nationalkammer der serbischen Vojvodina war, sah das Haus viele hochrangige Gäste: so den serbischen Patriarchen Josif Rajačić und Vuk Stefanović Karadžić. Die Architekten des Gebäudes sind jedoch nicht bekannt.

Marienkirche

Zwischen Trg Magistratski und Veliki Trg verläuft eine kleine Fußgängerzone, in der es nette Restaurants gibt. Sie führt zum Markt. Wo sich die katholische Marienkirche (1785) befindet, auch Pfarrkirche (Župska Crkva/Жупска Црква) genannt, war eine türkische Moschee von 1750. Mitte des 19. Jahrhundert wurde die Kirche im Empirestil erneuert und mit Barockelementen versehen.

Donau-Kai

▶ Karte S. 169

Der Donaukai, Ende des 19. Jahrhunderts als Hochwasserschutz errichtet, hat sich zu einer Vergnügungsmeile entwickelt. Schwimmende Restaurants, Bistros und sogar Hotels, alle mit Blick auf das Wasser und das gegenüberliegende Belgrad, ziehen sich entlang der zwei Kilometer langen Promenade an der Donau. Der Kai wird von einer ausgedehnten Grünanlage gerahmt, die bis zum Mündungswinkel - Ušće genannt - verläuft. Hier erinnern einige Denkmäler an die Geschichte Serbiens und Jugoslawiens. Sportmöglichkeiten, Vergnügungseinrichtungen, Märkte und Gelegenheit zu Schifffahrten auf der Donau bieten Möglichkeiten für ein abwechslungsreiches Wochenendprogramm.

Am Kai nimmt auch die Oberstadt ihren Ausgang. Hier befinden sich die besten Restaurants von Zemun, wozu unbedingt das Fischlokal ›Šaran‹ zu zählen ist. Es besteht bereits seit 1880 und hat sich immer wieder erneuert. Hier kann man wunderbar zubereiteten Fisch genießen, dazu Tamburicamusik und einen herrlichen Blick auf die Flusslandschaft. Sehr stimmungsvoll, am Ende der Promenade, ist auch die Kafana ›Reka‹, übersetzt der Fluss, mit ihrem liebevoll gestaltetem Innenraum, der Terrasse sowie Live-Musik, die ihresgleichen sucht.

Große Kriegsinsel

In den Zusammenfluss von Save und Donau eingebettet liegt die sogenannte Große Kriegsinsel (Veliko ratno ostrvo/Велико ратно острво). Ihr Name soll auf heftige Gefechte zwischen Österreichern und Osmanen zurückgehen. Die 211 Hektar große Insel wurde zum Naturschutzgebiet erklärt, auf der sich eine artenreiche Vogelwelt angesiedelt hat. Tausende von Zugvögeln aus Skandinavien nutzen die Insel auf ihrem Weg nach Süden, aber auch 180 einheimische Arten wurden gezählt, darunter Goldene Wildenten und Kormorane. Im Frühjahr ist die Insel häufig überschwemmt. An ihrem westlichen Zipfel liegt der von den Belgradern sehr geliebte Strand, die beste Bademöglichkeit in der Donau. Nur von Zemun erreicht man die Insel zu Fuß oder mit dem Fahrrad; hier ist sie im Sommer durch eine Pontonbrücke mit dem Kai verbunden. Zwei **Rad- und Spazierwege** sind ausgeschildert, über die man in die verwunschene Atmosphäre der Insel eintauchen kann.

Oberstadt

Von der Donau führt ein steiler Weg über mit Kopfsteinpflaster belegte Gassen auf den Gardoš-Hügel, auf dem eine mittelalterliche Festung (Gardoški breg/Гардошки брег) seit dem 9. Jahrhundert nachweisbar ist; es ist die Keimzelle der Oberstadt (Gornji Grad). Die Reste der Festung stammen aus dem 15. Jahrhundert. Der **Sibinjanin-Janko-Turm** (Kula Sibinjanin Janka/Кула Сиинјанин Јанка) wurde 1896, zum 1000-jährigen Geburtstag der Stadt, errichtet. Er trägt den serbisch geschriebenen Namen des Verteidigers von Belgrad gegen die Türken, János Hunyadi, der hier im Lager an der Pest verstarb. Der aus Steinen und Ziegeln bestehende Turm wirkt wie ein Aussichtsturm. Von hier hat man einen wunderschönen Blick auf die malerische Dächerlandschaft Zemuns, auf Novi Belgrad sowie auf die Flüsse und das jenseits der Save gelegene Belgrader Zentrum. Die zierlichen Häuser mit ihren nicht einsehbaren Innenhöfen verleihen der Oberstadt einen fast dörflichen Charakter.
Unterhalb der Festung liegt die serbisch-orthodoxe **Nikolaikirche** (ul. Njegoševa 43/ул. Његошева). Anstelle einer zierlichen Kirche von 1573 entstand dieser Barockbau von 1725 bis 1731. Die Kirche weist einen zweistöckigen Glockenturm auf und ist ein typischer Bau des Sremgebietes des 18. Jahrhunderts. Die Kirche verwahrt Reliquien des Apostels Andreas. Im Inneren ist eine hölzerne, reich geschmückte Ikonostase sehenswert. Die Ikonen (1762) gehen auf Dimitrije Bačević zurück. Außerdem besitzt die Kirche eine reiche Sammlung an kirchlichem Gerät und Ikonen aus dem 18. bis 19. Jahrhundert.

Friedhof von Zemun

Gemäß alten Plänen wurde der Friedhof von Zemun etwa um 1740 auf der Hochebene des Gardoš eingerichtet. Er bestand bald darauf aus einem Komplex von drei Friedhöfen – einem orthodoxen, einem katholischen und einem jüdischen –, die heute noch alle genutzt werden. Auch muslimische Gräber finden sich hier.

Der Sibinjanin-Janko-Turm eröffnet weite Ausblicke

Gefundene archäologische Kulturschichten lassen auf eine kontinuierliche Besiedlung an dieser Stelle schließen. Die Verteidigungswälle mit Sehschlitzen und Bollwerken von 1841, die an der Peripherie des Friedhofs zu sehen sind, bilden den übriggebliebenen Teil der **Stadtmauern**, die früher das ganze Stadtgebiet von Zemun umgaben.
Im Friedhof gibt es mehrere sehenswerte **Bauwerke** zu besichtigen. Dazu gehören die Kapelle der Familie Hariš, die nach den Plänen des berühmten Architekten Svetozar Ivačković von 1874 bis 1876 gebaut wurde, die Kapelle der Familie Spirta und die Kapelle, die sich im katholischen Friedhof befindet; außerdem zahlreiche Grabsteine, anhand derer stilistische und ikonographische Studien gemacht werden können.

Dreifaltigkeitskirche

Für die Bewohner der Oberstadt entstand an der ul. Cara Dušana 83 im 18. Jahrhundert zunächst ein bescheidenes Gotteshaus. Es wurde von 1839 bis 1842 nach Plänen von Jozef Felber erneuert und vergrößert. Nicht weit von der Kirche stehen das Stadion und das sehr empfehlenswerte Hotel ›Zlator‹.

Die Kapelle der Familie Hariš

Neustadt: ehemalige deutsche Schule

▲ Karte S. 169

Gasthaus Beli medved

Auf dem Weg vom Gardoš-Hügel Richtung Neustadt stößt man in der ulica Vasilija Vasilijevića 10 auf das älteste Haus von Zemun: die alte Kafana Beli medved (Кафана Бели Медведа), übersetzt der weiße Bär. Das Gebäude stammt aus der türkischen Besatzungszeit im 17. Jahrhundert. Das aus Ziegel und Holz errichtete Haus ist trotz Umbauten sehr ursprünglich, aber auch renovierungsbedürftig.

Neustadt

In der Neustadt (Novi Grad) befinden sich unter anderem der **Bahnhof für die S-Bahn Beovoz** und die alte Deutsche Grundschule (ulica Prvomajska 79). Dieses Gebäude wurde 1901 gebaut, um die unteren Klassen einer Volksschule in Franzenstal, einem von Deutschen besiedelten Vorort von Zemun, unterbringen zu können. Bis 1918 unter dem Namen Deutsche Schule bekannt, wurde sie dann unter Königin Maria in Grundschule umbenannt. Es handelt sich um einen zweistöckigen Bau mit einem erhöhten Erdgeschoss, der im Stil der Neorenaissance konzipiert ist.

Novi Beograd

Der Stadtteil Neu Belgrad (Novi Beograd/Нови Београд), von weitem erkennbar an den vielen Hochhäusern, liegt zwischen Zemun und Belgrad, beidseits des Autoput. Das Neubaugebiet wurde dem Sumpf abgerungen, was seine ebene Beschaffenheit erklärt und es zum niedrigsten Punkt Belgrads macht. Es ist der einzige Bezirk Belgrads, der über ein dichtes Netz von Fahrradwegen verfügt. Neu-Belgrad war zunächst nur eine Wohnstadt, aber bald kamen Sportanlagen, Supermärkte, Schulen und Kindergärten hinzu. In den 1980er Jahren folgten ein Kongresszentrum, große Hotels und Botschaften.

Auch Neu-Belgrad besteht aus verschiedenen Vierteln: dem alten Dorf Bežanija, dem Streifen von Tošin Bunar - entstanden dank einer Stiftung von Land des Toša Apostolivć Teodor an die orthodoxe Kirche -, Ušće, Fontana, Studentski Grad und Staro Sajmište, die alte Messe. In Novi Beograd steht einer der drei Bahnhöfe Belgrads, der neben der S-Bahn ›Beovoz‹ auch an das Fernverkehrsnetz angeschlossen ist. Wahrzeichen des Bezirks ist trotz jüngerer Konkurrenz der ›Genex-Turm‹.

Derzeit leben etwa 212 000 Menschen in dem 4000 Hektar großen Stadtteil. Der Bezirk ist derart weitläufig, dass man ihn am besten mit dem Bus, Auto oder Fahrrad erkundet.

Geschichte

Auf dem Marschland von Save und Donau entstand nach dem Zweiten Weltkrieg mit Novi Belgrad ein Neubaugebiet, das sich auf ganzer Länge entlang der beiden historischen Bereiche Belgrad und Zemun hinzieht. Jahrhundertelang war hier ein Niemandsland, das den Orient vom Okzident trennte: Belgrad galt als äußerste Grenze des Osmanischen Reiches und damit des Orients. Es handelte sich um eine Pufferzone, die von jeglicher Bebauung befreit und nur bewacht und kontrolliert wurde. Einziges Dorf war das bereits 1713 erwähnte Bežanija.

Am Bulevar Milutina Milankovića, eine der Hauptachsen in Novi Beograd

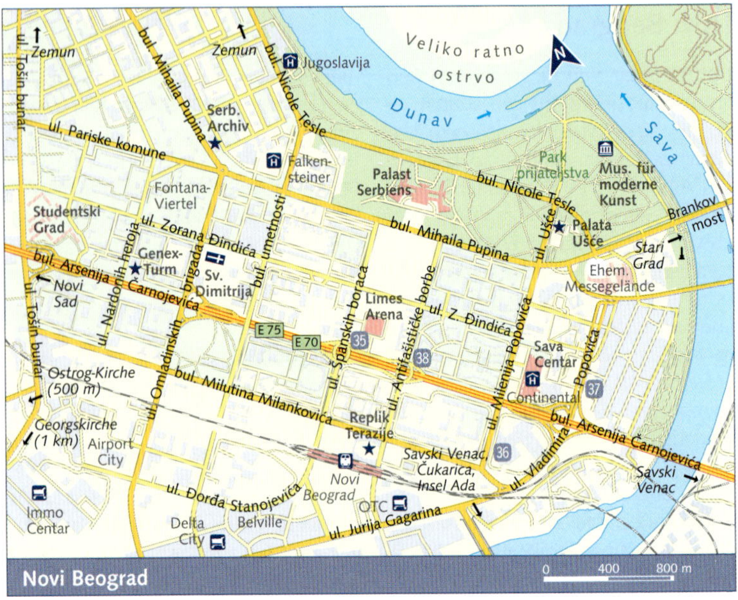

An eine Erweiterung Belgrads über die Flüsse hinweg wurde erstmals 1923 gedacht, die Umsetzung erfuhr jedoch durch den Zweiten Weltkrieg eine Verzögerung. Für die Erschließung der 4000 Hektar wurden mehrere Planungen vorgelegt, unter anderem vom Architekten Nikola Dobrovać. Dessen Idee war 1947 Grundlage einer Ausschreibung. Zur Trockenlegung des Marschlandes wurden im ganzen Land jugendliche Arbeitsbrigaden zusammengezogen. Drei Jahre lang legten etwa 100 000 Menschen ohne Maschinen das Land jenseits der Save und Donau Hektar um Hektar trocken. Es sollte eine neue Hauptstadt der jungen sozialistischen Republik Jugoslawien entstehen, um damit den Bruch mit der monarchischen Vergangenheit zu statuieren. Die Planungen sahen die Errichtung von einer Reihe monumentaler repräsentativer Gebäude vor, Wohnungen kamen in den Plänen zunächst nicht vor! Hauptaugenmerk lag von Beginn an auf der Zentrale der Kommunistischen Partei und dem Präsidentenpalast. Den ersten Preis für den besten Entwurf des Präsidentenpalastes erhielt ein Architektenteam aus Zagreb, zu dem Valdimir Potočnjak, Zlatko Najmann, Anton Urlih und Dragica Perak gehörten. Der Palast sollte zum Fixpunkt aller darauffolgenden Pläne werden. Den Turm des Zentralkomitees der Kommunistischen Partei entwarf Mihajlo Janković als Turm, der in Aluminium und Glas gehüllt war. Im Jahr 1950 gerieten die Arbeiten ins Stocken: Der Bruch mit Moskau hatte finanzielle Konsequenzen, die sich auch auf den Bausektor auswirkten. Erst in den 1960er und 1970er Jahren setzte man die Gestaltung des Bezirks, nun mit dem Schwerpunkt auf Wohnungen, fort. Heute ist es geradezu ein lebendiges Museum der Wohnformen. Wer offenen Auges durch Novi Beograd spaziert, wird – auch wenn sie teilweise heruntergekommen sind – einzigartige, skulptural gestaltete

Wohnanlagen finden. Sie werden einfach nur Block (Blok/Блок) genannt. In den 1980er und 1990er Jahren setzte man neue Akzente: das Kongresszentrum, die Limes Arena und große Hotelanlagen entstanden wie das ›Hyatt‹ und das ›Intercontinental‹, heute ›Crowne Plaza‹, eine elegante Bettenburg, die mit zeitweise günstigen Angeboten den kleineren Hotels im Zentrum das Leben schwer machen. Seit einigen Jahren wird Grünanlage um Grünanlage, Baulücke um Baulücke von weniger originellen Büro- und Geschäftszentren verschlungen. Allein drei große neue Einkaufszentren sind in jüngster Zeit entstanden.

Neueste Entwicklungen

Neben dem ›Coca-Cola-Haus‹ entstanden in jüngster Zeit weitere neue Quartiere. Im Jahr 2009 war Belgrad Gastgeber der Sommer-Universiade; für die Unterbringung der Sportler entstand das **Quartier Belville** mit 14 Apartmenthäusern und einer Wohnfläche von 120 000 Quadratmetern. Unmittelbar daneben erstreckt sich das **DeltaCity-Einkaufszentrum**. An diesen Bauten lässt sich beispielhaft ablesen, dass man bestrebt ist, die Wohnstadt Novi Beograd aufzulockern und lebendiger zu gestalten.

Am Standort des alten Flughafens Bažanija – 1927 gebaut und von den Deutschen im Zweiten Weltkrieg zerstört – erwuchs ein Viertel, das **Airport City** oder auch ACB-Center genannt wird. Auf 14 Hektar entstanden bis 2007 zwölf Gebäude. Davon sind sechs identische 7-stöckige Häuser. Die Airport City gilt als Stadt in der Stadt mit Fußgängerzone, Cafés und Restaurants, einer Multi-Funktions-Anlage für Büros und Einzelhandel.

Ein Projekt ganz anderer Art entsteht derzeit zwischen Bahnhof Novi Beograd und ulica Tošina Bunara: **Replike Terazije**. Dieser Themenpark auf 4500 Quadratmeter Fläche sieht eine Replik des Terazije der Innenstadt vor. Im Mai 2012 fand dazu eine Eröffnungsveranstaltung statt. Im Rahmen von Beogradižacija Beograd – übersetzt: die Belgradisierung von Belgrad – wird das Projekt als Idee vom Teatar Dadov umgesetzt. Die Fassaden der 1930er Jahre sollen nachgebaut werden, nach hinten schließen sich Plattenbauten für moderne Ansprüche an. Cafés, Hotels und Restaurants sollen das historische Belgrad kopieren. Das Projekt ist als Dauerausstellung gedacht, verspricht touristische Attraktion zu werden und soll auch als Filmkulisse dienen.

Sakralbauten

Zwischen den vielen Wohnbauten stehen drei Kirchen. Die älteste ist die **Georgskirche** in Bežanija beim Markt.

Ungewöhnliches Vorhaben: der Nachbau des Terazije in Novi Beograd

Die 1996 fertiggestellte **Basilius-von-Ostrog-Kirche** (Basilija Ostroškog, Partizanske avijacije 21 A/Партизанске авијације) war der erste sakrale Neubau seit dem Zweiten Weltkrieg; die Kirche für den sehr verehrten serbischen Heiligen ist ein origineller monumentaler Zentralbau aus Ziegelsteinen und wurde fünf Jahre später geweiht. Der Bau der neuen **Dimitrije-Kirche** (im Block 32) befindet sich in der Endphase.

Einkaufen

Auch in Neu-Belgrad gibt es einige Bauernmärkte, auch Grüne Märkte genannt. Mit dem neuen DeltaCity-Einkaufszentrum, dem Immo Centar und dem Ušće-Center ist Neu Belgrad ein gutes Pflaster für Konsumfreudige. Aber auch einen Flohmarkt gibt es, er wird gleich beim Bahnhof Novi Beograd unterhalb der neuen Ada-Brücke abgehalten.

OTC (Otvoreni Tržni Centar/Отворени Тржни Центар), im Volksmund ›Buvljak‹ (Buva der Floh) genannt, ist der größte Markt der Stadt, auf dem alles außer Lebensmitteln zu haben ist (tgl. außer Mo 8–17 Uhr).

Ušće

▲ Karte S. 180

Das Viertel unmittelbar an der Brankovbrücke heißt Ušće, übersetzt: die Mündung. Im Mündungswinkel beginnt der 14 Hektar große Freundschaftspark (Park prijateljstva/Парк Пријатељства), der sich bis zum Hotel ›Jugoslavija‹ erstreckt. 1961 fand in Belgrad die erste Konferenz der blockfreien Staaten statt. Zum Gedenken daran wurde dank der Initiative der Aufforstungsbewegung ›Gorani‹ der Park der Freundschaft angelegt, erste Bäume wurden symbolisch von Konferenzteilnehmern gepflanzt. Diese Tradition wurde zu Zeiten Jugoslawiens für offizielle Besucher beibehalten.In der Allee des Friedens sind die Tafeln zahlreicher Staatschefs aufgestellt, die hier einen Baum pflanzten.

Gleich bei der Brankovbrücke befindet sich ein neuer Skatepark. Einige Denkmäler, unter denen die Säule mit der Flamme schon von weitem zu sehen ist, sind im Park verteilt. Der Park wird auch für das attraktive Kunstfestival ›Bijenale‹ genutzt.

Museum für Moderne Kunst

Fast am Saveufer steht das Museum für zeitgenössische Kunst (Muzej savremene Umetnosti/Музеј савремене Уметности), das nach einem Entwurf von Ivan Antić und Ivanka Raspopović entstand. Die beiden Architekten hatten damit 1960 den Belgrader Architekturpreis gewonnen. Am 20. Oktober 1965 konnte das Museum feierlich eröffnet werden, der Initiator und Maler Miodrag B. Protić wurde erster Direktor. Das Museum ist von einem Skulpturenpark umgeben, in dem bedeutende Werke jugoslawischer Bildhauer des 20. Jahrhunderts stehen. Der Bau erinnert an einen vielgestaltigen Kristall, der sich aus sechs Würfeln mit gekappten Ecken zusammensetzt. Die Fassade ist hauptsächlich mit weißem Marmor und in Teilen mit Glas verkleidet, während das Dach nur aus Glas besteht. Die Sammlung ist in fünf große Abteilungen untergliedert: jugoslawische Malerei von 1900 bis 1945, jugoslawische Malerei nach 1945, eine Sammlung von Skulpturen, Drucke und Zeichnungen, neue Medien (Fotografie, Film und Video). Einen Schwerpunkt stellen die Werke des Bildhauers Ivan Meštrović dar. Der große Künstler hat im gesamten ehemaligen Jugoslawien viele Werke hinterlassen, insbesondere eine große Anzahl öffentlicher Skulpturen. Er war einer der wenigen, der über die Grenzen Jugoslawiens hinaus Berühmtheit erlangt hat. Den passenden Rahmen bietet das Museum für Kunstexponate

des früheren Jugoslawien. Besondere Aufmerksamkeit gilt auch international so bekannten Künstlern wie Dado Đurić, der als einer der wenigen Serben in der ständigen Ausstellung des Centre Georges Pompidou vertreten ist. Die sogenannte ›Belgrader Schule des Fantastischen‹ ist mit Vlado Veličković, Miloš Šobajić und Ljuba Popović vertreten.
Unweit vom Museum steht ein **Denkmal der ewigen Flamme** als Erinnerung an die NATO-Bombadierung 1999.

Am Donauufer

Bis zum Hotel ›Jugoslavija‹, das einst das einzige Hotel Belgrads an der Donau war, reicht Novi Beograd. Das ›Jugoslavija‹ war viele Jahre Treffpunkt für Nachtschwärmer. Nach den Schäden durch die Nato-Angriffe wurde ein Trakt renoviert und 2008 darin das Große Casino mit mediterranem Restaurant ›Chameleon‹ eröffnet, für Nachteulen gibt es das Restaurant ›Diva‹. Seit 2014 fungiert es nach der Renovierung von einigen Stockwerken auch wieder als Hotel, bisher der 3-Sterne-Kategorie. Es gibt aber große Pläne: Die Anlage soll um zwei Türme ergänzt und als Hotel der Luxuskategorie mit Kempinski-Anschluss ausgestaltet werden. Wann die Pläne Gestalt annehmen, weiß niemand zu sagen.
Am Donauufer haben sich viele schwimmende **Restaurants, Diskotheken und Bars** etabliert. Wer es sehr laut mag, ist hier gut aufgehoben. Von kleinen Restaurants, die sich auf Palatschinken spezialisiert haben, bis hin zu Edelrestaurants ist alles zu finden. Man nehme sich Mückenschutz mit!
Vom Donauufer hat man einen schönen Blick auf den Kalemegdan und die hochgelegene Altstadt von Belgrad. Vor dem Gebäude des ehemaligen Hotels ›Jugo slavija‹ befindet sich ein großer Taxistand. Einer problemlosen Heimfahrt steht also nichts im Wege.

Ehemaliges ZK-Gebäude

Edvard Ravnikar gewann 1947 den ersten Preis der Ausschreibung für das Gebäude der Zentrale der Kommunistischen Partei. Aufgrund langer Diskussionen konnte der 24 Stockwerke hohe Turm erst in den 1960er Jahren unter der Leitung von Mihajlo Janković vollendet werden. Er wurde 1999 durch die Bombenangriffe der NATO innen komplett zerstört, und lange überlegte man, ob und wie er wieder aufgebaut werden sollte; ob als Mahnmal nur teilweise oder komplett. Jetzt ist er vollständig erneuert und beherbergt Büros. Im Volksmund heißt er nur noch **Palata Ušće**, wie auch

Blick auf Ušće, links das Museum für Moderne Kunst

das benachbarte neue und umstrittene **Einkaufszentrum**.

Gegenüber steht das ›Hyatt‹, eines der ersten Hotels der Stadt mit edlem Fitness- und Wellness-Bereich und Boutiquen serbischer Designerinnen. In ihm wohnten während des NATO-Angriffs viele ausländische Journalisten.

Viertel Staro Sajmište

Zwischen Brankov-Brücke und alter Save-Brücke erstreckt sich das alte Messegelände (Staro Sajmište/Старо Сајмиште). Hier fanden zwischen den beiden Weltkriegen die Messen statt. Es gab einen rumänischen und einen italienischen Pavillon im Art-Déco-Stil. Die Nazis umgaben das Terrain mit Stacheldraht und funktionierten die Messehalle zum Konzentrationslager um.

In der Kula (Turm/Кула) war früher der Rundfunksender eingerichtet. Die neue Regierung im kommunistischen Jugoslawien beschloss, daraus eine Künstlerkolonie zu machen. Diese Idee bleibt wohl der Zukunft vorbehalten. Heute befinden sich dort alte Schuppen, ein **Sportplatz** mit Gastronomie, einfache Häuser und an der Stelle des KZ ein **Gedenkstein**. Zur Save hin steht seit dem 21. April 1995 ein **Denkmal**, das aller Opfer des Lagers gedenkt.

Im Viertel findet man auch eine Zweigstelle des englischen Buchladens mit witziger Straßenkunst an den Mauern.

Am Bulevar Mihajlo Pupina entlang

Der Boulevard Mihajlo Pupina ist geradezu ein Freilichtmuseum der Architektur der 1960er Jahre. Wohnblock 21 entstand 1960 nach einem Entwurf von Leonid Lenarčić, Milutin Glavički, Miloslav Mitić, Dušan Milenković und Uroš Martinović, 1969 folgte Block 22 nach Entwürfen von Božidar Jonkvić, Branislav Karadžić und Aleksandar Stepanović.

Palast Serbiens

Der ehemalige Präsidentenpalast wurde bereits 1947 begonnen. Er geht auf den preisgekrönten Entwurf eines Architektenteams – Anton Urlih, Vladimir Potočnjak, Zlatko Najman und Dragica Perak – aus Zagreb zurück. Aber erst 1961 konnte das 75000 Quadratmeter Nutzfläche umfassende Haus unter Mihajlo Janković endgültig fertiggestellt und anlässlich der ersten Konferenz der Staats- und Regierungschefs der blockfreien Staaten eingeweiht werden. Später wurde es in ›Rat der Förderativen Exekutive‹ umbenannt, heute heißt es ›Palast Serbiens‹ (Palata Srbije/Палата

Der Palast Serbiens, die Vorderseite mit dem Haupteingang

Karte S. 180

Das Denkmal zur Erinnerung an das Konzentrationslager

Србије). Verschiede Verwaltungen der serbischen Regierung sind hier untergebracht. Der riesige Bau füllt mit seinen weit ausholenden niedrigen Flügeln die gesamte Fläche zwischen zwei großen Boulevards aus. Zum Boulevard Mihajlo Pupina steht in der Hauptachse eine große **Brunnenanlage**. Dem Serbischen Palast schließt sich das **Jugoslawische Geschäftszentrum** an. Auf der gegenüberliegenden Seite befindet sich Block 30 mit einer neueren Wohnanlage, die von Uroš Martinović geplant wurde.

Das sogenannte **Coca-Cola-Haus** von Mario Jobst entstand 1999 als Zentrale für den Sender TV-Pink. Es präsentiert eine Mischung aus vermeintlicher Tradition und High-Tech-Elementen. Eine rot gestrichene Stahlstruktur durchzieht die beiden Hauptfassaden, die vertikale Kurven einschreibt. Weil es die Bewohner an die rote Farbe der Cola Dosen erinnert, bekam es seinen Namen.

Entlang dem Boulevard erreicht man das **Serbische Archiv** mit einer Galerie, die interessante Ausstellungen bietet. Lange haben die Belgrader auf ein neues Spitzenhotel anstelle des ›Jugoslavija‹ gehofft. Nun hat sich im Block 11a das erste **Falkensteiner Hotel** in Serbien etabliert. Der zwölfstöckige Turm – eine Kombination aus Büroturm und Hotel, Konferenz- und Spa-Zentrum, vom Architekt Boris Podrecca mit futuristischer Fassade versehen – wurde 2012 eröffnet.

Viertel Fontana

Eines der ersten Wohnviertel in Novi Beograd war das sogenannte ›Fontana‹ mit den Blöcken 1, 2, 3 und 5. Es wurde mit dem dazugehörigen Einkaufs- und Kulturzentrum 1967 von Uroš Martinović vollendet. Am 8. März 2012 wurde das grundlegend sanierte **Kino Fontana** (gebaut 1967, ulica Pariske Komune 13) wiedereröffnet. In ihm findet jetzt das Filmfestival statt. Die **Skulptur Mutter und Kind**, Symbol der Geburt und des neuen Lebens, schmückt die Grünanlage.

Am Autoput entlang

Die Multifunktionshalle **Limes Arena** von 1991 verfügt über 20000 Plätze. Der Entwurf von Vlada Slavica ist aus dem Belgrader Kulturleben nicht mehr wegzudenken. Ob Rock, Klassik oder Holiday on Ice: Große Veranstaltungen sind hier angesagt. Im Jahr 2005 fand hier beispielsweise die Basketball-Europameisterschaft statt. Die serbischen Basketballer – Damen wie Herren – gehören traditionell zur Weltspitze.

»Disney on ice« in der Limes Arena

Bis vor wenigen Jahren war der **Genex-Turm** (Генексова Кула), das sogenannte West-Tor, mit seinen 135 Metern das höchste Gebäude der Stadt. Er wurde 1972 von Mihajlo Mitrović entworfen, einem bekannten jugoslawischen Architekten.

Sava Centar

Am 14. Mai 1977 weihte Tito persönlich den Glas- und Betonbau des Sava Centar (Сава Центар) ein, ein Kongresszentrum mit zwei großen Hallen. Von Mitte 1977 bis März 1978 tagte hier die Nachfolgekonferenz über Sicherheit und Zusammenarbeit in Europa (KSZE), die nach Wegen suchte, an die Schlussakte der ersten KSZE-Konferenz von Helsinki (1973–1975) anzuknüpfen. Im Kongresszentrum befindet sich das mit 4000 Plätzen größte Auditorium des Balkans. Das Sava Centar war zu Zeiten Jugoslawiens Tagungsort von mehr als 150 internationalen Zusammenkünften, darunter Versammlungen der Weltbank, des Internationalen Währungsfonds und der Jahresversammlung der UNESCO. Auch heute ist Belgrad regelmäßig Veranstaltungsort internationaler Konferenzen, darunter vielfach im Bereich der Medizin. Der Komplex wurde 1976 von Stojan Maksimović entworfen und im Jahr 1979 mit dem Treffen des Internationalen Währungsfonds offiziell eröffnet. Im Jahr 2008 war Serbien im Sava Centar Gastgeber des Interntional Song Contest (ESC). Mit dem Kongresszentrums entstand auch das **Hotel Intercontinental**, heute das ›Crowne Plaza‹.

Studentenstadt

Am äußersten Ende von Neu-Belgrad befindet sich eines der neun über ganz Belgrad verteilten Studentenwohnheime, die Studentenstadt (Studentski Grad/Студентски Град). Das ist eine Wohnsiedlung für etwa 6000 Studenten, die in den 1950er Jahren entstand. Sportanlagen und ein sehr aktives Kulturzentrum mit Galerie gehören dazu. In der ulica Tošina Bunara 147 ist der RTVSG – Funk und Fernsehen Studentski grad – zu Hause. Das gesamte Programm wird von Studenten geplant, umgesetzt und gesendet. RTVSG informiert die Studentenschaft über aktuelles Zeitgeschehen, entwickelt den Amateurjournalismus und Kulturprogramme.

▶ Karte S. 180

Save-Promenade und Insel Međica

Nicht sehr umtriebig, weil mehr von Einheimischen als von Touristen frequentiert, ist das Saveufer (Savski kej/Савски Kej) auf der Neu-Belgrader Seite. Hier wurde eine schöne, begrünte Promenade mit Rad- und Fußwegen angelegt, und von hier kann man auf die Insel Ada Ciganlija übersetzen. Einige schwimmende Sommerhäuser und Cafés finden sich ebenfalls. ›Bei Andrea‹ kann man nicht nur gut essen oder einen Kaffee trinken, sondern auch gleich in die Donau springen. Zwischen Ada Ciganlija und dem Saveufer liegt die kleine Insel Ada Međica, übersetzt: die Damminsel. Von dort hat man einen schönen Blick auf die bunt angestrichenen, vor Anker gesetzten Hausboote dieser Insel.

Entspannter Sommertag am Saveufer

Vorstädte

Einige Vorstädte erlauben ganz besonders einen Blick in die bewegte Geschichte der Region rund um Belgrad. Zu ihrer Attraktivität trägt auch die gute Anbindung an das öffentliche Verkehrsnetz bei.

Grocka

In Grocka (Гроцка), der einzigen Vorstadt Belgrads an der Donau, leben etwa 84 000 Einwohner auf einer Fläche von rund 289 Quadratkilometern und 15 Siedlungen. Hier lebt man vom Obstanbau. Die Lage an der Donau gibt den Hauptstädtern Gelegenheit zum Baden, Angeln und Bootfahren; gutbetuchte Belgrader haben hier Wochenendhäuser. Im Ort selbst ist ein alter Basar (Čaršija) zu finden, in seiner Umgebung wurden Funde aus prähistorischer und antiker Zeit gefunden. An der Straße Grocka–Smederevo kommt man am Friedhof von Brestovik vorbei, auf dem ein römisches Grabmal aus dem 3. nachchristlichen Jahrhundert zu sehen ist.

Grocka fand im Jahr 878 erstmals als Gardec schriftliche Erwähnung und war Teil eines Limes, von dem noch Reste erhalten blieben. In der Schlacht von Grocka – auch vierter Türkenkrieg genannt – erlitten die Österreicher am 22. Juli 1739 schwere Verluste und mussten in der Folge Belgrad aufgeben.

■ Kulturzentrum

Das Kulturzentrum ist in zwei historischen Häusern eingerichtet: Das malerische **Haus Rančić** mit kleinem Garten stammt aus dem 18. Jahrhundert. In ihm wurde das Projekt ›Ethno-Siedlung Grocka‹ realisiert, wozu auch eine traditionelle Weberei gehört. Die **Villa von Bogdan Gavrilović** gilt als eines der ersten Wochenendhäuser und wurde 1928 für den Professor der Universität gebaut.

■ Tsintsar-Haus

Das Tsintsar-Haus (ulica 17. Oktober 9) gilt als schönes Beispiel für einen Haustyp, der in der osmanischen Zeit in den Tälern der Donau und der Moravia gebaut wurde. Von ihm sind nur wenige Exemplare erhalten geblieben. Daus Haus steht von der Straße zurückversetzt mit einem kleinen Hof am Ende des Gartens. Seine Holzrahmenstruktur ist mit Adobeziegeln und mit Lehm beworfenem Flechtwerk gefüllt. Das Fundament besteht aus einer Kombination von roh behauenen Steinen und Eichenholz, während das Walmdach mit Ziegeln bedeckt ist. Das Dachgesims, das dem Schutz der Fassaden und des Fundaments dient, ist bis zu einem Meter breit. Grundsätzlich besteht das Haus aus vier Einheiten mit einer zentralen Küche, die direkt von der Veranda her zugänglich ist. Neben einer Feuerstelle – heute nicht mehr im ursprünglichen Zustand – befindet sich in einer Ecke der Küche ein Klosett mit einem Loch, durch das eine Röhre geführt ist, die in die Südwestwand eingemauert ist. Das Klosett ist ein Beispiel eines Abwassersystems, das für ein von Muslimen bewohntes Haus typisch war. Durch Zumauern einer Türe und Aufteilung eines Raumes wurde ein weiterer Raum gewonnen, der nun direkt von der Veranda her zugänglich war. Unter der Veranda befindet sich ein geräumiger Keller, der sich praktisch über die gesamte Länge des Hauses erstreckt.

Kloster Rajinovac

Ganz in der Nähe des Belgrader Vororts Begaljica (Бегаљица) liegt das Kloster Rajinovac (Рајиновац). Im Jahr 1528 war an dieser Stelle ein Kloster für den heiligen Rajko, etwas später für den heiligen Theodor und danach für den Petar

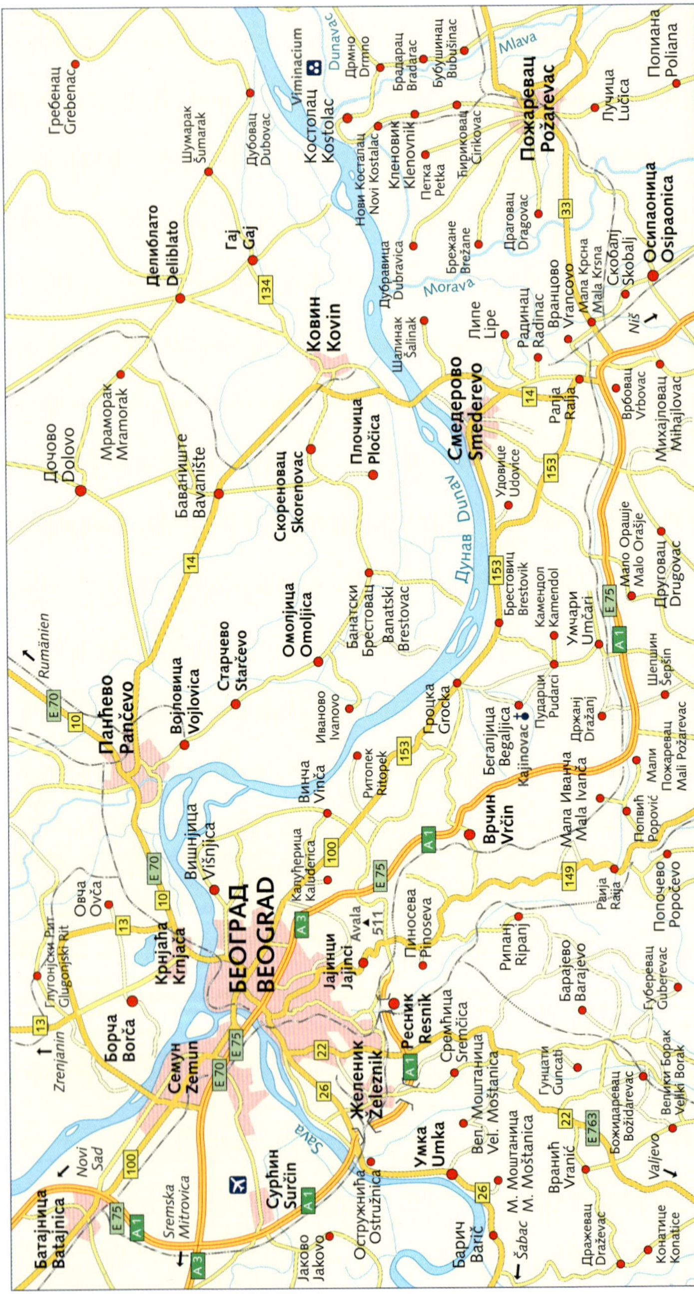

Vorstädte und Umgebung von Belgrad

erwähnt worden. Viele Legenden ranken sich um das Kloster. So leben im Namen die Worte ›Paradies‹ und ›Geld‹. Nach mehrfachen Zerstörungen entstand es im 18. Jahrhundert neu und wurde 1985 renoviert. Sechs Nonnen leben hier, deren Gotteshaus auch Gemeindekirche ist. Das einfache, tonnengewölbte Kirchlein mit einem Westturm liegt in der gleichnamigen kleinen Ortschaft inmitten eines Obstanbaugebietes. Von hier kommen schmackhafte Pfirsiche, Aprikosen und Erdbeeren. Man sollte also unbedingt zur Erntezeit hierher kommen.

Vinča

Zur nordöstlich von Belgrad gelegenen Vorstadt Grocka gehört auch die Siedlung Vinča. Der Ort ist als Sitz des ›Nuklearwissenschaftlichen Institutes Vinča‹ bekannt. Hier, am rechten Steilufer der Donau unweit der Mündung des Flusses Bolečica, hat man einen sensationellen prähistorischen Fund gemacht. Dieser ist so bedeutend, dass die Fundstätte Vinča (Arheološko Nalazište Vinča) der archäologischen Kultur der Jungsteinzeit in Südosteuropa ihren Namen gab. Von 5400 bis 4500 vor Christus war die Vinča-Kultur vorwiegend auf dem Gebiet des heutigen Serbien, auch in Ostbosnien, Südungarn und Westrumänien beheimatet. Die **prähistorische Ausgrabungsstätte** liegt etwa 20 Kilometer südöstlich von Belgrad in Richtung Smederevo an einem Abhang unmittelbar über dem Donauufer. Die neolithische Siedlung (Belo Brdo) mit einer fast elf Meter dicken Kulturschicht hat der serbische Archäologe Miloje Vasić aus Belgrad (1869–1956) 1905 entdeckt. Erste Erkenntnisse veröffentlichte er wenig später. Dank der finanziellen Unterstützung durch Charles Hyde konnten zwischen 1924 und 1936 dreieinhalb Hektar ausgegraben werden. Es wurden Häuser, Erdhütten und neolithische Plastiken zutage gefördert. Vinča hat eine interessante Forschungsgeschichte: Zunächst ging man davon aus, dass die Kultur nicht älter als die ägyptische Kultur des Alten Reiches, also nicht älter als 2700 vor Christus sein könnte. Dank der C14-Methode ist jedoch eine exakte zeitliche Zuordnung möglich geworden und beweist das Gegenteil. Die Grabungen wurden 1978 wieder aufgenommen und werden bis heute fortgesetzt. Im Sommer werden seit Jahren Grabungskurse angeboten, an denen jeder teilnehmen kann. Unter den Fundstücken ragt eine etwa 6500 Jahre alte anthropomorphe Skulptur heraus. Die kostbaren beweglichen Objekte werden im Nationalmuseum in Belgrad aufbewahrt. Hier am Fundort sind das ausgegrabene Areal und Scherben zu sehen. Die Ausgrabung untersteht der Belgrader Stadtmuseumsverwaltung (www.mgb.org.rs).

Eine der zahlreichen neolithischen Plastiken in Vinča

Ein Ausstellungsobjekt im Luftfahrtmuseum

Für die Anwohner ist der Platz an der Donau Erholungsgelände mit wenigen Restaurants, darunter einem Schiffsrestaurant. Obgleich nur wenige Kilometer von Belgrad entfernt, ermöglicht die sehr breite Donau, deren Ufer hier nicht bebaut wurden, einen schier endlos weiten Blick.

Von Belgrad werden Tagesausflüge nach Vinča angeboten. Aber auch das öffentliche Busnetz bedient das Dorf. Mit dem Fahrrad sind es zwar wenige, aber risikoreiche Kilometer auf stark befahrener Landstraße. Man folgt stadtauswärts dem Bulevar Kralja Aleksandra und hält sich dann immer in Richtung Smederevo. Ein Radweg entlang der Donau steht leider noch aus (Informationen: www.vinca.edu.rs und www.grocka.rs).

Surčin

▲ Karte S. 188

Surčin (Сурчин) ist seit 2003 eine selbständige Gemeinde. Sie weist einen ausgesprochen dörflichen Charakter mit geringer Einwohnerdichte auf – etwa 18 000 Einwohner auf 288 Quadratkilometer –, was während der Jugoslawienkriege zwischen 1991 und 2001 dazu führte, dass sich die serbischen Flüchtlinge hier verstärkt niederließen. Die Menschen leben vorwiegend von der Landwirtschaft, im östlichen Teil der Gemeinde befindet sich der größte zivile Flughafen Serbiens, der nach dem Wissenschaftler Nikola Tesla (Аеродром Никола Тесла) benannt ist. Der Flughafen wurde am 28. April 1962 in Anwesenheit von Tito feierlich eingeweiht und ersetzte zwei ältere: den Flughafen Bežanija in Neu-Belgrad, der während des Zweiten Weltkriegs zerstört und dann wieder hergerichtet worden war, und den in Pančevo.

■ Museum der Luftschifffahrt

Das sehenswerte Museum der Luftschifffahrt (Muzej vazduhoplovstva/Музеј ваздухопловства) wurde 1957 vom Oberkommando der jugoslawischen Luftwaffe und Luftabwehr gegründet. Seit 1989 ist es unweit vom Flughafenterminal in einem eigenen Gebäude untergebracht. Das wie ein geodätisches Netz konzipierte Gebäude aus Glas geht auf einen Entwurf von Ivan Štraus zurück. Bis dahin hatte man die Objekte auf dem Kalemegdan ausgestellt.

Das Museum ist ein Gemeinschaftsanliegen des serbischen Luftfahrtkommandos und der zivilen Luftfahrt; unter anderem ist die Fluggesellschaft JAT daran beteiligt. Die international sehr renommierte Einrichtung verfügt über einen enormen Bestand an Flugzeugen, Flugkörpern, Radaranlagen, Raketen und anderer Ausrüstung sowie über 20 000 Bücher und technische Dokumentationen und eine umfangreiche Fotothek. Besonders stolz ist man auf die Flugzeugsammlung aus dem Zweiten Weltkrieg. Sie umfasst mehr als 50 Typen von Originalflugzeugen, Helikoptern, Wasser- und Gleitflugzeugen aus verschiedenen Ländern Europas und den Vereinigten Staaten. Darunter sind insbesondere die folgenden Flugzeugtypen zu erwähnen: Messerschmitt ME-109, Hurricane MK. IV. Spitfire Mk. Vc, Yak-3, Iljuschin IL-2. Die Ausstellung ist in einen zivilen und einen militärischen Sektor aufgeteilt. Im ersten Obergeschoss wird der militärische Bereich gezeigt. Thematisch separat angeordnet sind: die Hauptausstellung ›Serbische Luftfahrt 1912–1918‹ und ›Luftfahrt im April 1941‹ mit einer der größten Flugzeugsammlung des Zweiten Weltkriegs. Natürlich dürfen Objekte des Luftangriffs der NATO nicht fehlen. In der oberen Ebene werden Dokumentationen gezeigt: die Entwicklung der serbischen Luftfahrtindustrie von 1923 bis 1993, die Geschichte der ersten jugoslawischen Fluggesellschaft JAT, das einheimische Luft-Transportwesen einschließlich dem Ausbau des Flughafens Surčin. Viele Flugzeuge sind im Außenbereich ausgestellt. Im Museum stehen ein großes Kino, ein Vortragssaal und eine moderne audiovisuelle Ausstattung zur Verfügung.

Anfahrt mit dem Pkw mit kostenlosem Parkplatz oder mit dem Bus 72 ab Zeleni Venac. (Tgl., Apr. bis Okt. 9–18.30 Uhr, Nov. bis März 9–16 Uhr; www.muzejvazduhoplovstva.org.rs, www.aeronauticalmuseum.com).

Die Umgebung von Belgrad

Rund um Belgrad liegen einige attraktive Orte und Regionen für einen Tagesausflug: In nördlicher Richtung erstreckt sich die Vojvodina; in südwestlicher Richtung gelangt man in die beliebte Šumadija, das Hügelland bei Belgrad. Auf dem Weg dorthin erreicht man nur wenige Kilometer außerhalb Belgrads den Hausberg Avala (Stadtbezirk Voždovac).

Einen besonders eindrücklichen Blick in die römische Zeit erlaubt der Archäologische Park von Viminacium, und ein Fahrradausflug nach Pančevo führt durch ein Naturschutzgebiet in einen Ort, den bis heute Industrie, Bier und Sezessionsbauten prägen.

Avala

Der Berg Avala (Авала) ist eine Erhöhung von 511 Metern; er liegt etwa 15 Kilometer südlich der Belgrader Innenstadt. In der Antike förderte man hier in den Bergwerken Zinnober (Cinnabarit), das während der Vinča-Kultur für die Verzierung der Keramik genutzt wurde, und ein grünliches Mineral, das nach der Fundstätte ›Avalit‹ genannt wurde. Der Berg verdankt seinen Namen den Türken, die ihn im 15. Jahrhundert auf den arabischen Namen ›Havala‹ – etwa: Hindernis, das über die Umgebung dominiert – tauften. Sie bauten auf dem Hügel eine schon vorhandene Festung aus.

Der 2010 fertiggestellte neue Fernsehturm

Nach oben führt in einem Einbahnstraßensystem eine vier Kilometer lange Straße durch unbesiedeltes Waldgebiet. Auf halber Höhe erinnert eine Gedenkstätte an die Opfer eines Flugzeugabsturzes, der sich am 19. Oktober 1964 ereignete. Die Insassen, russische Veteranen, wollten an der Feier zum 20. Jahrestag der Belgrader Befreiung teilnehmen. Jovan Kratohvil schuf das Bronzedenkmal. Die türkische Bastion, die früher auf dem Gipfel stand und von der die Osmanen Belgrad beschossen, stammte aus dem Jahr 1440. Die Gegenburg, die sich auf dem Gelände der einstigen mittelalterlichen Stadt Žrnov befand, musste 1934 dem **Grabmal des Unbekannten Soldaten** weichen, das der Gefallenen der Kriege von 1912 bis 1918 gedenkt. Das Denkmal wurde auf Initiative von König Aleksandar I. nach Entwürfen des Bildhauers Ivan Meštrović erbaut. Für das eindrucksvolle Monument wurden allein 8000 Kubikmeter Granit aus Jablanica (Bosnien-Herzegowina) herangeschafft. Von 1934 bis 1938 schuf Meštrović das Monument in Form eines wuchtigen antiken Sarkophags, der auf einem Postament von sich nach oben verjüngenden Granitplatten steht. Eine monumentale Treppe führt von der Basis zu den Eingängen der Gruft. Je vier Karyatiden in Form von weiblichen Figuren in den Nationaltrachten der Völker Jugoslawiens tragen das Dach und flankieren so symbolisch als Ehrengarde die Eingänge. Sie repräsentieren Slawonien, Vojvodina, Montenegro, Kosovo, Dalmatien, Zagorje, Mazedonien und Slowenien.

▲ Karte S. 188

Der Avala war und ist ein beliebtes Wochenendziel der Belgrader. Sein von weither sichtbares Wahrzeichen war der **Fernsehturm** mit einem Drehrestaurant. Er fiel 1999 den NATO-Bomben zum Opfer, im Jahr 2010 wurde der wiederaufgebaute Bau eingeweiht. Der erdbebensicher konstruierte Turm ist mit 205,5 Metern einen Meter höher als der alte und erinnert in seiner Formgebung an eine Rakete. Ein Aufzug bringt die Besucher bis auf 120 Meter Höhe (Turmbesichtigung tgl. 9–17 Uhr).

Mehrere neue **Restaurants** haben sich seitdem etabliert, darunter das ›Mitrovićev Dom‹ (Tel. 3907458). Hier kann man auch übernachten. Das alte Hotel ›Avala‹ ist ganzjährig geöffnet und wartet mit einem Restaurant und einer schönen Terrasse auf (Tel. 3906621, www.hotel-avala.com). Diese Einrichtungen und die sportlichen Möglichkeiten – unter anderem das Fahren mit Mountainbikes, am Fuß des Hügels ist auch ein Trimmpfad angelegt –, machen den Avala zu einem beliebten Ausflugsziel der Belgrader.

Man erreicht den Avala am besten mit dem Pkw über die Autobahn in Richtung Niš (Ausfahrt Avala) oder man fährt über die Innenstadt nach Vračar, biegt dann in den Bul. Jugoslavija ein und fährt schließlich am Fußballstadion vorbei durch Villengegenden und immer geradeaus bis zum Abzweig Avala.

Archäologischer Park Viminacium

Das antike Viminacium (Виминацијум) ist eine der neun großen archäologischen Ausgrabungen der römischen Zeit auf serbischem Boden. Es befindet sich rund 90 Kilometer südöstlich von Belgrad.
Zwölf Kilometer vom heutigen Stadtzentrum Kostolac, an der am Donau entlang laufenden via militaris, lag einst eine der großen römischen Städte. Sie zählte in ihrer Blütezeit etwa 40 000 Einwohner. Strategische Gründe wie die Verteidigung der Donaugrenze, große Getreidevorräte und die Ausbeutung der Erzvorkommen des Hinterlandes waren verantwortlich für ihre Förderung. Das römische Legionslager und die Stadt Viminacium in Moesia superior lagen an dem Fluss Mlava (Maglia), ungefähr an ihrer Mündung in die Donau. Das Legionärslager erstreckte sich zwei Kilometer von der Donau entfernt am Ostufer der Mlava und hatte eine Fläche von 442 mal 385 Meter. Die Bürgerstadt wird am Westufer der Mlava vermutet. Südlich und östlich des Lagers wurden zwei Gräberfelder entdeckt. Hier zweigte einst die Limesstraße Ratiar–Oescus von der Reichsstraße ab, die nach Byzanz führte. Die Römer waren erstmals nach der Besiegung der Skordisker im 1. Jahrhundert vor Christus hierher vorgedrungen und machten den Ort schon bald zum ständigen Garnisonsort der VII. Legion des Claudius, die aus Dalmatien hierher verlegt wurde. Auch die IV. Legion, die flavische, war zeitweise hier stationiert. Nach der Teilung der Provinz Moesia wurde Viminacium Residenzstadt des Statthalters von Moesia Superior. Während des ersten Krieges gegen die Daker befand sich hier das Hauptquartier. Kaiser Hadrian (117–138) erhob Viminacium in den Rang eines Municipiums. Im Jahr 196 ernannte Kaiser Septimius Severus seinen Sohn Caracalla in Viminacium zum Caesar. Der in Serbien geborene Decius (Messius Quintus Traianus Decius) wurde

Eine Besuchergruppe an der Nekropole

Stadtspaziergänge

Archäologen legen Mammutknochen frei

in Viminacium im Jahr 249 von seinen Truppen zum römischen Kaiser ausgerufen. In Sirmium zwischen 190 und 200 nach Christus geboren, begann er seine militärische Laufbahn als Oberbefehlshaber über Moesien und Pannonien. Nach dem Sieg über Philippus bei Verona zog er in Rom ein, wo er Thermen bauen ließ. Nach nur zwei Jahren als Kaiser fiel er im Kampf gegen die Goten. Seit dem Jahr 239 nach Christus war es Viminacium als einziger Stadt in der nicht unbedeutenden römischen Provinz Moesia Superior gestattet, Münzen zu prägen: Sie wurden mit der Inschrift MSCV für ›Moesia Superior Colonia Viminacium‹ versehen. Erst Gallienus (218–268) nahm ihr wieder dieses Recht.

Im frühen Christentum wurde die Stadt zum Bischofssitz. Ein Bischof Amanthius von Viminacium wird im Zusammenhang mit dem Konzil von Serdica im Jahr 343 erwähnt. Im Jahr 382, während der gotischen Kriege, soll hier ein Treffen zwischen Theodosius und Gratianus stattgefunden haben. Attila eroberte Viminacium 441 und zerstörte es bis auf die Grundmauern. Kaiser Justinian I. (527–565) erkannte die strategische Bedeutung der Stadt und veranlasste ihren Wiederaufbau. Unter ihm wurde diese wichtige byzantinische Bastion wieder Moesia prima und in ihr ein Erzbistum gestiftet. Kurz darauf zerstörten die Awaren sie 582 vollständig.

▲ Karte S. 188

Ausgrabungsstätte und Museum

Die archäologische Ausgrabung erstreckt sich auf 450 Hektar zwischen Stari Kostolac und der Mine ›Drmno‹. Große Teile der römischen Stadtanlage liegen einerseits unter landwirtschaftlich genutztem Ackerland, andererseits unter der Mine Drmno, wo im Tagebau Steinkohle abgebaut wird. Die Mine wurde 1977 erschlossen und fördert seit 1983 Kohle. Da es zu Interessenskonflikten kam, musste das Gericht entscheiden. Die Archäologen haben nun 40 Jahre Zeit bekommen, den Rest der Stadt auszugraben und zu sichern.

Tempel, **Straßen**, **Plätze**, ein **Hippodrom** und **Bäder** wurden bereits freigelegt, ferner Reste der **Porta Praetoria**, eine **Therme** und zwei **Nekropolen** mit insgesamt mehr als 14000 Gräbern. Am kürzlich entdeckten **Theater** sind die Ausgrabungen noch nicht abgeschlossen.

Beim neuen **Museumsbau** mit einer Cafeteria befindet sich eine der beiden Nekropolen. Sie birgt interessante Zeugnisse und ist für Besucher zugänglich. Im Zentrum befindet sich ein kaiserliches Grab, vermutlich für den 251 verstorbenen Kaiser Hostilius, dem jüngeren Sohn des Kaisers Decius. Durch einen unterirdischen Gang gelangt man mit der Führung zu zwei Grabkammern aus dem 3. nachchristlichen Jahrhundert und einigen Gräbern mit zahlreichen Wandmalereien in ›Al Fresco‹-Technik aus der spätantiken Phase. Fast alle untersuchten Grabkammern bestehen aus Ziegeln, die mit Mörtel verbunden wurden. Sie dienten Mehrfachbestattungen. Die meisten Gräber wurden geplündert, einige Fundstücke werden im Nationalmuseum in Belgrad aufbewahrt. Die Wandmalereien blieben erhalten. Die Motive reichen von ornamentalem und floralem Schmuck bis hin zu Christusmonogrammen, Pfauen, Jagdszenen und sogar einem Porträt einer Verstorbenen. An beweglichen Funden ist eine 35 Zentimeter große Jade-Skulptur hervorzuheben.

Im Jahr 2005 hat man in Viminacium den sensationellen Fund eines fünf Millionen alten Mammutskeletts gemacht. Weitere Mammutfunde folgten 2009 und 2012. Der serbische Präsident Nikolić eröffnete im Juni 2014 den Mammut-Park Viminacium auf dem archäologischen Gelände.

Viminacium

Archäologischer Park (arheološkog parka Viminacium/археолошког парка Виминацијум), Tel. 062/669-013, www.viminacium.org.rs; tgl. 9–19 Uhr (Sommer) und 9–16 Uhr (Herbst). Die Gräber sind nur mit einer sehr qualifizierten Führung zu begehen.

Individuell erreicht man die Ausgrabung am besten mit dem Auto. Es gibt zwar Busverbindungen nach Kostolac. Aber die Ausgrabungsstätte ist weitläufig und liegt einige Kilometer außerhalb von Ort und Bushaltestelle.

In manchen Saisons werden Tagesausflüge ab Belgrad angeboten: Hinreise mit dem Schiff und Rückreise mit dem Bus. Infos über das Tourismusbüro in Belgrad.

Pančevo

Bei Pančevo (Панчево, deutsch Pantschowa, ungarisch Pancsova) fließt die Tamiš (Тамиш) in die Donau. Die Stadt liegt bereits in der Vojvodina und hat etwa 90 000 Einwohner. Die Nähe zu Belgrad hat die Stadt für den Bau von Industrieanlagen prädestiniert: Hier befinden sich das serbische Zentrum der Petrochemie, Pharmaindustrie und Stahlindustrie, das elektrotechnische Unternehmen ›tesla‹ und die Firma ›Utva‹, das einzige Flugzeugwerk Serbiens.

Die Bombardements der NATO haben der Stadt schwer zugesetzt. Die dadurch freigesetzten Chemikalien bewirkten eine gravierende Kontamination der Umwelt, in deren Folge auch eine erheblich erhöhte Krebsrate und Kindersterblichkeit zu verzeichnen war.

Die Stadt hat schon viele Namen besessen: Panuka im 9. Jahrhundert, dann Panuces, Panoča und Panzova, je nachdem, welches Volk von ihr gerade Besitz nahm. Von 1520 bis 1717 von den Türken beherrscht, wurde die Stadt zunächst als Festung und 1794 als freie Stadt erwähnt. In der Umgebung wurden neusteinzeitliche Funde gemacht.

Zentrum

Das Zentrum ist langgezogen und in Teilen verkehrsberuhigt. Zwei orthodoxe Kirchen sind sehenswert: Die **Muttergottes-Entschlafens-Kirche** (crkva Uspenska Bogorodice/црква Успенска

Богородице) mit ihrer Zweiturmfassade wurde von 1807 bis 1811 erbaut. Sie besitzt eine schöne Ikonostase, deren Schnitzarbeiten auf Mihajlo Janić aus Arad zurückgehen, während die Malereien aus den Jahren 1828 bis 1832 von Konstantin Danil (1798-1873) stammen. Die neoromanische **Verklärungskirche** (Preobraženska Crkva/ Преображенска црква) entwarf der Architekt Svetozar Ivačković (1844-1932) im 19. Jahrhundert. Er griff im Entwurf auf mittelalterliche Konstruktionselemente zurück, weil er an die serbische mittelalterliche Architektur anknüpfen wollte. Uroš Predić malte ihre Ikonostase, Stevan Aleksić ihre Wandmalereien. Diese umfassen über 70 Porträts und historische Szenen, darunter die Errichtung des Klosters Žiča, die Krönung Stefans des Erstgekrönten und die Verbrennung der Gebeine des heiligen Sava. Der dazugehörige Glockenturm hat sein Vorbild im italienischen Campanile.

Ein großer **Stadtpark** und einige historische **Gebäude**, besonders jene im Sezessionsstil, sind ebenso sehenswert. Am Tamišufer liegt der **Freizeitpark** mit Promenade: Schwimmen, Angeln, Rudern sind hier angesagt.

Jugendstil im Zentrum von Pančevo

▲ Karte S. 188

Brauerei Đorđe Vajfert

Pančevo ist eng mit der Brauerei Vajfert (Weifert) verbunden. Đorđe Vajfert, vermutlich deutscher Abstammung, war gelernter Gerber. Er kam aus Vršac nach Pančevo, wo er zunächst Getreidehandel betrieb. Sein Sohn Ignjat lernte in München das Brauereihandwerk. Nach seiner Rückkehr begründete er mit seinem Vater die Brauerei in Pančevo, 1865 erwarben sie die fürstliche Brauerei in Belgrad. Ignjats Sohn Đorđe (1850-1937) lernte ebenfalls in München das Brauereihandwerk. Nach seiner Rückkehr ließ er sich einbürgern. In Topčider gründete er die erste serbische Brauerei. Im serbisch-türkischen Krieg diente er mit Krsmanović in der Kavallerie. Die Freunde beteiligten sich maßgeblich an der Serbischen Nationalbank. Đorđe Vajfert investierte als einer der ersten seine Gewinne in die Bergwerke. Nach acht erfolglosen Jahren gelang es ihm dank einem Ingenieur namens Šistek, in Bor die Hauptader des Kupferbergwerks zu treffen. Damit begann sein Aufstieg zum Millionär. 1918 wurde seine Brauerei Aktiengesellschaft, die Hälfte der Papiere wurden der Stojan-Veljković-Vračar-Genossenschaft (Vračarska zadruga Stojana Veljkovića) geschenkt. Đorđe Vajfert rief weitere Hilfsprojekte ins Leben, und der Kinderlose teilte seinen Besitz bis zu seinem Tod 1937 auf: Neffe Ferdinand Gramberg erhielt als Universalerbe die Brauerei, die unter dem Markennamen BIP (Beogradski industrija piva) bis heute exisitiert. Đorđe Vajfert war längere Zeit Gouverneur der Nationalbank und wurde in der Folge auf Lebenszeit zum Ehrengouverneur der Nationalbank und zum Ehrenpräsidenten des Industrievereins Serbien ernannt. Er vermachte seine umfangreiche Sammlung alter Münzen der Universität Belgrad und seine große Gemäldesammlung dem Museum Belgrad.

Naturbelassene Uferauen säumen den Radweg nach Pančevo

Mit dem Fahrrad von Belgrad nach Pančevo

Die 18 Kilometer lange Fahrt mit dem Fahrrad von Belgrad nach Pančevo lohnt sich besonders für Ornithologen. In Belgrad führt nur eine Brücke über die Donau. Sie besitzt leider keinen Radweg, sondern nur einen ungeschützten Bürgersteig. Dahinter aber verläuft ein Radweg entlang der Donau, teilweise auf den Dämmen. Hier wurden breite Flussauen belassen, die der Vogelwelt ein einzigartiges Refugium bieten. Man kann hier viele Arten von Reihern – Silber-, Purpur-, Löffel-, Grau- und Seidenreiher – und Schwäne, Stelzvögel wie Weißstörche, auch Flugenten, Wildgänse, Kraniche und Singvögel beobachten; daneben sind hier Schlangen sowie viele Insekten- und Schmetterlingsarten heimisch.

i Pančevo

www.pancevo.rs Offizielle Seite der Stadt (Serbisch, Englisch).

Club Restoran Poco Loco, ul. Braće Jovanovića 15, Tel. 013/355333, tgl. 8–24 Uhr, Sa/So eine Stunde länger. Internationale Küche.

Romantik-Zug Seit dem Jahr 2008 fährt in der Saison von Mai bis Oktober der historische Zug Romantika ab Belgrad. Tickets können in Belgrad am Schalter 10 und einigen Reisebüros gekauft werden. Fahrräder können mitgenommen und Pkw in Belgrad am Bahnhof kostenlos abgestellt werden. Der Zug fährt folgende Städte an: Smederevo (die alte Festungsstadt liegt 40 Kilometer östlich von Belgrad direkt an der Donau), Vrnjačka Banja in der Šumadija, Palić, Sremski-Karlovci, Vršac in der Vojvodina und Požarevac unweit der Donau. Die Fahrt wurde zwar 2012 ausgesetzt, wird aber seit 2013 wieder durchgeführt. Aktuelle Informationen nur während des Sommers: www.zeleznicesrbije.com, romantik@srbrail.rs.
Information am Bahnhof, Tel. 011/3616761.

Dieses Städtchen hat nicht nur eine ausgezeichnete Lage, sondern ihm haftet auch der Zauber des Erwachens, die Bedeutung des Entstehens an. Dies wird offenkundig, wenn man Belgrad im Sommer beobachtet, in der Sonne, vom anderen Ufer der Save aus. In diesem glühenden Licht sieht man eine Stadt, die aus der Tiefe des Balkans hierher gesegelt und hier gelandet ist, im Vorhof Europas, damit sich ihr orientalischer Basar mit den Zutaten des Internationalismus und der Zivilisation des 20. Jahrhunderts vermengen kann.

Marko Ristić (1902–1984), Schriftsteller, im Jahr 1924

Belgrad, im Künstlerviertel Skadarlija

BELGRAD-INFORMATIONEN

Allgemeine Informationen

Vorwahl: 011.
Postleitzahl: 11000.
Belgrad verfügt über mehrere Tourismus-Informations-Zentren. Sie bieten Stadtpläne und zahlreiche Broschüren und bieten auch eindrückliche Führungen an: Festung, Altstadt, Altstadt-Zemun, seit neuestem ›Belgrad Untergrund‹, Besichtigung des Weißen Hofes, Straßenbahnrundfahrt und Touren zu den außerhalb gelegenen Kirchen und Klöstern mit Studenica und Žiča.
Tourismus-Informations-Zentrum, Knez Mihailova 5, Tel. 3281859, Fax 2629253, www.travel-belgrade.com, bginfo.knezmihailova@tob.co.rs. Direkt in der Fußgängerzone. Hier findet man das größte Angebot an Broschüren. Tgl 9–19 Uhr, So geschlossen.
Weitere Büros: Im Flughafen Nikola Tesla, Tel. 2097638, 9–21.30 Uhr; Im Hauptbahnhof, Tel. 3612732, Mo–Sa 7–13 Uhr; Am Hafen (nur in der Sommersaison, keine festen Öffnungszeiten).
Nationale Tourismus Organisation von Serbien (NTOS), ul. Čika Ljubina 8/1, Tel. 6557127, www.serbia.travel, office@serbia.travel, Mo–Fr 9–20, Sa/So 9–16 Uhr. Der Schwerpunkt liegt hier auf Informationen zu Serbien allgemein.

Wichtige Adressen und Telefonnummern

Deutsche Botschaft, Savski Venac, Dedinje, ulica Neznanog junaka 1a, Tel. 3064300 (seit 2012).
Botschaft von Österreich, Stari Grad, ulica Kneza Sime Markovića 2, Tel. 3336500, Fax 2635606.
Botschaft der Schweiz, Vračar, Bul. Oslobođenja 4, Tel. 3065820, Fax 2657253.
Notrufnummern:
Polizei: 92.
Feuerwehr: 93.
Ambulance (hitna pomoć): 94.
Auto-moto savez Srbije (Pannenhilfe): 987.

Banken und Wechselstuben

Die Banken sind meist werktags von 9 bis 17 Uhr geöffnet. Der Dinar wird in

Der Alte Hof, heute Sitz des Stadtparlaments

Scheinen zu 10, 20, 50, 100, 200, 500, 1000, 2000 und 5000 Dinar ausgeben, als Münzen in 1, 2, 5, 10 und 20 Dinar. Die offiziellen Wechselstuben sind durch das Logo der Serbischen Nationalbank gekennzeichnet. Stark vertreten sind die Wechselstuben der österreichischen Verkehrskreditbank ATM. Kurs (März 2016): 1 Euro=122 RSD, 1000 RSD=8 Euro.

Post

Die serbische Post ist zuverlässig und schnell. Die Postämter sind täglich von 8 bis 19 Uhr und sonnabends von 8 bis 15 Uhr geöffnet.

Postämter:

Stari Grad, ul. Cara Dušana 16–18, Tel. 3210115.

Savski Venac, Hauptbahnhof, ul. Savska 2, Tel. 3643100.

Palilula, ul. Takovska 2, Tel. 3238481.

Karten, Bücher, Medien

Einige kostenlose Stadtmagazine liegen in den Touristeninformationen, Ho tels und Buchhandlungen, teilweise auch in Restaurants und Cafés aus; manche gibt es mittlerweile nur noch als Internetausgaben:

BelInfo. Kleiner englischer Führer mit Tipps.

Belgrade Info Guide. Englisch/Serbisch. Veranstaltungen, Sehenswürdigkeiten, Restaurants.

Singidunum weekly. Serbisch/Englisch; Veranstaltungen, Filme, Bücher, Interviews. Nur über Facebook.

Belgrade Insight, www.belgradinsight.com. Englisch, mit kurzen Artikeln zu Politik, Wirtschaft, Kultur und Meinungen, Restauranttipps, Theaterprogramm, Ausstellungen und vielem mehr.

Die Tourismus Organisation Belgrad gibt unregelmäßig **Dobrodošli u Beograd** heraus, einen kleinen Führer mit aktuellen Informationen.

City Magazine, www.citymagazine.rs. Serbisch (Lateinisch), erscheint in Belgrad, Novi Sad und Subotica, mit Gourmetausgabe, in dem sich viele Restauranttipps befinden.

Belgrade at night, www.belgradeatnight.com.

BelGuest, www.belguest.rs. Englisch/Serbisch, kostenloses Besuchermagazin für Belgrad und Serbien allgemein mit interessanten Beiträgen zu Land und Leuten.

Welcome to Belgrade, www.tob.co.rs. Offizieller Touristenführer der Tourismus-Organisation von Belgrad, Broschüre.

Cord, www.cordmagazine.com. Englisch/Serbisch (Lateinisch), Interviews, Meinungen, Neuigkeiten, Kommentare und Veranstaltungen.

Belgrade CityBreak, www.city-break.rs Nur im Internet.

Serbia Airways Flight Magazin **Elevate** Englisch/Serbisch, internationale und nationale Beiträge.

Internetcafés

Mittlerweile bieten fast alle Cafés W-LAN an. Für die, die ihren Laptop nicht dabei haben, gibt es nach wie vor Internetcafés (Öffnungszeiten oft bis 22 oder sogar 24 Uhr). Eine Auswahl:

Maverik, Dom omladine, ul. Makedonska 22 (Stari Grad), Tel. 322234.

Clic Kafe, ul. Rajićeva 14 (Stari Grad).

Club Forum, ul. Balkanska 21 (Stari Grad). 24-Stunden.

Plato Book, Akademski plato 1 (Stari Grad).

Evian, ul. Hadži Đerina 8 (Vračar).

Al Club, ul. Ruzveltova 1/22 (Zvezdara).

KGB, ul. Ruzveltova 1 (Zvezdara).

Igraonica Akter, ul. Dobanovačka 29 (Zemun).

InterClub, ul. Dubrovačka 4 (Zemun).

Inter evolution cafe, ul. Jurija Gagarina 233 (Novi Beograd).

An- und Abreise

Mit der Bahn

Von Deutschland gibt es täglich eine Direktverbindung München–Belgrad mit Intercity-Bus ab München ZOB-Hackerbrücke bis Ljubljana und Umsteigen in den Schnellzug bis Belgrad; Fahrtdauer insgesamt ca. 14 Stunden.

Oder Nachtzug ab München-Hauptbahnhof mit Umsteigen in Salzburg und Budapest, Fahrtdauer 20 Stunden. Infos und Preise: www.bahn.de.

Von der Schweiz gibt es derzeit täglich eine Direktverbindung ab Zürich nach Belgrad mit Umsteigen in Budapest. Fahrtdauer fast 20 Stunden, www.sbb.ch.

Von Wien bis Belgrad bestehen zwei Varianten:

Wien–Belgrad, Direktverbindung 1x täglich, Fahrtdauer elf Stunden.

Wien–Belgrad über Ljubljana, Zagreb mit Umsteigen in Dobova (Slovenien), Fahrtdauer 16 Stunden. www.oebb.at.

Sowohl von der Schweiz als auch von Deutschland fahren auch Züge mit Umsteigen in Wien nach Belgrad. Sie führen über Ungarn und halten auch in Budapest. Es gibt mehrere Grenzkontrollen, der Zug ist jedoch in der Regel pünktlich. Die Reinlichkeit des Nachtzuges ist verbesserungswürdig.

Hauptbahnhof Belgrad, Savski trg 2, Auskunft Tel. 3602899, www.zeleznicesrbije.com.

Mit dem Bus

Belgrads großer Busbahnhof befindet sich direkt neben dem Hauptbahnhof. Von hier starten alle Busgesellschaften außer Lasta, das nebenan über ein eigenes Terminal verfügt.

Beogradska Autobuska Stanica (BAS), Železnička 4, 11000 Beograd, www.bas.rs. Information und Resevierung unter Tel. 2644-455, Ticketoffice 0–24 Uhr, www.bas.rs, aviobas@bas.rs.

Die Firma Lasta (Ласта) bietet die meisten Nah- und Fernverkehrverbindungen an:

Autobuska Stanica Lasta, Železnička 2, Information und Reservierung unter Tel. 348-555, 3348-556, 3348-557, kostenlose Hotline national 0800334334, www.eurolines.de, www.lasta.co.rs., lasta@eunet.rs. Oder direkt am Schalter des Busbahnhofs.

Niš-Ekspres, Tel. 018/255177, www.nis-ekspres.rs (engl./srb), fährt von Niš – mit Halt in Belgrad und Novi Sad – nach Wien, Salzburg, Innsbruck und Bregenz.

Mit dem Flugzeug

Die nationale Fluggesellschaft Air Serbia bietet mehrmals wöchentlich von größeren Städten Deutschlands, Zürich und Wien Flüge nach Belgrad an.

Lufthansa täglich ab Frankfurt und München, Air Serbia ab Berlin Tegel, Düsseldorf und Stuttgart, Austrian Airlines ab Wien und Swiss International täglich ab Zürich; Germanwings startet von Stuttgart und der ungarische Billigfluganbieter Wizz-Air von Memmingen oder Stuttgart. Flugzeit 1.30–2.15 Stunden. Vom Flughafen Belgrad fährt der Bus Nr. 72 alle 30 Minuten ins Zentrum, Zeleni Venac. Er benötigt dafür je nach Verkehrsaufkommen 30–40 Minuten, das Ticket kostet 89 RSD. Es verkehren auch Minibusse, die schneller sind und 250 RSD kosten.

Nikola Tesla Flughafen/Auskunft, Tel. 2094000, Flugauskunft 2094444, www.beg.aero.

Air Serbia Gebührenfreie Rufnummer von Serbien 0800111528, vom Ausland 00381/11/3112123, callcenter@airserbia.com, www.airserbia.com.

Mit dem Auto

Aus Deutschland, der Schweiz und Österreich erreicht man Belgrad mit dem Auto über den Autoput von München, Salzburg, Ljubljana und Zagreb über die E70 kommend. Eine andere Route führt über die E75 durch Ungarn über Budapest Richtung Athen.

In Belgrad ist eine ADAC-Auslands-Notrufstation eingerichtet, Tel. 011/3331111. Sie bietet ADAC-Mitgliedern und Inhabern eines ADAC-Auslandskranken- und -unfallschutzes Hilfeleistungen bezüglich Hotels, Mietwagen, Fahrzeug- oder Krankenrücktransporten; www.adac.de. Informationen und Hilfe bietet auch der **Serbische Automobilclub** (Automoto Savez Srbije, AMSS), ul. Ruzveltova 18 (Zvezdara), Tel. 011/3331100, www.amss.org.rs, info@amss.org.rs.

Mit dem eigenen Boot

In Zemun oder Belgrad, Marina Dorćol stehen Anlegestellen zur Verfügung.

Zemun, Motorbootklub, Kej oslobođenja 29, Tel. 617-275. 24-Stunden-Wachdienst, Müllentsorgung, Strom 220 V, Wasser, Tiefe der Anlegezone 2,5–5 m.

Zemun, Jachtingklub, Kej oslobođenja 29a, Tel. 3075-200. Docks für Jachten und Motorboote, Tiefe in der Anlegezone 2–6,5 m, 24-Stunden-Wachdienst, Müllentsorgung, Strom 220 V, Wasser, Treibstoff.

Zemun Nautec, Kej oslobođenja 3a, www.nautec.co.rs. Tel. 3077792 und 3739711, office@nautec.rs. Tiefe in der Anlegezone 3–6,5 m, abseits vom Schiffahrtsweg, windgeschützt, 24-Stunden-Wachdienst, Müllentsorgung, Strom 220 V, Wasser, Treibstoff.

Motorbootklub, Beograd, Dorćol, Vojvode Bojovica b.b., Tel. 633779. Restaurant und Gästedocks, Tiefe in der Anlegezone 2,5–6 m, 24-Stunden-Wachdienst, Müllentsorgung, Strom, Wasser, Treibstoff.

Von und nach Novi Sad

Zwischen Belgrad und Novi Sad besteht ein reger Pendelverkehr per Bus. Je nach Anbieter, Verkehrsaufkommen und Route (Autobahn oder Landstraße) benötigt man mindestens eine Stunde. Fahren die Busse über den Belgrader Stadtteil Zemun, wo sie mehrfach halten, kann es bis zu eineinhalb Stunden dauern. Die schnellste Verbindung verläuft über die Autobahn und die Vorstadt Surčin.

Der 96 Kilometer lange und gut ausgebaute Donauradweg führt über Sremski Karlovci und Zemun.

Ein Morgen am Hauptbahnhof

Unterwegs in Belgrad

In der Stadt verkehren Busse, Trolleybusse, Minibusse, Straßenbahnen sowie die ›Beovoz‹, eine Art S-Bahn. Eine Metro ist zwar bereits geplant, verzögerte sich jedoch, weil sich zunächst die Befürworter für den Ausbau des Straßenbahnnetzes durchgesetzt haben.

Die Stadt verfügt über fünf Bahnhöfe: Belgrad-Zentrum (Železnička stanica Centar), Belgrad-Hauptbahnhof (Glavna Železnička stanica), Neu-Belgrad (Železnička stanica Novi Beograd), Belgrad-Topčider (Železnička stanica Topčider) und Belgrad-Donau (Železnička stanica Dunav).

Die ›Beovoz‹-Züge nutzen die Gleise der Fernbahnen. Das Streckennetz von Beovoz beträgt 330 Kilometer, davon verlaufen im Stadtgebiet eineinhalb Kilometer unterirdisch. Mit ihren fünf Linien verbinden sie Belgrad mit den Zielen Pančevo Valjevo, Nova und Stara Pasova und Mladenovac. Tickets sind an den jeweiligen Stationen am Schalter zu lösen. Beovoz-Stationen sind Pančevački Most, Vukov Spomenik und Karađorđev Park, dazu Bahnhof Zentrum und Neu-Belgrad. Die Beovoz fährt von 6 bis 22 Uhr.

In Belgrad bewegt man sich am besten zu Fuß, per Straßenbahn oder mit dem Bus. Die gesamte Altstadt (Stari Grad) ist zwar weitläufig, am besten jedoch zu Fuß zu erkunden. An Donau und Save wurden Radwege angelegt. Zur Insel Ada Ciganlija, nach Zemun und Neu-Belgrad ist das Fahrrad ein ideales Verkehrsmittel, innerstädtisch allerdings weniger, weil Radwege fehlen und Straßenbahnschienen, Falschparker sowie Zweite-Reihe-Parker das Fahrradleben erschweren. Ungeachtet dieser Mängel werden Fahrradtouren durch die Innenstadt und in die einzelnen Stadtviertel angeboten.

Mit Bus, Minibus, Trolleybus und Straßenbahn

Zentrale Bushaltestellen sind Zeleni Venac, Platz der Republik, Terazije, Park Ćirila i Metodija (Studentenplatz), Vuk Spomenik und Slavija. Am Terazije halten die Linien 19, 21, 22, 22 A, 29 und 31. Sie fahren alle in Richtung Sava-Kirche und weiter in die Vororte. Die Frequenz der Buslinien ist sehr unterschiedlich und abhängig vom Verkehr. In der Nacht pendeln zahlreiche Nachtlinien.

Seit 2012 besteht das **elektronische Ticket-System Bus-Plus**. Einzelfahrscheine kosten 89 RSD (2016) und sind 90 Minuten ab Entwertung gültig. Weitere Ticktes: 24-Stunden-Ticket (250 RSD), 3-Tages-Karte (700 RSD), 5-Tages-Karte (1000 RSD) inklusive Plastikkarte. Sie kann drei Jahre lang immer wieder aufgeladen werden. Jede Fahrt muss elektronisch registriert werden. Die Tickets können am Kiosk oder in der Touristen-Information erworben werden.

Werbung für die BusPlus-Karte

Die **Nachtlinien** fahren stündlich.
Einige wichtige Linien: Über den Platz der Republik fahren die Buslinien 27, 32, 47, 51, 56, 101, 202, 301, 304, 511 und 701 in die Außenbezirke. Der Bus Nr. 15 fährt nach Zemun, die Busse Nr. 68 und 75 nach Novi Beograd.
Acht **Minibuslinien** verkehren im Stadtverkehr. Das Ticket wird beim Fahrer gekauft und kostet pro Fahrt 100 Dinar.

Mit dem Fahrrad

Wer die Stadt mit dem Fahrrad erkunden möchte, merkt schnell, wie hügelig sie rechts der Donau ist. Zwischen Stari Grad, Zemun und Novi Beograd gibt es mittlerweile ein gutes Radewegenetz. Ein schöner Radweg verläuft von Marina Dorćol an der Donau bis nach Ada Ciganlija an der Save. Im Zuge des Ausbaus des Donauradweges wurde mit Unterstützung der GIZ ein Aufzug für Fahrradfahrer mit Rad an der Brankov-Brücke installiert. Die kostenlose Nutzung ist nur mit Liftboy möglich (tgl. 6–22 Uhr). In der Altstadt und in den rechts der Donau liegenden Stadtbezirken gibt es keine Radwege. Das Fahren auf der Straße gleicht einem Überlebenstraining: verstellte oder zu schmale Bürgersteige, parkende Autos in zweiter Reihe sowie Straßenbahnschienen machen das Leben ebenso schwer wie riesige Verkehrstrassen ohne separate Wege für Radfahrer und Fußgänger. Wer es trotzdem mit dem Fahrrad wagt, kann unter www.ibikebelgrade.com eine vierstündige Fahrrad-Führung für ca. 15 Euro buchen. Neu-Belgrad verfügt über eine relativ großes Netz an sicheren Radwegen.
Einige Entfernungen mit dem Rad: Belgrad–Pančevo 22,9 km, Belgrad-Marina Dorćol–Ada Ciganlija 4,4 km.
Informationen zum **Donauradweg**: www.donau-info.org, www.danube-info.org.

■ Fahrradverleih

Das Sportgeschäft **Marconi** verleiht u.a. Fahrräder und Rollerblades, die Filialen sind über die ganze Stadt verteilt.
Zemun: Kej oslobođenja, lokacija br. 3, Tel. 069/2628128.
Čukarica: Ada Ciganlija, Makiška strana (direkt beim Parkplatz), Tel. 069/268129.
Stari Grad: Marina Dorćol, ul. Tadeuša Košćuška 63, beim Sportzentrum Gale Muškatirović, Tel. 069/2628209.
Geöffnet täglich (auch So) 9–21 Uhr, 1 Stunde 150 Dinar, 1 Tag 400 Dinar.
Biciklistički Centar ist der größte Fahrradverleih der Stadt, auf der linken Seite des Save-Sees auf Ada Cigalija.

Taxis

Für ein Taxi vom Bahnhof zum Flughafen zahlt man 25–30 Euro. Die Taxifahrer arbeiten in der Regel seriös. Es gibt generell drei Tarife: Tarif 1 (tagsüber), Tarif 2 (Nachttarif von 22 bis 6 Uhr), Tarif 3 (außerhalb der Stadt). Grundgebühr 140 Dinar, Preis pro km-Tarif 1/2/3: 55/70/110 Dinar, Wartezeit: 750 Dinar; Notruf bei Taxiproblemen 3227000.
Taxis der Taxivereinigung: 9801/-02, -03.
Beotaxi: Tel. 970.
Beogradski Taksi: Tel. 9801.
Maxis: Tel. 3581111, 9804.
Lux taksi: Tel. 3033123, SMS 3033.
Žuti taksi: Tel. 2620556, 9802.
Pink taksi: Tel. 2889977, 9803.

Mietwagen

Mietwagen werden von allen großen Hotels in Novi Beograd vemittelt.
Euro Taxi, ul. Dragoslava Stojanovića 65, Tel. 3344747.
Putnik-Hertz, Trg N. Pašića 1, Tel. 3346179.
Putnik-Hertz, Flughafen, Tel. 2286017.
UNIS Bul. Kralja Aleksandra 54, Tel. 3244421.

Mit dem Pkw

Es empfiehlt sich nicht, in der Stadt mit dem Auto zu fahren. Die innerstädtischen Bezirke - Stari Grad, Savski Venac und Vračar - sind in drei Parkzonen unterteilt, in denen zeitlich begrenzt geparkt werden darf: Zone 1 (Rot): max. 60 Minuten, Zone 2 (Gelb): max. 120 Minuten, Zone 3 (Grün): max 180 Minuten. Die Parkgebühren sind an jedem Kiosk oder per SMS über das Mobiltelefon mit den Nummern 9111, 9112 oder 9113 zu begleichen.

Wer die Wege über die Brücken nutzen muss, sollte viel Zeit einplanen: hier herrscht oft sehr dichter Verkehr.

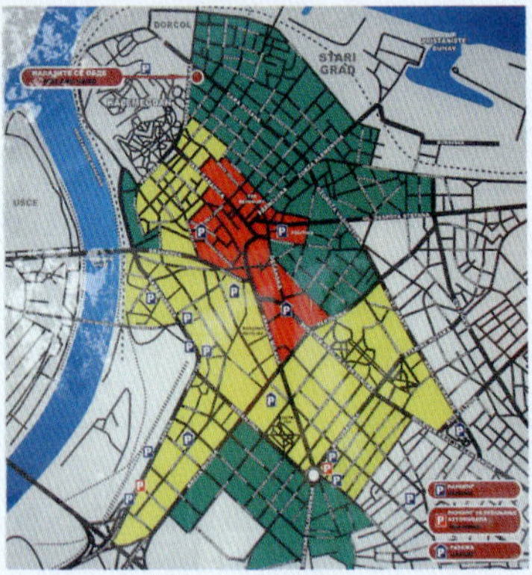

Der Parkzonenplan – man lässt das Auto besser im Hotel stehen

Stadtführungen und Stadtrundfahrten

Die kostenlose Straßenbahnrundfahrt der Tourismusorganisation Belgrads beginnt unweit vom Vidintor gegenüber der Flugakademie. Die Fahrt führt am Kalemegdan entlang, bis nach Savamala, über den Hauptbahnhof und in die ulica Resavska und Kralja Aleksandra bis zum Vuk-Denkmal und weiter über die ulica Dušana durch Dorćol zum Ausgangspunkt. Eine Anmeldung unter Vorlage eines Ausweises ist erforderlich.

Straßenbahnfahrt/free Tour Tram: Fr 20 Uhr (englisch), Sa 18 Uhr (englisch), Fr 19 Uhr (serbisch), Sa 17 Uhr (serbisch).

Die Straßenbahn-Linie Nr. 2 ist eine Ringlinie, die folgende Route fährt: Pristanište–Vukov Spomenik–Slavija (Nähe Savakirche)–Pristanište (Savehafen, Betonhala). Die Fahrt mit der Ringlinie ist auch eine kleine Stadtrundfahrt.

Beograd Open Top, wird von Mai bis Oktober von der Firma Lasta angeboten. Auskünfte unter Tel. 6642473 oder im Touristenzentrum.

Eine Zeitreise unter dem Motto Belgrad unter Belgrad wird seit 2012 von Eurojet veranstaltet. Dabei sind ein Römischer Saal, ein Bunker aus der Zeit des Komintern, ein Pulvermagazin und ein Weinlager zu sehen. Eine Anmeldung ist über das Touristenamt möglich oder direkt bei bei Eurojet, ul. Vuk Karadžića 9, www.go2serbia.net. Die Führungen finden Montag, Mittwoch, Sa/So in serbischer, und am Dienstag und Donnerstag in englischer Sprache jeweils um 17.30 Uhr statt. Die Preise betragen für eine serbische Führung 800 und für eine englischsprachige Führung 1200 Dinar. Eine private Führung durch die Untergrund Kunstszene, bietet Isidora Krstić an. www.travel-mediamatic.net.

BelgradeFreeTour Mo/Di/Mi/Do ab 10.30, Fr/Sa/So ab 14.00 Uhr; auch kostenpflichtige Thementouren ab 10 Euro. Treffpunkt für alle Platz der Republik, Stadtführer sind am orangefarbenen Regenschirm erkennbar; keine Tel., kein Internet.

Belgrade Segway Tours, Tel. 4067060, mobil 063/687293, www.segwaybeograd.rs.

Ausflüge zu Wasser

Belgrad besitzt am Saveufer einen Passagierhafen: Savsko Pristanište (Савско Пристаниште), Tel. 2752971, www.port-bgd.co.rs. Hier legen die großen Kreuzfahrtschiffe an,die meist in Passau, Wien oder Budapest starten. Es gibt trotz zahlreicher Pläne verschiedner Einrichtungen bislang leider keinen Linienschiffsverkehr z.B. zum Eisernen Tor. Von verschiedenen Anlegeplätzen an der Save und Donau starten private Anbieter zu zweistündigen Donaufahrten:

Ausflüge mit den Schiffen ›Danka‹ und ›Carpe Diem‹ ab Ada Huja, Palilula, Abfahrt 10 und 15 Uhr, Preis 300–1900 Dinar.

Sirona Cruises, www.sirona-cruises.com, Tel. 3039090, 063/287868, Sa/So ab 10 Uhr, 500 Dinar; Fr und So 18 Uhr, 600 Dinar; es gibt Brunch- oder Dinnerfahrten.

Der **Yachtclub Kej** organisiert Ausflüge und Sightseeing-Touren (18-20 Uhr, 200-350 Dinar), außerdem bietet er Fahrten auf einem Catamaran an. Ušće, Tel. 316542, www.klubkej.com, kontakt@klubkej.com.

Die **Stevanske Livade** ankert beim Hotel ›Jugoslavija‹, Ausflüge tgl. 17–19 Uhr, 350 Dinar.

Die **Beograd 25** bietet jeden Werktag von 18.30 bis 20.20 die Fahrt Dorćol-Ada Međica–Dorćol; 150–300 Dinar.

Die **Traoian** liegt am Save-Ufer und startet werktags um 18 Uhr, am Wochenende um 16 Uhr; 350 Dinar.

Schifffahrten bietet im Sommer **Knight & Cruise Ship Zemun**, ab 1200 Dinar, Tel. 065/3703370, www.svibor.org.

Fahrplanmäßige Rundfahrten mit der Kovin, Abfahrt am Savehafen unweit der Brankovbrücke Mo–Fr 18, Sa/So 18 u. 20 Uhr, Dauer 90 Minuten; Fahrt entlang Kalemegdan, Pančevobrücke, Vinča mit Museum, Mittagspause mit Restaurant.

Veranstalter für Tagesausflüge, Rundfahrten durch Serbien und Stadtführungen

Eurojet ist lizensierter Reiseveranstalter im Auftrag des Ministeriums für Tourismus sowie international operierendes Unternehmen, das mehrfach in Belgrad vertreten ist. Eurojet bietet unter anderem Touren durch den Belgrader Untergrund, Belgrad bei Nacht und Fahrten zur Ausgrabung nach Viminacium, aber auch zum Zlatibor und ins Balkangebirge an. Tel. 3284383, www.eurojet.rs.

Vekol Tours, Knez Mihailova 6/III, Tel. 3282689, www.infostar.rs.

FLY Orient Operator, Knez Mihailova 17, Tel. 3035632, www.flyorient.rs, info@flyorient.rs.

SERbian Travel System, ul. Vukice Mitrović 62, Tel. 2449275, www.serbian-travel-system.com.

Glob Metropoliten Tours, Lufthansa City Centre, ul. Makenzijeva 26, Tel. 2430852, www.metropoliten.com.

Serbian Private Tours, Tel. 063/684466 Buchungen nur über www.serbianprivatetours.com. Im Angebot sind sehr reizvolle Ausflüge.

Ausflugsschiff am Hafen

Unterkünfte

In der Innenstadt gibt es zahlreiche Übernachtungsmöglichkeiten. Die großen, älteren Häuser sind mittlerweile fast alle renoviert. Das Angebot wurde in den letzten Jahren zudem durch kleinere elegante und originelle Privathotels ergänzt. Die großen Hotelketten mit ihren modernen, komfortablen und luxuriösen Hotels sind vor allem in Novi Beograd vertreten. Auch in Zemun haben sich sowohl Bed and Breakfast als auch größere Hotels mittlerweile eta-bliert. Einige sehr schöne Hotels liegen etwas abseits der Altstadt in den Bezirken Čukarica, Dedinje, Palilula und an dem Berg Avala.

Stari Grad

Townhouse 27 1, 4 Sterne, ul. Maršala Birjuzova 56, Tel. 2022900, Fax 2620955, www.townhouse27.com, hotel@townhouse27.com. Neues geschmackvolles Haus unweit der Synagoge.

Square Nine 2, 5 Sterne, Studentski Trg 9, Tel. 3333500, www.squarenine.rs, reservations@squarenine.rs; DZ 290 Euro. Eines der besten Häuser, moderner Bau, der in die historische Bauzeile diskret integriert wurde, mitten im Zentrum; Restaurant mit internationaler Küche bis 23 Uhr; Tiefgarage, Wellnessbereich, 45 Zimmer, schöne Bar.

Hotel Envoy 3, 5 Sterne, ul. Čika Ljubina 13, Tel. 4144646,www.envoyhotels.rs. Brandneues Luxushotel (2015) gegenüber der Nationalen Tourismus Organisation mit Bücher-Lounge und nettem Straßenafé; Zimmer ab 120 EUR.

Hotel Mariott Courtyard 4, 4 Sterne, ul. Vase Čarapića 2–4, Tel. 4003000, www.mariott.de. 126 Zimmer, Zimmer ab 100 EUR. Im November 2015 eröffnet, direkt neben dem Nationaltheater.

BAH - Beograd Art Hotel 5, Knez Mihajlova 27/II, Tel. 3312000, info@belgradearthotel.com. Das vor wenigen Jahren eröffnete Hotel besticht durch schlichte Eleganz und sehr ruhige Zimmer. Gebührenpflichtige Parkplätze stehen abseits zur Verfügung, mit netter Bar ›Mosaic‹.

Excelsior 6, 3 Sterne, Kneza Miloša 5, Tel. 3231381, Fax 3231951, www.hotelexcelsior.rs. Modern.

Hostel & Hotel Kalemegdan Park 1899 7, ul. Pariska 15, Tel./Fax 3285622, www.hkpl1899.com, hkpl1899@gmail.com. 2011 eröffnet, sehr ansprechend, in einem historischen Gebäude von 1899 gegenüber vom Kalmegdan; freies W-LAN, Waschmöglichkeiten.

Le Petit Piaf 8, 3 Sterne, Skadarska 34, Tel. 3035252, Fax 3035858, www.petitpiaf.com, office@petitpiaf.com. Malerischer Winkel im Künstlerviertel, einfache, moderne und saubere Zimmer, DZ ab 60 Euro.

Life Design 9, 4 Sterne, ul. Balkanska 18, Tel. 3626090, Fax 3626086, www.lifedesignhotel.rs, marketing@lifedesignhotel.rs. Verspiegelte Hochhausfassade.

Majestic 10, 4 Sterne, Obilićev venac 28, Tel. 3285777, Fax 3284995, www.majestic.rs, office@majestic.rs. 88 modernisierte Zimmer, Konferenzsäle, Restaurant, begrenzte Parkmöglichkeiten.

Nevski 11, 4 Sterne, ul. Venizelosova 24a, Tel. 3229722, Fax 3229744, www.hotelnevski.rs, reservations@hotelnevski.com. Neues Haus (2011) nicht weit vom Bitef-Theater; 10 Zimmer und 30 Suiten, DZ ab 90 Euro.

Palace 12, 4 Sterne, Topličin Venac 23, Tel. 2637222, Fax 2184458, www.palacehotel.rs, office@palacehotel.rs.

Royal 13, 3 Sterne, ul. Kralja Petra 56, Tel. 2626426, Fax 2634222, www.hotelroyal.rs, hotelroyal.rs@gmail.com. Gute Lage, einfache Zimmer.

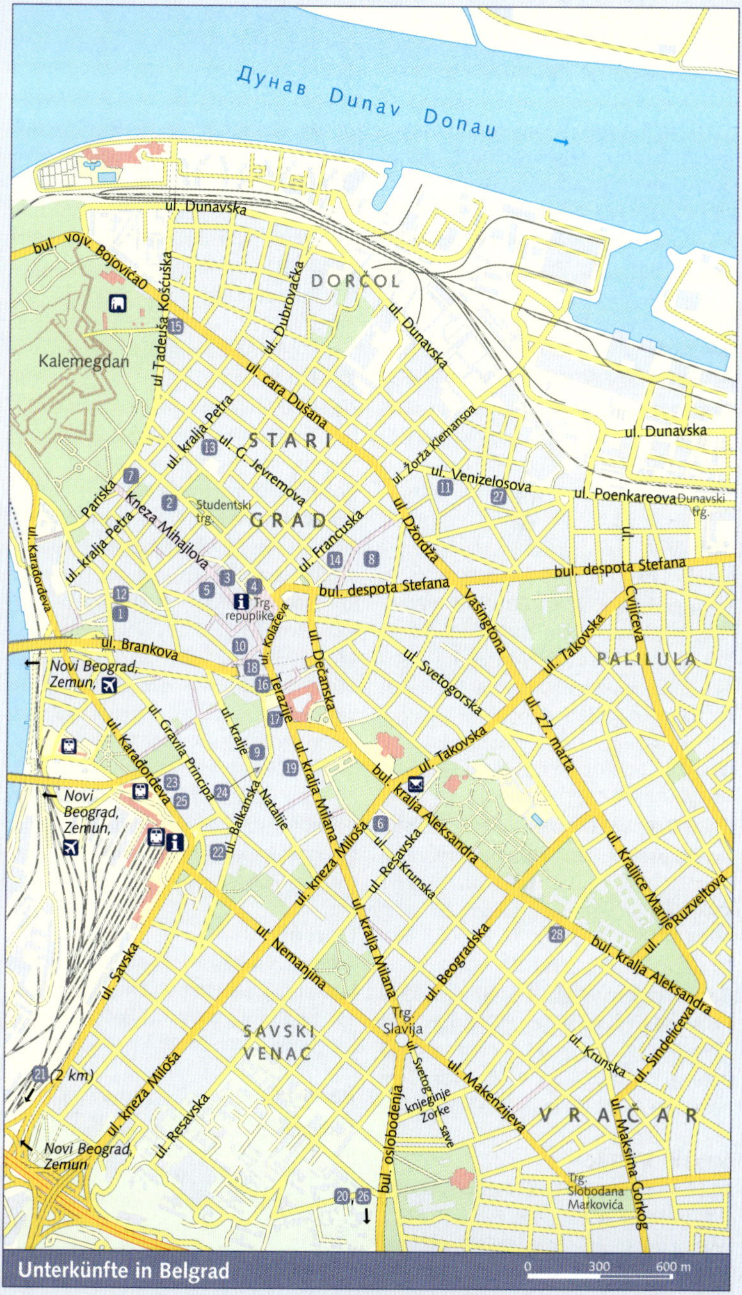

Unterkünfte in Belgrad

Travelling Actor 14, Zimmer und Restaurant, ul. Jevremova 65 (im Künstlerviertel Skadarlija), Tel. 3234156, 8363864, www.travellingactor.rs, actor@sezampro.rs; DZ 85 Euro. Fünf einfache, aber saubere Zimmer, umgeben von Bars, Restaurants, Galerien und schönen Hinterhöfen.

Villa Kalemegdan 15, ul. Strahinjica Bana 7, Tel. 2637856, www.villakalemegdan.com; DZ 110 Euro. Historisches Gebäude in einer Nebenstraße, 6 Zimmer, ruhig, 5 Minuten vom Kalemegdan.

Balkan 16, 4 Sterne, ul. Prizrenska 2, Tel. 3636000, Fax 2687581, www.balkanhotel.net, info@balkanhotel.net, DZ 2680 Dinar. In einem historischen Gebäude von 1936. Renoviert, mit einladendem Restaurant ›Orient Express‹.

Vračar

Moskva 17, 4 Sterne ul. Balkanska 1, Tel. 2686255, Fax 2688389, www.hotelmoskva.rs, info@hotelmoskva.rs; DZ 100, EZ 70 Euro. Mitten im Zentrum, Jugendstilgebäude von 1906 mit Atmosphäre, 2015 renoviert. Parkmöglichkeiten gegen Gebühr vor dem Haus. Das Café im Erdgeschoss hat viel Flair.

Hotel Zepter 18, Terazije 10, Tel. 3063800, www.hotelzepter.rs. Jüngstes Projekt der Familie Zepter (Eröffnung im Mai 2014); 32 Zimmer, ab 80 EUR.

Kasina 19, 3 Sterne, Terazije 25, Tel. 3235574, Fax 3238257; DZ 4200–5300, EZ 3300 Dinar.

Best Western M 20, 4 Sterne, Bulevar Oslobođenja 56a, Tel. 3095505, Fax 3095501, www.hotel-m.com, office@hotel-m.com; DZ ab 70 Euro. Von Grün umgeben, nicht weit von der Savakirche.

Savski Venac

Hotel Radisson Blu Old Mill 21, 5 Sterne, Bul. Vojvode Mišića 15, Tel. 6357357, www.radissonblu.com. 2015 eröffnet, unter Mitwirkung der Designergruppe Graf wurde die Alte Mühle des 19. Jahrhunderts zwischen Save, Messe und Hauptbahnhof zur Luxusbleibe.

Belgrad City Hotel 22, 3 Sterne, Savski trg, Tel. 6644055, Fax 7619510, www.bgcityhotel.com, office@bgcityhotel.com; DZ ab 63 Euro. In einem historischen Gebäude gegenüber vom Bahnhof, mit gemütlichem Restaurant ›Savamala‹, 2010 eröffnet.

Mr. President 23, ul. Karađorđeva 75, Tel. 3602222, www.hotelmrpresident.com, office@hotelmrpresident.com; DZ ab 109 Euro.

Prag 24, 3 Sterne, ul. Kraljice Natalije 27, Tel. 3610422, Fax 3612691, www.hotelprag.rs, front.office@hotelprag.rs. In einem historischem Gebäude.

Queen Astoria 25, ul. Milovana Milovanovića 1, Tel. 3605100, www.astoria.rs, hotel@astoria.rs; DZ 84 Euo. 2010 nach Renovierung wieder eröffnet.

Vila Jelena 26, Dedinje, Generala Štruma 1A, Tel. 3066521, Fax 3670575, www.vila-jelena.com, info@vila-jelena.com. Jedes Zimmer ist anders gestaltet und nach einem berühmten Komponisten (Mozart, Tschaikowsky) oder Maler (Rembrandt, Picasso, van Gogh) benannt; in einer neoklassizistischen Villa vom Anfang des 20. Jahrhunderts mit einer Innenausstattung im italienischen Stil.

Dorcól

Admiral Club 27, 4 Sterne, ul. Venizelosova 31 (ehemals Đure Đakovića), Tel. 3038260, www.ichbg.com, ihcbegha@eunet.com; DZ 185 Euro.

Palilula

Hotel Metropol Palace 28, 4,5 Sterne, Bul. Kralja Aleksandra 69, Tel. 3231212, www.metropolpalace.com. Das Hotel mit Blick auf den Tašmajdan-Park gehört wieder zur Oberklasse, nachdem es lange in Ruinen lag. Zimmer ab 140 Euro.

Zvezdara (→ Karte S. 152)

Zira 29, 4 Sterne, ul. Ruzveltova 35, 3314800, Fax 3314801, www.zirahotels.com, info@zirahotels.com; DZ ab 94 Euro. 125 Zimmer, Parkmöglichkeit gegen Gebühr, direkt beim Einkaufszentrum ›Zira‹ und unweit vom Vuk Spomenik, ausgezeichnet für seinen rundum freundlichen Service.

Čukarica (→ Karte S. 162)

Best Western Šumadija 30, 4 Sterne, Šumadijski trg 8, Tel. 3054202, www.hotelsumadija.com. Ganz nahe beim Wald von Košutnjak und Ada Ciganlija, günstig zur Messe und zum Flughafen, sehr ruhig und modern.

Zemun (→ Karte S. 169)

Garni Hotel Lav 31, Cara Dušana 240, Tel. 3163289, Fax 3162648, www.hotellav.co.rs.

Skala 32, Bežanijska 3, Tel. 3075032, Fax 2190724, rezervacije@hotelskala.rs

Villa Belvedere 33, ul. Dr. Nedeljka Ercegovca 39, Tel./Fax 3160433, office@villabelvedere.rs. Familiäre Atmosphäre, persönlicher und herausragender Service, wenige Zimmer, sehr ruhig, nicht weit von Flughafen, Zemun und Autobahn.

Zlatnik 34, 5 Sterne, ul. Dobanovačka 95, Tel. 3167511, Fax 3167 235, www.hotelzlatnik.com, office@hotelzlatnik.com; DZ ab 60 Euro, Wochenendangebote. Kleines Designhotel in einer ruhigen Seitenstraße in der Oberstadt von Zemun, großzügige Zimmer, bester Service mit gutem Restaurant.

Novi Beograd (→Karte S. 180)

Holiday Inn 35, 4 Sterne, Španskih boraca 74, Tel. 3100155, Fax 310 0555, www.holiday-inn.com, sales@holiday-inn.rs. Gleich beim Viertel des Terazije.

Hyatt Regency 36, 5 Sterne, ul. Milentija Popovića 5, Tel. 3011234, www.belgrade.regency.hyatt.com, belgrade.regency@hyattintl.com; DZ 192–270. Mit Grill-Restaurant ›Metropolitan‹, elegantem Spa und schönen Geschäften.

Crowne Plaza 37, 5 Sterne, ul. Vladimira Popovića 10, Tel. 2204115, Fax 3111402, www.crowneplaza.com; DZ ab 130 Euro, oft Sonderangebote. Klassisches Geschäftshotel beim Sava-Centar.

Inhotel 38, 4 Sterne, Bulevar Arsenija Čarnojevića 56, Tel. 3105300, Fax 3105351, www.inhotel-belgrade.rs, office@inhotel-belgrade.rs; DZ 120–250 Euro. Eines der neueren Geschäftshotels (seit 2006) mit schöner Terrassenbar mit Blick auf Belgrad; 187 Zimmer.

Jugendherbergen und Hostels

Mehr als 40 Jugendherbergen stehen derzeit in Belgrad zur Verfügung, und es werden jährlich mehr. Empfehlungen:

Arkabarka Floating Hostel, Bulevar Nikole Tesle bb, Tel. 064/9253507, www.arkabarka.net, www.floatingbelgradehostel.com, arkabarkahostel@gmail.com. 27 Betten. In Novi Boegrad.

Hostel Belgrade Eye, ul. Krunska 6b, Vračar, Tel. 3346423, www.hostelsbelgrade.com.

BeliGrad, ul. Nemanjina 42/II, Tel. 3612126, www.hostelbeligrad.com, hostelbg@gmail.com. 16 Betten.

Chillton, ul. Katanićeva 7, Vračar, Tel. 3441826, www.chilltonhostel.com, chilltonhostel@gmail.com.

Happy Hostel, ul. Kralja Milutina 28, Tel. 3619414, www.happy-hostel.com, happyhostel@yahoo.com. 24-Stunden-Rezeption, sehr fröhlich eingerichtet.

Hedonist, ul. Simina 7, Tel./Fax 3284798, office@hedonisthostelbelgrade.com. In einer ruhigen Seitenstraße nicht weit vom Studentski-Trg; 9 Euro pro Bett und Nacht.

Manga, ul. Resavska 7/2, Tel. 3243877, mobil 064/2610509, www.manga

hostel.com, fun@mangahostel.com. 27 Betten.

Hostel Friends, ul. Cara Uroša 7, Stari Grad, Tel./Fax 3286180, mobil 064/9779663, www.hostefriends.rs. In einem Hinterhaus unweit des Kalemegdan, geeignet für Radfahrer (Radständer im Hof), 16 Betten, ab 10 Euro.

Hostel Skardalija Sunrise, ul. Skadarska 15, Skadarlija, Tel. 7234813, mobil 060/6090213, www.skadarlijasunrise.com. 6 Zimmer, 28 Betten, ab 10 Euro. 2014 eröffnet.

Mr. Walker, ul. Koče Popovića 9, Tel. 3038100, Fax 3038101, www.mr.walkerhostel.com, mr.walker@sbb.rs. 24 Betten, In der Nähe des Busbahnhofs.

Old Shoes, ul. Brankova 18, Tel. 218 3650, www.inoldshoes.com, info@inoldshoes.com.

Spirit Hostel, Braće Baruh 20b, Dorćol, Tel. 2920055, mobil 063/469780, www.spirithostel.com, office@spirithostel.com. 23 Betten.

Schwimmendes Hostel Kej, www.klubkej.com, Ušće. Das erste Hostel auf dem Wasser, 300 Meter von der Mündung der Save in die Donau entfernt.

Appartements/Campingplatz

Boutique Apartment Jazz, ul. Knez Mihailova 25, Tel. 3284523, booking@hostel360.com; ab 69 Euro.

Campingplatz Dunav, Batajnički drum 7, Zemun, Tel. 2199072 www.campdunav.com. 10 km vom Stadtzentrum, 1 km von der Autobahn E75 Ausfahrt Zemun Polje, direkt am Donauufer; 50 Stellplätze, 7 2-Bett Bungalows und mehr; Apr–Okt.

Gastronomie

Die serbische Küche ist deftig und weist u.a türkische und österreichische Einflüsse auf. Sehr beliebt sind große Portionen von gegrilltem Fleisch, in den Restaurants mit nationaler Küche kann man daneben auch aufwendig zubereitete Speisen finden: sarma (Hackfleisch mit Minze gewürzt in Kohl gewickelt), podvarak (gegrilltes Fleisch mit Sauerkraut), prebranac (gebackene Bohnen mit Sauce), pihtije (eine Art Fleisch in Aspik). Gern trinkt man einen Rakija als Aperitiv.

Seit geraumer Zeit ist in Serbien ein neues Gesetz in Kraft: Gastronomische Betriebe mit einer Fläche von mehr als 80 Quadratmetern müssen getrennte Raucher- und Nichtraucherbereiche einrichten; gastronomische Betriebe, die kleiner sind, dürfen wählen, ob sie ein Raucher- oder Nichtraucherlokal sein wollen. Diese Angabe ist am Eingang mit einem Button markiert.

Restaurants

■ Stari Grad

In der Altstadt findet man ein überaus reiches Angebot an Lokalen jedweder Art. Hier reihen sich besonders in der ulica Strahinjića Bana, der ulica Njegoševa, im Obiličev Venac und in der Knez Mihailova die Lokal nebeneinander.

Neuer In-Treff sind die Beton-Hala am Saveufer unterhalb des Kalemegdan, wo sich die Trendsetter bis spät in die Nacht treffen.

Amarone, Bar & Bistro, ul. Gospodara Jovanova 56, Tel. 063/555364, www.amarone-winebar.com.

Balzac, Strahinjića bana 13, Dorćol, www.balzac.co.rs. 11–23 Uhr, französisches Küche, sehr beliebt, Raucherlokal.

Bella Vista, ul. Karađorđeva 2–4, Savsko pristanište, Tel. 2632957, www.bellavista.rs. 9–1 Uhr nachts. Direkt an der Mündung der Save in die Donau unterhalb vom Viktor des Kalemegdan, urgemütlich auch nur für einen Kaffee.

Brankovina, ul. Uzun Mirkova 7, Tel. 2622189. Man kocht seit 1950 für die zahlreichen Stammgäste auch mit kleinen Geldbeutel; Mo–So 11–21 Uhr.

Cantina de Frida, Beton hala, ul. Karađorđeva 2–4, Tel. 2181107, www.cantinadefrida.com, info@cantinadefrida.com. 12–24 Uhr, im renovierten Teil der alten Hafenhallen an der Savepromenade, eines der In-Lokale für die neuen Reichen Belgrads und Geschäftsleute, spanisches Ambiente und Tapasangebot, gute Live-Musik, Preise überzogen.

Caruso, Terazije 23, 8. Stock, Tel. 32448037. Internationale Küche, schöne Aussicht.

Dorian Gray, ul. Kralja Petra 87–89, Tel. 2634151, www.doriangray.rs. Bis 24 Uhr, beliebtes Restaurant und Café; internationale Küche.

Holesterol, ul. Dobračina 59 B, Dorćol, Tel. 2630177. Inmitten von Industrie und Hafenanlagen in einer wenige bewohnten Seitenstrasse lädt ein modernes Ambiente zur rustikalen Küche ein.

Jevrem, ul. Gospodara Jevremova 36, Tel. 3284746, www.restoran-jevrem.com. 11–24 Uhr, traditionelle Küche in liebevoll gestaltetem Ambiente; Fr/Sa/So Live-Musik.

Kafana ?, ul. Kralja Petra 6, Tel. 635421. Tgl. 7–24, So 10–18 Uhr. Ältestes Gasthaus der Stadt, serbische Küche. Seit Jahren gleichbleibend gut und eines der wenigen, die bis spätabends warme Küche servieren.

Kalemegdanska Terasa, Mali Kalemegdan 11, Tel. 3283011 und 3282727, www.kaleganskaterasa.com. 12–24 Uhr; schöne Anlage mit Blick auf Festung, Zoo und Löwenareal.

KliKli, ul. Venizelosova 2, Tel. 3225617. Pizzeria mit Lieferservice, sehr gute Holzofenpizza.

Klub Književnika (Schriftstellerclub), Francuska 7, Tel. 627931. Mo–Sa 20–2 Uhr, seit mehr als einem halben Jahrhundert sind Keller und Garten der Villa des Schriftstellerverbandes Treffpunkt von Künstlern, Diplomaten, Journalisten und Politikern. Gibanica (Teigwaren mit Käse) und Jagnjeće pečenje (Lammbraten) sollte man unbedingt probiert haben. Es wird ein gepflegtes Erscheinungsbild erwartet.

Kolaraz, Knez Mihailova 46, Tel. 263-8972. Populäres Restaurant in der Fußgängerzone.

Konobica, ul. Gospodara Jovanova 42, Dorćol, Tel. 064/2053452. Im November 2011 eröffnetes heimeliges Raucherrestaurant.

Košava, Pizzeria Trattoria, ul. Kralja Petra 36, Tel. 2627344, www.kosavatrattoria.com. Tgl. 9–24 Uhr, sehr gemütlich.

Le Molière, ul. Zmaj Jovina, Tel. 2188161 tgl. 9–23 Uhr, So 9–20 Uhr, www.le-moliere.rs Ein echtes französisches Bistro mitten im Zentrum.

Little Bay, ul. Dositejeva 9a, Tel. 328-8995, www.littlebay.rs, beograd@littlebay.co.uk. Rokokoeinrichtung mit kleinen Separées, herausragendes, abwechslungsreiches Live-Musik-Programm von Jazz über Chansons bis zu Turbo-Folk, feine Küche.

Manufaktura, ul. Kralja Petra 13–15, Tel. 2189944. Seit Dezember 2014 tgl. 8–1 Uhr, authentische Balkangerichte bis Mitternacht, gute serbische Weine, Live-Musik am Wochenende, geschmackvolle Einrichtung.

Mikan, ul. Maršala Birjuzova 14, Tel. 3284900. Gemütlich, alteingesessen, immer noch gut und preiswert.

Mumbai, ul. Palmotićeva 5, Tel. 334-1845. Eines der wenigen vegetarischen Restaurants.

Turski restoran Dukat, ul. Vase Čaparević 9, Tel. 3287444. Klassisches türkisches Löffelrestaurant, in dem man sich fertigen Speisen an der Theke auswählt; kein Alkoholausschank.

Oskar, ul. Braće Baruh 6, Dorćol, Tel. 2184726, www.restoran-oskar.com. Alles, was zur serbischen Küche gehört, findet man auf der Speisekarte: nicht nur Fleisch, auch Kohlgerichte, gefülltes Gemüse und Palatschinken; sehr faire Preise.

Pire Slow Food, Cara Lazara 11, Tel. 2634994. Tgl. außer So 12–24 Uhr, elegant, minimalistisch, die verschiedensten Arten von Kartoffelpüree sind sehr zu empfehlen.

Pomodoro, Café Pizzeria, ul. Hilandarska 32, www.pomodoro.rs. Tgl. 9–24 Uhr.

Srpska Kafana, ul. Svetogorska 25 (direkt neben dem ›Atelje 212‹), www.srpskakafana.rs. Theater, Kultrestaurant mit lokaler Küche.

Šta je tu je (etwa: Es ist, was es ist); Ecke Rige od Fere und Cara Cušana 18, Dorćol, Tel. 2910629, www.stajetuje.com. Tgl. 9–23, So 13–21 Uhr. Klein fein, zentral, Kellner in traditioneller Tracht, eingerichtet mit Objekten serbischer Bauernhäuser.

Teatroteka, ul. Gospodara Jevremova 19, Tel. 2910919. Mo–Sa 9–24 Uhr, 2012 eröffnetes pittoreskes serbisches Restaurant hinter dem Theatermuseum. Kleiner Sommergarten.

Trattoria Campania, Tel. 31115531. Der Koch war lange in Neapel. Es gibt beste neapolitanische Holzofenpizza. Freitags wird neapolitanische Musik gespielt. Tgl. 9–24 Uhr, So nur bis 22 Uhr.

Tribeca, ul. Kralja Petra 20, Tel. 3285566. 9–1 Uhr nachts; Bar und Restaurant an der Fußgängerzone, sehr frequentiert von jungen Leuten.

Varoš Kapija, ul. Carice Milice 12a, Tel. 063/8186581. Nennt sich das ›erste demokratische Restaurant‹, weil es für jede Altersgruppe und jede Einkommensklasse etwas zum Essen und für alle den gleichen Service bietet.

Vuk, ul. Vuka Karadžića 12, Tel. 2629761, www.resotranvuk.com. Mo–Sa 10–24 Uhr, So geschlossen. Die Kafana von Tomić Ljubiša bietet eine vielseitige nationale Küche in rustikalem Ambiente, im Sommer mit großem Gastgarten. Das Restaurant ist bei Jung und Alt, Reich und Arm gleichermaßen beliebt.

Žecer (Zucker), ul. Kralja Petra 75. So unterschiedlich wie die Eigentümer – ein Mexikaner, ein Israeli, ein Bosniake – sind auch die Gerichte; tgl. 9–24 Uhr.

■ Skadarlija

Campo dei Fiori, Skadraska 11, Tel. 3342940. Gutes italienisches Restaurant.

Dva bela goluba (Zwei weiße Tauben), ul. 29. Novembra 3, Tel. 3239079; 11–24 Uhr.

Dva Jelena (Zwei Hirsche), ul. Skadarska 32, Tel. 3234885. 11–1 Uhr.

Familija, Bistro, Skadarska 7, Tel. 3236005, familija.bistro@gmail.com. Reservierung unter 063/8092105, urgemütlich.

Guli, Skadarska 13, Tel. 3237204. 12–23 Uhr.

Ima dana, ul. Skadarska 38, Tel. 3234422. 11–1 Uhr.

Šešir moj (Mein Hut), ul. Skadarska 21, Tel. 3228750, sesirmoj@eunet.rs. 11–1 Uhr, täglich Zigeunermusik.

Tri Šešira (Drei Hüte), ul. Skadarska 29, Tel. 3247501. 11–1 Uhr.

Velika Skadarlija, ul. Cetinska 17, Tel. 01/3342230, www.velikaskadarlijars. Die Renovierung 2015 hat dem Lokal gutgetan. Live-Musik.

Zlatini bokal (Goldener Pokal), ul. Skadarska 26, Tel. 3234834; 11–1 Uhr.

■ Vračar

Bistro Trandafilović, ul. Nevesinjska 2, Tel. 065/3402020. Abseits der Kneipenviertel in einem Wohngebiet, traditionelles Gasthaus seit 1929. 9–2 Uhr; Live-Musik..

Đorđe, ul. Moravska 10, Tel. 3441422, www.restorandjordje.rs. Unweit der Savakirche, mit Antiquitäten eingerichtet: Klavier, Bücherregale. Im Sommer mit Garten. Die Küche ist leicht, international und kreativ. Küche von 12–23 Uhr, So 12–17 Uhr.

Restoran Sinđelić, ul. Vojislava Ilića 86, Tel. 2412 297, www.restoransindjelic.rs. Das Restaurant trägt dem Namen eines Freiheitshelden. Es befindet sich beim Stadion und verwöhnt seit mehr als zehn Jahren mit serbischer und internationaler Küche.

Orient Express, ul. Prizrenska 2, Tel. 036/36000. Internationale Küche im Hotel Balkan in einem Ambiente, das an Wiener Kaffeehäuser denken lässt.

Savski Venac

Careva Ćuprija (Zarenbrücke), Bul. Vojvode Mišića 79, Čukarica, Tel. 3690144, www.carevacuprija.com. Tgl. 9–24 Uhr; hier stimmt alles: authentische serbische Küche, traditonell im Sač zubereitet, bei vorbildlichem Service; feine serbische Weine zu erschwinglichen Preisen; bewachter Parkplatz. Direkt davor hält die Straßenbahnlinie 3.

Miloševa Konak, ul. Topčiderska 1, Topčider-Park, Tel. 663146. Sehr gemütliches Restaurant im Konak, besteht seit 1834 und wurde 1975 renoviert. Inmitten des Parks gelegen, große Terrasse; per Taxi oder mit der Straßenbahnlinie 3 zu erreichen. Nationale Küche, häufig sehr schöne serbische Volksmusik.

Monument, Café & Restaurant, ul. Admirala Geprata 14, Tel. 3617254, mobil 065/5022344. 10–2 Uhr nachts; das Lokal war im alten Hamam von Knez Miloš eingerichtet. Das wurde saniert und ein Anbau fürs eigentliche Restaurant geschaffen.

Restoran Galerija 27, ul. Istarska, Tel. 2651831, www.restoran27.com. Mo-Sa 12–24, So 12–18 Uhr; um die Ecke vom Afrikanischen Museum; sehr gediegen, viele Diplomaten und Geschäftsleute essen hier.

Čukarica

Debetka, ul. Kneza Višeslava 25, Košutnjak, Tel. 7543948, www.restorandevetka.rs. 9–23 Uhr, mitten im Wald, an Wochenenden gut besucht.

Restoran Opušteno , Ada Ciganlija, Tel. 354821. 11–24 Uhr.

Palilula

El Escondite de Ramiro, ul. Vojvode Dobrnjca 4, Tel. 2759092, 060/6648718. Nicht weit vom Botanischen Garten, authentisches spanisches Restaurant im Souterrain.

Kafana Dačo, ul. Patrisa Lumumbe 49, Tel. 2781009, www.kafana-daco.com. 12–24 Uhr, Mo geschlossen, authentische serbische Küche mit ursprünglichen Zutaten, inmitten des Wohngebietes von Karaburma, großer Gastgarten, liebevoll und gleichzeitig originell gestaltetes Ambiente.

Madera, bul. Kralja Aleksandra 43, Tel. 3231332, www.maderarestoran.com. 10–1 Uhr, gute Küche, ein beliebter Treffpunkt von Schauspielern und Schriftstellern. Im Tašmajdanpark.

Zvezdara

Orašac, bul. Kralja Aleksandra 122 (beim Vuk-Kulturzentrum), Tel. 2433048, royalrestorani@gmail.com. Klassische Kafana, in der serbische Küche mit Bier oder Wein serviert wird.

Zvezdara Teatar, ul. Milana Rakića 38, Zvezdara, Tel. 419401. Tgl. 11–1 Uhr. Direkt am Theater, von Publikum wie Ensemble gleichermaßen gern aufgesucht.

Zemun

Ein einziges großes Restaurantquartier ist das Donauufer in Zemun.

Bella Casa, Kej Oslobođenja 37, Tel. 3730925.

Kafana Gardoš, ul. Groljancka 66, Tel. 2618056, www.kafanagardos.com. Typische Kafana am höchsten Punkt von Zemun mit wunderbarer Aussicht auf Belgrad und die Altstadt von Zemun, Live-Musik und zünftige Küche.

Reka, Kej Oslobođenja 73b, Tel. 2611625, mobil 063/8648215, www.reka.co.rs. Bis 22 Uhr, Restaurant mit originellem künstlerischen Ambiente, beispielsweise handbemalten Lampenschirmen; gute einheimische Küche, viel Donaufisch, täglich Live-Musik mit herausragenden Bands, sehr gut besucht, Reservierung empfiehlt sich.

Restoran Sač, ul. Rabin Alakaja 5, Tel. 3161800. In der alten Synagoge, serbische Küche, geöffnet 10–1 Uhr.

Šaran (Der Karpfen), Kej Oslobođenja 53, Tel. 2618235,www.saran.co.rs. 12–1 Uhr nachts, traditonelles alteingesessenes Fischrestaurant am Donaukej, das eine Wiederbelebung 2004 erfuhr; Jasmina, die Eigentümerin, und das Tambura-Orchester begleiten täglich die Abendessen.

Vinoteka, ul. Štrosmajerova 2a, Tel. 3750093, www.vinomond.com. Weinhandlung unweit des Stadtparks.

Novi Beograd

Am Kej Oslobođenja, der in seinen Anfängen zu Novi Beograd gehört, liegen viele schwimmende Restaurants, Bars und Hostels; in den Wohngebieten trifft man auf kleine Restaurants.

Diva, Bul. Nikole Tesle 3, Tel. 2202800, www.grandcasinobeograd.com. Tgl. außer So 19–4 Uhr; elegantes Restaurant im Grand-Casino mit internationaler Küche und Spitzenservice. Unter der gleichen Adresse: **Chameleon**, 12–20 Uhr.

Pahuljica, ul. Surčinska 23E,www.restoranpahulijaca.com. Das Pahuljica, ein sogenanntes Ethno-Restaurant, war bis vor Kurzem im Zvezdara-Wald beheimatet. Großmutters Gerichte in Großmutters Ambiente, urgemütlich, nur Zeit sollte man mitbringen; tgl. 9-23 Uhr.

Palačinkarnica, Kej Oslobođenja 1e, Tel. 063/373137. Palatschinken in allen Variationen.

Klub Restoran Žabar, ul. Kej Oslobođenja bb, Tel. 3191226, 065/3191226. Reservierung empfohlen.

Cafés, Bars, Kneipen, Clubs

Stari Grad

Apropos Knjižara i čajdžinica (Buchladen und Teestube) ul. Nikole Spasića 10, Tel. 2625839, www.apropos.co.rs. Gemütliches Teehaus, in dem man lesen und Bücher erwerben kann.

Autsajder, ul. Kralja Petra 4a, Tel. 064/9532280, autsajder.beograd@gmail.com.

Cafe Bizzare, ul. Kneginje Ljubice 11, Tel. 3033870.

Caffe Galerija Teatra, ul. Dositejeva 5, Tel. 2189010, 8.30–24, So 16–24 Uhr. Ideal als Ausklang nach dem Theater.

Central, ul. Kralja Petra 18, tgl. 8–24, Fr/Sa 8–1 Uhr. Cocktailbar, Heimstatt der Barkeepervereinigung Serbiens.

Diplomat, ul. Pariske Komune 57, Tel. 2675473, www.diplomatcaffe.rs.

Dowtown, ul. Čika Ljubina 27, Tel. 2621614.

Duomo, ul Strahinjića bana 66a, Tel. 3036076. Hier kann man in historischem Ambiente Kaffee oder Cocktails trinken, aber auch speisen. Gut besucht.

Eleven, Studentski trg 11, Tel. 3036089. Studentenkneipe.

Elixir Juice Bar, trahinjića bana 52, Tel. 2627213, www.elixir.rs. 8–23, So 10–22 Uhr. Saftbar.

Friends and Friends, ul. Zadarska 2, Tel. 064/9670295.
Gradski Bar Kafe Muha, ul. Kralja Petra 18, Tel. 2622090; tgl. 8–24, Fr/Sa 8–1 Uhr.
Jazz Belgrade Caffe Philip, ul. Gračanićka 7, Tel. 2624791. Tolle Live-Musik, Schwerpunkt Jazz und Blues; 8-24 Uhr.
Koffein, ul. Cara Dušana 65, Tel. 01/3345105. Klein, gemütlich, immer voll.
Mercedes bar, ul. Dalmatinska 3, Tel. 3243403.
Nachos, ul. Strahinjića bana 66a, Tel. 2623433. Restaurant und Bar.
Nicolae, ul. Kralja Petra (neben der Nationalbank). Fr/Sa Live-Musik: Jazz, Pop, Rock. 2015 eröffnet.
Pastis, ul. Strahinjića bana 52b. Bistro.
Promaja, ul. Karađorđeva 2–4 (am Saveufer), Tel. 064/4647300. Cafe, Restaurant, Bar; tgl. 9–1 Uhr.
Sir o Vina, Bar & Shop, Serbische Weine (Vina iz Srbije), ul. Tadeuša Košćuška 20, Tel. 3282397, www.sirovina.rs. Kellerbar.
Supermarket Deli, ul. Topličin venac 19–21, Tel. 2028008.
Vespa bar, Topličin Venac 3, Tel. 2637811, www.vespabar.rs.

Die vielen schwimmenden Lokale sind eine Besonderheit Belgrads

■ **Vračar**
Café Factory, Nevesinjska 21, Tel. 3836966, www.cafe-factory.net.
Le Petit Bar, ul. Njegoševa 1, Tel. 3640127.
Ceger, ul. Skerlićeva 20, Tel. 064/464300. Neuer Trendsetter, Bar und Restaurant, bei der Nationalbibliothek, viele Studenten; ab 7.30 Uhr.
Mala fabrika ukusa, ul. Nebojšina 49a, Tel. 2435722, eigentlich ein Restaurant.
Monk's Bar, ul. Knjeginje Zorke 71. Ab 9 Uhr, ganz versteckt in einem Hinterhof.

■ **Palilula**
Klub Prozor, ul. Takovska 48, Tel. 3295670, www.klubprozor.com. Mi u. Fr Live-Musik, nicht weit vom Botanischen Garten.

■ **Čukarica**
Aleksandar club, kul. Kneza Višeslava 17a, Tel. 3549740, www.skistaza belgrade.com. Im Waldgebiet von Košutnjak mit phantastischer Aussicht auf Belgrad und die Adabrücke, im Sommer großer Biergarten, auch Skiklub von Belgrad.

■ **Novi Beograd**
Plato, Airport City, ul. Vasina 19, Omladinska brigada 88. Mehrere Filialen in der Stadt.

■ **Zemun**
Mojo, kej Oslobođenja 19, www.mojocaffe.rs (witzige Webseite).

Schwimmende Restaurants (Restorani na Vodi)

Eine Belgrader Besonderheit: Lokale, die in Schiffen oder auf Flößen untergebracht sind.
Ada, Bul. Nikole Tesle bb, Zemun, Tel. 2607590, 10–1 Uhr.

Diners Club Principal, Ušće, Tel. 2140467, 12–1 Uhr.

Bahus, Bul. Nikole Tesle bb, Zemun, Tel. 2673437, 10–1 Uhr.

Stara Stenka, Sajamski Kej bb., Tel. 35445922, 10–1 Uhr.

Nachtclubs mit Musik, Diskotheken

Das Nachtleben von Belgrad unterscheidet sich im Winter erheblich vom Nachtleben im Sommer. Im Sommer werden die Flussufer von Save und Donau zu einem einzigen Musik-Korso: jede Diskothek will an Lautstärke über die andere triumphieren. Viele davon sind schwimmend, viele auch ungenehmigt. Letzterem möchten die städtischen Behörden jetzt ein Ende setzen. In den unzähligen kleinen Kneipen, Trendbars, Cafés, dicht an dicht in Stari Grad platziert, wird abwechslungsreiche Live-Musik von Pop Art, Funk, Fado, Flamenco, Serbischer Volksmusik, Turbo-Folk, Jazz und Disco geboten. Einige können sich nur kurzfristig halten, andere wiederum sind seit Jahren eine populäre Institution. Spezielle Parties und Konzerte, auch zu humanitären Zwecken, ergänzen ein Programm, das sich andernorts so schnell nicht wieder findet. Wer die neuesten Clubs ausfindig machen möchte, ist mit Belgrad inyourpocket (s.o.) bestens ausstaffiert.

■ Stari Grad

Akademija, Belgrade Club, ul. Rajičeva 10, Tel. 2627846. 22–6 Uhr, in den späten 1980er Jahren zu einem der fünf besten Clubs in Europa gewählt. Hat berühmte Gäste wie Johnny Depp und Harvey Keitel gesehen.

Bitef Art Café, ul. Drinčićeva 1, Tel. 3229822. 20–2 Uhr, in der ehemaligen evangelischen Kirche, mit Stil und Atmosphäre, beliebte Adresse; Rock, Soul und Funk.

Bizzare, ul. Gospodara Jevremova 38. 10–2 Uhr, benachtbart dem Café Gaudi, etwas größer und konzentriert auf Hausmusik. Im Sommer ist der Garten stets voll.

Café Gaudi, ul.Gospodara Jevremova 40, Tel. 2402776. 10–2 Uhr, kleines Café mit cooler Musik und coolen Leuten.

Community, Terazije 25 (gegenüber dem Hotel ›Moskva‹), Bar/Café/Disko/Event, gehört zum Hotel Kasina, www.kasinabar.rs; Reservierung: Tel. 063/1111211.

Cvijeta bar, Mali Kalemegdan 1, Tel. 2622355, Sept.–Juni jeden Tag, im Lounge club meistens elektronische Musik.

Club Underground, ul. Pariska 1a, Tel. 3282524. 10–4 Uhr, unterhalb der Festung, seit zwei Jahrzehnten berühmt für wilde Parties. Ganzjährig, im Sommer auf Terassen auf drei Ebenen. International bekannte DJs sind hier zu Gast.

Devojke, ul. Makedonska 31, Tel. 3373108, 060/0212102. 9–2 Uhr, Live-Musik.

Energija, ul. Nušićeva 8. Technoclub.

Havanna Club, ul. Nikole Spasića 1. Ultimative Location für lateinamerikanische Rythmen.

Klub Baraka, Karađorđeva 13, Tel. 069/656567. Reichlich Türsteher, aufgrund des Erfolges ziemlich arrogant.

Klub Dizzy's, Trg Republike 3, Tel. 26288873.

Loft, Betonhala, Karađorđeva 2–4, ab 24 Uhr, der neueste Renner, aber umstritten, am Saveufer.

Mladost, ul. Karađorđeva 44, Tel. 069/8300770. Ab 22 Uhr, open End, beliebt bei jungen Leuten unter 30 Jahren.

Plastic, Ecke Takovska/Dalmatinska, ul. Takovska 34, Tel. 3245437, 23–6 Uhr.

Plato, Studentenplatz, Akademski plato 1, Tel. 635010. 9–2 Uhr, im Gebäude der Philosophischen Fakultät, wo in den 1990er Jahren die Proteste gegen das

Belgrad ist für sein vielschichtiges Nachtleben bekannt

Milošević-Regime begannen. Während des Tages gibt es Café und Snacks, am Abend wird es lauter. Gutes Essen.

Que Pasa, ul. Kralja Petra 13–15, Tel. 066/222152. 9–2 Uhr, riesiger Pub mit Bier und Tequila-Parties.

Savski Venac

Lava bar, Kneza Miloša 77. Ab 22.30 Uhr.

Mr Stefan Braun, ul. Nemanjina 4. Ab 0 Uhr.

Teatro bar, Sarajevska 26. Ab 0 Uhr, moderne serbische Volksmusik.

Vračar

Gajba, ul. Kneginje Zorke 71.

Jazz club Ptiza, ul. Dalamtinska 98, www.jazzclubptica.com. Gilt als bester Jazzclub Belgrads, war lange in der Innenstadt.

Palilula

Drugstore, Bul. Despota Stefana 115, Tel. 063/8287928. 600 Quadratmeter nur für Techno.

Kult Klub, Slobodan Olarević, Bul. Kralja Aleksandra 77a, Tel. 242012, 063/7702577. Tgl. bis 24 Uhr, im Kulturzentrum ›Vuk‹, Raucher- und Nichtraucherzonen.

Čukarica

Blek Panthers, Ada Ciganlija (Bus 88, 92, 511). Tgl. außer Di ab 16 Uhr, open end. Etwas Besonderes: ein schwimmendes Roma-Restaurant, das seit Jahren ohne große Werbung besteht. Bei Kennern geschätzt wegen seiner Romamusik, die ein einzigartiges Zeugnis vom Variantenreichtum der Roma abgibt. Dazu gute Küche, besonders zu empfehlen die hauseigene Kreation ›Đinđi Rinđi Blek Panther‹.

Just Vanilla, Ada Ciganlija (Makiška-Seite), Tel. 062/332227.

Sunset Bar, Ada Ciganlija 9 (Makiška-Seite. Tgl. 10-2 Uhr, direkt am See, im Sommer jede Nacht Live-Musik.

Zemun

Spin, ul. Sinđelićeva 31 (Gardošhügel), Tel. 100800. Einer der kleineren Clubs, maximal 100 Leute, abwechslungsreiches Programm.

Novi Beograd

Povetarac, ul. Brodaska, Tel. 060/5796101, 062/337700. Am Nord-ufer der Save, gemischtes Programm; 9–3 Uhr.

Zvezdara

Marshall Pub, ul. Ćirila i Metodija 2, Tel. 3862447, deki_011@verat.net. Eingerichtet im viktorianischen Stil, verschiedenste Sorten Bier, alkoholische Cocktails, Speisen und Live-Musik.

Tramvaj, ul. Ruzveltova 2, Tel. 3408269. 8-4 Uhr, schöne Kneipe, vor allem im Winter; Blues, Jazz und Rock.

Underworld, TC Metro, ul. Vukov Spomenik, Ruzveltova und 27. März 1/34, www,underwordldserbia.com, Tel. 3370056; Mo–Fr 12–3, So 7–2 Uhr. Hard Rock, Metal, Gothic; freier Eintritt.

Treffpunkte für Homosexuelle

Belgrad ist für Homosexuelle kein leichtes Pflaster, Übergriffe sind keine Seltenheit. Gay-Bars:

Klub Pleasure, ul. Kneza Miloša 9, Savski Venac.

Kafe Egal, Obilićev venac 3a, Stari Grad.

Smiley, Terazije 5, Vračar.

Weinbars

■ Stari Grad

Weinhandlung Finovino, ul. Kralja Petra 91, Tel./Fax 262669, www.finovino.rs, finovinowineshop@nadlanu.com. Großer Laden mit gutem einheimischen und ausländischen Angebot, exzellente Beratung.

Weinbar Podrum WineArt, ul. Višnjićeva 7, Tel. 2625237, www.wineart.co.rs, office@wineart.co.rs. So unschön das Gebäude von außen, so geschmackvoll ist es innen, und im Sommer verschönt die Bilderbuchterrasse den Bau.

Wein und Kunstgalerie U Podromu, Kosančićev Venac 20, Tel. 2630272. Tgl. außer Mo 9–1 Uhr, mit Live-Musik (u.a. Jazz), einheimische gute Weine; der Eigentümer ist ein Weinbauer aus der Župa, der im ältesten erhaltenen Teil Belgrads diesen kleinen feinen Laden seit 2009 unterhält; auch kleine Käseteller zum Wein; seit neuestem wurde auch die Galerie eröffnet. Das Lokal ist besonders am Wochenende immer voll, Reservierung empfohlen.

In einem der zahlreichen Cafés

Enoteca Premier, ul. Strahinjića Bana br. 13a, Tel. 063/8638206, www.enoteca premier.rs, office@enotekapremier.rs. Raucherlokal.

Pršut & Vino (Schinken und Wein), ul. Vlajkoviceva 11, Tel. 063/1149950.

■ Savski Venac

Weinbar Mala Toskana, Savamala, Vinoteka, ul. Kraljevića Marka 5, Tel. 2182200, www.malatoskana.webs.com, mala.toskana@gmail.com. Gemütliche Weinbar unweit des Bahnhofs.

Magnum, WineBar & Shop, ul. Dositejva 13, Tel. 2626267, winebar@kovacgroup.com. Farbenfroh zwischen Retro und modern eingerichtet, gutes Weinangebot.

Süßes/Konditoreien

Aca, ul. Svetogorska 25, Tel. 3234673. Konditorei, Mo–Sa 6.30–20 Uhr; O-Bus 28, 40, 41, Bus 65. Besitzer Aleksandar Tošić, genannt Aca, hat sein Handwerk in Deutschland gelernt, wenige Tische laden zu Kaffee und Kuchen ein.

Bacio, ul. Njigoševa 1A, Tel. 3640252. Italienische Eisdiele.

Baklva Carstvo, Bilal Karliğa, Trg Nikola Pašića 1, Tel. 3241664, www.sul tansofistanbul.com. Wer die Süßigkeiten des Orients zu schätzen weiß, ist hier bestens aufgehoben.

Čokolaterija, bul. Kralja Aleksandra 24, Tel. 3224489; Obilićev venac 30, Tel. 2630797, www.artival.co.rs.

Mammas Biscuit house, ul. Strahinjića bana 72a, Tel. 3283805.

Hleb & kifle. Die Filialen von ›Brot und Hörnchen‹ sind über die ganze Stadt verteilt. Man bekommt, allerdings zu westlichen Preisen, u.a. Vollkornbrote und gute hausgemachte Marmeladen.

Museen, Galerien, Gedenkstätten

Belgrad verfügt über mehr als 40 Museen, Galerien und Gedenkstätten. Einige der Museen sind aber wegen Renovierung teils oder ganz geschlossen oder im Begriff, reorganisiert zu werden.

Kunstmuseen

Glücklicherweise ist das wichtigste Museum, das Nationalmuseum, seit 2016 wieder eröffnet; jahrelang mussten Teilausstellungen im Foyer gezeigt werden. Das Nationalmuseum verfügt über eine ganze Reihe von Zweigstellen, die leider wenig bekannt sind und auch nur wenig beworben werden; oft sind sie nicht einmal in den Stadtplänen verzeichnet. Sie geben aber ein vielfältiges Bild von der zeitgenössischen Kunstszene nicht nur Belgrads.

Nationalmuseum (Narodni muzej/ Народни музеј) Trg Republike 1a, Stari Grad, Tel. 30060000, www.narodnimuzej.rs; Di u. Do 12–20, Mi, u. Fr/ Sa 10–17 Uhr, Mo geschlossen.

Galerie der Fresken (Galerija fresaka, Галерија фресака), www.narodnimuzej.rs (srb./engl), Zweigstelle des Nationalmuseums, ul. Cara Uroša 20, Stari Grad; Di, Mi, Fr 10–17, Do, Sa 12–20, So 10–14 Uhr.

Gemäldesammlung, im Weißen Hof, Tel. 3281859, www.royalfamily.org, dvorskikompleks@tob.co.rs. Die Sammlung ist nur im Rahmen einer Führung (450 Dinar) zu besichtigten und kann über das Touristenamt gebucht werden, Sa/ So 10.30 u. 13.30 Uhr. Treffpunkt zur Abfahrt mit dem Bus ist der Trg Nikola Pašića, Ausweis ist mitzubringen.

Museum für zeitgenössische Kunst (Muzej Savremene Umetnosti/Музеј Савремене Уметности) Ušće 10, Blok 15, Novi Beograd, Tel. 3115713, Di–So 9–17 Uhr. Die Sammlung beinhaltet Gemälde von 1900 bis 1945, eine Sammlung von Gemälden nach 1945, Skulpturen, Drucke und Zeichnungen und eine Sammlung der modernen Medien, Fotographien, Filme und Videos. Derzeit wegen Renovierung geschlossen.

Museum Zepter (Muzej Zepter/Музеј Цептер) ul. Knez Mihailova, Tel. 3283339, www.zeptermuseum.rs, muzejzepter@zepter.rs. Di, Mi, Fr u. So 10–20 Uhr, Do u. Sa 12–22 Uhr, Mo geschlossen; Privatmuseum der Familie Zepter für moderne serbische Kunst seit dem Zweiten Weltkrieg.

Museumssalon für moderne Kunst (Salon Muzeja savremene umetnosti/Салон Музеја савремене ументности) MSUB, ul. Pariska 14, Tel./Fax 2630940, www.msub.org.rs. Tgl. außer Mo 12–20 Uhr; dieser Salon wird für Sonderausstellungen reserviert und ergänzt das Museum auf Ušće. Die Ausstellungen wechseln monatlich.

Galerija Legat Milice Zorić i Rodoljub Čokalovića (Галерија Легат Милица Зириħ и Родоњуб Чокаловиħ), ul. Roduljuba Čokalovića 2, Dedinje, Tel. 3676288, www.msub.org.rs. Tgl. 12–20 Uhr; Bus 49, 94. In einer modernen Villa finden ganzjährig abwechslungsreiche Wechselausstellungen zur Kunst des 20. Jahrhunderts bis zur Gegenwartskunst statt.

Galerija Legat Petra Dobravića (ГАлерија Легат Петра добравиħа) ul. Kralja Petra 36 IV, Fr/Sa/So 10–17 Uhr.

Medien Zentrum Odbrana (Velika galerija Doma Vojske Srbije/Медија ЦентарОдбрана, Велика Галерија Дома Војске Србије), ul. Braće Jugovića 19 (im Dom Vojske), Tel. 3234712, www.odbrana.mod.gov.rs. Tgl. 11–19, Do 11–21 Uhr, am Wochenende freier Eintritt.

Pavillon für moderne Kunst (Umetnički paviljon/Уметнички павилјон), Cvijeta Zuzorić, Mali Kalemegdan 1, Tel. 2621585. Wechselausstellungen.

Museum für angewandte Kunst (Muzej primenjene umetnosti/Музеј примењене уметности), ul. Vuka Karadžića 18, Tel. 3285019, www.mpu.rs. Di–Sa 11–19 Uhr, So/Mo geschlossen; Bietet insbesondere im Sommer interessante Ausstellungen der Studenten der Akademie für angewandte Kunst. In der Boutique des Museums ist viefältige zeitgenössische Keramik zu erwerben.

Galerie in der Serbischen Nationalbank, ul. Kralja Petra 12, Tel. 3027204, www.nbs.rs. An Werktagen 10–16 Uhr. Interessante, leider wenig beachtete Wechselausstellungen.

Geschichtsmuseen

Museum der Serbischen Geschichte (Istorijski muzej Srbije/Историјски музеј Србије), www.muzejistroijejugoslavija.org; Di–So 12–19 Uhr. Zwei Standorte: Verwaltung, ul. Đure Jakšića 9, Tel. 3287242, www.imus.org.rs.
Ausstellung, Trg Nicola Pašića, Tel. 3398-018, tgl. außer Mo 12–17 Uhr.

Konak von Knez Miloš Obrenović, Bul. Patriarch Pavle 2, Topčider-Park, Savski Venac, Tel. 2660-422 istorijskimuzej@imus.org.rs. April–Sept. tgl. außer Mo 10–17 Uhr; Okt.–März tgl. außer Mo 11–16 Uhr.

Museum der Jugoslawischen Geschichte, ul. Botićeva 6, Savski Venac, Dedinje, Tel. 3671485, www.mij.Rs. Drei Bereiche: Kuća Cveća (Titomausoleum), Altes Museum (Stari Muzej/Стари Музеј) und Museum des 25. Mai (Muzej 25. Maj/Музеј 25.Мај); Di–Sa 9–17 Uhr.

Museum zur Stadtgeschichte Belgrads, ul. Zmaj Jovina 1, Stari Grad, Tel. 3115713, www.mgb.org.rs. Mo–Fr 8.30–16.30 Uhr. Derzeit nur Wechselausstellungen.

Museum des Konzentrationslagers Banjica, ul. Veljka Lukića-Kurjaka 33, Voždovac, Tel. 669690; Do 10–18 Uhr.

Museum der Festung Belgrad, Kalemegdan, Stari Grad (im Stambul-Tor).

Museum im Nebojša-Turm, Stari Grad, www.kulanebojsa.rs, Okt–Mai 10–18 Uhr, Juni–Sept. 11–19 Uhr.

Konak der Fürstin Ljubica, ul. Kneza Sime Markovića 8, Stari Grad. Di–Fr 10–17, Sa/So 9–16 Uhr.

Museum der serbisch-orthodoxen Kirche, ul. Kralja Petra 5, Stari Grad, Tel. 3282596. Mo–Fr 8–15, Sa 9–12, So 11–13 Uhr.

Jüdisches Historisches Museum, ul. Kralja Petra 71a, Stari Grad, Tel. 2622634, muzej@eunet.rs, www.jimbeograd.org. Mo–Fr 10–14 Uhr, Archiv Di/Mi 9–14 Uhr. Ein amtliches Personal-Dokument muss beim Eintritt hinterlegt werden.

Museum des Nationaltheaters (Muzej Narodnog Pozorišta), im Untergeschoss des Nationaltheaters, Stari Grad, Tel. 3284473, www.narodnopozoriste.rs, muzej@narodnopozoriste.rs. Tgl. außer Mo 11–23 Uhr; 19–23 Uhr Besichtigung nur mit einer Theaterkarte.

Theatermuseum (Muzej pozorišne umetnosti Srbije/музеј позоришне ументости Србије), ul. Gospodara Jevremova 19, Tel. 2626630, www.mpus.org.rs. Mo–Fr 9–15, Sa 9–14 Uhr. 1950 gegründet, in den wenigen Sälen werden Fotos, Theater, Plakate und Programme, Kostüme und Erinnerungsobjekte ausgestellt. Ein Audio- und Video-Archiv ergänzen die Sammlung. Ein Raum wird für Konzerte und Theateraufführungen genutzt.

Ethnographisches Museum, Studentski trg 13, Stari Grad, Tel. 3281888; Di–Sa 10–17, So 9–14 Uhr.

Manakhaus (Манакова Kuća/Манакова Кућа), ul. Gavrilo Principa 5, Savski Venac, Tel. 3036114, Di–Sa 10–17, So 9–14 Uhr.

Museum für Afrikanische Kunst (Muzej afričke umetnosti/Музеј афричке уметности), ul. Andre Nikolića 14, Topčidersko Brdo, Tel. 2651654, www.museumofafricanart.org. Mo-Fr 10-18 Uhr, bis 16 Uhr geführte Besichtigungen.

Pädagogisches Museum (Pedagoški muzej/Педагошки музеј) ul. Uzun Mirkova 14, Stari Grad, Tel. 2627538, www.pedagoskimuzej.org.rs, Di-Sa 11-17, So 10-15 Uhr; 1896 auf Initiative des Lehrerverbandes auf Anregung Dimitrije Putniković gegründet und 1898 mit einer ersten Ausstellung in einer Schule in Vračar an die Öffentlichkeit getreten. Für einige Zeit war die Sammlung ohne festes Haus, meistens in Grundschulen untergebracht. Viel Bestand wurde im Zweiten Weltkrieg zerstört. Seit 1960 wird es Pädagogisches Museum genannt, seit 1969 befindet es sich im historischen Gebäude der ehemaligen Sekundarschule, in der moderne Fremdsprachen und Naturwissenschaften als Hauptfach gelehrt wurden.

Dositej-und Vuk-Museum (Музеј Вука и Доситеја), ul. Gospodara Jevremova 21, Tel. 33060000. Di, Mi, Fr 10-17, Do u. Sa 12-20, So 10-14 Uhr.

Đura Jakšić in der Skadarlija

Toma-Rosandić-Museum (Музеј Тома Росандић), Ljube Jovanovića 3, Savski Venac, Senjak, Tel. 265-1434, www.mgb.org.rs. Im Wohnhaus des Bildhauers eingerichtet, derzeit geschlossen.

Technische Museen

Militärmuseum, in der Festung.

Museum für Wissenschaft und Technik, (Muzej nauke i tehnike) ul. Skender Begova 51, Stari Grad, Dorćol, Tel. 3037856, www.muzejnt.rs. Tgl. außer Mo 10-20 Uhr.

Naturkundemuseum (Pridrodnjački muzej/Прішрошњацки музеј), ul. Njegoševa 51, Stari Grad, Tel. 34422265, www.nhmbeo.rs. Tgl. 10-20 Uhr. Die Villa ist in das Gelände des Kalemegdan umgezogen und leider nach wie vor geschlossen. Eine Wiedereröffnung in diesen Räumen ist noch immer ungewiss. Das Museum veranstaltet dennoch interessante Ausstellungen, beispielsweise 2012 auf dem Areal von Ada zum Thema Rieseninsekten.

Museum der Luftschifffahrt (Muzej vazduhoplovstva/Музеј ваздухопловства), Flughafen Surčin, Tel. 2670992, www.muzejvazduhoplovstva.org.rs, www.aeronauticalmuseum.com. Tgl. 9-16 Uhr, Anfahrt: Bus Nr. 72 ab Zeleni Venac (40 Minuten).

Automobilmuseum (Muzej automobil/Музеј Аутомобила) ul. Majke Jevrosime 30, Stari Grad, Tel. 3342625; Mo-Sa 11-19 Uhr.

Museum Nikola Tesla (Музеј НИколе Тесле), ul. Krunska 51, Vračar. Tgl. außer Mo 10-18, Sa/So 10-13 Uhr.

Museum für Postwesen, Telegraphie und Telefon (ПТТ Музеј Постал Телеграпхиц Телефониц), ul. Majke Jevrosima 13, Stari Grad, Tel. 3064-170, www.pttmuzej.rs, pttmuzej@ptt.

Belgrad-Informationen

rs. Mo–Fr 10–15 Uhr; die Ausstellung wurde neu gestaltet

Jugoslawisches Filmmuseum (Kinematografisches Museum/музеј кинематографиуе Југославије), ul. Kosovska 11, Stari Grad, in den Sommermonaten geschlossen.

Museum der Eisenbahn (Železnički muzej/Железнички музеј), ul. Nemanjina 6, Tel. 3610334; Mo–Fr 9–15, Sa/So nach Voranmeldung.

Museum des Fußballclubs FK Roter Stern Muzej FK Crvena Zvezda/Музеј ФК Црвена Звезда), ul. Ljutice Bogdana 1a, Tel. 2067773.

Zoologischer Garten Jevremovac (Botanička Bašta/Ботаничка БАшта Јевремовац), Mali Kalemegdan 8, Dorćol, Winter tgl. 8–17 Uhr, Sommer tgl. 8–20.30 Uhr.

Botanischer Garten, Takovska 43, Tel. 3244847; tgl. 9–19 Uhr. Im Winter geschlossen.

Galerien

Die Galerien geben gemeinsam das Magazin ›Art FAMA‹ (100 Dinar) heraus. In ihm findet man einen Überblick über aktuelle Ausstellungen; www.artfama.org.

Atelje Otklon (Атеље Отклон),ul. Dečanska 21, Tel. 3242016, www.otklon.com.

Galerija Progres (Прогрес), ul. Knez Miahilova 27 und ul. Zmaj Jovina.

Galerija 212, ul. Vlajkovićeva 25, Tel. 3615597, www.galerija212.co.rs.

Galerija Alt, Vlajkovićeva 30. Viele serbische Künstler, Schwerpunkt Graphik.

Galerija Artget, Trg Republike 5/I. Die Galerie gehört zum städtischen Kulturzentrum Kulturni Centar Beograda, www.ksb.org.rs.

Galerija ULUS, Knez Mihailova 37, Tel. 3283490.

Galerija Podroom, im Beogradski Izlog, 1. OG, Knez MIhailova 6.

Galerija Singidunum, Knez Mihailova 40, Tel. 2185323, www.ulupuds.org.rs. Die Galerie ist Teil des Vereins ULUPUDS, der serbischen angewandten Künstler und Designer (Verein: Udruženje Likovnih Umetnika Primenjenih umetnosti I Dizajnera Srbije). Mo–Fr 9–21, Sa 11–20 Uhr; in der Galerie sind viele kunstgewerbliche Objekte zu finden, darunter viele Lampen, aber auch Schmuck.

Galerija SANU (Galerie der Akademie der Wissenschaften und der Schönen Künste), Knez Mihailova 35, Tel. 2027200. U.a. Miodrag B. Protić.

Galerija o3one Art Space, ul. Uzun Mirkova 10, Tel. Tel. 3287107, www.o3one.rs.

Galerija Haos, ul. Dositejeva 3, www.gallerychaos.com, Tel. 2627497. U.a. Metallarbeiten von Saša Pančić.

Galerija Prodajna, Kosančićev venac 19, Tel. 3033923, www.galeriabeograd.org.

Galerija 73, ul. Požeška 83a, Čukarica, Tel. 3557142.

Galerija DK, bul. Zorana Đinđića 152a, Novi Beograd, Tel./Fax 2609527, www.dksg.rs, www.skc.org.rs. Gehört zum Studentenzentrum Novi Beograd

Galerija Feniks, Tadeuša Košćuška 28, Tel. 3285951.

Galerija Grafički kolektiv, www.grafickikolektiv.org Obilićev venac 27, Tel. 2627785.

Galerija Kontekst, Kapetan Mišina 6a, Tel. 2639639.

Pero Art Centar, ul. Krupanjska 3, Tel. 066/054500, www.peroartcentar.org.

Galerija SULUJ, Terazije 26/II, Tel. 2685780.

Galerija FLU, Knez Mihailova 53, Tel. 2630635, www.flu.bg.ac.rs.

Galerija Kolarčeve zadužbine, Studentski trg 5, Tel. 2185794. Galerie in der Kolorac-Stiftung.

Galerija Arte Media Ivan Mitić, ul. Makedonska 21, Tel. 3373744, www.arte.rs.

Kunst und Kultur

Oper, Konzert, Theater

Bereits 1867 wurde das Nationaltheater begründet, das bis 1948 das einzige Berufstheater Belgrads war. Seitdem kamen das Theater in Zemun, die Kammerbühne Atelje 212, das Kleine Theater, das Bojan-Stupica-Theater, das Jugoslawische Schauspielhaus, das Belgrader Theater und das Boško-Theater dazu. Heute gibt es 13 feste Theater in der Stadt, dazu provisorische Bühnen und Laientheater.

Nationaltheater für Oper, Tanz und Drama (Narodno Pozorište/Народно Позориште), Trg Republike 1/ul. Francuska 3, Tel. 3281333, www.narodnopozoriste.rs. Im historischen Gebäude sind Oper und Tanz, im modernen Nebengebäude die Große Szene (Raša Plaović/Раша Плаовић) und die Kleine Szene für das Drama reserviert.

Belgrader Dramentheater (Beogradsko dramsko pozorište), ul. Mileševska 64a, Vračar, Tel. 2837000, www.bdp.rs. Zwei Bühnen – Scena Rade Marković und Nova Scena –, auf denen ein breitgefächertes Repertoire geboten wird.

Akademsko pozorište Branko Krsmanović, ul. Balkanska 4, Tel. 3613451, www.krsmanovic.org.

Atelje 212, ul. Svetogorska 21, Tel. 3246342, www.atelje212.rs.

Bitef Teatar, Trg Mire Trailović 1, Tel. 3220608, www.bitef.rs.

Boško Buha, Trg Republike 3, Tel. 2632887, www.buha.rs. Kindertheater mit Abendprogramm für Erwachsene.

Dah Teatar, Centar za pozorišna istraživanja, ul. Marulićeva 8, Tel. 2441680.

Dadov, ul. Desanke Maksimović 6/I, Tel. 3243643, www.dadov.rs.

Kindertheater Čarapa, bul. Arsenija Čarnojevića 76, Novi Beograd, Tel. 2129787, www.pozoristecarapa.org.

Malo pozorište Duško Radović, ul. Aberdareva 1a, Tel. 3232072, www.malopozoriste.co.rs.

Jugoslovensko Dramsko Pozorište, ul. Kralja Milana 50, Tel. 3061957, www.jdp.co.rs.

Madlenianum, Oper und Schauspiel, ul. Glavna 32, Zemun, Tel. 2180400, www.madlenianum.rs.

PAN Teatar, Bul. Kralja Aleksandra 298, Tel. 2418524, www.panteatar.rs.

Puppentheater Pinokio (Pozorište Lutaka Pinokio), ul. Karađorđeva 9, Zemun, Tel. 2691-715, www.ptpinokio.com.

Theater auf dem Terazije (Pozorište Na Terazijama), Terazije 29, Tel. 3229943, www.pozoristeterazije.com. Das Theater geht auf Georgije Samoylov und andere russische Einwanderer zurück. Es ist das einzige Theater im Broadway-Stil und spielt fast ausschließlich Musicals etwa ›Mamma Mia‹, ›Viktor und Viktoria‹, ›Zorba der Grieche‹.

Puž, ul. Radoslava Grujića 21 (Bođidara Ađije), Tel. 2438036.

Slavija, Svetog Save 16/18, Tel. 2436995, www.pozoriste-slavija.co.rs.

Teatar Kult, Bul. Kralja Aleksandra 77a (im Kulturzentrum Vuk Karadžić), Tel. 3615307, www.ukvuk.org.rs. Früher hieß es Theater T.

Teatar 78, ul. Resavska 78, Tel. 3615307, www.teatar78.com.

Zvezdara Teatar, ul. Milana Rakića 38, Tel. 2419664, www.zvezdarateatar.rs.

Zadužbina Ilija M.- Kolorac (Kolorac-Stiftung/Задужбина Илија М. Колорац), Studentski trg 5, Tel. 2635073, www.kolorac.rs. Vorträge, Lesungen, Konzerte auch der Belgrader Philharmoniker, Karten direkt im Foyer, das Programm wird auf Serbisch (kyrillisch) und Englisch veröffentlicht.

Sava Centar, ul. Milentija Popovića 9, www.savacentar.com. Hier werden Gastspiele, Ballette und musikalische Events veranstaltet.

Grand Casino, Novi Beograd, Bul. Nikole Tesle 3, Tel. 2202800, www.grandcasinobeograd.rs. 24 Stunden geöffnet.

Arena, bul. Arsenija Čarnojevića 58, Novi Beograd, www.arenabeograd.com. Die Arena ist das Zentrum für Pop-, Rock- und klassische Konzerte, Events wie Holiday on Ice, Wettkämpfe und Turniere.

Konservatorium Guarnerius, ul. Džordža Vašingtona 12, www.guarnerius.rs, info@guarnerius.rs, Tel. 3346807. Die Schüler des Konservatoriums veranstalten ebenso Konzerte und musikalische Aufführungen wie die Schüler der Musikschule Stanković.

Kulturzentren

In Belgrad gibt es eine Vielzahl an Kulturzentren, die auf die Zeit als jugoslawische Hauptstadt zurückgehen. Als wollten sich die Stadt von politischen Ideologien befreien, entstehen neue Kultureinrichtungen mit städtischer Unterstützung und völlig private.

Slobodna Zona, Dom Omladine i Dvorana Kulturnog Centra Beograda, ul. Makedonska 22/IV, Tel. 3248202 oder 3225453, www.domomladine.org. U.a. Filmfestivals.

Dom Kulture Studentski Grad, bul. Zoran Đinđića 177–179, Novi Beograd, Tel. 2691442, www.dksg.rs. Die Studenten organisieren hier Veranstaltungen, Konzerte, Ausstellungen und Diskussionsrunden.

CZKD (Centar Za Kulturnu Dekontaminaciju), Paviljion Veljković, ul. Birčaninova 21, Stari Grad, Tel. 3610270, www.czkd.org. Leitfaden des Initiators Borka Pavićević ist eine Kultur ohne ideologische Einflüsse, die private Einrichtung ist daher eine Plattform für viele Formen von Kunst, Straßenaktionen, Gedankenaustausch und vielem mehr. Die Idee der freien Entfaltung steht über allem. Mit ihren Produktionen zieht die Einrichtung im In- und Ausland viel Aufmerksamkeit auf sich.

Kulturzentrum Šumice, ul. Ustanička 125/1, Vračar, Tel. 3837551, www.sumice.org.rs. Sport- und Veranstaltungsforum des Bezirks.

Kulturzentrum der jüdischen Gemeinde (Jevrejski Centar Za Kulturu I Umetnost), ul. Kralja Petra 71a, Stari Grad, Tel. 062/8919812, www.jcca.org.rs. Verschiedene jüdische Vereine veranstalten hier musikalische, darstellende und gestaltende Events. Der Baruh-Chor ist das berühmteste Aushängeschild.

Kulturni Centar Rex, Jevrejska 16, Stari Grad, Dorćol, Tel. 3282534, www.rex.b92.net. In der ehemaligen Synagoge, einige Filme des Filmfestivals wurden hier gezeigt; das Kulturzentrum erhält unter anderem Unterstützung vom B92-Fonds und der Rosa-Luxemburg-Stiftung Südosteuropa.

Dom Sindikata, Trg Nikola Pašića 5, Stari Grad, Tel. 3234849.

Kulturni Centar Beograda, ul. Knez Mihailova 6/1, Stari Grad, Tel. 2621469, www.kcb.org.rs. Kulturzentrum der Tourismus-Organisation der Stadt Belgrad. Im gleichen Gebäude befindet sich die Artget Galerie, die Wechselausstellungen zeigt.

Kulturzentrum Kuća Kralja Petra (Kyħa Краља Петра), ul. Vase Pelagića 40, Savski Venac, Senjak, Tel. 2652986, www.kucakraljapetra.rs (srb.).

Dečji Kulturni Centar (Kinderkulturzentrum) ul. Takovska 8, Palilula, Tel. 3242011, www.dkcb.rs.

Kulturni Centar Čukarica, ul. Turgenjevljeva 5, Čukarica, Tel. 3552678, www.kccukarica.rs. Kulturzentrum des Stadtbezirks.

Kulturzentrum der Volks-Universität Božidar Adžije, (Центар за Културу и Уметност Надродни Университет Божидар Аџија), ul. Radoslava Grujića 3, Vračar, Tel. 3443446, www.bozidaradzija.com. 2011 ins Leben gerufenes Kulturzentrum in einer alten Fabrik mit Bühne und Ausstellungsflächen.

Kultureinrichtung UKVuk (Ustanova Kulture) bul. Kralja Aleksandra 77a, Zvezdara, Tel. 2424860, www.ukvuk.org.rs. Zahlreiche Räumlichkeiten: Große Szene (Velika scena) mit 400 Plätzen zzgl. Foyer mit 80 Plätzen, Konzertsaal mit 220 Plätzen zzgl. Foyer mit 100 Plätzen, Multifunktions- und Festsaal sowie Café mit Bar. Das Gebäude stammt aus den 1960iger Jahren und wird seit 1983 als Kulturzentrum genutzt.

Europäisches Zentrum für Kultur und Diskussion (Evropski Centar Za Kulturu i Debatu), ul. Braće Krsmanović 4, Savski Venac, Tel. 3282571, www.grad beograd.eu. Von der Europäischen Union unterstütztes Forum.

Haus von Đura Jakšića, Skadarlija 34, Stari Grad. Das Wohnhaus des Künstlers dient als Kleinkunstbühne.

SKC (Studentski Kulturni Centar/ Студентски Културни Центар), ul. Kralja Milana 48, Tel. 3602009, www.skc.org.rs. Das Studenten-Kulturzentrum genießt dank seines mitunter kritischen und spritzigen Programms ein hohes Renommee, nicht nur bei der Jugend.

Kulturzentrum der serbischen Akademie der Wissenschaft und Kunst (SANU), ul. Knez Mihailova 35, Stari Grad, Tel. 2027200, www.sanu.ac.rs. Mit großer Galerie, Dreh- und Angelpunkt für zeitgenössische Kunst.

Belgrader Stadtbibliothek, Knez Mihajlova 56. Regelmäßig Ausstellungen und Kinofilme.

UK Parobrod (Ustanova Kulture), ul. Kapetana Mišina 6a, Stari Grad, Tel. 2639639, www.ukparobrod.rs. Die junge Kultureinrichtung – übersetzt: das Dampfschiff – befindet sich im ehemaligen Gebäude der Donaudampfschifffahrtsgesellschaft.

Kulturzentrum Braća Stamenković, ul. Mitropolita Petra 8, Stari Grad, Tel. 2764860, www.nubs.rs. Das Kulturzentrum untersteht der gleichnamigen Privatschule, die sich auf Computer- und Sprachkurse konzentriert.

Ausländische Kulturzentren/ Stranji Kulturni Centri

American Corner (Američki Kutak), ul. Makedonska 22/I, Tel. 3227694, www.americancorners-sam.net.

Österreichisches Forum (Austrijski Kulturni Forum), ul. Kneza Sime Markovića 2, Tel. 3336500, www.aussenministerium.at/belgradkf.

British Council (Britanski Savet), Terazije 8/I, Tel. 3023820, www.britishcouncil.org/serbia.

Französisches Kulturzentrum (Francuski Kulturni centar), ul. Zmaj Jovina 11, Tel. 3023600, www.ccf.org.rs.

Goethe Institut (Gete Institut), ul. Knez Mihailova 50, Tel. 2622823, www.goethe.de/belgrad.

Cervantes Institut, ul. Čika Ljubina 19, Tel. 3034 182 www.belgrado.cervantes.es.

Italienisches Kulturinstitut, ul. Kneza Miloša 56, Tel. 3629356, www.iicbelgrado.esteri.it.

Iranisches Kulturinstitut (Kulturni Centar Irana), ul. Neznanog Junaka 32, Tel. 3672564, www.iran.rs.

Russisches Haus, ul. Kraljice Natalije 33, Tel. 2642178, www.ruskidom.rs.

Russisches Zentrum (Ruski Centar), Studentski Trg 3, Tel. 2021794, www.ruskicentar.rs. Hier kann man die russische Sprache lernen.

Institut Konfuzius (Institut Konfucije), Studentski Trg 3, Tel. 3284595, www.konfucije.fil.bg.ac.rs.

Kinos

Belgrad ist derzeit vom Kinosterben bedroht. Kurzfristig konnte wenigstens das traditionelle Kino ›Zvezdara‹ (Stern) durch eine Besetzerszene wieder belebt werden.

In der Regel werden die ausländischen Filme mit Untertiteln gezeigt; Kino heißt auf Serbisch Bioskop (Биоскоп).

Akademija 28, ul. Nemanjina 28, Tel. 3616020.

Fontana, ul. Pariške Comune 13, Tel. 4128142.

Dom Sindikata, Trg Nikola Pašića 5, Tel. 3234849.

Dvorna Kulturnog Centar, ul. Kolarčeva 6, Tel. 2621 174.

Muzej Kinoteke, ul. Kosovska 11, Tel. 3248250. Vortragssaal im Museum für Film und Kino.

Roda Cineplex, ul. Požeška 83a, Tel. 2545260.

Cineplexx, bul. Jurija Gagarina 16 (im Einkaufszentrum Delta City), Novi Beograd, Tel. 2203400. Ein weiteres Cineplexx findet sich im Einkaufszentrum Ušće Neo Beograd, Bulvar Mihajla Pupina 4).

Kolosej Cineplexx, bul. Mihaila Pupina 4 (im Einkaufszentrum Ušće, erster Stock), Novi Beograd, Tel. 2854495, www.kolosej.rs. Mit Café.

Veranstaltungen

In Belgrad finden seit vielen Jahren zahlreiche Kulturveranstaltungen statt, von denen einige von internationalem Rang sind. Besonders in den Sommermonaten löst ein Event den nächsten ab, wenn sie nicht gar parallel zueinander laufen. Im Folgenden die wichtigsten Feste; zu allen Veranstaltungen gibt es Informationen auch in den Touristenbüros.

■ Februar/März

Das internationale Filmfest **FEST** und das **Belgrader Festival des Dokumentar- und Kurzspielfilms** werden vom gleichen Veranstalter organisiert und finden im Februar/März statt. Auf ihnen werden internationale Produktionen vorgestellt (www.kratkimetar.org.rs, www.fest.org.rs.)

Das Festival des studententischen Films (Festival Studentskog Filma) fand im März 2012 zum 13. Mal in Belgrad statt. Im Mittelpunkt steht die Vorführung von Filmen der Studenten aus europäischen und internationalen Akademien sowie den Studenten Filmhochschule Belgrads (www.fsf.org.rs).

Ende März beginnt das **Internationale Treffen der Musikjugend**, das in diversen Konzertsälen einen internationalen Wettbewerb in den Fächern Sologesang, Komposition, Instrumentalsolisten und Kammerorchester austrägt (www.music-competition.rs).

■ April

Die **Belgrader Tage** finden seit dem Jahr 2002 an vier Tagen statt und erinnern an die Schlüsselübergabe von den Türken an die Serben im Jahr 1876.

■ Mai

Filmfest, www.fest.rs.

Nacht der Museen, www.nocmuzeja.rs.

■ Juni

Danube Day Fest zu den Donau-Lebenswelten, zu dem das Ministerium für Land-, Forst- und Wasserwirtschaft einlädt (www.danubeday.org).

Fischfest, am rechten Donauufer beim Nebojša-Turm.

Belgrader Sportfest, www.belgrade sportfest.com.

Juli

BELEF Das Fest der Feste, bei dem im Juli/August die gesamte Stadt zur Bühne und Ausstellungsfläche für Kreativität wird. Koordinator und Veranstalter ist das BELEF-Centar, eine im Jahr 2004 gegründete kommunale Einrichtung, die nicht-institutionelle Programme der Kultur im Bereich von Kunst und Medien fördert. BELEF-Centar, ul. Iilje Garašanina 24, Tel. 3238-341, www.belef.org und www.belefcentar.rs.

August

Belgrader Bierfest 5-tägiges Spektakel mit Live-Musik, auf dem Kalemegdan und in der Unterstadt (www.belgradebeer fest.com).

Das Festival der Wissenschaft (Festival Nauke/Фестивал Науке, kurz FN genannt), fand im August 2012 zum 5. Mal statt. Das vielseitige Festival bietet Vorträge, Interaktive Einstellungen, kleine Labors, Workshops für Kinder, kurz: alles was mit dem Wissen um uns herum zu hat. Die Veranstaltungen sind auf vier Lokalitäten der Stadt verteilt: Einkaufszentrum KLUZ, Galerie der Serbischen Nationalbank, Theater Bojan Stupica und Studenten Kulturzentrum SKC (www.Festivalnauke.rs, www.festivalnauke.org).

Bootskarneval mit Programm am Saveufer und oft mit Feuerwerk.

Das **Festival internacionalnog studentskog teatra** (FIST, Internationales Festival der Studenten-Theater) startete 2011 zum 7. Mal. Zentrum der Performances ist die Halle der Fakultät für Darstellende Kunst; www.festivalfist.com.

Comic-Festival, im SKC, Infos unter www.skc.org.rs.

September

BITEF: Das International sehr renommierte Theaterfestival zeigt zwei Wochen lang im September Tanz und Theater auf verschiedensten Bühnen und Plätzen der Stadt (www.bitef.rs).

Oktober

Radost Evrope (Freude Europas) Dieses internationale Kindertreffen findet seit 1968 statt. Teilnehmer zwischen 7 und 14 Jahren aus 23 Staaten werden bei Gastfamilien untergebracht, zum Dank dafür veranstalten sie Konzerte, Folkloreabende, Ausstellungen und Tanzvorführungen (www.joyofeurope.rs).

Belgrader Jazz-Festival Das international ausgerichtete Festival wird vom Haus der Jugend organisiert. Konzerte einheimischer und ausländischer Interpreten sind im Haus der Jugend, in der Halle des Gewerkschaftshauses und im Saal der Kolarac-Stiftung zu hören (www.belgrade-jazzfest.org, www.dob.co.rs).

Bemus, www.bemus.co.rs. Musikevent, zu dem einheimische und internationale Künstler geladen werden.

Ticketkauf

Tickets für die Veranstaltungen unter anderem im Sava-Center und unter www.tickets.rs. Call-Center: 0900/110011.

Einkaufszentrum Ušće, Infostand tgl. von 10–22 Uhr.

Belgrad Arena, Mo–Fr 10–20 Uhr Sa 10–15 Uhr;.

Dom Sindikata, Trg Nikola Pašića 3, tgl. 15–22 Uhr.

Belgrad Kulturni Centar, Knez Mihailova 5. Verkaufsstand für Eventtickets.

Ticketline, ul. Čika Ljubina 18–20 (Plato Musikladen) Mo–Fr 9–19, Sa 12–18 Uhr Die Buchhandlungen Delfi, Laguna, Vulkan bieten Tickets für einige Veranstaltungen an.

Einkaufen

Einkaufszentren und Supermärkte

Belgrade Fair, bul. Voivode Mišića 14, Savski Venac, Bus 23, 37, 51, 52, 53, 56E, 56L, 58, Straßenbahn 3,12,13. Schwerpunkt: Schuhe und Kleidung.

Ušće, Novi Beograd, Bus 15, 16, 71, 72, 75, 77, 78, 83, 95. Tgl. 10-22 Uhr; mehr als 140 Läden, Parkgarage und ein modernes Multiplex-Kino.

Tržni Centar Millenium, Eingang ul. Knez Mihailova 21a oder Nebenstraßen, Stari Grad. Es gibt einen alten und einen neuen Teil. Mo-Sa 9-21 Uhr, So geschlossen.

Zira Center, ul. Ruzveltova, Palilula, www.ziracentar.com. Mo-Sa 9-22 Uhr, So 9-20 Uhr; Bus 25, 27, 32, 65, 74, Straßenbahn 2, 5, und 12. Geschäfte auf 5 Etagen, vom Supermarkt bis hin zu Einrichtungensgegenständen.

City Passage, Obilićev venac 20, Stari Grad. Mo-Fr 10-20.30, Sa 10-18, So 10-16 Uhr. Auf vier Stockwerken gibt es viele Schuhläden, Kosmetik und Studios für Maniküre und Pediküre.

Supermarket Conzept Stor, ul. Višnjičeva 10, Stari Grad. Brandneuer alternativer Supermarkt nach dem Konzept ›nur organische Produkte‹. In einem sozialistischen Bau, aber pfiffiges Design.

Delta City, bul. Jurija Gagarina 16, Novi Beograd, www.deltacity.co.rs. Tgl. 10-23 Uhr; viele internationale Ketten - New Yorker, Zara, Mango etc. -, außerdem ein Kindertheater.

Supermarktkette Maxi, www.maxi.rs. Zahlreiche Filialen.

Mini-Market Einige Filialen, rund um die Uhr geöffnet.

Landestypisches, Handwerkliches, Andenken

In Belgrad bieten sich als Souvenirs an: Honig, hausgemachte Marmeladen und Weine; Textilien - darunter handgestrickte Pullover und gehäkelte Deckchen -, spwie Haushaltswaren aus Holz. Wer an Militärmützen, Ansteckern, Taschen, Uniformen u. dgl. interessiert ist, findet ein reichhaltiges Angebot an den Ständen der Hauptallee im Kalemegdan.

Zdravo Živo, Vračar, ul. Nušićeva 3. Bietet klassisches serbisches Kunsthandwerk von Trachten bis Tischdecken.

Kulturni Centar, ul. Knez Mihailova 6/1 (Touristeninformation), Stari Grad. Belgradmotive auf zahlreichen Artikeln, z.B. T-Shirts Magneten, Tassen u.v.m.

RAD ARS, ul. Palmotićeva 27, Stari Grad, www.rad-ars.co.rs. Kunst und Bilderrahmen.

Pita gibt es vielen süßen und salzigen Varianten

Einkaufsgalerie im Kunstgewerbemuseum, ul. Vuka Karadžića. Hier findet man modern und traditionell Handgetöpfertes sowie Schmuck.

Souvenir, bul. Oslobođenja 15, Vračar, Mo–Sa 10–21 Uhr. Der Laden ist Mitglied der Vereinigung von altem Kunstgewerbe und Kunsthandwerk von Serbien und unterhält hier eine Ausstellung und einen Verkauf.

Buchhandlungen

Literatur war und ist wichtig in Belgrad. Viele Buchhandlungen (Knjižare) sind mittlerweile modernisiert und umgebaut worden, lange geöffnet und haben sich mit ihren Sitzecken und Cafés zu kleinen Lesesalons gewandelt.

Nationalbibliothek (Narodna biblioteka Srbije), Skerlićeva 1, Tel. 2451242, www.nb.rs, Mo–Fr 8–20 Uhr, Sa 8–14 Uhr.

Städtische Bücherei, Stari Grad, Knez Mihailova 56, Tel. 2024 000.

Knjižara i čajdžinica Apropos (Buchladen und Teestube) ul. Cara Lazara 10, Tel. 2625839, www.apropos.co.rs. Gemütliches Teehaus, in dem man lesen und Bücher neu erwerben kann.

Mamut Megastore, befindet sich in der ul. Knez Mihailova, Tel. 2639060, weitere Filialen sind in den Einkaufszentren Delta City, Zira und Ušće zu finden.

IPS Beoizlog, Trg Republike 5, Tel. 3281859.

Knjižara Omen, Obilićev venac 16, Tel. 3287990.

Knjižara Akademija, ul. Knez Mihailova 35, Tel. 2636514, Mo–Fr 9–22 Uhr, Sa 9–20 Uhr.

Knjižara Dereta, ul. Knez Mihailova 46, eine weitere Filiale befindet sich in der Dostojevskog 7, Banovo Brdo; www.dereta.rs.

Knjižara Laguna, eine Buchhandlungskette, die unter anderem in der ul. Resavska 33, Tel. 3341711, zu finden ist.

Knjižara Pero, ul. Breza 12, Tel. 2507659.

The English Book Shop, in der ulica Kralja Petra und an der Alten Messe.

Knjižare Vulkan, Buchhandlungskette mit breitem Musik-CD und DVD-Angebot, unter anderem ul. Sremska 2 und direkt neben dem Belgrader Kultur-Centrum in der Innenstadt.

Fachgeschäfte

Merkator, Bul. Umetnosti 4, Novi Beograd. Wegen Umbau geschlossen.

Delta Planet, Baubeginn war 2015; es soll eine Einkaufsfläche von 200000 Quadratmetern geschaffen werden. An der Autokommanda.

Depo, bul. Kralja Aleksandara 142, Zvezdara (beim alten Straßenbahndepot, fünf Minuten vom Vuk Spomenik). Kleidermarkt zu niedrigen Preisen.

The Manual, bul. Kralja Aleksandra 182, mit Filiale Einkaufszentrum ›Delta City‹ (s.o.). Von Hand gefertigte serbische Lederwaren, vor allem Handtaschen und Gürtel. Sehr erfolgreiche Firma: Produktionsstandort ist Novi Sad, in fast jedem Einkaufszentrum gibt es mittlerweile eine Boutique.

Dallas Music Shop, ul. Sremska 2, Tel. 2638699, www.dallas.rs. Mo–Sa 9–22, So 11–22 Uhr. Musikladen in der Vulcan-Buchhandlung.

PGP RTS, ul. Makedonska. Musikladen beim Dom Omladenje.

Boutique Jelena Stefanović, ul. Strahinjića bana 21. Mo–Fr 12–20, Sa 12–18 Uhr. Hier findet man edle Modelle aus edlen Materialien, die Designerin arbeitet viel für das Theater.

Strada, ul. Kralja Petra 10. Schickes zum Ausgehen.

Designer House, ul. Uzun Mirkova 12. Ausschließlich trendige serbische Designermode.

Dragana Ognjenović entwirft minimalistische Mode, die sie in ihren drei Boutiquen

Hier gibt es schicke Abendmode aus serbischer Herstellung

vertreibt: Hyatt Hotel (Novi Beograd), Terazije Nr. 29, ul. Knez Mihailova 52.

Boutique Promet, ul. Pariska 20, Tel. 066/9100100, www.beogradpromet.rs.

Concept Store P1, ul. Kralja Petra 75. Italienische und serbische Designermode.

Ivko, ul. Kralja Milana 17, Vračar, 9–18 Uhr. Edle und farbenfrohe serbische Strickwaren.

Strugar, ul. Cara Lazara 10. Mo–Fr 10–18 Uhr, seit mehreren Jahrzehnten handgefertigte Schuhe.

Märkte und Flohmärkte

Jeder Stadtbezirk hat seine eigenen Märkte, auf denen die qualitätsvollen Agrarprodukte des Landes zu günstigen Preisen angeboten werden. Die Obst- und Gemüsesorten – Tomaten, Gurken und Zwiebeln, Pfirsiche, Aprikosen, Himbeeren und Brombeeren u.v.m. – bestechen durchweg durch ihr intensives Aroma. Die Märkte sind in der Regel täglich von 6 bis 17 Uhr geöffnet; am Vormittag sind die meisten Händler vertreten, ab Mittag flaut es stark ab.

Pijaca Zeleni Venac, ul. Jug Bogdanova, Savski Venac.

Kalenić Bauernmarkt (Kalenića pijaca), ulica Maksima Gorkog, Vračar.

Bajlonijeva Pijaca, Stari Grad, ul. Džordža Vašingtona.

Đeram Pijaca, Zvezdara.

Flohmarkt, ul. Jurija Gagarina unweit der Adabrücke. tgl. außer Mo 7–17 Uhr, lebhaft wird es aber erst ab 10 Uhr.

Für Kinder / Mit Kindern

Ada Ciganlija, Safaripark mit Rehen und Hirschen, Zahlreiche Kinderspielplätze.

Ballon über Belgrad an regen- und windfreien Tagen 60 bis 90 Minuten ab 12 Jahre, Aeroklub Beobalon Husquarna, Autoput 22, Zemun, Tel. 3149130, www.beobalon.net.

Schiffsfahrten auf der Donau.

Sportmöglichkeiten

In Belgrad fallen die vielen Sportanlagen sofort ins Auge. Die Stadt ist und war vielfach Austragungsort internationaler und nationaler Sportwettkämpfe, jedes Jahr ist etwa der Marathonlauf ein großes Spektakel, auf Ada Ciganlija werden regelmäßig Ruderregatten ausgetragen. Beliebte Sportarten sind Fußball, Basketball und Tennis. Die Sportanlagen von Banjica, Košutnjak, Zvezdara, Voždovac, Vračar und Tašmajdan verfügen über je zwei Olympiabecken. Beliebt ist auch Schach; in allen Parkanlagen finden sich öffentliche Schachplätze.

Sportzentren

Gradski Centar Za Fizičku Kulturu, ul. Deligradska 26–28, Tel. 2658747.

Centar Za Kulturu i Sport Šumice, ul. Ustanička 125, Tel. 3837551.

Fitness Centar-F-Gym, Južni bul. 32–34, Tel. 3836898.

Sportzentrum SC Milan Gale Muškatirović, (vormals 25. Mai), Tadeuša Košćuška 63, Marina Dorćol, Tel. 2182242. An der Donau, frisch renoviert, mit Hallenschwimmbad.

Sportzentrum (SRC) Tašmajdan, Palilula, l. Beogradska 71, Tel. 3247430.

Sportski Centar Pinki, Gradski Park 2, Zemun, Tel. 3771650.

Wellness- und Spa-Anlagen

Sky Wellness, ul. Tadeuša Košćuška 63, Marina Dorćol, Tel. 2920820, www.skywellness.rs. Spektakuläre Architektur, direkt am Donauradweg; mit Freibad, Hallenbad, Tennisplätzen, Gastronomie.

City Wellness Centar Kraljice, ul. Kraljice Natalije 38–40, Tel. 2686268, www.citywellness.rs.

My Spa, Pivljanina Baja 45, Dedinje, Tel. 3676464, www.my-spa.rs. Ganz neu.

Wellness Centar Vitalux, ul. Hadži Đerina 12, Tel. 3836494, www.vitalux.rs.

Wellness Land, ul. Radoslava Grujića 25, Tel. 3444544, www.wellnessland.rs.

Club Olympus Fitness Centre & Spa, ul. Milentija Popovića 5 (im Hyatt Regency), **Novi Beograd**; mit großem Schwimmbecken, sehr gepflegt, nicht ganz billig. Reservierung unter Tel. 3011171.

■ Friseurläden

Haarsalon, Pediküre, ManiküreMedo, ul. Cara Uroša 19, Tel. 2635582.

Hair artistic zoneHAZZ, ul. Palmotićeva 23, geöffnet Montag, Mittwoch Freitag 12–20 Uhr, Di 9–17 Uhr, Sa 10–16 Uhr. Frisiert wird auch ohne Anmeldung.

Trifunel frizerski salon, ul. Kralja Petra 75. Kleiner Familienbetrieb, unspektakulär, sie verstehen viel von ihrem Handwerk.

Ärztliche Hilfe

Notruf: 94.

Krankenhaus, Bul. Franše d'Eperea 5. 24-Stunden-Bereitschaft.

Notfall-Zentrum, ulica Pasterova 2, Tel. 3618444. 24-Stunden-Bereitschaft.

Krankenhaus Militärakademie, ul. Crnotravska 17, Tel. 2661122.

Zahnarztpraxen mit 24-Stunden-Bereitschaftsdienst:

Dr. Toma Jovanović, ul. Kneza Sime Markovića 9, Tel. 3348200.

Stari Grad, Obilićev Venac 30, Tel. 2635236.

Apotheken mit 24-Stunden-Bereitschaftsdienst: **Prvi Maj**, ul. Kralja Milana 9, Tel. 3237060, **Sveti Sava**, ul. Nemanjina 2, Tel. 6643170.

Info: www.apotekabeograd.co.rs.

Novi Sad überrascht als kleine Metropole mit viel Charme und einem großen Kulturangebot. Sie war und ist Heimat zahlreicher Schriftsteller und heute pulsierender Anziehungspunkt für junge Leute.

Novi Sad, Festung Petrovaradin

NOVI SAD

Novi Sad im Überblick

Hauptstadt der Provinz Vojvodina, zweitgrößte Stadt Serbiens. Verwaltungssitz des Kreises (Okrug) Südbatschka (Južna Bačka/Јужна Бачка).

Namen: Novi Sad (Нови Сад), dt. Neusatz, ungar. Újvidék, slow. Novy Sad.

Telefonvorwahl: 021.

Postleitzahl: 21000.

Autokennzeichen: NS.

Webseite: www.novisad.rs.

Fläche: 702,7 km².

Gliederung: 15 Stadtteile, darunter Petrovaradin südlich der Donau.

Einwohner: rd. 232 000 (2011), in der Großgemeinde (Opština) ca. 341 000.

Bevölkerungsdichte: 316 Einwohner/km².

Geographische Lage: im südlichen Teil der Pannonischen Tiefebene (Südbatschka, Јужна Бачка/Južna Bačka). An der E-75 Budapest–Belgrad, 82 Kilometer von Belgrad entfernt.

Flüsse: Donau und Kleiner-Batschka-Kanal als Teil des Donau-Theiß-Donau Kanals (DTD-Kanal).

Höhe: 70–80 Meter üNN.

Bürgermeister: Miloš Vučević (SNS, seit 2012).

Partnerstädte: Dortmund, Modena, Timişoara, Banja Luka, Budva, Norwich, Helioupolis, Changchun, Nischni Nowgorod.

Bevölkerung: mehrheitlich Serben, dazu Ungarn (größte Minderheit), Kroaten, Roma, Slowaken, wenige Deutsche.

Universität: 13 Fakultäten.

Studierende: ca. 50 000.

Persönlichkeiten, die hier gewirkt haben: u.a. Danilo Kiš (1935–1989), Schriftsteller; Pavel Jozef Šafarik (1795–1861) Dichter; Milan Begović (1876–1948), Schriftsteller und Dramaturg; Aleksandar Tišma (1924–2003), Schriftsteller; Milan Savić (1845–1930); Schriftsteller.

Das Stadtwappen von Novi Sad

Stadtwappen: Das Stadtwappen zeigt drei unterschiedlich hohe, separat stehende Türme mit Fenstern und Toren aus grob behauenem Stein. Über dem mittleren fliegt in blauem Feld eine Taube mit einem Olivenzweig. Das untere grüne Feld wird von einem gewellten Silberstreifen durchzogen.

Amtssprachen: Serbisch, Ungarisch, Slowakisch, Kroatisch, Rumänisch, Russinisch.

Touristische Höhepunkte: die Altstadt von Novi Sad (→ S. 244), das Nachtleben in der Laze-Telečkog-Straße (→ S. 247), das Museum der Pavle-Beljanski-Stiftung (→ S. 257), ein Konzert in der Synagoge (→ S. 260), eine Radtour am Donaukai bis zum Strand und auf die Donauinsel (→ S. 262), die Festung von Petrovaradin (→ S. 270), das Exit-Festival im Juli (→ S. 271), ein Essen in der Kafanica ›Tako je suđeno‹ (→ S. 286), der Dendrologische Park in Sremska Kamenica (→ S. 299), ein Tagesausflug nach Sremski Karlovci mit Weinprobe (→ S. 300), eine Wanderung zum Kloster Velika Remeta in der Fruška Gora (→ S. 316).

Die Vojvodina

Geschichte und Gegenwart der Stadt Novi Sad sind untrennbar mit der Entwicklung der Vojvodina verbunden, deren größter Ort sie seit vielen Jahren ist. Um Novi Sad besser verstehen zu können, lohnt es sich daher, einen Blick auf die Vojvodina insgesamt zu werfen. Die Vojvodina (Војводина, ung. Vajdaság) ist die nördliche, autonome Provinz Serbiens. Mit ihren 21506 Quadratkilometern umfasst sie den südlichen Teil der Pannonischen Tiefebene, grenzt im Westen mit der Donau an Kroatien sowie Bosnien und Herzegowina, im Norden an Ungarn und im Osten an Rumänien. Die Vojvodina reicht über den Gebirgszug Fruška Gora hinaus an die Save heran. Zwei Erhebungen unterbrechen die schier unendlichen Ebenen: der Hügel von Vršac (Vršački Breg/Вршачки Бреr) mit einer

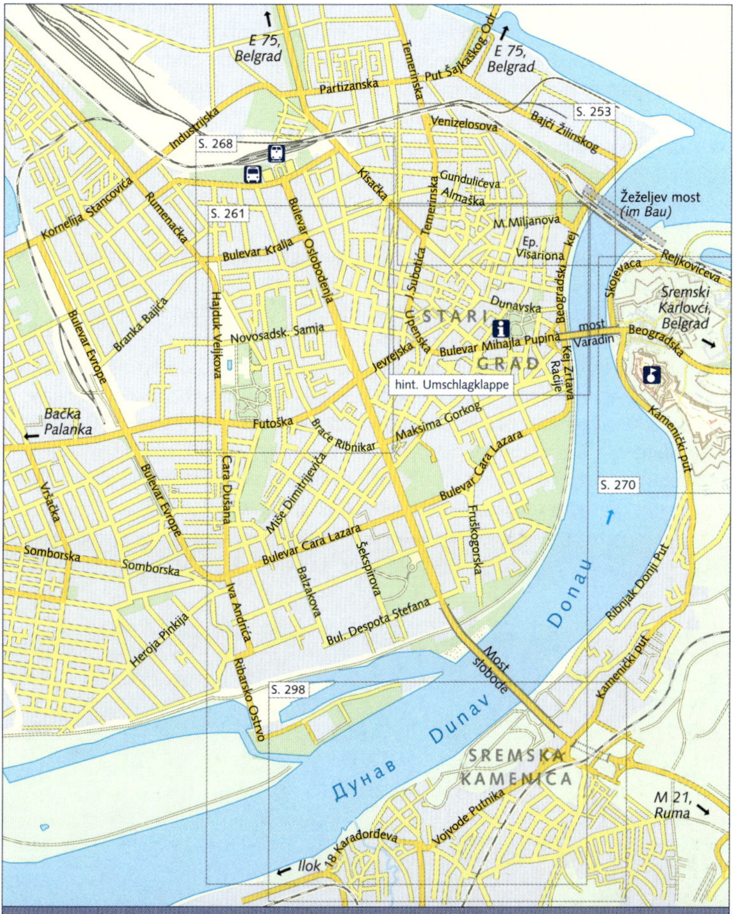

Novi Sad / Übersicht

Höhe von 641 Metern im Banat und der Nationalpark Fruška Gora (Фрушка Гора) mit bis zu 539 Meter Höhe.

Die Vojvodina mit ihren knapp zwei Millionen Einwohnern (2011) ist seit Jahrhunderten ethnisch und religiös sehr gemischt, wobei sich in jüngerer Zeit die Zusammensetzung bei gleichbleibender Bevölkerungszahl immer wieder verändert hat. Von den 26 Nationalitäten, die noch 1981 gezählt wurden, haben mittlerweile viele die Region verlassen. Die orthodoxen Serben stellen mit 65 Prozent den größten Anteil, gefolgt von den katholischen Ungarn. Daneben leben hier Slowaken, Kroaten, Rumänen, Wlachen, Roma, einige Juden, Ruthenen, Bunjewatzen, Bulgaren, Montenegriner, Kosovo-Albaner sowie einige wenige Deutsche.

Die gesamte Ebene ist von Gewässern durchzogen: Donau, Save, Theiß und ihre Nebenflüsse sind durch ein ausgedehntes Kanalnetz miteinander verbunden und gewährleisten die Bewirtschaftung dieser fruchtbaren Ebene auch in heißen, trockenen Sommern. Ihre günstigen Boden- und Klimaverhältnisse machen die Vojvodina zur Kornkammer Serbiens. Daneben wurden Erdgas und Erdöl entdeckt; das Öl wird in den Raffinerien von Novi Sad, Kikinda und Elemir weiterverarbeitet. Neben der Hauptstadt Novi Sad gibt es größere Städte wie Subotica und Kikinda im Norden, Zrenjanin und Pančevo im Süden, Sombor im westlichen Teil und Sremska Mitrovica an der Save.

Geschichte der Vojvodina

Die Vojvodina, deren Name sich von Vojvode – Herzog – ableitet, ist durch ihre drei großen Flüsse – Donau, Theiß und Save – in drei historische Landschaften untergliedert: Der westliche Teil der Vojvodina ist die Südbatschka (serbisch Bačka/Бачка, ungarisch Bácska), an die sich die südliche Baranja (kroatisch Baranja, ungarisch Baranya vármegye, deutsche – seltene verwendete – Bezeichnung Branau) anschließt, der sogenannte Donau-Drau-Winkel, der heute zu Kroatien gehört. Im Osten liegt das Westbanat. Banat und Batschka sind durch die Theiß voneinander getrennt. Den südlichen Abschluss bildet die historische Landschaft Ostsyrmien (serbisch Srem/Срем, kroatisch Srijem, ungarisch Szerém), das Land zwischen Donau und Save. Ungeachtet historischer Gegebenheiten ist die Vojvodina in sieben Kreise (Okruzi) untergliedert.

Auch weite Sonnenblumenfelder prägen die Vojvodina

Fast 500 Jahre, von 1071 bis 1541, gehörte die Vojvodina zum ›Regnum Hungaricum‹, also zu Ungarn. Durch das Vordringen der Osmanen auf den Balkan wurde sie zum Schauplatz vieler Kriege und deshalb schwer verwüstet und weitgehend entvölkert. Von 1541 bis 1699 war sie Teil des Osmanischen Reiches. Als die Habsburger das weitere Vordringen der Osmanen nach Westen stoppen konnten und sie allmählich nach Süden zurückdrängten, wurde die Vojvodina erneut zum Schlachtfeld. In Karlowitz (heute Sremski Karlovci) wurde 1699 nach sieben Jahren Krieg (Großer Türkenkrieg) ein Frieden zwischen der Liga - Habsburg, Polen und Venedig - und dem Osmanischen Reich geschlossen. Die historischen Landschaften der Vojvodina gingen von nun an getrennte Wege: Ungarn, Siebenbürgen und Teile von Kroatien und Slawonien wurden frei, das vormalige Südungarn - Batschka, Baranya und Syrmien - fielen an den Habsburger Kaiser. Der Donauabschnitt, der durch die Vojvodina fließt, wurde zur südlichsten Grenze des Kaiserreiches. Im Frieden von Passarowitz (Požarevac) im Jahr 1718 gelangte auch das Banat, das östlich der Theiß gelegene Gebiet mit der Hauptstadt Temeschwar/Temeschburg, in den Besitz des Kaisers. Der Mittellauf der Donau wurde in der Folgezeit großräumig als Militärgrenze gegenüber dem Osmanische Reich ausgebaut und erst 1881 vollständig wieder aufgehoben.

Während in der Batschka die ungarische Komitatsverfassung wieder eingeführt wurde, stand das Banat bis 1778 unter unmittelbarer Verwaltung durch Wien. Das 18. Jahrhundert war durch eine umfassende, durch die Krone gezielt geförderte Neubesiedelung geprägt. Das Land sollte bewirtschaftet und gleichzeitig gegen die Osmanen gesichert werden. So kamen Magyaren, Deutsche, Serben, Rumänen, Kroaten, Slowaken und andere in die Vojvodina. Die spätere Vielfalt an Völkern und Religionen ist auf diese Einwanderungswellen zurückzuführen. Am bekanntesten sind die drei großen ›Schwabenzüge‹ (1723-1726, 1763-1773, 1782-1787). Viele Serben waren schon während der türkischen Besetzung ihres Kernlandes südlich der Donau nach Norden gezogen und hatten sich unter den Schutz Habsburgs gestellt. Ein Massenexodus 1690, angeführt vom Patriarchen Arsenije III., brachte etwa 100 000 Menschen in die Vojvodina.

Zum Zentrum des Serbentums entwickelte sich im 18. Jahrhundert Karlowitz, wo sich auch eine Kaufmanns- und Bürgerschicht herausbildete. 1711 wurde Karlowitz Metropolitensitz und somit religiöses Zentrum der serbisch-orthodoxen Kirche. In diesem Zusammenhang steht auch die Dichte der Klöster in der Fruška Gora. In Karlowitz entstand 1791 auch das erste serbische Gymnasium. Auf dem Boden Habsburgs begann das sogenannte Erwachen des serbischen Nationalbewusstseins.

Im Jahr 1848 brodelte es in ganz Europa. In Osteuropa forderten die Ungarn mit Aufständen die Befreiung von Österreich, auch die Serben strebten nach Freiheit. Im Mittelpunkt stand zunächst die Forderung nach Anerkennung als eigene Nationalität mit eigenem Territorium und eigener Regierungsgewalt. Erst die Reichsverfassung von 1849 kam in Ansätzen diesen Forderungen nach. Ein Teil der Vojvodina erhielt Selbstverwaltung in Form einer unabhängigen ›Serbischen Vojvodschaft‹ und dem Verwaltungsgebiet ›Temescher Banat‹. Beides hatte jedoch nur kurzfristig Bestand. Konflikte führten schon bald wieder zur Auflösung dieser Selbstverwaltung und der Wiederangliederung an Ungarn. Die Länder unter der Stephanskrone wurden selbständig, die von Österreich einst geschaffene Militärgrenze wurde Ungarn einverleibt. Die Zuständigkeit für die Vojvodina oblag von nun an Budapest. Das Königreich Kroatien-Slawonien gehörte zu Ungarn, erhielt im Unterschied zur Vojvodina aber eine gewisse Autonomie. Hier begann eine rücksichtslose Magyarisierungspolitik, die die Bedürfnisse anderer Völker wie der Serben oder der Deutschen nicht beachtete.

Die Vojvodina im 20. Jahrhundert

Durch die Pariser Friedensverträge verlor Ungarn rund zwei Drittel seines Territoriums, die Vojvodina wurde dem neu gegründeten Staat der Serben, Kroaten und Slowenen – sehr bald offiziell Königreich der Serben, Kroaten und Slowenen – zugeschlagen. Das Banat wurde durch den Vertrag von Trianon in drei Teile aufgeteilt, das Königreich der Serben, Kroaten und Slowenen erhielt das Gebiet östlich von Novi Sad. Am 25. November 1918 beschloss die Nationalversammlung der Vojvodina, sich Serbien anzuschließen. Innerhalb des neuen Staates – ab 1929 Königreich Jugoslawien – bildete die Vojvodina zusammen mit Syrmien und einem Teil Serbiens südlich der Donau die ›Banschaft Donau‹ (Dunavska Banovina) mit Novi Sad als Hauptstadt.

Nach dem Angriff Deutschlands und seiner Verbündeten auf Jugoslawien und der Besetzung des Landes im Frühjahr 1941 wurde die Vojvodina erneut aufgeteilt. Das Sremgebiet fiel an Kroatien, das sich für unabhängig erklärt hatte, tatsächlich aber ein Vasallenstaaat Deutschlands war. Die Bačka einschließlich Novi Sad und die Baranya wurden durch Ungarn besetzt und staatsrechtlich eingegliedert. Der östliche Teil, das Westbanat, blieb bei Serbien, wurde aber zu einem deutschen Besatzungsgebiet. Im Jahr 1942 kam es zur berüchtigten ›Razzia‹ in Novi Sad, bei der über 1200 Menschen erschossen oder in die zugefrorene Donau geworfen und ertränkt wurden. Die Besatzer verübten in dieser Zeit weitere Massaker in der Vojvodina. Der Kampf um Jugoslawien wurde im Sremgebiet (Sremski-Front) in der Vojvodina besonders heftig geführt, hier kämpften Titos Partisanen gegen deutsche Truppen und die kroatischen Faschisten. Im Oktober 1944 eroberten Rote Armee und Titopartisanen das Gebiet. Jetzt begann der Terror gegen jene Donauschwaben, die noch nicht die Flucht ergriffen hatten. Sie wurden enteignet, viele zur Zwangsarbeit in die Sowjetunion verschleppt oder hingerichtet. Einige zehntausend Deutsche sollen in den Lagern der Vojvodina gestorben sein. Von Oktober 1944 bis Juni 1945 stand das Gebiet unter Militärverwaltung. Unter Tito erhielt die Vojvodina den Status einer autonomen Provinz innerhalb des Bundesstaates Serbien. Slobodan Milošević, schon vor seinem Amtsantritt 1989 als serbischer Präsident die wichtigste Figur der serbischen Nationalisten, ließ 1988 die Autonomie aufkündigen. In der Folge war seit 1991 Ungarisch nicht mehr als Amtssprache zugelassen. Die Bevorzugung von Serben stand der Benachteiligung der Ungarn gegenüber, die vor allem im Krieg gegen Kroatien eingesetzt wurden. Diese politischen Entwicklungen und wirtschaftliche Gründe hatten die Flucht vieler Ungarn zur Folge. Der Krieg gegen das gerade selbständig gewordene Kroatien veranlasste zwischen 1991 und 2002 wiederum rund 18 000 Kroaten, das Land zu verlassen. Der Zuzug vertriebener Serben aus Teilen des ehemaligen Jugoslawien hat zudem die Mehrheitsverhältnisse verändert. Heute leben noch etwa 50 000 Kroaten in der Vojvodina, vor allem in der Bačka.

Die Autonomie der Vojvodina wurde nach dem Krieg in Etappen wieder hergestellt. Im Oktober 2008 billigte das Parlament der Vojvodina einen Verfassungsentwurf, der an den Status vor Milošević anknüpfen soll, und im September 2014 stimmte es einer Verfassungsänderung zu. Eine Verabschiedung des serbischen Parlamentes steht aber noch aus. Das könnte noch Probleme schaffen, da der Entwurf von der Opposition als Bestreben zum Separatismus verunglimpft wird. Die Minderheiten sind heute in Nationalräten organisiert. Am 15. Dezember 2007 wurde auch der Nationalrat der Deutschen in Novi Sad ins Leben gerufen, so sind die Deutschen heute als Minderheit geschützt. Andererseits tragen auch Vereine wie ›Donau‹ in Novi Sad dazu bei, dass die ethnische und kulturelle Vielfalt in der Region nicht vollständig verlorengeht.

Annäherung an Novi Sad

Novi Sad ist die Hauptstadt der autonomen Provinz Vojvodina, ihr kulturelles und wirtschaftliches Zentrum sowie Verwaltungssitz des Kreises (Okrug) Südbačka. Die zweitgrößte Stadt Serbiens liegt im südlichen Teil der Bačka an der Donau. Der Europarat erklärte sie zur Interkulturellen Stadt – das Pilotprojekt der EU fördert Städte mit besonders multiethnischer Zusammensetzung –, seit 1960 ist sie Universitäts- und seit Anfang des 20. Jahrhunderts Messestadt. Novi Sad liegt direkt an der Donau, dort wo diese die seit vielen Jahrzehnten wichtige Route von Westeuropa nach Südeuropa kreuzt. Der kleine Batschka-Kanal als Teil des Donau-Theiß-Donau-Kanals mündet hier in die Donau, und nur wenige Kilometer vom Zentrum entfernt, bei Beška, findet sich mit 2250 Metern die längste und mit einer Durchfahrts-höhe von 50 Metern die höchste

Der Arzt und Schriftsteller Jovan Jovanović Zmaj (1833–1904)

Donaubrücke. Sie ist Teilstück der Autobahn E75. Im Hintergrund von Novi Sad erhebt sich die bis über 500 Meter hohe Fruška Gora mit ihren vielen versteckten Klöstern. Die Stadt Novi Sad selbst liegt dagegen nur zwischen 70 und 80 Meter hoch.

Als kulturelles Zentrum ist Novi Sad auch die Heimat vieler Künstler und Literaten. So wurde beispielsweise Jovan Jovanović Zmaj hier 1833 geboren. Zmaj studierte in Budapest, Prag und Wien und kehrte 1870 nach Novi Sad zurück, wo er als Arzt tätig war. Seine Gedichte über die Liebe, die Heimat, die Freiheit und die Politik und seine Lieder haben ihn zu einem der bekanntesten Poeten Serbiens gemacht. Weit über die Grenzen Serbiens hinaus berühmt wurde Aleksandar Tišma. Nach bewegten Jahren hatte er große Erfolge als Schriftsteller. Tišma, 1920 als Sohn eines Serben und einer ungarischen Jüdin im damaligen Jugoslawien geboren, siedelte aufgrund vieler Repressalien 1942 nach Budapest über. 1944 verurteilte man ihn zur Zwangsarbeit in Transsilvanien. Nach dem Krieg

Neusatz und Peterwardein Anfang des 19. Jahrhunderts; Urheber unbekannt

lebte er in Frankreich und in seiner Heimatstadt Novi Sad, wo er 2003 verstarb. Heute, zehn Jahre nach dem letzten Krieg, pulsiert die Stadt mehr denn je. Große Bauvorhaben - darunter zwei weitere Brücken über die Donau, ein Yachthafen an der Donau und eine Untertunnelung wichtiger Straßenabschnitte - sind geplant, um der Stadt weiteren Auftrieb zu verschaffen.
Das reiche architektonische Erbe, die schöne Lage und die lebendige Kulturszene lohnen aber schon jetzt einen längeren Besuch.

Stadtgeschichte

Novi Sad ist eine relativ junge Stadt, wenngleich man in ihrer Umgebung viele prähistorische Funde gemacht hat: in Klisa steinzeitliche, in Rivica eisenzeitliche und in Detelinara Spuren der Römer. Das heutige Stadtgebiet befand sich bis 1687 unter osmanischer Herrschaft. Als Österreich 1694 mit dem Aufbau einer Militärgrenze begann und am rechten Donauufer die Festung Peterwardein errichtete, entstand am gegenüberliegenden Ufer eine Zivilsiedlung, in der sich hauptsächlich Serben niederließen. Sie waren während des ›großen Türkenkrieges‹ (1683-1699) aus dem inneren Serbien und dem Kosovo geflohen. Diese Siedlung trug den Namen ›Racka varoš prekodunavska‹, nach der zentralserbischen Landschaft Raŝka und dem ungarischen Wort für Stadt, ›város‹. Sie diente gleichzeitig als Brückenkopf für die berühmt gewordene bewegliche Brückenschanze des Prinzen Eugen, nach der sie bald ›Petrovaradinski Šanac‹ hieß. Maria Theresia hob 1748 die bis dahin bestehende Militärhoheit über Petrovaradinski Šanac auf und gab der Siedlung den Status einer ›Freien Königsstadt‹ mit dem Namen Neoplanta oder Neusatz - im übertragenen Sinne eine neue Saatstelle. Ein schweres Hochwasser im Jahr 1769/70 vernichtete die Stadt fast vollständig; zu dieser Zeit hatte sie rund 8000 Einwohner. Im 19. Jahrhundert entwickelte sich Neusatz dennoch zum wirtschaftlichen Zentrum und geistigen Mittelpunkt der Serben in Österreich-Ungarn. Zu dieser Zeit waren bereits viele Donauschwaben hier ansässig, während die Ungarn erst zu Beginn des 20. Jahrhunderts hinzuzogen. 1848/49 erlitt die Stadt erneut schwere Schäden durch den Beschuss der revolutionären Ungarn von der Petrovaradiner Seite. Ihrer Entwicklung tat dies jedoch keinen Abbruch; man trieb den Wiederaufbau zügig voran.

Seit 1860 setzte ein Aufschwung ein. 1861 wurde das erste ständige serbische Theater gegründet, und drei Jahre später wurde der ungemein wirkungsmächtige Kulturverein ›Matica Srpska‹ von Pest nach Novi Sad verlegt. Die Stadt war seit ihren Anfangszeiten ein Bildungs- und Kulturzentrum. Schon im Jahr 1731 hatte der Vladika (Bischof) Visarion Pavlović die lateinisch-slawische Schule eröffnet. Damit begann die Entwicklung des höheren Schulwesens, aber erst 1960, unter Tito, wurden die Universität und die Kunstakademie ins Leben gerufen. Die ehemalige griechische Schule ist heute ein Wohnhaus. Sie geht auf das Jahr 1783 zurück, als zugewanderte Griechen und Zinzaren (Aromunen) aus Makedonien und Epirus das Haus kauften und darin eine Schule einrichten ließen. 1869 musste die Schule wegen Schülermangels geschlossen werden.

Im Gegensatz zu ihrem agrarisch geprägten Umland entwickelte sich die Stadt im 20. Jahrhundert zu einem bedeutenden Industriezentrum. Der NATO-Angriff 1999 hat sie jedoch sehr in Mitleidenschaft gezogen. Die Raffinerie, das gerade erst fertiggestellte RTS-Sendegebäude, die ›Banovina‹, der Sendeturm in der Fruška-Gora, der Tunnel zur Freiheitsbrücke und alle drei innerstädtischen Brücken wurden zerstört. Eine Pontonbrücke wurde ersatzweise installiert, die ebenso wie die im Wasser liegenden Brückenteile den Donau-Wasserweg für mehr als sechs Jahre behinderte. Da der Donau-Wasserweg von außerordentlicher europäischer Bedeutung ist, stellte die Europäische Union reichlich Mittel zur Beseitigung der Schäden zur Verfügung. Die internationale Donaukommission organisierte die Räumung der Trümmer und Minen. Die Brücken wurden wieder hergestellt, der Auftrag für die neue Eisenbahnbrücke kürzlich vergeben. Überhaupt blickt man heute wieder positiv in die Zukunft. So ist ein neues Wohnviertel – Detelinara – westlich des Zentrums entstanden.

Geographie, Klima, Küche

Belgrad und Novi Sad liegen beide an der Donau und nur eine Autostunde voneinander entfernt, und so wie Belgrad vom Hügelland der Šumadija gerahmt wird, schmiegt sich Novi Sad an den Höhenzug der Fruška Gora, während sich nach Norden das weite Tiefland der Pannonischen Tiefebene erstreckt. So ist es auch kein Wunder, dass sich die beiden Städte klimatisch sehr gleichen; dies gilt ebenso für Vegetation und Tierwelt der Umgebung (→ S. 57).

Die Küche in Novi Sad ist stärker habsburgisch und ungarisch beeinflusst als die in Belgrad, aber ebenfalls sehr ähnlich zu der in der Hauptstadt. Beliebt ist beispielsweise der Gugelhupf als Kuchen. Die Fleischsportionen sind nicht ganz so groß, Fisch ist etwas häufiger auf den Speisekarten zu finden, und es gibt auch mal Eintöpfe, Gulasch und viel Polenta und Kartoffeln.

Viele Restaurants bieten die traditionelle Fischsuppe an

Spaziergänge

Die weiträumig entwickelte und expandierende Stadt verbirgt ihre Altstadt sorgfältig. Diese wurde nach den schwerwiegenden Zerstörungen von 1848 systematisch wieder aufgebaut und weist deshalb heute im Zentrum ein in großen Teilen einheitliches Stadtbild mit Bauten vom Ende des 18. und des 19. Jahrhunderts auf. Die Altstadt ist überschaubar, gemütlich und charmant. In ihrem Kern ist sie Fußgängerzone, an ihren Rändern verkehrsberuhigt. An ihrer historischen Bausubstanz lässt sich der habsburgische Einfluss ablesen. Die Viertel außerhalb des Zentrums locken mit Parks und nicht zuletzt mit modernen Freizeit- und Sportanlagen.

Rund um den Trg slobode

Herz der Altstadt ist der Trg slobode (трг слободе), übersetzt der Freiheitsplatz. Er wurde bereits 1746 als großer Marktplatz angelegt. Heute dominieren ihn das Rathaus und die Marienkirche, daneben säumen ihn weitere historische Gebäude: das Gebäude der **Bank der Vojvodina**, das 1892 entstand und ehemals das Grand Hotel Mayer beherbergte; das Eckgebäude zur ul. Njegoševa, das durch die Figur des Eisernen Soldaten in der oberen Nische gekennzeichnet ist; der **Tanurdžić-Palast** von Đorđe Tabaković, der den Platz zur ul. Modena begrenzt; schließlich das **Hotel Vojvodina**, in dessen Hof früher das Serbische Volkstheater spielte.

▲ Karte: s. hintere Umschlagklappe

■ Marienkirche

Die römisch-katholische Marienkirche (crkva Imena Marijinog) – oft Kathedrale genannt, obwohl sich der Bischofssitz der Süd-Bačka in Subotica befindet – prägt mit ihrem schlanken und auffallend hohen Turm die Stadtsilhouette. Es ist der dritte Bau an dieser Stelle. Der erste war 1718, der zweite 1743, der dritte schließlich 1895 fertiggestellt worden. Die Marienkirche ist die größte Kirche der südlichen Bačka mit einer Länge von 52, einer Breite von fast 22 und einer Dachhöhe von gut 22 Metern. Der Turm ragt 72 Meter empor. Der Architekt war György Molnár, seine Büste steht im Eingangsbereich auf der linken Seite. Über dem Hauptportal hängt das Wappen des Erzbistums Kalocsa. Die dreischiffige Halle wird durch Bündelpfeiler unterteilt, der Altar ist der Muttergottes geweiht. Sie wird links vom heiligen Stephan und rechts vom heiligen Ladislaus flankiert. Die auffälligen farbigen Dachziegel wurden in der berühmten ›Zsolnay‹-Porzellanmanufaktur in Pécs gefertigt. Sie sind aus glasierter und dekorierter Majolika.

In der Kirche werden regelmäßig Konzerte gegeben – eine schönere Kulisse dürfte es in der Stadt kaum geben.

Auf der Nordseite der Marienkirche befindet sich der verwunschene **Kirchplatz**, umstanden von der ›Plebanija‹, dem Pfarrhaus der katholischen Kirche, und dem sogenannten ›Palast des Vatikans‹. Die Plebanija ist ein zierlicher, zweistöckiger Bau von 1808, dessen Mittelteil durch flache Pilaster elegant strukturiert ist.

■ Rathaus

Das stattliche Rathaus (1895) geht ebenfalls auf György Molnár zurück. Es ist nach wie vor Hauptsitz der Verwaltung von Novi Sad.

Der Bau wird von insgesamt 16 allegorischen Figuren, alles Arbeiten von Julije Anika, und dem Stadtwappen geschmückt. Das Wappen zeigt unterschiedlich hohe, mittelalterliche, separat

Die Marienkirche befindet sich im Herz der Stadt

Der Trg slobode ist der Mittelpunkt der Stadt

stehende Türme mit Fenstern und Toren aus grob behauenem Stein. Im oberen blauen Feld fliegt eine Taube mit einem Olivenzweig über dem mittleren Turm, das untere grüne Feld wird von einem gewellten Silberstreifen durchzogen. Der Rathausturm, der mit dem der Marienkirche korrespondiert, birgt seit 1907 die Glocke des Heiligen Florian. Im großen Saal im ersten Obergeschoss befinden sich Wandmalereien von Pavle Ružićka. Vor dem Rathaus steht, in Bronze gegossen, Svetozar Miletić (1826–1901), der politische Wortführer der Serben der Vojvodina. Dem Bildhauer Ivan Meštrović ist es gelungen, in diesem Werk die Persönlichkeit des vielseitigen und engagierten Juristen, Journalisten und Bürgermeisters von Novi Sad zum Ausdruck zu bringen. Das fünf Meter hohe Denkmal wurde 1939 enthüllt, während des Zweiten Weltkriegs demontiert und nach der Befreiung 1944 wieder an seinen angestammten Platz gebracht.

■ Ulica Modene

Die ulica Modene trägt ihren Namen in Anlehnung an die Städtepartnerschaft mit der oberitalienischen Stadt Modena. In der Straße befinden sich das Gebäude der **ehemaligen Kreditbank**. Gegenüber, auf der Wiese, steht lässig in Bronze der Schriftsteller und Politiker Laza Kostić (1841–1910). Zusammen mit Đura Jakšić und Jovanović Zmaj ist er der dritte im Bunde der serbischen Romantiker.

■ Ulica Njegoševa

Die ulica Njegoševa führt vom Freiheitsplatz nach Norden. Sie besteht seit 1793 und hieß lange Zeit Bela lađa (Weißes Schiff) nach einem populären Kaffeehaus, das Ende des 19. Jahrhundert Treffpunkt wichtiger Persönlichkeiten war: neben anderen verkehrten Svetozar Miletić, Jovan Jovanović Zmaj, Laza Kostić, Đura Jakšić und Miloš Crnjanski hier. Gegenüber war die erste Feuerwehr stationiert.
Auf der anderen Seite, an der ul. Masarikova, sieht man die **slowakisch-evangelische Kirche** (Slovačka Evangelička crkva, Словачка Евангеличка црква).

■ Ulica Grčkoškolska und ulica Miletićeva

Vom 17. bis zum 18. Jahrhundert lebte in Novi Sad eine griechische Minderheit. In der Straße der griechischen Schule (ul. Grčkoškolska) unterhielten sie eine **grie-**

▲ Karte: s. hintere Umschlagklappe

chische Schule, die an ihrer griechischen Inschriftentafel erkennbar ist.

An der Ecke zur ulica Miletićeva steht das repräsentativste Gebäude im Stil des Neobarock von Novi Sad, der sogenannte **Palast der Zepter Bank**. Đorđe Jovanović entwarf das Gebäude der Kreditanstalt 1896 und ließ es mit einer Kuppel bekrönen, auf der Merkur, der Gott des Handels, mit Äskulapstab thront. Die ul. Miletićeva beherbergte Bäckereien und hieß damals Lebarski sokak (Brotgasse). Am Ende der Straße stand das bekannte Gasthaus ›Kod kamile‹ (zum Kamel), ein Treffpunkt der serbischen Intellektuellen. Nach dem Ersten Weltkrieg wurde es abgerissen.

Nur wenige Fußminuten sind es zur griechisch-katholischen **Peter-und-Paul-Kirche** (crkva Sv. Apostola Petra i Pavla/црква Св. Апостола Петра и Павла), heute noch Zentrum der Ruthenen.

Ulica Laze Telečkog

Die Benennung der Straße nach dem Schauspieler Laza Telečkog (1841–1875), einem Kumanen, ist Verpflichtung und Programm zugleich: **Cafés, Bars und Clubs** mit so vielversprechenden Namen wie ›Vinyl‹, ›Cuba Libre‹, ›London Pub‹ oder ›Kafanica‹ reihen

Das Rathaus, rechts das Denkmal für Svetozar Miletić

Lokal neben Lokal: ulica Laze Telečkog

sich hier aneinander, unterbrochen nur von Fitness-, Piercing- und Tätowierstudios. Dieses geballte Vergnügungsangebot hat der Straße, zusammen mit der benachbarten ul. Mite Ružica, den Ruf eingetragen, das ›Soho von Novi Sad‹ zu sein. Besonders im Sommer ist dieses kleine Viertel stets sehr gut besucht, eine Musikrichtung übertönt die andere.

Ulica Zmaj Jovina

Vom Platz der Freiheit bis zum Bischofspalast verläuft die ul. Zmaj Jovina (ул. Змај Јовина). Seit den Anfängen der Stadt war sie die zentrale Verkehrsader, und an ihren diversen Namensänderungen lässt sich Stadtgeschichte ablesen. Zunächst hieß sie auf Deutsch und später Ungarisch einfach Hauptstraße, dann Kossuth Lajos utca, dann wieder Hauptstraße, dann war sćie nacheinander nach Kralj Petar I., Mussolini und schließlich Maršal Tito benannt; seit einigen Jahrzehnten heißt sie wieder ul. Zmaj Jovina. Als Markt und Ladenstrasse nannte sie der Volksmund Magazinski sokak (Lagerhausgasse). Hier befand sich früher der größte Bauernmarkt und seit 1790 die erste Buchhandlung der Stadt. Die Pflasterung der Straße erfolgte Mitte des

19. Jahrhunderts, in die Erdgeschosse der Bürgerhäuser zogen Geschäfte mit einladenden Schaufenstern ein. Die Straße war der Korso, die Flaniermeile, der Versammlungsort. Zahlreiche kleine und unauffällige Gässchen und Passagen (Prolaz) zweigen von ihr ab. In ihnen sind einladende Boutiquen und zahlreiche Läden eingerichtet.

Der vornehme **Bischofspalast** (Vladičanski Dvor/Владичански Двор) bildet den Abschluss der Straße. Der Architekt Vladimir Nikolić entwarf ihn 1901 und integrierte byzantinische Elemente, die besonders schön an den Fensterumrahmungen zum Ausdruck kommen. Die Balustrade ist vom steinernen Bischofswappen unterbrochen.

Vor dem Bischofspalast steht das **Denkmal** zu Ehren von Jovan Jovanović Zmaj, dem Kinderarzt und viel gelesenen Dichter, der im Zentrum von Novi Sad das Licht der Welt erblickte. Das lebensgroße Bronzedenkmal des Bildhauers Dragan Nikolić steht seit 1984 an diese Stelle. Es zeigt einen älteren Herrn mit Stock, wachsam und doch gütig blickend.

Bischofspalast, Detail

▲ Karte: s. hintere Umschlagklappe

Dem Bischofssitz benachbart lugt die serbisch-orthodoxe **Georgskathedrale** (Sv. Georgija/Св. Георгија Саборна) hervor. Gustav Schaib erneuerte zwischen 1860 und 1880 die barocke Saalkirche mit Westturm anstelle eines Vorgängerbaus von 1753. Das Innere der Kirche geht auf 1902 zurück. Stevan Aleksić schuf von 1905 bis 1909 die Ölmalereien im Gewölbe. Die Ikonenwand sowie zwei Motive der mittelalterlichen serbischen Geschichte über den Chören stammen von Paja Jovanović. Der Bau ist von einer Tonne überwölbt, im Westteil gibt es eine Empore. Die Bestuhlung links und rechts ist nur berechtigten Personen vorbehalten, alle anderen müssen stehen. Am Abend ist der Gottesdienst besonders schön. Im Garten der Kirche steht auf einem hohen Sockel das geweihte orthodoxe Steinkreuz.

Gleich um die Ecke steht, anstelle des Geburtshauses von Jovan Jovanović Zmaj, das nach ihm benannte **Gymnasium**, eine Stiftung von Baron Miloš Bajić. Ein serbisches Gymnasium gab es bereits seit dem Jahr 1810. Der heutige Bau entstand 1900 im Stil der Neorenaissance. Das Gymnasium gilt bis heute als sehr angesehene Bildungseinrichtung, fast 1000 Schüler werden hier in 29 Klassen unterrichtet. Im Hof des Gymnasiums ist die Bildungsentwicklung von Novi Sad an Büsten von Gelehrten und verdienten Persönlichkeiten abzulesen.

Ulica Dunavska

Die Donaustraße (ul. Dunavska/ул. Дунавска) nimmt ihren Ausgang am Bischofssitz, grenzt an den Donaupark und führt, wie ihr Name schon andeutet, zur Donau. Unweit der Donaustraße siedelten schon früh die Serben. Seit ihren Anfängen und bis heute ist die ul. Dunavska die Straße der Handwerker und Händler. Zunächst noch orientalisch beeinflusst, entwickelte sich der Baustil nach 1849 zu mitteleuropäischen Traditionen. Die Häuser sind durchgehend zweistöckig, schmal und in die Tiefe gebaut, und in den langgestreckten Hinterhöfen sind Geschäfte eingerichtet. Ältestes Gebäude ist das als **Beli Lav** – weißer Löwe – bekannte Haus von 1720 an der Ecke zur ul. Zmaj Jovina. Es wurde 1849 teilweise durch Artilleriebeschuss zerstört und beim Wiederaufbau um ein Stockwerk erhöht. Es gehörte Emanuel Janković, der darin die erste Buchhandlung und Druckerei von Novi Sad unterbrachte. Die **Stadtbibliothek** (Nr. 1) ist im Haus von Arasa Pajević, Buchhändler und Verleger, eingerichtet. Diese Kultureinrichtung entstand durch die Zusammenlegung mehrerer Bibliotheken im Jahr 1958. Sie setzt die Tradition des ersten serbischen Lesesaals von 1845 fort. Im Haus Nr. 14 lebten Svetozar Miletić, politischer Führer der Serben in Ungarn, und sein Schwiegersohn Jaša Tomić, zeitweise hatte hier auch die Matica Srpska ihren Sitz.

Das grün getünchte Haus mit der Nummer 29 stammt von 1903 und gehörte dem Arzt Branko Ilić. Sowohl das Haus als auch seine Sammlung von Exponaten westeuropäischer Kunst von der Renaissance bis zum 20. Jahrhundert übereignete er 1968 der Stadt. Daraus wurde das heutige **Museum ausländischer Kunst**. Besonders wertvoll ist ein Porträt von Rembrandts Vater und Seneca von Peter Paul Rubens. Die Sammlung ist integriert in Einrichtungsgegenstände vom 18. bis 20. Jahrhundert, darunter viele Möbel aus Österreich, Deutschland und Frankreich.

Zur Donau hin werden die Bauten ausladender. Die Donaustraße endet am Donaukai, wo die Kreuzfahrtschiffe anlegen. In der ul. Miloša Bajića, parallel zur Dunavska, findet täglich der **Altstadt-**

Im Museum der Vojvodina

Markt statt; der Verkauf beginnt stets um sechs Uhr und endet mittags. Einst befand sich hinter dem Markt der Busbahnhof für den städtischen Verkehr; er wurde mittlerweile jedoch an den Bahnhof verlegt. Damit wurde die Altstadt erheblich vom Verkehr entlastet.

Das Museum der Vojvodina

Dunavska 35 ist der ehemalige Justizpalast, der von Gyula Wagner im neoklassizistischen Stil entworfen wurde. In diesem Gebäude aus dem Jahr 1900 ist das Museum der Vojvodina (muzej Vojvodine/музej Војводине) untergebracht. Es ist aus dem ehemaligen Matica-Srpska-Museum von 1847 hervorgegangen. Schwerpunktmäßig wird hier die Siedlungsgeschichte der Vojvodina dokumentiert. Die archäologischen Exponate belegen die Anwesenheit der Kelten, Römer und Sarmaten in diesem Raum. Außerdem sind Karikaturen von Uroš Predić und Dokumentationen zu den Klöstern der Vojvodina zu sehen. Ein großer Teil der Räumlichkeiten steht dem Museum für Moderne Kunst (Muzej Savremene Umetnosti Vojvodine/Музej Савремене Уметности Војводине) zur Verfügung. Ein Neubau für deren Objekte ist geplant, konnte aber zum Bedauern seiner Mitarbeiter noch nicht umgesetzt werden.

Đura Jakšić im Donaupark

Derzeit liegt deshalb aus Platzgründen der Schwerpunkt auf Wechselausstellungen. In jüngster Zeit waren Arbeiten von Dragan Jankov zu sehen.

Der umfassende Bestand machte eine Ausweitung der Ausstellungsfläche notwendig. Diesem Bedürfnis wurde mit dem benachbarten modernen Gebäude von 1947 (Nr. 37) Rechnung getragen. In ihm wird die Geschichte des Ersten und Zweiten Weltkriegs dokumentarisch festgehalten.

Eine Zweigstelle des Museums der Vojvodina befindet sich in Schloss Čelarevo mit einer Sammlung von Stilmöbeln. Eine weitere Zweigstelle stellt das Ethnohaus ›Brvnara‹ (=Holzhütte) in Bački Jarak dar. Es wird nur für Gruppen und nach Voranmeldung geöffnet.

Donaupark

Der Donaupark (Dunavski Park/Дунавски Парк) wurde 1895 anstelle einer Senke im Stil eines englischen Gartens angelegt. Mit seinem ›Schwanensee‹, in dem die beiden Schwäne Isa und Bisa zu Hause sind, seinem alten Baumbestand – man spricht von 250 Bäumen – und den Bänken ist er ein beliebter Aufenthaltstort für Jung und Alt. Im Park sind Denkmäler für die Dichter Miroslav Antić (1932–1986), Branko Radičević (1824–1853) und Đura Jakšić (1832–1878) aufgestellt. Daneben gibt es einen Brunnen mit einer Nymphe und ein Denkmal, das der oft beschworenen russisch-serbischen Freundschaft zu verdanken ist.

Ulica Ignjata Pavlasa

Die ulica Ignjata Pavlasa flankiert den Donaupark. An dieser Straße sind interessante Kultureinrichtungen zu finden. Direkt beim Donaupark neben dem Tenniscourt steht das **RTV-Gebäude** (Radio Televisija Vojvodine/Радио Телевисија), erkennbar am Brunnen mit der schlanken Bronzeskulptur davor. Hier ist das ›Studio M‹ mit Bühne und Ausstellungsflächen eingerichtet. Zuletzt wurden in ihm die Welt-Presse-Fotos gezeigt.

Gegenüber dem Studio M befindet sich das **Sokolski Dom**, in dem das Jugendtheater eingerichtet ist. Schon an der Gestaltung des Foyers erkennt man den spielerischen Umgang mit Kindern. Man beachte das Gebäude, eines der wenigen erhaltenen Beispiele der Architektur zwischen den beiden Weltkriegen von Đorđe Tabaković.

An der Ecke zur ul. Modena steht der moderne Bau der **Handelskammer**.

Ulica Nikole Pašićeva

In der Pašićeva (ул. Пашићева) stehen aneinandergereiht schöne, gut erhaltene, historistische Bauten. Stattlich ist das Gebäude des **Platoneums**, das von 1770 bis 1861 als Bischofssitz für den Bischof der Bačka diente. Sein Name geht auf Bischof Platon Atanacković zurück. Heute ist es Sitz der Zweigstelle der Serbischen Akademie der Wissenschaften und der schönen Künste, die auch als Kulturzentrum fungiert.

▲ Karte: s. hintere Umschlagklappe

Dragan Jankov

Im Jahr 2012 fand im Museum für Moderne Kunst eine Ausstellung von Dragan Jankov statt. Das Werk des medienscheuen, 1961 in Novi Sad geborenen Künstlers ist weit über die Grenzen Serbiens hinaus bekannt. Nach dem Studium an der Kunstakademie ›Bogdan Šuput‹ lebt er seit 1988 als unabhängiger Künstler.

Seit der Ausstellung seines Gemäldes ›Bonjour Monsieur Dragche‹ im Jahr 1985 versucht Jankov bis heute in seinen farbenfrohen Werken romantische und idealistische Ideen zu verwirklichen. Den Künstler betrachtet er dabei als Vorbote oder Überbringer einer besseren und schöneren Welt. Auf der Suche nach dem eigenen Platz und der eigenen Rolle in dieser Welt verbindet er wiederkehrend Reales und Phantastisches, Geplantes und Erlebtes. Seine Werke werden gerne als die Kunst der kleinen, manchmal fast nicht erkennbaren Bewegungen interpretiert. Ein wesentliches Element der Werke Jankovs ist daher die Stille. Leise und zurückhaltend zu sein in einer Welt, in der lautes, auffallendes Verhalten mehr Erfolg versprechen, ist daher ein ethisches und ästhetisches Ideal, dem sich Dragan Jankov verpflichtet fühlt. Dem kleinen, gewöhnlichen Durchschnittsmenschen mit seinen Wünschen und Hoffnungen, seinen Erinnerungen und Neigungen, seinen Gefühlen und seiner Schwermut gilt sein Interesse als Maler. Seine Werke spiegeln Harmonie und Ausgewogenheit, Gelassenheit und Inspiration. Intime Zeugnisse täglicher Hoffnungen, Befürchtungen und Sehnsüchte sind künstlerisch auf einige wenige Elemente reduziert. Emotionen als solche sind nie explizit dargestellt. Nicht primär Ereignisse, sondern Stimmungen versucht er aufzufangen.

Seine Bilder zeigen oft eine einzelne Person vor fast graphisch wiedergegebenem Hintergrund. Zwei Beispiele: Das Bild mit dem Titel ›Der Reisende‹ zeigt eine Person, die auf einer ins Wasser gestellten Säule zu rasten scheint, links und rechts davon erkennt man zwei eingeklappte Sonnenschirme, die in ihrer Form eher an Zypressen, aber in der Farbe Rot, erinnern. Das Wasser begrenzt nahezu gerade und ohne Unregelmäßigkeit den Hintergrund, der von drei grünen Berge in Form von drei zerlaufenden Dreiecken abgeschlossen wird. Das ›Studio‹ betitelte Bild zeigt einen kleinen an den Rand gestellten schiefen Tisch, auf dem sich ein männliches Wesen auf einem Stuhl sitzend aufstützt. Der Rest, das Zimmer, der Rahmen sind flächig, ein wenig schief und mit sehr wohltuenden heiteren Farben gemalt.

›Reisender‹

ESSAY

Unmittelbar vor dem Hotel ›Veliki‹ markiert ein denkmalgeschützter **Meilenstein** den Mittelpunkt der Stadt. Das in einem historischen Gebäude beheimatete Hotel hat sich als charmante Bleibe etabliert. Fast am Ende der Pašićeva trifft man auf die serbische Kulturstiftung Matica Srpska (Матица Српска).

Die Kultureinrichtung Matica Srpska

Die bis heute für Serbien bedeutendste erhaltene Kultureinrichtung ist die Matica Srpska, der serbische Kulturverein, eine der ältesten Kultureinrichtungen der Stadt. Matica bedeutet ›Bienenkönigin‹, was im übertragenen Sinne eine Keimzelle meint. Der Verein wurde 1826 in Pest gegründet, um dem wachsenden Magyarisierungsdruck auf die serbische Bevölkerung in der österreichisch-ungarischen Monarchie zu begegnen. Zeitweilig verboten oder an ihrer Ausübung gehindert, nahm die Einrichtung 1864 ihren Sitz in Novi Sad ein. Nach ihrem Vorbild entstanden eine Matica in Prag, in Zagreb die ›Matica Hrvatska‹, der kroatische Kulturverein, 1847 in Bautzen die ›Maćica Serbska‹, der sorbische Kulturverein, und als letzter 1863 der slowakische Kulturverein.

Die umfangreiche Verlagstätigkeit der Matica Srpska fand besonderen Ausdruck in der Literaturzeitschrift ›Letopis Matice Srpske‹; es ist die älteste Zeitschrift im südslawischen Raum; sie erscheint seit 1826 ununterbrochen. Der Einrichtung gehörte eine große Bibliothek an. Einst war sie mit der serbischen Lesehalle und einer lateinisch-slawischen Schule in der Stiftung des Vladika Platon Atanacković untergebracht. 1933 wurde die Einrichtung erneuert.

Ein Teil des Ausstellungsbestands der Matica Srpska wurde ins Museum der Vojvodina überführt, ein anderer wird

Der Turm der Nikolauskirche

in der Galerie Matica Srpska ausgestellt. Das heutige Gebäude der Matica Srpska wurde 1912 dank der Stiftung von Marija Trandafil erbaut, die es als Bildungseinrichtung für arme Serben geplant hatte. Das Gebäude, in dem die Porträts aller Präsidenten der Matica Srpska ausgestellt sind, ist nicht für die Öffentlichkeit zugänglich. Eine Ausnahme sind die Veranstaltungen im Großen Saal der Matica Srpska.

Die Nikolauskirche

Die kleine serbisch-orthodoxe Nikolauskirche (crkva svetog Nikole) ist ein Kleinod, ihr ist eine besondere Stimmung und Atmosphäre eigen. Die Nikolauskirche gilt als das älteste Gotteshaus der Stadt und ist eine Stiftung der Familie Bogdanović von 1730. Sie wurde während der Revolution 1848 zerstört, aber 1864 wieder aufgebaut. Die ursprüngliche Ikonenwand ist nicht erhalten, die heutige geht auf Pavle Simić zurück, während die Wandmalereien Dimitrije und Živko Petrović zugeschrieben werden. Auch Nikola Dinšić wird als Beteiligter erwähnt.

▶ Karte: s. hintere Umschlagklappe ◀

In der Kirche wurden 1913 die Kinder von Mileva und Albert Einstein getauft. Mileva Einstein-Ravić (1875–1948), geboren in Kać bei Titel in der Vojvodina, war die erste Frau des Nobelpreisträgers. Sie besuchte in Novi Sad die Serbische Höhere Mädchenschule und war die erste Serbin, die ein Studium der Mathematik und Physik aufnahm. Die Stadt plant ein ›Mileva‹-Museum, und am Serbischen Nationalheater wurde in der Spielzeit 2011 die Oper ›Mileva‹ von Aleksandra Vrebalov uraufgeführt.

Podbara

Eine der ältesten Straßen von Novi Sad ist die ul. Temerinska, die Verlängerung des innerstädtischen Boulevardrings nach Norden. Schon vor der Stadtgründung führte diese Landstraße nach Budapest und Belgrad. Stadtauswärts über den DTD-Kanal hinweg liegt an ihr der beliebte **Najlon-Markt**, auf dem nicht nur landwirtschaftliche Produkte der Region, sondern auch Second-Hand-Artikel angeboten werden. Es ist der größte Flohmarkt der Stadt.

Die Straße mit ihren zahlreichen Gasthäusern und Kneipen diente früher auch als Bauernmarkt. Ein kleiner Markt findet bis heute täglich statt. An der Straße wurde das erste Postamt in Novi Sad eröffnet. An Plattenbauten vorbei kommt man ins Almaškaviertel zur serbisch-orthodoxen **Kirche der drei Hierachen** (Sv. Tri Jerarha/Св. Три Јерарха), auch Almaškakirche genannt. Sie entstand zwischen 1797 bis 1808 als einschiffiger Bau mit halbrunder Apsis an der Ost- und einem Glockenturm an der Westseite. Die Schnitzereien gehen auf Aksentije Marković, die Ikonen auf Arsa Teodorović zurück.

Das Viertel selbst ist ein altes Wohnviertel, zwar nur wenige Gehminuten von der lebhaften Altstadt entfernt, aber dennoch ruhig und beschaulich. Man kommt sich vor wie auf dem Land.

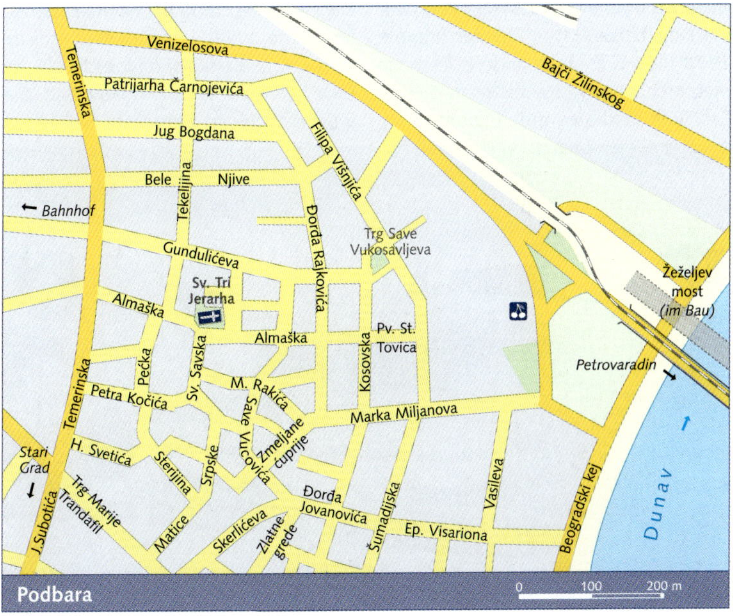

Podbara

Theaterplatz

Am Theaterplatz (Pozorišni Trg/Позоришни Трг) stehen der **Apolo-Bau** von 1993, benannt nach dem ersten, 1910 eröffneten Kino von Novi Sad, **Skulpturen** berühmter Persönlichkeiten und der moderne, verkleidete Bau der **Hauptpost**, ein Werk von Dragiša Brašovan. Den Platz dominieren das Serbische Nationaltheater und die Maria-Entschlafens-Kirche.

Serbisches Nationaltheater

Das serbische Nationaltheater (Srpsko Narodno Pozorište/Српско Народно Позориште), ein Werk des polnischen Architekten Viktor Jackievicz von 1981, ist ein moderner, mit Marmor verkleideter Bau. Das erste serbische Theater wurde in Novi Sad von serbischen Patrioten gegründet; aber erst 1895 bekam das Ensemble ein eigenes Gebäude: Im Hof seines Hotels ›Kraljica Jelisaveta‹ – heute Hotel ›Vojvodina‹ – ließ der Industrielle Lazar Dunđerski ein Theater im Stil des Historismus bauen. Der Architekt war Vladimir Nikolić. Das Theater brannte 1928 nieder. Danach änderte es noch mehrfach seinen Sitz, bis es in diesem Gebäude sesshaft werden konnte. Das Theater ist in drei Sparten organisiert: Drama, Oper seit 1920 und Ballett seit 1950. Die bronzene Statue von Sterija Popović weist auf die bedeutenden ›Sterija-Festspiele‹ hin. Jovan Sterija Popović (1806–1856), Nachkomme eines griechischen Händlers, in Vršac geboren, gilt als Vater des serbischen Dramas. Mit seinem Drama ›Der Tod des Stefan Dečanski‹ wurde das Đumruk-Theater in Belgrad eröffnet, das erste ständige Theater Innerserbiens. Die Skulptur des beliebten Schauspielers und Regisseurs Pera Dobrinović (1853–1923) leistet Sterija seit 1982 vor dem Theatergebäude Gesellschaft. Im Jahr 2011 wurde der Reigen der Theaterkünstler um die weiße Marmorskulptur von R. Bogdanov bereichert, die die Ballerina Marina Olenjina (1897–1963) darstellt. Die im russischen Reich geborene Tänzerin gilt als Begründerin des Serbischen Balletts.

Maria-Entschlafens-Kirche

Die serbisch-orthodoxe Maria-Entschlafen-Kirche (crkva Uspenja Bogorodice/црква Успења Богородице) ist die älteste serbische Kirche in Novi Sad. Sie wurde 1736 im Barockstil begonnen

Das moderne Dreisparten-Theater

Karte: s. hintere Umschlagklappe

und unter Dušan Nonin von 1777 bis 1779 renoviert. Im Inneren konnte sie ihr ursprüngliches Aussehen bewahren: Eine wunderschöne Ikonostase mit fünf Rängen mit Ikonen von Janko Halkozović und Vasa Ostojić. Die Holzschnitzereien sind Werke von Aksentije und Arsenije Marković, die Wandmalereien zum Teil vom Pfarrer Joca Jovanović.

Die Kirche verwahrt eine bedeutende Muttergottes-Ikone von 1690. Sie wurde aus Zentralserbien bei der Flucht vor den Türken hierher gerettet.

Bulevar Mihajla Pupina

Die Altstadt wird durch einen Boulevardring eingefasst, der Anfang der 1920er Jahre angelegt wurde. Er nimmt seinen Ausgang an der Donau bei der Most Varadinski und endet in der Temerinska-Straße, die stadtauswärts über den Donau-Theiß-Donau-Kanal führt.

In seinem ersten Abschnitt ist der Boulevard nach dem serbischen Naturwissenschaftler Mihail Pupin benannt, die meisten Gebäude hier stammen aus den 1930er Jahren. Den Anfang macht das **Haus der Arbeitskammer** mit imposanter Steinskulptur.

Bemerkenswert ist das Gebäude der sogenannten **Banovina** (Бановина). Sie entstand von 1935 bis 1939. Bis zum Ende des Zweiten Weltkriegs war in dem Gebäude der Sitz der Donaubanschaft, wovon es seinen Namen erhielt. Heute ist es wieder Sitz des Parlaments der autonomen Provinz Vojvodina, nachdem es 1999 beim NATO-Bombardement schwer beschädigt wurde. Dragiša Brašovan, der Klassiker der jugoslawischen Architektur des 20. Jahrhunderts, ließ sich bei diesem Bau vom Bauhaus und der Wiener Moderne inspirieren. Der Marmorbau ist eine Remineszenz an ein weißes Donauschiff mit einer Möwe. Er ist ganz im Stil der damaligen Moderne gehalten und wird von geraden Linien und ovalen Formen geprägt; der hohe Kopfbau wirkt wie ein Leuchtturm. Heute wird die Banovina nachts farbig angestrahlt.

Am Bulevar wohnte eine Zeitlang der Schriftsteller Aleksandar Tišma. Er wurde 1924 in Horgoš als Sohn einer ungarischen Jüdin und eines Serben geboren und war stets eng mit Novi Sad verbunden. Hier ging er aufs Gymnasium, hier machte er Abitur, und hier war er im Verlag Letopis Matice Srpske als Lektor

Die elegant geschwungene Banovina

tätig. Seine autobiographisch geprägten ersten fünf Bücher ergeben einen Romanzyklus, der in Novi Sad spielt. Im Buch ›Blam‹ (Knjiga o Blamu) sucht der Überlebende Blam Spuren seiner Jugend im Novi Sad der Nachkriegszeit.

Das modernste Einkaufszentrum Novi Sads, **Bazaar** (Nr. 1) präsentiert auf vier Etagen Boutiquen von Zara bis Tom Tailor. Erschöpfte können auf der Dachterrasse im ›Giardino‹ ausspannen oder gleich nebenan im ausrangierten Straßenbahnwagon ›Trčika‹, das zu einem Café umfunktioniert wurde.

■ Armenisches Denkmal

Genau genommen befinden sich zwei armenische Denkmäler nebeneinander am Boulevard. Das jüngere, ein sogenannter ›Chatschkar‹, ein **Kreuzstein** in Form einer freistehenden Steinplatte mit einem zentralen Kreuzrelief, darf als Ausdruck der freundschaftlichen Verbundenheit Armeniens mit den Serben betrachtet werden. Diese Kreuzsteine sind eine spezifisch armenische mittelalterliche Kultform und finden sich in sehr großer Zahl in Armenien.

Ein Teil des Armenischen Denkmals

▲ Karte: s. hintere Umschlagklappe

Das zweite Denkmal ist das **Grab der Familie Čenazi** von 1790 – als Zeugnis der armenischen Gemeinde in Novi Sad, die an dieser Stelle ihre Kirche und ihren Friedhof besaß.

Platz der Galerien

Fast am Boulevard Mihajlo Pupina und doch etwas versteckt befindet sich der Platz der Galerien (Trg Galerija/Трг Галерија); dahinter erstreckt sich ein kleines Villenviertel. Man trifft hier leider nur selten Touristen, vielleicht weil die Werbung für Novi Sad zu sehr auf junge Leute fokussiert ist. Die gleich drei Stiftungen, die in drei verschiedenen Gebäuden in städtischem Besitz untergebracht sind, verdienen in jedem Fall mehr Beachtung.

■ Galerija Matice Srpske

Das Museum Galerija Matice Srpske (Галерија Матице Српска) wurde 1847 auf Initiative von Teodor Pavlović gegründet. In der Vereinszeitung erging ein Spendenaufruf zur Unterstützung der Neugründung. Die Matica Srpska zog 1864 mit ihrer Sammlung nach Novi Sad ins Platoneum. 1933 konnten die Objekte erstmals der Öffentlichkeit präsentiert werden. Bis 1946 bestand die Sammlung aus drei Abteilungen: einer archäologischen, einer ethnologischen und einer für die Bildende Kunst. Die ersten beiden wurden abgetrennt und in das 1947 neu gegründete Museum der Vojvodina überführt, die Sammlung der Bildenden Kunst verblieb in der Hand der Matica Srpska. Dafür stellte die Stadt Novi Sad das ehemalige Gebäude der Produktbörse zur Verfügung. Es war 1928 vom Lazar Dunđerski entworfen und 20 Jahre später den Erfordernissen eines Museums angepasst worden. Die Umbauarbeiten leitete damals Đorđe Tabaković. Die Dauerausstellung im neuen Gebäu-

Denkmal für die Malerin Nadežda Petrović vor der Beljanski-Sammlung

de wurde der Öffentlichkeit unter dem Namen **Serbische Malerei des 18. und 19. Jahrhunderts** vorgestellt. Durch Ankäufe wurde sie um die **Kunst des 20. Jahrhunderts** ergänzt. Erst der Anbau des Jahres 1992 machte die Veröffentlichung dieser Werke möglich.

Grundstock der Sammlung sind elf Porträts aus dem Besitz der ungarischen Adelsfamilie Tekilja, die der Matica Srpska von Sava Tekilja übereignet wurden. Sie sind im zentralen Saal des ersten Obergeschosses ausgestellt und geben zusammen mit Werken von Teodor Kračun einen Einblick in die bürgerliche Gesellschaft dieser Zeit.

In den angrenzenden Räumen wird die Kunst des 18. Jahrhunderts präsentiert. In dieser Zeit lag der Schwerpunkt noch auf der religiösen Malerei, der Malerei von Ikonen und Wandmalereien für die Klöster. Zunächst standen die Künstler unter ukrainisch-russischem Einfluss. Einige Exponate und Wandmalereireste stammen aus den Klöstern der Fruška Gora. Außerdem sind die barocken Ikonen aus der Ikonostase der Kathedrale von Sremski Karlovci zu sehen. Besonders umfangreich aber ist die graphische Sammlung. Unter den graphischen Blättern sind vor allem die Arbeiten von Hristofer Žefarovič und Zaharije Orfelin hervorzuheben.

Die **Bildergalerie** im Zweiten Obergeschoss vermittelt einen Überblick über die serbische Malerei und Graphik der Vojvodina vom 19. Jahrhundert bis zur Mitte des 20. Jahrhunderts. Katarina Ivanović, Đura Jakšić und Novak Radonić sind Vertreter des 19. Jahrhunderts, Uroš Predić und Paja Jovanović des 20. Jahrhunderts. Das 20. Jahrhundert wurde nicht chronologisch, sondern thematisch angeordnet. Beliebte Sujets waren die Landschaft, das Dorf, die Stadt und Menschen. Stellvertretend seien hier Petar Dobrović, Sava Šumanović sowie der Bildhauer Đorđe Jovanović genannt.

■ Pavle-Beljanski-Gedächtnissammlung

Gleich neben der Galerija Matice Srpske befindet sich der Eingang zur Pavle-Beljanski- Gedächtnissammlung (Spomen Zbirka Pavla Beljanskog, Спомен Збирка Павла Бељанског). Diese beeindruckende Sammlung serbischer Malerei sollte man sich nicht entgehen lassen. Um sie besser verstehen und einordnen zu können, empfiehlt sich eine Führung mit Marija Todorović (Englisch oder Serbisch). Die Sammlung ist das Vermächtnis des Juristen Pavle Beljanski (1892–1965), der erstaunlicherweise vor und nach dem Zweiten Weltkrieg in diplomatischen Diensten stand. In seiner Geburtsstadt Belgrad hatte er Jura studiert. Der Ausbruch des Ersten Weltkriegs zwang Beljanski, nach Paris zu gehen: Hier konnte er sein Studium abschließen. Danach als Diplomat in verschiedenen europäischen Ländern akkreditiert, hatte Beljanski Gelegenheit, die bedeutendsten Kunstwerke zu studieren und Kontakte mit berühmten Künstlern zu pflegen. In seiner Sammelleidenschaft konzentrierte er sich jedoch auf die serbische Kunst – vielleicht aus Gründen des Budgets. Beljanski erwarb nicht nur die Exponate, sondern bestimmte maßgeblich ihre Anordnung. Im Jahr 1957 übereignete er seine Sammlung der Vojvodina und legte vertraglich fest, dass sie nie verliehen oder weiter gegeben werden dürfe. Im Gegenzug erhielt er eine Parzelle zum Bau eines Ausstellungsgebäudes. Nach einer Ausschreibung entschied er sich für den Architekten Ivo Kurtović. Erstmals wurde ein Gebäude in Serbien exklusiv als Museum entworfen. Auch nachdem die Sammlung am 22. Oktober 1961 in diesem Haus der Öffentlichkeit zugänglich gemacht worden war, behielt sich Pavle Beljanski vor, sie durch weitere Gemälde zu ergänzen oder einzelne Gemälde zu tauschen oder umzuhängen. Heute umfasst die Sammlung 185 Werke von 37 Künstlern mit dem Schwerpunkt auf der Zeit zwischen den beiden Weltkriegen. Als Beljanski mit der Sammlung von Kunstwerken begann, waren die meisten Urheber dieser Werke junge, anonyme Künstler.

Die erste Generation wird vertreten von Nadežda Petrović, Milan Milovanović und Kosta Miličević und setzt sich mit Werken der berühmtesten Künstler Serbiens der Zeit zwischen den beiden Weltkriegen fort: Sava Šumanović, Milan Konjović, Petar Dobrić, Jovan Bijelić, Petar Lubarda, Streten Stojanović, Risto Stijović. Die Schau endet mit Werken von Künstlern aus der zweiten Hälfte des 20. Jahrhunderts wie Zora Petrović, Živko Stojsavljević, Milenko Šerban und Ljubica Sokić.

Die Sammlung umfasst auch eine Bibliothek und ein großes Archiv mit Skizzen, Gemälden, Skulpturen, Briefen, Dokumenten, Fotografien und Videobändern. Berühmtestes Gemälde der Sammlung dürfte ›La Grande Iza‹ von Vlaho Bukovac (1855–1922) sein. Der Künstler hatte an der Ecole Nationale Supérieure des Beaux Arts in Paris studiert und gewann dort 1882 eine Goldmedaille für sein Gemälde. Bukovac eröffnete sein eigenes Malstudio in Paris und schuf Auftragsarbeiten für die Königshöfe von Montenegro und Serbien. Viele Maler südslawischen Ursprungs wurden von ihm unterrichtet. ›La Grande Iza‹ ging

Nur ein Raum der großen Pavle-Beljanski-Gedächtnissammlung

Karte: s. hintere Umschlagklappe

Ausstellungen von Rang in repräsentativer Hülle: die Galerija Rajko Mamuzić

durch mehrere Hände, bis es Beljanski 1929 ersteigerte.
Die Sammlung war in Teilen ausnahmsweise aus Anlass eines Jubiläums zu Ehren von Pavle Beljanski im November 2011 in Belgrad zu sehen.

Galerija Rajko Mamuzić

Die Galerie Rajko Mamuzić (Galerija Likovne Umetnosti Poklon Zbirka Rajka Mamuzića/Галерија Ликовне Уметности Поклон Збирка Рајка Мамузића) ist das jüngste Museum der bildenden Kunst in Novi Sad. Sie geht auf den Kunstsammler Rajko Mamuzić (1914–1994) zurück. Seit 1972 ist die Sammlung in diesem Gebäude des Architekten Filip Schmit von 1922 untergebracht. Zwei Jahre später wurde sie für die Öffentlichkeit freigegeben. Ihren Grundstock bilden Ölbilder, Skizzen, Graphiken, Skulpturen und Wandteppiche, die einen repräsentativen Querschnitt über die Kunst der zweiten Hälfte des 20. Jahrhunderts vermitteln. Werke von 35 Künstlern, die teilweise den Gruppen ›Belgrad‹, ›Zadar‹ oder ›December‹ angehören, sind hier ausgestellt. Lazar Vujaklija (1914–1996), der Schüler von Petar Dobrović, war beispielsweise Mitglied der prominenten ›Dezembergruppe‹ und der Gruppe ›Samostalni‹ (Unabhängigkeit). In seinem Stil zeigen sich expressionistische und ornamentale Einflüsse, Anklänge an alte Balkan-Motive und prähistorische Skulpturen.
Die Galerie leistet ihren Beitrag zur zeitgenössischen Kunst in Serbien, indem sie auch Retrospektiven und Wechselausstellungen organisiert. Zuletzt wurde das Werk des Bildhauers Zoran Petrović gezeigt.

Trg Mladenaca

Der Trg Mladenaca (Трг Младенаца) – etwa: Platz der Jungvermählten – wird gern übersehen, dabei ist er einer der charmantesten Plätze von Novi Sad. Er wird gerahmt vom Standesamt, dem hohen modernen Postgebäude, das den Platz vom Verkehr abschirmt, und dem Adamović-Haus, ehemals Haus ›Elite‹. In der Mitte des Platzes Zentrum befindet sich eine Grünanlage mit Bänken und dem symbolischen Hochzeitstor, Cafés fehlen natürlich auch nicht.

Der Trg Mladenaca mit dem symbolischen Hochzeitstor

Synagoge

Die Synagoge (Sinagoga/ Синагога) in der ul. Jevrejska 5 (ул. Јеврејска) vom Ende des 19. Jahrhunderts zeugt von der einstigen Bedeutung und Größe der jüdischen Gemeinde in Novi Sad. Eine Gedenktafel an der Synagoge erinnert an die Deportation der Juden am 26. April 1944. Die Synagoge bildet mit der ehemaligen jüdischen Schule und dem Gemeindehaus eine bauliche Einheit. Sie wurde 1909 von Lipold Baumhorn konzipiert. Während des Zweiten Weltkriegs wurde sie von den Faschisten als Durchgangslager vor der Deportation genutzt, die jüdische Gemeinde praktisch ausgelöscht. Die verwaiste Synagoge wurde daher nach dem Krieg von den überlebenden Juden der Stadt für kulturelle Zwecke zur Verfügung gestellt. Seit ihrer vorbildlichen Renovierung wird sie als Konzertsaal genutzt, und nur in diesem Rahmen ist sie zu besichtigen. In der benachbarten ehemaligen Judenschule ist die Ballettschule untergebracht.

Schräg gegenüber, auf der anderen Seite der ul. Jevrejska, steht die reformierte **Lutherkirche** (Reformatska Hrišćanska crkva/Реформатска хришћанска црква). Zurück auf dem Ringboulevard stößt man direkt auf das **Einkaufszentrum New York** und das relativ junge Hotel ›Centar‹.

Die Glaskuppel der Synagoge

Entlang der Donau

Die Altstadt wird auf ihrer östlichen Seite von der Donau begrenzt. Entlang des Stroms verläuft der Donauradweg Abschnitt 6, parallel zu ihm wurden in Teilbereichen rot markierte Trimmtrassen angelegt. Die Promenade wird durch Brunnen und Skulpturen verschönert.

Unweit der Varadinski-Brücke wurde im Jahr 1694 am linken Ufer der Donau (Novi Sader Seite) ein eckiger Brückenkopf (Brückenschanze) gebaut. Er stellte ein wichtiges Element der Befestigungsanlage von Petrovaradin dar, die zur Abwehr der Türken errichtet wurde. Innerhalb des Brückenkopfs gab es mehrere Gebäude: Wachtürme, Kasernen, Warenhäuser, Zollbüro und Salinen. Seine vorrangige Funktion war der Schutz der Pontonbrücke. Bald nach dem Einzug des Militärs ließen sich Händler und Handwerker dauerhaft in der Nähe des Brückenkopfs nieder. Zunächst bauten sie nur bescheidene Häuser. Neben den Grenzwächtern waren sie die ersten Siedler von Novi Sad, das damals aufgrund der Gräben, die um die Festung und die ersten Häuser als eine zusätzliche Verteidigungseinrichtung ausgehoben worden waren, Petrovaradin Šanac hieß (Šanac-Schanze).

Nachdem die Armee das Terrain mit Brückenkopf der Stadtverwaltung überlassen hatte, wurde der Brückenkopf 1922 entfernt. Dadurch konnte sich die Stadt erstmals bis an die Donau ausdehnen. Dort, an den zahlreichen Donauarmen, entstand der Stadtteil Mali Liman. Gleichzeitig entstand der erste – 777 Meter lange, von Bäumen umrahmte – Boulevard, der Bulevar Pupina. Er verband den heutigen Trg slobode mit der Donau. An dieser Stelle wurde 1928 eine Brücke errichtet, die Prince Tomislav Most. Sie wurde im Zweiten Weltkrieg zerstört.

▲ Karte: s. hintere Umschlagklappe

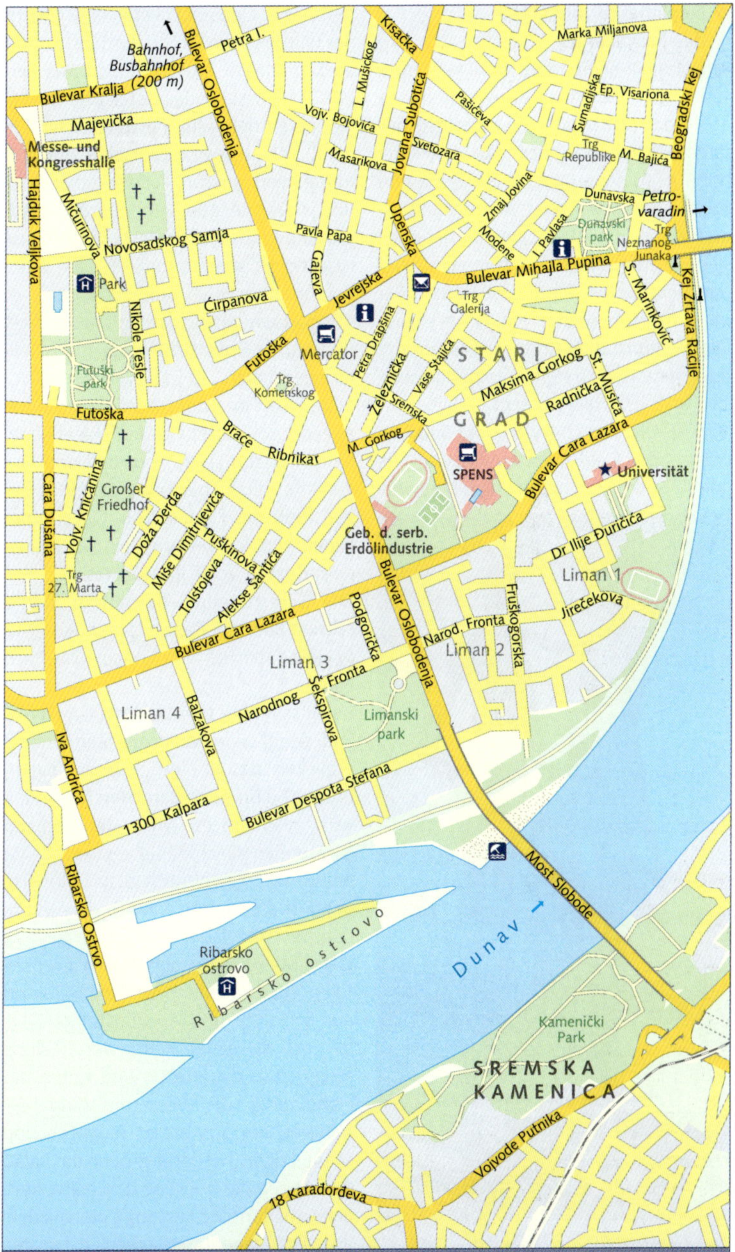

Entlang der Donau, Spens und Limani

Denkmal für die Opfer des Faschismus

Auf einer Donauterrasse, wenige Schritte südlich der Varadinski-Brücke, steht seit 1971 das Denkmal für die Opfer eines fürchterlichen Massakers. Die vier Meter hohe gegossene Bronze, ein Werk von Jovan Soldatović, zeigt einen Mann, eine Frau und ein Kind. Dahinter befinden sich 60 Tafeln, auf denen in serbischer und hebräischer Schrift die Namen der identifizierten Opfer eingraviert sind. Die Namenstafeln und vier weitere mit Informationen zu dem Geschehnis wurden erst 1992 angebracht.

Von 1941 bis 1944 war Novi Sad von den mit den Deutschen verbündeten Ungarn besetzt. Unter dem ungarischen Befehlshaber General Feketehalmy-Czeydner wurden vom 21. bis zum 23. Januar 1942 mehrere Tausend Juden und Serben erschossen oder unter das Eis der Donau getrieben und ertränkt. Der General war ungarisch-deutscher Abstammung, hieß ursprünglich Ferenc Zeidner und stammte aus Siebenbürgen. Aufgrund ungarischer Proteste vom Dienst suspendiert, später verurteilt, dann geflohen und von Hitler protegiert, geriet er 1945 in amerikanische Gefangenschaft und wurde über Ungarn an Jugoslawien ausgeliefert. In Žabalj in der Vojvodina, wo er im Krieg ebenfalls Massaker angeordnet hatte, wurde Feketehalmy-Czeydner zum Tode verurteilt und hingerichtet. Das Thema wurde 1966 Gegenstand des Filmes ›Cold Days‹ (ung. Hideg hapok) von András Kovács nach dem Roman von Tibor Cseres.

Das Denkmal für die Opfer des Faschismus

▲ Karte S. 261

Der Schriftsteller Aleksandar Tišma schrieb über die Razzia im Januar 1942 in Novi Sad in seinem Roman ›Das Buch Blam‹:

››Wer sich über den Stadtplan von Novi Sad beugt, wird eine Art Spinnennetz erblicken, das an einer Seite von einem breiten halbrunden Band durchschnitten wird, während es sich in den anderen Richtungen gleichmäßig verzweigt. Das halbrunde, gewöhnlich blau kolorierte Band ist die Donau, die unveränderliche östliche Grenze der Stadt, aber auch ihr Nährboden: denn an ihrem einst morastigen Ufer, in ihrem inneren Halbkreis aus Schlamm und Ausdünstungen, haben sich die ersten Keime der Siedlung festgesetzt, die Hütten und Katen der Handwerker, der Wein- und Viktualienhändler, die aus dieser feuchten und schmutzigen Niederung über das Wasser hinweg die trockene und herrschaftliche, militärische Festung Peterwardein auf dem gegenüberliegenden felsigen Ufer versorgten, zu der sie laut Gesetz keinen Zutritt hatten [...] Dieses Bild – diese Karte – hatten auch zwei höhere ungarische Offiziere, ein Major der Gendarmerie und ein Polizeioberst, am Abend des 20. Januar 1942 vor sich, als sie auf Befehl der Gebietskommandantur den Plan für die Razzia ausarbeiteten, die am nächsten Morgen beginnen sollte [...] Bei der Familie Krkljus traf die Ermittlungspatrouille am dritten Tag der Razzia ein, und dieser Aufschub war für alle die Rettung, bis auf Slobodan. Der Gendarmeriehauptmann, der die Patrouille anführte, ein gedrungener blauäugiger magyarisierter Deutscher mit rötlichem herabhängendem Schnurrbart, betrachtete die Razzia im Übrigen als Abrechnung mit der gesamten nichtdeutschen und nichtungarischen Bevölkerung, deren Existenz auf dem Territorium des erweiterten Staates für ihn persönlich etwas Widernatürliches war [...]«

Denkmal für Janika Balaž

An der Auffahrt zur Varadinski-Brücke fällt das Denkmal für Janika Balaž (1925–1988) auf. Der große Tamburica-Spieler und Bandleader wirkte für Radio Novi Sad, widerstand allen Angeboten aus dem Ausland, um nur ja sein geliebtes Novi Sad nicht verlassen zu müssen, wo er viel zu jung verstarb. Das Denkmal stammt vom ungarischen Bildhauer Lászlo Szilagyi.

›Štrand‹

Wenn man weiter an der Donau entlang nach Süden fährt, erreicht man die Freiheitsbrücke (most slobode), zu deren Seiten sich der ›Štrand‹ befindet, im Sommer das Naherholungsgebiet schlechthin. Während der Sommermonate ist der Badestrand ›Štrand‹ von 8 Uhr am Morgen bis nach Mitternacht geöffnet. 2011 konnte man schon sein hundertjähriges Bestehen feiern. Während des EXIT-Festivals füllt sich das Areal außerdem mit Tausenden von bunten Zelten. Am Sunčani Kej (Sonnenkai) sind Segel- und Ruderclubs ansässig, ungezählte bunt gestrichene Sommer-Hausboote liegen im Wasser, und hier wird Sport betrieben: Basketball- und Tennisfelder, Rollerblade-Strecken und sehr ausgefeilte Trimm-Parcours machen jedes Fitnessstudio überflüssig. Auf dem Weg zur Fischerinsel kommt man nicht umhin, den schrillen Nachtclub ›Garage‹ in der ul. Despota Stefana 11 zu passieren; unverkennbar ist er durch den in eine Mauer einbetonierten Helikopter.

Am ›Štrand‹ mit Blick auf Sremska Kamenica

Fischerinsel

Rund dreieinhalb Kilometer vom Stadtzentrum entfernt liegt die Fischerinsel (Ribarsko ostrvo). Sie ist bewaldet und ein Refugium für die Vogelwelt. Eine asphaltierte Straße, leider ohne Radweg, erschließt die Insel. An ihren Ufern liegen schwimmende Diskotheken und Restaurants vor Anker.

Auf der Fischerinsel gibt es Wochenendhäuser und das Hotel ›Ribarsko Ostrvo‹ mit schönem Terrassenrestaurant.

Die Brücken von Novi Sad

Im Zentrum von Novi Sad führen drei Brücken über die Donau. Sie geben der Stadt nicht nur ein unverwechselbares Antlitz, sondern erzählen auch etwas von ihrer Geschichte. Die Varadinski-Brücke verbindet die Stadt mit Petrovaradin, die Freiheitsbrücke (Most Slobode/Мост Слободе) mit Sremska Kamenica und die dritte Brücke, immer noch provosorisch, hält den Schwerverkehr vom Zentrum fern. Alle drei Brücken wurden innerhalb von 5 Tagen im April 1999 von der NATO zerstört - Novi Sad war isoliert, der Donauschifffahrtsweg für ganz Europa elementar gestört. Mit einer provisorischen Pontonbrücke, die auch für die Durchfahrt der Schiffe geöffnet werden konnte, behalf man sich zunächst. Sie wurde 2005, mit der Eröffnung der Freiheitsbrücke, wieder abgetragen.

Älteste erhaltene Brücke war die **Varadinski-Brücke**, die zunächst den Namen Titos trug: Most Maršala Tita. Sie war 1946 errichtet worden. Nach ihrer Zerstörung 1999 wurde sie noch unter der regierenden Milošević-Partei in nur einem Jahr erneuert und wegen ihrer Eleganz ›Varadinski Duga‹ - der Regenbogen von Wardein - genannt. Politische Gründe mögen die nun regierende DOS veranlasst haben, den Namen bereits im Juli 2001 offiziell in ›Varadinski Most‹ zu ändern: ›Regenbogen von Wardein‹ soll als Synonym für die Tatkräftigkeit der Milošević-Partei verstanden worden sein.

Die **Freiheitsbrücke** (Most Slobode/Мост Слободе) war eine moderne Schrägseilkonstruktrion auf zwei 60 Meter hohen Pylonen. Sie entstand nach einem Entwurf von Nikola Hajdin zwischen 1976 und 1981. Am Jahrestag der Befreiung von Deutschland war sie 1981 feierlich eröffnet worden. Auf einer Länge von 1312 Metern und einer Breite von 27,60 Metern führten sechs Fahr- und zwei Fußgängerspuren auf die andere Seite. Ihr Wiederaufbau nach dem Krieg verschlang Millionen und ersetzte die provisorische Pontonbrücke. Feierlich und nicht ohne politischen Disput wurde sie am 11. Oktober 2005 für den Verkehr freigegeben. Schon Tage vorher hatten sie die Stadtherren der Milošević-Partei eingeweiht, weil sie zur offiziellen Feier nicht geladen waren.

Kühner Schwung: die Varadinski-Brücke

Die Freiheitsbrücke am südlichen Stadtrand von Novi Sad

Die ehemalige **Žeželjev Most** stammte von 1961 und wurde komplett zerstört. Presslufthämmer auf schwimmenden Plattformen schafften nach Kriegsende die Trümmer beiseite, um den Weg für die Donauschifffahrt frei zu machen. In wenigen Monaten erbaute man eine provisorische Eisenbahnbrücke, die zunächst, aber nur für kurze Zeit nach Boško Perošević, dem Regierungsstatthalter der Provinz Vojvodina und Weggefährten von Milošević, benannt wurde. Perošević war im Jahr 2000 während des Besuchs der Landwirtschaftsmesse ermordet worden. Die Brücke ist einspurig, abwechselnd verläuft der Auto- und Zugverkehr in beide Richtungen. Es sah lange so aus, als sollte das Provisorium dauerhaft werden. Im November 2011 erhielt jedoch ein spanisch-italienisches Konsortium den Zuschlag für den Neubau der Žeželjev-Brücke. Im Jahr 2016 soll der Brückenbau abgeschlossen werden. Alle Brücken werden abends bis weit in die Nacht in wechselnden Farben angestrahlt.

Östlich der Varadinski-Brücke erkennt man gut erhaltene Brückenpfeilerreste. Sie stammen von der ehemaligen Franz-Josephs-Brücke, die 1883 etwa 100 Meter stromaufwärts der Varadinski-Brücke so gebaut wurde, dass ein 361 Meter langer Tunnel durch den Felsen unter der Festung Petrovaradin hindurch getrieben werden musste. Carlo Baum hatte die Brücke entworfen. Das 432 Meter lange Bauwerk besaß rechteckige Strahlträger, die auf sechs Pfeilern – vier davon im Wasser, zwei am Ufer – abgestützt wurden. Der erste Zug nach Zemun überquerte die Brücke am 10. Dezember 1883. Während des Zweiten Weltkriegs zerstörte die jugoslawische Armee 1941 die Brücke, um den Vormarsch der deutschen Truppen aufzuhalten. Diese setzten sie jedoch 1942 wieder instand. Kurz bevor Novi Sad im Herbst 1944 befreit werden konnte, zerstörten die Deutschen die Brücke endgültig.

Neben den drei innerstädtischen Brücken gibt es eine vierte über die Donau: die Autobahnbrücke ›Beška-Most‹ zwischen den Dörfern Kovilje und Beška. Dazu kommen noch sechs Brücken über den Donau-Theiß-Kanal; zwei davon, die Klisa- und die Temerinbrücke, befinden sich im Innenstadtgebiet.

SPENS

Das Sport- und Geschäftszentrum Vojvodina (Sportski i poslovni Centar Vojvodina/Спортски и пословни Центар Војводина) wird im Volksmund kurz ›SPENS‹ genannt. Die Austragung der Tischtennis-Weltmeisterschaft im Jahr 1981 gab den Anlass für den Bau des Komplexes. Er geht auf das Architektenteam Žika Janković und Branko Bulić zurück. In den großzügigen Sportanlagen – darunter Tennisplätze und ein Freibad – finden Wettkämpfe und Trainings für vielfältige Einzel- und Mannschaftssportarten statt. Rings um das Sportzentrum sind beliebte, gute Restaurants, Cafés und Biergärten angesiedelt. Das Einkaufsangebot ist dagegen eher spärlich. Gleich beim Spens befindet sich das **Stadion** des ›FC Voivodina‹ mit Leichtathletikbahn. Der alte Sportverband war 1914 aus einem Fußballverein entstanden. Er ist als ›Voša‹ bekannt. Das Stadion ist für 25 000 Zuschauer konzipiert. Ein weiteres Stadion aus der jüngeren Zeit liegt im Vorort Slana Bara.

Limani

Parallel zum Verlauf der Donau, südöstlich des Stadtzentrums, entstanden seit den späten 1960er Jahren die Neubaugebiete Liman 1 bis 4. Das Wort Liman ist griechischen Ursprungs und bedeutet Bucht. Liman 1 ist der Campus von Novi Sad. Hier befindet sich der Sitz der am 28. Juni 1960 gegründeten **Universität**. Sie verfügt über 13 Fakultäten, rund 50 000 Studenten sind hier eingeschrieben. Damit ist die Universität die zweitgrößte Serbiens. Die Fakultäten sind auf Novi Sad, Subotica (Wirtschaft), Zrenjanin (Technik: ›Mihail-Pupin‹-Institut) und Sombor verteilt. In Novi Sad befindet sich der Hauptcampus mit Studentenwohnheimen und Sportanlagen. Am 22. Mai 1969 bewilligte das Parlament

▲ Karte S. 261

Ein Neubau unmittelbar am Limani-Park

der autonomen Provinz Vojvodina die Gründung einer wissenschaftlichen Fakultät, die sich in Biologie und Ökologie, Physik, Geographie, Tourismus und Hotelmanagement, Chemie, Biochemie und Umweltschutz sowie Mathematik und Informatik untergliedert. Schwerpunkte der Forschungstätigkeit sind: Kernphysik; Chemie der geschmolzenen Salze; in der Biologie: Schutz der Artenvielfalt, vor allem auf dem Balkan; in der Mikrobiologie: Qualität von Gewässern und Grundwasser; Umweltschutz: Verbesserung der Trinkwasserqualität und der Abwasserentsorgung sowie Verwaltung von Trinkwasserressourcen. Diese Fakultät ist international ausgerichtet und nimmt aktiv an internationalen Forschungsprogrammen teil. Im März 2012 wurde ein Kooperationsvertrag zwischen der FH Köln und der Fakultät der Technischen Wissenschaften Universität Novi Sad abgeschlossen. Die gemeinsame Forschung zu Biogasanlagen hatte davor bereits begonnen.

Der **Liman-Park** ist mit 12,9 Hektar der größte Park von Novi Sad. Er weist einen Skate-Park und viele Spielplätze auf. In diesem Stadtteil ist der Liman Pijaca der größte Markt mit günstigsten Preisen für lokale Produkte, aber auch Kleidung. Im sogenannten ›Chinatown‹ (Kineska Četvrt), zwischen Liman und Štrand, hat sich das Nachtleben der Alternativen- und Punkszene etabliert.

Die Friedhöfe von Novi Sad

Auf den Friedhöfen von Novi Sad kann man geradezu völkerkundliche und geschichtliche Studien betreiben; die Spuren werden aber mehr und mehr verwischt. Große neue Friedhöfe wurden außerhalb des Zentrums angelegt.

Gegenüber dem Futoška-Park liegt ein großer Friedhof, auf dem Katholiken, evangelisch Reformierte und die ›Helden der Luftwaffe‹ ruhen. Hier sind Deutsche, Ungarn und Serben bestattet. Die evangelische Friedhofskirche ist ruinös, während in der katholischen die Beisetzungsfeierlichkeiten stattfinden. Während des Ersten Weltkriegs wurde ein Friedhof für die Deutschen ›Kriegshelden‹ angelegt, dessen Ausbau 1936 erfolgte. Dieser Abschnitt wurde geschändet. Nur das Eingangstor mit Inschrift blieb erhalten, und zwei italienische Namen lassen sich auf den Steinen noch entziffern. An die jüdische Gemeinde erinnert ein eigener Sektor, der sich an den äußeren Rand des katholischen Friedhofs anschließt. Sein Bereich grenzt an die ul. Doža Đerđa. Hinter der Messe versteckt sich der evangelische Friedhof. Die Gräber sind großzügig verteilt und ohne Prunk. Der kleinste städtische Friedhof ist der griechisch-katholische Friedhof am Bul. Kralja Petra. Die serbisch-orthodoxen Gläubigen fanden ihre letzte Ruhe auf dem kleinen Friedhof bei der Messe und heute auf dem großen Friedhof hinter den Bahngleisen stadtauswärts.

Sajam

Die Futoška-Straße, die Verlängerung der ul. Jevrejska stadtauswärts, verband Novi Sad mit der Stadt Futog. Sie war im 17. und 18. Jahrhundert ein wichtiger Handelsplatz und auch außerhalb der Vojvodina wegen seiner großen Handelsmessen bekannt. Heute führt sie zunächst in den Stadtteil Sajam.

Futoška-Park

Im Jahr 1897 wurde im Futoška-Park (Футошка Парк) eine artesische Quelle angebohrt, um die Trinkwasserversorgung von Novi Sad zu sichern. Während der Bohrungen entdeckte man jodhaltiges Heilwasser und erschloss diese Quellen. Um sie zu nutzen, entstand auf Initiative von Dr. Wilhelm Vilt 1910 ein

Der jüdische Sektor des Friedhofs gegenüber dem Futoška-Park

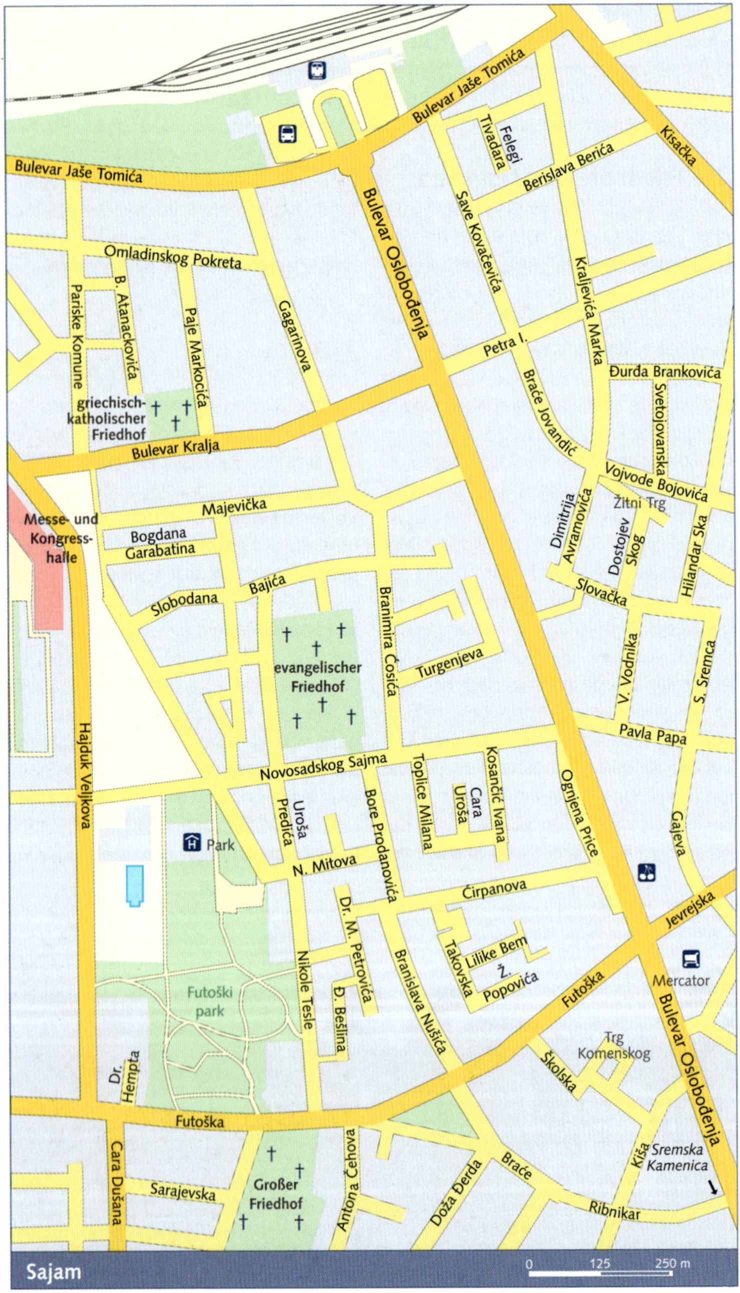
Bulevar Jaše Tomića
Bulevar Jaše Tomića
Felegi Tivadara
Berislava Berića
Kisačka
Bulevar Oslobođenja
Save Kovačevića
Omladinskog Pokreta
Pariske Komune
B. Atanackovića
Paje Markocića
Gagarinova
Kraljevića Marka
Petra I.
Đurđa Brankovića
Braće Jovandić
Svetojovanska
griechisch-katholischer Friedhof
Bulevar Kralja
Vojvode Bojovića
Žitni Trg
Messe- und Kongress-halle
Majevička
Bogdana Garabatina
Dimitrija Avramovića
Dostojev Skog
Hilandar Ska
Slobodana Bajića
Slovačka
Branimira Ćosića
Turgenjeva
evangelischer Friedhof
V. Vodnika
S. Sremca
Pavla Papa
Hajduk Veljkova
Novosadskog Sajma
Kosančić Ivana
Toplice Milana
Cara Uroša
Ognjena Price
Uroša Predića
Bore Prodanovića
Gajeva
Park
N. Mitova
Ćirpanova
Jevrejska
Dr. M. Petrovića
Takovska
Lilike Bem
Ž. Popovića
Mercator
Nikole Tesle
Branislava Nušića
Futoška
Futoški park
Đ. Bešlina
Trg Komenskog
Školska
Dr. Hempta
Futoška
Cara Dušana
Antona Čehova
Sarajevska
Großer Friedhof
Doža Đerđa
Braće Ribnikar
Kiša
Sremska Kamenica
Sajam
0 125 250 m

Kurhaus. Der Entwurf dazu stammt vom ungarischen Architekten Imre Francek. Der Park weist heute einen Bestand von über 130 verschiedenen Baum- und Pflanzenarten auf, darunter Platanen und Gingkobäume. Der gesamte Komplex wurde im Jahr 1983 unter Denkmalschutz gestellt. Die Renovierungsarbeiten am Kurhaus dauern derzeit an.

Auf der Westseite des Parks befindet sich die Kinderklinik und auf der Nordseite mit dem **Hotel Park** ein Hochhaus aus der jugoslawischen Ära, das mittlerweile grundlegend renoviert wurde und seinen Gästen einen schönen Spa mit großem Schwimmbad bietet.

Vor dem Parkhotel stehen zwei kunstvoll gestaltete **Pferdeskulpturen**, Überbleibsel der ›Parade der dekorativen Pferde‹, die im Jahr 2006 in Novi Sad veranstaltet wurde. Sinn und Zweck der Parade, die unter anderem bereits in Tokio, London und Wien stattfand, war und ist ein sozialer. Unter dem Motto ›Menschlichkeit, Kunst und Glück‹ wurden - unter freiem Himmel in der ganzen Stadt verteilt – kunstvoll gestaltete Pferde 90 Tage lang ausgestellt. Die Initiative stammt aus England. Für jedes Pferd gibt es einen Namen, einen Sponsor und einen Künstler, die auf einem Täfelchen vermerkt sind. Der erzielte Gewinn kommt zu einem kleineren Teil der Stadt und zu einem größeren Teil humanitären Zwecken zu. In Novi Sad floss das Geld in das Krankenhaus. Dieses befindet sich mit einem stolzen Neubau auf der gegenüberliegenden Seite des Parks.

Die Messe (Sajmište/Сајмиште) von Novi Sad wurde schon 1923 ins Leben gerufen. In den 1980er Jahren entstand dafür eine neue **Messe- und Kongresshalle**. Über 20 Messen finden derzeit pro Jahr statt, worunter die traditionsreichste und bekannteste die internationale Landwirtschaftsmesse sein dürfte.

Ein Teil des modernen Messe- und Kongresskomplexes

Bulevar Oslobođenja

Der Bulevar Oslobođenja quert die gesamte Stadt und verbindet über die Freiheitsbrücke das Stadtzentrum mit der Fruška Gora und Sremska Kamenica. Am nördlichen Ende des Freiheitsboulevards befinden sich der Bus- und Zugbahnhof sowie das Hotel ›Novi Sad‹.

Novi Sad besitzt eine Erdölraffinierie (Rafinerija nafte), die eine riesige Fläche nördlich des Donau-Theiß-Donau-Kanals unweit der Kaćki Brücke einnimmt. Sie erlitt durch die Bombardierungen der NATO schwerste Schäden. Das postmoderne Verwaltungsgebäude der serbischen Erdölindustrie war während der Bombardierung durch die NATO begonnen worden, der teure monumentale Bau stammt von einem Team um die Architekten Keković und Pantić. Nachts leuchten Hunderte von Fenstern in verschiedenen Farben immer in neuer Reihenfolge. Im Volksmund wird der Palast die ›Kuwaiterin‹ oder ›Karingtonka‹ genannt, nach der Hauptfigur aus der auch in Jugoslawien populären US-Serie ›Denver-Clan‹.

Neben dem Verwaltungsgebäude ist das **Einkaufszentrum Mercator** platziert. Es verfügt über ein weniger großes Markenangebot als die innerstädtischen Einkaufszentren. Im Untergeschoss gibt es einen großen Supermarkt.

Petrovaradin

Mit Petrovaradin (Петроварадин, dt. Peterwardein) wird nicht nur eine Festung bezeichnet, der Name schließt eine ganze Stadt ein, zu der heute mehrere Dörfer und das Städtchen Sremska Kamenica gehören. Sie liegt auf der Südseite der Donau in einer Flussschleife. Seit 1945 ist Petrovaradin ein Ortsteil von Novi Sad und durch die Varadinski-Brücke mit dem Zentrum der Stadt verbunden

Das Festival EXIT

Ein besonderes Ereignis ist das alljährlich an vier Tagen auf der Festung stattfindende Festival EXIT (Egzit/Егзит). Eine Gruppe engagierter Studenten rief es im Jahr 2000 ins Leben. Es war auch Ausdruck einer Protestbewegung gegen Milošević, die neue Perspektiven für sich und andere junge Leute nach den Kriegsjahren suchte und bezeichnenderweise ihre Idee mit ›Exit‹ (Ausgang) umschrieb. Heute ist das Festival neben dem Guča-Festival das größte Event Serbiens, das weit über die Grenzen hinaus Beachtung findet und auch Sponsoren aus der Wirtschaft anzieht. Im Jahr 2007 wurde das Festival vom ›UK Festival Award‹ zum besten Musikevent Südosteuropas gekürt, 2013 gewann es den europäischen Festivalpreis. Während dieser vier Tage wird die Stadt Novi Sad zum ausgelassenen Treffpunkt der Jugend aus aller Welt, die hier vorwiegend Rock und elektronische Musik, aber auch Hip-Hop und Punk genießt. Bis zu 180 000 Menschen finden sich dazu ein. Die Stadt Novi Sad beeindruckt dabei durch gute Organisation und Ideenreichtum. Für das Jahr 2016 sind unter anderen die britische Sängerin und Texterin Ellie Goulding, der US-Rapper Wiz Khalifa und die vierköpfige britische Band Bastille angekündigt. Der Einlass beginnt am späten Nachmittag und endet gegen Morgen. Anfangs noch hell und ganz leer, füllt sich die Festung am späteren Abend mehr und mehr, viele kehren erst gegen Morgen in die Hotels zurück. Im Jahr 2016 findet anschließend an das Exit-Festival (7.–10. Juli) das Sea-Dance-Festival (14.–16. Juli) an der Donau statt. Es sind kombinierte Tickets zu haben mit und ohne Campingplatzpass, für beide oder nur für ein Festival. Der Preis für ein 4-Tagesticket für das Exit-Festival beträgt 79 Euro und kann im Internet bestellt werden. **Informationen** unter www.exitfest.org. Verkauft werden die Tickets im Ort bei Gigs Tix, im Pariski Magazin Novi Sad, Knjižara Bulevar Books, bul. Oslobođenja 60, Ušće Shopping Center Beograd sowie online unter www.gigstix.com. Während des Exit-Festivals wird die Zeltstadt ›Exit-Village‹ am Donauufer unweit vom Štrand eingerichtet.

Nächtlicher Besucheransturm beim Festival EXIT

ESSAY

Die Festung

Die Festung Petrovaradin ist eine der imposantesten Verteidigungsanlagen Europas und zu Recht der Stolz der Bürger von Novi Sad. Den schönsten Blick auf sie hat man von den Ufern und Brücken der Novi Sader Seite. So wie sie sich heute präsentiert, entstand sie in den Jahren von 1692 bis 1780. Die Festung erstreckt sich über die nördlichen Abhänge der Fruška Gora, rechts der Donau. Mit ihrem höchsten Punkt auf 125 Meter über dem Meeresspiegel nimmt sie eine dominierende Stellung im südöstlichen Teil der pannonischen Tiefebene ein. Die Festung erstreckt sich über eine Fläche von 100 Hektar mit einer maximalen Länge der äußeren Verteidigungslinie von 5200 Metern und einem komplexen System unterirdischer Tunnel, die auf vier Etagen angeordnet sind und eine Gesamtlänge von 16 Kilometern aufweisen. Im Rahmen der Besichtigung des City-Museum ist ein Kilometer dieses Labyrinths zu besichtigen.

Die heutige Festung wurde zwischen 1692 und 1780 nach den Plänen der österreichischen Militäringenieure Mathias Kaisersfeld, Luigi Ferdinando Marsigli und Michael Warmberg erbaut. Sie orientierten sich an den modernen Errungenschaften der europäischen Festungsarchitektur der damaligen Zeit, die sich auf die vom berühmten französischen Festungsbaumeister Sébastien Le Prestre de Vauban entwickelten Bollwerklinien stützten. Der gesamte Festungskomplex wurde auf drei miteinander verbundenen Höhenniveaus erbaut. Er bestand aus der oberen Festung, dem Hornwerk und der unteren Festung. Das war die Wasserstadt, so genannt, weil sie damals unmittelbar an der Donau lag: Dort, wo heute die Schienen der Eisenbahn verlaufen, verlief zu dieser Zeit die Donau. Ein Trinkwasserreservoir wurde hier angelegt. Ferner wies die Festung zwei äußere Befestigungen beim Fluss, den Brückenkopf (Bruckschanz) am linken Ufer der Donau und eine Inselbefestigung (Inselschanze) auf, die heute nicht mehr existieren. Sämtliche Teile des Festungskomplexes sind über eine einzige äußere Verteidigungslinie, den sogenannten Vorwall, miteinander verbunden. Die äußere Verteidigungslinie besteht ihrerseits aus untereinander verbundenen Strukturen zur Verteidigung: Wachtürme und Vorschanzen.

Wenn man heute von der Festung spricht, meint man meist den oberen Teil. Der untere Teil ist überwuchert, teilweise durchfeuchtet von der Donau und auch bewohnt. Die obere Festung kann zu Fuß über die Treppenwege oder per Auto erreicht werden. Fünf Tore gewährten den Zugang nach oben. Das erste, das Belgrader Tor, liegt noch in der Ebene. In den ehemaligen Kasernen, Lager- und Munitionsdepots befinden sich heute Museen, Ausstellungsräume und Künstlerwerkstätten. Das Hotel ›Leopold I.‹ wurde renoviert, die Zimmer sind seitdem plüschig eingerichtet. Es gibt zwei Restaurants mit schöner Aussichtsterrasse, die den Blick auf Novi Sad und die dahinter liegenden Hügel der Fruška Gora freigeben. In den ehemaligen Kasernen befinden sich kleine Bars, so dass sich ein Besuch auch besonders am Abend lohnt.

Die Festung ist Schauplatz für das jährlich stattfindende Musikfestival EXIT, eine der ganz großen Musikveranstaltungen in Südosteuropa (→ S. 271).

Geschichte der Festung

Die Geschichte von Petrovaradin ist eine Geschichte der Eroberungen. Unweit der Festung soll auf einer Anhöhe einst die römische Siedlung Cusum gelegen haben. Andere Quellen sprechen vom römischen Acumincum, das nicht weit

▶ Karte S. 270

von der Mündung der Theiß in die Donau gestanden haben soll. Die Stelle, an der sich heute die eigentliche Festung befindet, soll schon von den Kelten besiedelt worden sein. Nach der Teilung des römischen Reiches 395 lag dieser Ort am äußersten Rand Ostroms. Nach den Byzantinern eroberten es die Hunnen, dann die Awaren. Im 7. Jahrhundert nahmen die Slawen von der Region Besitz. Und nur wenig später traten die Franken auf den Plan und eigneten sich das gesamte Sremgebiet einschließlich Petrovaradin an. Als sich die Ungarn in Pannonien etablierten, wurde Petrovaradin ein Teil ihres Reiches. Im 12. Jahrhundert, zum Zeitpunkt der Errichtung des mittelalterlichen Festungsbaus, bekriegten sich hier Ungarn und Byzantiner. Der ungarische König Béla IV. übergab die Festung und ihren Königspalast im Jahr 1237 den Zisterziensern. Sie bauten zunächst ein Kloster im Tal, das direkt dem König unterstand. Nach der mongolischen Invasion zogen sie auf den Felsen und bauten ein neues. In den Jahren von 1247 bis 1252 entstand eine neue kleine Festung, die nach Petar Terefi, dem Rat von Csanád, Petrovaradin – etwa: Peters kleine Festung – benannt war. Mit zunehmender Türkengefahr wurde die Festung erweitert und als solche erstmals 1347 erwähnt. Ihr Aussehen war klassisch mittelalterlich: von einer doppelten Mauer umgeben und mit einer Kirche im Inneren. Zur Festung gehörte das umliegende Land, auf dem Wein angebaut wurde. Nach 1439 war die Festung häufig umkämpft, bis sie in den Besitz von Peter Varadi kam, Erzbischof von Kalócza (heute Sremski Karlovci). Auf ihn gehen die letzten mittelalterlichen Baumaßnahmen zurück. Mit den zunehmenden Übergriffen der Osmanen und ihrer Eroberung Belgrads wurde die Festung der wichtigste Verteidigungsposten an der Donau und Schauplatz des Bündnisses gegen die Türken zwischen Matthias Corvinus (1443–1490) und Venedig im Jahr 1463. Dennoch eroberten die Osmanen unter Sultan Süleyman II. die Stadt 1526 und hielten sie bis 1687. Petrovaradin war in dieser Zeit eine wichtige Station auf der Straße

Petrovaradin, Lithographie von Jakob Alt (1821)

Die ›Kämpfenden Hirsche‹ von Jovan Soldatović

von Konstantinopel nach Budapest. Der türkische Weltenbummler Evliya Çelebi beschrieb den orientalischen Charakter der Gebäude um und in der Festung. In den Jahren nach 1687 wechselten die Besitzer häufiger, nach der siegreichen Schlacht von Slankamen 1691 kam sie einschließlich des gesamten Sremgebiets, also der Gebiete südlich der Donau, in die Hände der Österreicher.

Die Habsburger übernahmen Festung und Ortschaft und veranlassten zunächst ihre Instandsetzung und dann die Neukonzeption. Eigentliches Zentrum war die Oberstadt. Auf dem oberen Plateau der Festung stand das Hauptgebäude, das Kasernen, Offizierspavillon und Lager umgaben. In der Unterstadt, die noch heute viele barocke Häuser zieren, lebten neben Militärangehörigen auch Händler, Bauern und Handwerker. Nach dem Frieden von Karlowitz (Sremski Karlvoci) im Jahr 1699 wurde Petrovaradin Teil der Militärgrenze. Am 5. August 1716 schlug hier Prinz Eugen, der Savoyer in Habsburger Diensten, die Türken – obwohl sein Herr nur 80000 Mann umfasste, dagegen 150000 Soldaten auf osmanischer Seite standen. Prinz Eugen zog weiter und siegte 1717 auch in Belgrad. Nach dem Frieden von Belgrad 1739 erhielt die Festung unter Maria Theresia ihre endgültige Form. Nach dem Ende der Auseinandersetzungen mit den Türken wurde Petrovaradin ein wichtiges Militär- und Aufklärungszentrum an der südlichen Grenze des Habsburger Reiches. Nach 1918 gehörte die Festung zum Königreich der Südslawen und wurde weiter militärisch genutzt. Zwischen den Weltkriegen entstand neben dem Militärhospital die orthodoxe Sankt-Peter-und-Pauls Kirche. Während des Zweiten Weltkriegs wurde Petrovaradin durch Deutschland Kroatien zugeschlagen. Die faschistische Ustaša plante hier ihre militärischen Operationen gegen die in der Fruška Gora aktiven Partisanen. Nach der Befreiung Jugoslawiens wurde die Festung 1948 entmilitarisiert und 1951 als historisches Monument unter staatlichen Schutz gestellt. Die Bombardierungen der NATO verursachten 1999 einige Schäden, auch die Wasserversorgung wurde schwer getroffen. Mittlerweile sind die Schäden wieder behoben.

▲ Karte S. 270

Ein Rundgang durch die obere Festung

Über einen malerischen Treppenweg passiert man den **Jesuitenkonvent** mit der katholischen **Kirche Sv. Jurija** (Sankt Georg), die zwischen 1701 und 1714 entstand. An ihrer Fassade ist eine Statue des heiligen Ignatius zu sehen. Weiter oben steht der berühmte Uhrturm (Sahat Kula/Сахат Кула). Sein Zifferblatt hat verdrehte Zeiger: der Stundenzeiger ist der große, der Minutenzeiger der kleine, damit die Schiffer aus der Ferne besser die Zeiten erkennen konnten.

Die Aussichtsplattform beim Uhrturm ist die **Ludwigsbastei**. Sie gilt als schönste der Bastionen und Grundstein der neuen Festung, von der sich reizvolle Ausblicke auf Novi Sad und die Umgebung bieten. Parallel zur Donau liegt die **Bastion Maria Theresia**, die längste der Festung. Sie besteht aus zwei kleineren Trakten, die nach dem Ehemann - Franz I. - und dem Sohn und Nachfolger der Kaiserin - Joseph II. - benannt wurden. Zusammen mit der später errichteten zweiten Kaserne geben sie der Festung ihr markantes Aussehen.

Man kann auch mit dem Auto über eine kurvenreiche Straße durch mehrere Tore und Tunnel hinauffahren. Ein Parkplatz steht zur Verfügung. Man passiert dabei das älteste Tor der Festung, das **Gerichtstor.** Es markiert den Eingang zu einem 50 Meter langen Tunnel, durch den man die **Bastion der Unschuldigen** erreicht. Die ist in ihren Dimensionen erstaunlich: 60 Meter tief und 4 Meter im Durchmesser. Mit ihren unterirdischen Galerien ist diese Bastion eine Hauptattraktion der Festung. Der Versorgungsweg führt durch die barocken Tore Karls VI. und Ludwigs, die durch Holzbrücken verbunden sind.

Im Hauptgebäude, der **Mamula Kaserne** (Мамула) von 1757 (ehemals Topovnjača), befindet sich heute das **Stadtmuseum** (muzej Grada Novog Sada, музеј Града Новог Сада), das in einem Teil die Geschichte der Festung, in einem anderen das Leben der Stadt vom 18. bis zur Mitte des 20. Jahrhunderts zeigt. In den Kasematten unterhalb der Mamula Kaserne sind die vielen Galerien und ein **Restaurant** vom Hotel Leopold ansässig. In der Leopoldschießscharte, und in der

Auch stilvoll übernachten kann man auf der Festung

Die Peter-und-Pauls-Kirche

Kaserne ist das **Historische Archiv** von Novi Sad eingerichtet. Bei der Josephs-Bastei steht das **Planetarium**, auf der mittleren Ebene, dem Hornwerk in der Kaserne, die **Kunstakademie**.

Die Festung dient auch der modernen Bildhauerei als Ausstellungsfläche. Einer der bekanntesten Bildhauer Jugoslawiens, Jovan Soldatović, hat einen großen Teil seines Lebens in Novi Sad verbracht, wo er 2005 auch verstarb. In der Stadt sind zahlreiche Büsten bekannter Persönlichkeiten von ihm verteilt: darunter Vasa Stajić und im Donaupark Đura Jakšić. Bemerkenswert sind seine **kämpfenden Hirsche** unweit vom Hotel Leopold, fast gegen den Horizont platziert. Jovan Soldatović hat lange dafür geworben und wesentlich dazu beigetragen, dass die Festung tatsächlich entmilitarisiert und zu einem Kunstzentrum wurde.

Unterstadt

Wie die Festung, ist auch die Unterstadt (Donja Tvrđava, Доња Тврђава) ist einen Spaziergang wert, allein um die Dimension der Anlage zu erfassen. Der stille Reiz der wenigen Straßen lohnt andererseits allein einen Besuch. Man sollte dafür schon eine Stunde einplanen.

Wenn man von der Varadinski-Brücke kommt, hält man sich einfach links. Hier ist das Donauufer nicht so frequentiert, lediglich ein paar Einheimische angeln hier. Zur Donau hin ist die Unterstadt ein riesiger Park, dessen Pflanzenwelt unbeirrt die alten Kasematten überwuchert. Bei lang anhaltendem, vorausgegangenem Regen ist hier vieles versumpft.

Zwischen zwei Bastionen der Unterstadt entstanden Kasernen und ein Militärhospital, das bis heute besteht. Ein Zugang ist nicht gestattet.

Die Unterstadt ist weitläufig und mutet dörflich an, und viele Häuser warten noch auf ihre Sanierung. Den Trubel und Kommerz der oberen Festung wird man hier vergebens suchen. Teilweise werden die Häuser von Militärangehörigen bewohnt. Das einzige, wenngleich sehr einladende Gasthaus mit wenigen Zimmern befindet sich gleich am Eingang zur Unterstadt.

Auch zwei **Kirchen** gibt es in der Unterstadt: die orthodoxe Peter-und-Pauls-Kirche und bereits außerhalb der Unterstadt im Ortsteil Old Majur eine katholische, die die Kroaten nutzen. In ihrer Fassade steht in der linken Nische der Heilige Hieronymus.

Jenseits der Eisenbahnbrücke

Der Donau-Theiß-Donau-Kanal, auch kleiner Batschka-Kanal (Mali Kanal/Мали Канал) genannt, mündet bei Novi Sad in die Donau. An ihm liegen der Industriehafen und gegenüber die große Raffinerie. Zwischen Raffinerie und Kraftwerk befindet sich die **Obdachlosensiedlung Šangaj** (Шангај). Im Jahr 1925 hatte hier Tihomir Brančić eine Kafana mit dem Namen Shanghai eröffnet, weswegen die Siedlung zunächst ›Brančićevo‹ genannt wurde. Später übertrug sich der Name seiner Kafana auf die Siedlung. Die Bewohner waren von Anbeginn sehr arm, bauten Hütten aus Holz und Rattan. 1940 wurde das Gebiet derart überflutet, dass seine Bewohner umsiedeln mussten. Aber schon bald nach kehrten sie zurück. Der Name Šangaj war bei den Behörden nicht wohl gelitten und wurde daher in Ratno Ostrvo und Kidričevo geändert. Aber seit 1961 arrangierte man sich mit dem Namen ›Šangaj‹. Zu diesem Zeitpunkt befanden mehr als 200 Hütten hier.

Dem Bau von Kanalbrücke, Raffinerie und Kraftwerk mussten Siedlung und ihre Bewohner weichen. Am neuen Ort wurden immerhin Elektrizität, Kanalisation und asphaltierte Straßen angelegt.

Die relativ kleine Stadt weist eine erstaunlich gute touristische Infrastruktur auf und verblüfft mit einem reichen und vielschichtigen Kultur- und Nachtleben. Europaweit bekannt ist das Musikfestival EXIT, das im Sommer hunderttausende Besucher anzieht.

Novi Sad, Hotel ›Vojvodina‹ am Freiheitsplatz

NOVI SAD-INFORMATIONEN

Allgemeine Informationen

Vorwahl: 021.
Postleitzahl: 21000.
Touristeninformation Novi Sad (Turistička Organizacija Grada Novog Sad, TONS), ul. Jevrejska 10 (gegenüber der Synagoge), Tel. 6617344, www.novisad.travel, www.turizam.rs tons@turizamns.rs; im Sommer Mo–Fr 7.30–18, Sa 10–15 Uhr, im Winter Mo–Fr 7.30–16 Uhr. Zu Zeiten der Festivals, z.B. Exit ist ausnahmsweise auch sonntags geöffnet.
Touristeninformation Novi Sad (Turistička Organizacija Grada Novog Sad, TONS), Bul. Mihajla Pupina 9, Tel./Fax 421811, Mo–Sa 9–18 Uhr, Sa 10–15 Uhr.
Das Touristenamt organisiert Weinproben, Ausflüge zu den Klöstern in der Fruška Gora, Wanderungen um Stražilova, in die Dörfer Ravno Selo und Vlada Stepanovi Mühle und in das ›Đunđerski Manor‹ in Kulpin.

Merkur auf der Spitze der Zepter-Bank

Novi Sad im Internet

www.novisad.rs Offizielle Webseite der Stadt.
www.novisad.travel Touristische Informationen
www.visitnovisad.rs Touristische Informationen.
www.vojvodinaonline.com.

Banken, Wechselstuben, Post

Zahlreiche **Banken und Bankautomaten** am Freiheitsplatz, **Wechselstuben** vor allem in der ul. Dunavska.
Postämter, Mo–Fr 8–19, Sa 8–15 Uhr. Ein großes Postamt befindet sich im Zentrum, ul. Narodnih heroja.

W-LAN/Internetcafés

Mittlerweile ist in vielen Cafés und Bars W-LAN verfügbar, der offizielle Stadtplan weist die von der Stadt eingerichteten kostenfreien W-LAN-Zonen aus.
Luna Vip, Trg Slobode 2, Tel. 063/510027.
Igaronica KUM, ul. Grčkoškolska 7, Tel. 6613407, 0–24 Uhr.

Magazine, Broschüren und Karten

Folgende Stadtmagazine sind in den Touristeninformationen, Hotels, in Buchhandlungen, teilweise auch in den Restaurants und Cafés kostenlos zu erhalten:
Novi Sad in your pocket, www.inyourpocket.com. Erscheint vierteljährlich, enthält sämtliche Veranstaltungen, Öffnungszeiten und Informationen (nur als Download).
Caffe Vojvodina. Touristisches Magazin der Vojvodina mit kulinarischen und kulturellen Tipps für die Vojvodina (www.vojvodinacafe.rs).
Novi Sad zum Mitnehmen Infoheft der Touristeninformation (dt).

An- und Abreise

Mit dem Flugzeug

Anreise mit dem Flugzeug über den Flughafen Nikola Tesla bei Belgrad (s. dort)
Air Serbia Novi Sad, Bul. Mihajla Pupina 18, Tel. 457585, 457588, novisad@airserbia.com.

Mit Bahn und Bus

Der Bahnhof und der Fern-Busbahnhof befinden sich am bul. Jaše Tomica 6. Es werden regionale, nationale und internationale Verbindungen angeboten. Serbien ist an das Inter-Rail-System angeschlossen, Novi Sad liegt an der Strecke Wien – Budapest – Belgrad – Istanbul.
Bahnhof Novi Sad, Info-Tel. 443200 oder 338741. Informationsschalter 5.30–22.30 Uhr.
Busbahnhof MAS (Međumesna Autobuska Stanica), Info-Telefon 527399, Zentrale 4096600.
Anbieter für Fernbusverbindungen sind unter Anderem: Lasta, Nišekspres, Feniks. Stündlich bestehen Verbindungen nach Belgrad.
Info Fernbusse: Tel. 4440-21/22/23.

Mit dem Auto

Mit dem Auto von Deutschland, Österreich und der Schweiz fährt man am schnellsten über Ungarn und die Vojvodina. Die Autobahn von Subotica bis Novi Sad ist weitgehend fertiggestellt. Die Autobahnen sind mit Ausnahme des Belgrader Stadtgebietes mautpflichtig.

Mit dem Schiff

Anlegestelle für Schiffe ist unweit der Varadinski-Brücke.
Private Segeltouren auf der Donau bietet **Harbour's Captain Office**, Tel. 526684.
Zentrum für Schiffstourismus, Kej Kamenjar, Tel. 468409.
Liman Marina, Sunčani Kej, Tel. 065/2927789.

Von und nach Belgrad

Zwischen Belgrad und Novi Sad besteht ein reger Pendelverkehr per Bus. Je nach Anbieter, Verkehrsaufkommen und Route (Autobahn oder Landstraße) benötigt man mindestens eine Stunde. Fahren die Busse über den Belgrader Stadtteil Zemun, wo sie mehrfach halten, kann es bis zu eineinhalb Stunden dauern. Die schnellste Verbindung verläuft über die Autobahn und die Vorstadt Surčin.
Der 96 Kilometer lange und gut ausgebaute **Donauradweg** führt über Sremski Karlovci und Zemun.

Unterwegs in Novi Sad

In Novi Sad bewegt man sich am besten zu Fuß oder mit dem Fahrrad. Die Entfernungen sind kurz, in der Altstadt gibt es nur eine sehr beschränkte Parkerlaubnis.

Mit öffentlichen Verkehrsmitteln

Den öffentlichen Verkehr regelt ›JGSP-Novi Sad‹ (Javno gradsko saobraćajno preduzeće Novi Sad/Јавно градско саобраћајно предузеће Нови Сад). Es gibt auch Nachtlinien. **Infos**: www.gspns.co.rs (srb/engl), übersichtliche Webseite mit Bus- und Fahrplan.
Zentrale Haltestelle im Zentrum ist Dunavski-Park (Donaupark). Es gibt für den städtischen Verkehr ein 24-Stunden und ein 7-Tages-Ticket; diese Tickets können am Kiosk gekauft, Fahrscheine für Vororte direkt beim Fahrer erworben werden. Ein Einzelfahrschein kostet 55 Dinar (2016).

Einige wichtige **Buslinien**:
Buslinie Nr. 68A, 69A: Bahnhof-Sremska Kamenica.
Buslinie Nr. 60A, 61A: Bahnhof-Sremski Karlovci.
Buslinie Nr. 9A: Bahnhof—Petrovaradin.
Buslinie Nr. 31: Bahnhof-Bački Jarak.
Buslinie Nr. 78A: Bahnhof-Beočin.
Buslinie Nr. 21A: Podbara-Šangaj.

Mit dem Auto

In der Altstadt sind die Parkmöglichkeiten sehr eingeschränkt, zeitlich begrenzt und immer ausgeschöpft. Parkplatz am ›Spens‹, Parkgaragen beim Serbischen Theater im Zentrum.

Die internationalen Mietwagenanbieter wie Sixt und Europcar sind auch in Novi Sad vertreten, verfügen aber über ein nur geringes Angebot an Kleinwagen.

Rojd, Petrovski Nebojša, bul. Oslobođenja 9, Tel. 065/5544-322, rojd@neobee.net. Kleinunternehmen mit 7 Autos, sehr zuverlässig, die Fahrzeuge werden ins Hotel gebracht.

Seriöse **Taxiunternehmen**:
Novus Taxi, Tel. 500700.
Pan Taxi, Tel. 455555.

Mit dem Fahrrad

Der internationale Donauradweg verläuft durch Serbien und verbindet Novi Sad mit der ungarischen Grenze. Im gesamten Stadtbereich verläuft an der Donau eine asphaltierte Strecke (www.donau-info.org). Einige Entfernungen: Novi Sad–Sremski Karlovci 11 Km, Novi Sad–Futog 10 Km, Novi Sad–Belgrad 98 km.

Seit 2013 ist das NS-Bike-System eingeführt. Es ermöglicht den Fahrradverleih von folgenden Stationen: SPENS, Haupteingang Štrand, vor dem Hauptbahnhof, beim Serbischen Nationaltheater, am Universitätscampus. Man benötigt dazu eine Chip-Karte, die einmalig und für eine zeitlich unbegrenzte Nutzung am Standort SPENS und im JP Parking Servis, ul. Filipa Višnjića 47 (8–16 Uhr) erworben werden kann. Tarife: Registrierung einmalig 500 Dinar, Mietpreis: pro Stunde 20 Dinar, pro Tag 100 Dinar.

Privatanbieter von Fahrrädern:
Fahrradclub Velo, ul. Bogdana Šuputa 62, Tel. 504538.
Fanatic Shop 2, ul. Radomira Raše Radujkova 1, Tel. 400606.

Stadtführungen, Rundfahrten, Donaufahrten

Magelan Corporation, ul. Nikole Pašića 7, Tel./Fax 021/3106334, www.magelan.rs office@magelan.rs; Mo–Fr 9-17, Sa 9–14 Uhr. Veranstalter für Tagesausflüge in die Vojvodina, von Weinproben und Stadtführungen. Das 1999 gegründete Familienunternehmen mit 15 Mitarbeitern bietet die Entdeckung Serbiens und der Balkanländer an.

Panacomp Zemlja Čuda (Panacomp Wunderland), bul. Cara Lazara 96, Tel. 466 075/76, www.panacomp.net, info@panacomp.net. Panacomp bieten Ausflüge und Reisen in ganz Serbien an.

www.ns-geotours.com Reiseportal, Ansprechpartner Dejan Knežević (deutschsprechend) Tel. 466075, mobil 060/3809559, ns-geotours@web.de.

Market-Tours, bul. Cara Lazara 55, Tel. 468409, www.markettours.co.rs, Mo-Fr 8–20, Sa 9–14 Uhr. April – Okt einstündige Fahrten auf der Donau, Abfahrt beim Restaurant ›Kamenjar‹.

Dunavski Rafting, Tel. 063/8251982, www.dunavskirafting.com. Ein- und Zweitages-Paddeltouren mit Boot-Begleitung – Katamaran.

Unterkünfte

Novi Sad verfügt über ältere renovierte und zahlreiche neue, meist kleinere Unterkünfte. Die 3-Sterne-Klasse ist vor allem im Zentrum mit mehreren kleinen, teilweise familiär geführten Hotels vertreten. Die Preise variieren je nach Saison und steigen zum ›EXIT‹-Festival fast überall auf das Doppelte des Standardpreises. Einige Hotels bieten Wochenend-Arrangements.

Obere Preisklasse

Hotel Park 1, 5 Sterne, Novosadskog sajma 35, Tel. 4888888, Fax 4888885, info@hotelparks.com, www.hotelparkns.com; DZ ab 85 Euro. Im Futoška-Park unweit vom Messegelände, 234 Zimmer, 2 Restaurants, Kongresszentrum, alle Zimmer mit Hydro-Massagebad; Internetzugang, großer Parkplatz, Sommerterrasse, Galerie und Einkaufszone, Wellness-Bereich, großes Innenschwimmbad, Jacuzzi, Solarium, Fitnessbereich, Autoverleih, Casino.

Best Western Prezident Hotel 2, 5 Sterne, ul. Futoška 109, Tel. 4877444, Fax 6624333, www.prezidenthotel.com. 2010 eröffnet, 41 Zimmer, mit Wellnessbereich und großem Hallenschwimmbad, nicht weit von Messe und Futoškapark.

Hotel Sajam 3, 3 Sterne, ul. Hajduk Velikovo 11, Tel. 420267, www.hotelsajam.co.rs, tpsajam@eunet.rs. Nahe der Messe, 2007 renoviert, ruhig und preiswert, aber mit sozialistischem Charme.

Hotel Master 4, 4 Sterne, ul. Braće Popović, Tel. 4878700, Fax 4878777, www.a-hotel-master.com, office@a-hotel-master.com; ab 65 Euro. Nahe der Messe, 2010 eröffnet, 54 standardisierte Zimmer, geeignet für Geschäftsleute.

Hotel Centar 5, ul. Uspenska 1, Tel. 4776333, Fax 4776322, www.hotel-centar.rs, reception@hotel-centar.rs; DZ ab 80 Euro. Elegantes Haus, 2010 eröffnet, direkt neben dem Einkaufszentrum ›New York‹, 5 Minuten zu Fuß vom Freiheitsplatz incl. Parken in der Tiefgarage.

Hotel Ribarsko Ostrvo 6, 4 Sterne, Ribarsko Ostrvo 4, www.ribarskoostrov.rs, recepcija@ribarskoostrvo.rs. Auf der Fischerinsel in der Donau, etwa 3,5 km vom Zentrum entfernt, die Zimmer befinden sich in kleinen Bungalows. Großes Restaurant mit Terrasse zur Donau und Blick auf Sremska Kamenica.

Mittlere/untere Preisklasse

Hotel Veliki Bed and Breakfast 7, 3 Sterne, ul. Nikole Pašića 24, Tel. 4723840, Fax 6613765, www.veliki.rs; DZ ab 50 Euro mit Frühstück. Mitten im Zentrum in einer ruhigen Nebenstraße wurde das Hotel 2011 in einem historischen Gebäude eröffnet. Die Zimmer sind farblich unterschiedlich gestaltet, großzügig bemessen und mit Küchenzeile ausgestattet. 15 Zimmer zu bemerkenswert niedrigen Preisen. Besonders empfehlenswert.

Hotel Zenit 8, 3 Sterne, ul. Zmaj Jovina 8, Tel. 6621444, Fax 6621327, www.hotelzenit.rs, office@hotelzenit.rs; DZ 60 Euro. 1997 erbaut, in einer Seitenpassage der Fußgängerzone, 18 Zimmer.

Hotel Putnik 9, 3 Sterne, ul. Ilije Ognjanovića 24, Tel. 615555, Fax 622561, www.hotelputnik.rs; DZ ab 60 Euro. Im Zentrum, nicht weit vom Freiheitsplatz.

Hotel Vojvodina 10, 3 Sterne, trg Slobode 2, Tel. 662122, Fax 6615445, www.hotelvojvodina.rs; DZ ab 45 Euro. Mitten im Zentrum, im 1. Stock eines historischen Gebäudes. Einfache Zimmer, aber sauber und gepflegt. Mit Restaurant, dessen Service den Kommunismus noch nicht hinter sich gelassen hat.

Ile de France 11, ul. Cara Dušana 41, Tel. 063/1939784, www.iledefrance.co.rs, office@iledefrance.co.rs. Privatzimmer mit bewachtem Parkplatz und Internet in einem historischen Gebäude.

Hotel Garni Rimski 12, 2 Sterne, ul. Jovana Cvijića 26, Tel. 443237, www.rimski.co.rs, rimski@eunet.rs und rimski@sezampro.rs. Nicht weit vom Zentrum.

Bonaca Apartments 13, ul. Kisačka 62a, Tel. 446555, www.apartmanibonaca.co.rs; ab 50 Euro.

Voyager App 14, Stražilovska 16, Tel. 453711, www.voyagerns.co.rs. Erreichbar mit Bus 11, 20 Appartements werden seit 2003 vermietet.

Hotel Tvrđava Leopold I 15, 5 Sterne, Petrovaradinska Tvrđava (Petrovaradin), Tel. 4887878, Fax 4887877, www.leopoldns.com, office@leopoldns.com. Das Hotel gehört zum Hotel ›Park‹ und wurde im Juni 2007 in der oberen Festung eröffnet. Es verfügt über 33 nostalgisch eingerichtete Zimmer. Ein Aufenthalt lohnt sich wegen der besonderen Atmosphäre in der Festung und dem

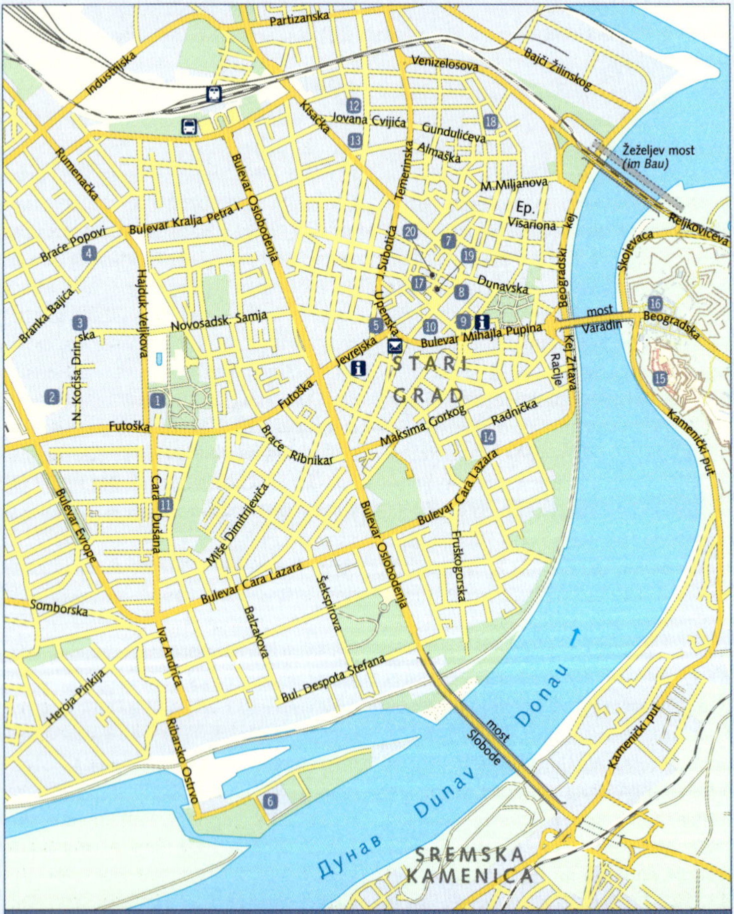

Unterkünfte in Novi Sad

schönen Blick auf die Donau und die Stadt Novi Sad. Parkplatz vor der Tür, Bar und mehrere Restaurants, darunter auch ein serbisches.

Naša Tvrđava 16, ul. Prote Mihaldžića 2a (Petrovaradin), Tel. 439059, www.novi-sad-prenociste.com. Kleine Privatpension von Jugoslav und Miki mit Restaurant und Gastgarten in der sogenannten Wasserstadt (Unterstadt) der Festung unweit der Varadinski-Brücke. Ab 21 Uhr keine Rezeptionbesetzung, Parkmöglichkeit vor dem Haus.

Zahlreiche **Hostels** in der Stadt; Infos: www.hostelnovisad.com. Tipps:

Hostel Downtown 17, ul. Njegoševa 2, Tel. 524818; EZ 25, DZ 30, Im 6-Bett-Zimmer 11, im 8-Bett-Zimmer 10 Euro. Ältestes Hostel der Stadt, in einem modernisierten historischen Gebäude.

Hostel Podbara 18, Đorđa Rajkovića 28, Tel. 551991. Eines der neuesten Hostels; 3 EZ und 1 Raum mit 5 Betten.

Hostel Lazin 19, ul. Laze Telečkog 10, Tel. 063/443703, nur von April bis September, direkt im Kneipenviertel.

Hostel Terasa 20, ul. Svetozara Miletića 43, Tel. 062/1837272, www.hostelterasa.rs. 24 Plätze mitten in der Altstadt, große Terrasse, pro Person ab 12 Euro.

Gastronomie

In Novi Sad haben sich herausragende Restaurants etabliert, jedes Jahr kommen weitere dazu. Es fällt allmählich schwer zu entscheiden, in welches Lokal man gehen möchte. Typisch ist eine deftige Küche mit Fleischgerichten, Aufläufen, spritzigen Weinen und natürlich viel Fisch, der gegrillt oder als Fischsuppe serviert wird. Am häufigsten wird die Fischsuppe mit Wels oder Karpfen angeboten.

Im historischen Zentrum (Stari Grad)

Cafe Veliki, Nikola Pašića 24, Tel. 553420. Im gleichnamigen Hotel (s.o.), in einem originell gestylten Restaurant auf ›Recycling Basis‹ und modernster Beleuchtung wird eine frische, köstliche und vielseitige Küche serviert. Einerseits traditionelle Gerichte unter ungarisch-habsburgischem und serbischem Einfluss, andererseits frische, variantenreiche Salate mit bevorzugt regionalen Produkten, faire Preise.

Fish & Zeleniš, ul. Skerlićeva 2, Tel. 452000, www.fishizelenis.com. Fischküche mit mediterranem Einfluss und herausragenden nationalen und internationalen Weinen; sehr beliebt bei einheimischen und ausländischen jungen Leuten.

Kafanica, ul. Đorđa Jovanovića 2, Tel. 6611783. Sehr gute einheimische Küche, darunter viele Aufläufe und Fleischgerichte, die in handgetöpferten Tonschalen (Sać) zubereitet werden. Besonders zu empfehlen sind die gefüllten Paprikaschoten. Zentral, aber abseits der umtriebigen Straßenzüge, mit Garten.

Am ›SPENS‹

Hier warten gleich mehrere ausgezeichnete Restaurants mit ›Vojvodina‹-Küche in heimeligem Ambiente auf ihre Gäste.

Ognjište, ul. Dimitrija Tucovića 3, Tel. 450594, www.ognjiste.co.rs. Beim Stadion, an den Wochenenden traditionelle Live-Musik zum deftigen Essen.

Plava Frajla, ul. Sutjeska 2, Tel. 4882420, www.plavafrajla.com. Eines der populärsten Lokale der Stadt. Die Farben der Einrichtung sind Grün und Blau: von der Tischdecke bis zu den Lampenschirmen. Die Decke ist mit Stühlen dekoriert.

Za moju dušu, Trg Carice Milice 2, Tel. 427998. Klein, aber urig.

Prozorče (Прозорче), ul. Dimitrija Tucovića 3, Tel. 450594. Kleines Ethnorestaurant.

Ribarsko Ostrvo

Dunavac, Tel. 063/550439 und 804-2734. Versteckt am Nordufer der Insel, kleines Fischlokal mit Garten, wenige Tische, kleine Karte, sehr beliebt bei Einheimischen, Reservierung empfohlen.

Kućerak kod česme, Tel. 500520. Gemütliches Lokal am Südufer der Insel, Fisch und gegrilltes Fleisch.

In Petrovaradin

Čarda Aqua Doria, Kamenički Put, Tel. 6430949, 063/688296, www.carda.rs. Direkt am Donauufer, Blick auf Novi Sad. Reichhaltige Speisekarte, darunter leckere Fischgerichte, spritzige einheimische Weine, auch von Geschäftsleuten gern aufgesucht.

Kafana Balkan Ekspres, Kamenički Put 1, Tel. 450444; tgl. außer Mo, Fr/Sa Tamubrica-Musik.

Weitere Empfehlungen

Sokače (Сокаче), ul. Pavle Papa 11, Tel. 6622007, www.sokace.com. Seit vielen Jahren wird hier in einer sehr angenehmen Atmosphäre feine nationale Küche serviert. Mitten im Zentrum nahe der Synagoge, Reservierung empfohlen.

Kafanica Tako je suđeno, Tel. 533225, Gornji Put 15, Ribnjak. Zwischen Petrovaradin und Sremska Kamenica, erreichbar am einfachsten per Fahrrad oder über die Uferstraße von Petrovaradin nach Kamenica. Abseits vom großen Trubel mit wunderbarem Blick auf Donau und Fruška Gora. Schönster Gastgarten von Novi Sad, pittoresk eingerichtete Gaststuben und eine ausgezeichnete serbische Küche. Viele Einheimische.

Italienische Küche

Terasa, Obere Festung (Petrovaradin), Tel. 447788. Nahe beim Uhrturm, mediterrane Küche, Terrasse mit phantastischer Aussicht, abends besonders schön.

Knin, ul. Hajduk Veljkova 11 (an der Messe), Tel. 6451131.

Cafés, Weinbars, Bierkneipen

Vor allem in der ul. Laze Telečkog findet man in geballter Form ein vielseitiges Angebot an Cafés und Kneipen: vom chinesischen Teehaus über das französische Künstlercafé, den Irish Pub, die spanische Tapasbar, die rustikale Bierkneipe bis zur schrillen Diskothek.

Knjižara (Lesestube) & **Kafe Most**, ul. Zmaj Jovina 22, Tel./Fax 615018.

Radio Café, ul. Svetozara Miletić 45.

Kod Dragan (bei Dragan), Tel. 064/1947670. Gemütliche Bar in der Festung.

Pancetta Restoran Bar, ul. Niegoševa 12, Tel. 064/8855999.

Bouquet, Dunavska 25, Tel. 528020. Gemütliche Weinbar gegenüber vom Donaupark; aus einem Angebot von über 200 nationalen und ausländischen Weinen kann man ein Glas auswählen; eingerichtet in historischem Ambiente mit großem Gastgarten zur Fußgängerzone; man vermietet auch Appartements.

Pivnica Tata Brada, ul. Mite Ružića. Kellerlokal mit Live-Musik.

Atina, Njegoševa 2. Café und Restaurant direkt beim Kulturzentrum, 8–24 Uhr.

Fontana, ul. N. Pašića 27, Tel. 66231779, www.restoranfotana.com. Beliebter Treffpunkt junger Leute, großer Garten. Zimmervermietung.

Bar Caffe DV, ul. Grčko Školska 4, 9–24 Uhr.

Vremeplov, bul. Oslobođenja 96, Tel. 021/611855,www.vremeplov.net; tgl. bis 1 Uhr, phantastisches Kuchenbufett.

Ungewöhnlich: die Noćni Bar

Nachtleben

Club Hedonista, ul. Zmaj Jovina 26 (1. Stock). Karaoke-Club im Zentrum, junges Publikum.

Paradiso, ul. Sutjeska 2, Spens, 8–open end, tgl. Techno-House-Club mit Gast-DJs.

Noćni Bar Garage DB, man erkennt sie von weitem am Militärhubschrauber, er ins Gebäude integriert ist. 22–3 Uhr.

Klub Garage DB, Liman 3, ul. Despota Stefana 11, Tel. 061/8806548.

Club Cabaret Kiss, bul. Mihai Pupina 24.

Salaši

Sehr beliebt sind die ›Salaši‹ (etwa: Gehöft oder Meierei), traditionelle serbische Gutshöfe, die Übernachtung, einheimische Speisen, Live-Musik und Sport wie beispielsweise Reiten anbieten. Einige bieten nur Bewirtung, andere auch Übernachtungen. In jedem Fall sollte man sich vorher anmelden. Eine ganze Reihe dieser Salaši findet man auf dem Weg ins Dorf Cenej, nicht weit von Novi Sad entfernt. Die Gutshöfe liegen verstreut und hatten von jeher alle nur eine Nummer, weswegen viele Salaši bis heute als Namen ihre Nummer verwenden. Um die Salaši zu finden, verlässt man Novi Sad stadtauswärts in Richtung Srbobran.

Salaš Bulać, von Novi Sad Richtung Čenej trifft man nach 8 Km auf das Gasthaus mit großem Garten und wenigen Zimmern.

Salaš 137, Međunarodni put 137, Čenej, Tel. 714505 www.salas137.rs. Das Salaš, das sogar Regierungsdelegationen aus Belgrad aufsuchen, überrascht in ländlich idyllischem Ambiente mit seiner delikaten serbischen Küche, vorbildlichem Service und traditioneller Live-Musik höchster Qualität. An Wochenenden wird bis weit nach Mitternacht getafelt. Großer Kinderspielplatz, urgemütliche Zimmer in den ehemaligen Stallungen und Wirtschaftsräumen; Pferde zum Reiten und Fiakerfahrten. Daneben wird auf 11 Hektar Landwirtschaft betrieben: Futtermittel, Obst für die Schnapsbrennerei und Gemüse fürs Restaurant angebaut. Übernachtung pro Person 25 Euro.

Salaš Brkin, Međunardni put 312, Čenej, Tel. 060/0377018, www.brkinsala.rs. Goran und Nataša Matić wurden aus der Lika in Kroatien vertrieben und haben sich hier eine neue Existenz aufgebaut. Kleine Unterkunft mit vier Zimmern, die besonders für Familien mit Kindern geeignet ist. Größere Familienfeiern wie Hochzeiten oder Taufen werden hier ausgerichtet; kleiner Klettergarten.

Salaš Pajin, Međunarodni put 325, Čenej, Tel. /714704. Gasthaus mit nationaler Küche. Daneben werden auch Kutschfahrten und vier Schlafplätze in zwei Holz-Bungalows angeboten.

Die Straße nach Bečej führt durch Temerin mit dem **Salaš Bucin**, Tel. 840776, www.bucinsalas.com. 500 m von der Hauptstraße liegt in einem verwunschenen Garten das Gasthaus mit drei Zimmern, darunter einem Apartment für vier Personen. Familien mit Kindern sind herzlich willkommen. Man lebt vom Obstanbau; aus Quitten, Marillen und Pflaumen werden auch gute Obstler gebrannt.

Museen und Galerien

Museum der Vojvodina (Muzej Vojvodine/Музеј Војводине), ul. Dunavska 35 und 37, Tel. 420556, www.muzejvojvodine.org.rs; Di–Fr 9–19, Sa/So 10–18 Uhr. Das Museum wurde 1847 gegründet. Sein Bestand ist in zwei verschiedenen Gebäuden untergebracht. Im Haupthaus (Nr. 35) werden Exponate von Paläolithikum bis zum 19. Jahrhundert gezeigt, besonders sehenswert sind die goldverzierten römischen Helme.

Museum der Stadt Novi Sad (Muzej Grada Novog Sada/Музеј Града Новог Сада), auf den Beschilderungen schlicht ›City Museum‹ genannt), Festung Nr. 4, Tel. 6433145 und 6432055, www.museumns.rs; tgl. außer Mo 9–17 Uhr. Die Ausstellung dokumentiert die Geschichte der Festung von den römischen Ursprüngen zur ungarischen Besiedlung im Mittelalter und dem Bau eines Kloster über die türkische Bedrohung und Besetzung bis zum Ausbau zur größten Festung Südosteuropas unter den Habsburgern. Auch die Bombardierung durch die NATO ist akribisch dokumentiert. Die Festung weist hochinteressante Tunnelanlagen auf. Von den 16 Kilometern ist ein Kilometer nach Anmeldung mit Führung in Englisch oder Serbisch zu sehen. Miloje Milić ist einer der engagierten Führer des Museums. Pro Person 3000 Dinar, ab 10 Personen startet die Führung.

Eine weitere Ausstellung zeigt Exponate zum bürgerlichen Leben in Novi Sad vom 18. bis zum 20. Jahrhundert: Gemälde, Skulpturen, Möbel, Uhren, Spiegel, Lüster, Gegenstände aus Porzellan, die chronologisch angeordnet sind. Die Objekte stammen von namhaften Persönlichkeiten der Stadt und aus ihren Nachlässen.

Museum ausländischer Kunst (Zbirka strane umetnosti/Збирка стране уметности), ul. Dunavska Nr. 29, Tel. 451239; tgl. außer Mo 9–17 Uhr. Das Museum ist Teil des städtischen Museums Novi Sad.

Museum für zeitgenössische Kunst (Muzej Savremene umetnosti Vojvodine/Музеј Савремене Уметности Војводине), ul. Dunavska 37, Tel. 6613526, www.msuv.org; Di–Fr 10–16, Sa/So 10–14 Uhr. Ausstellungen im Haus des Museums der Vojvodina.

Galerija Matice Srpske (Галерија Матице Српске) Trg Galerija 1, Tel. 4899000, www.galerijamaticesrpske.rs, Di–Sa 10–18, Fr 12–20 Uhr.

Pavle-Beljanski-Gedächtnissammlung (Spomen Zbirka Pavla Beljanskog/Спомен збирка павла Белјанског), Trg Galerija 2, Tel. 4729966, Fax 528185, www.pavle-beljanski.museum; Mi–So 10–18 Uhr, Do 13–21 Uhr bei freiem Eintritt, Mo/Di geschlossen.

Rajko-Mamuzić-Stiftung (Galerija Likovne Umetnosti Poklon Zbirka Rajka Mamuzića/Галерија Ликовне Уметности Поклон Збирка Рајка Мамузића), ul. Vase Stajića 1, Tel. 520223, www.galerijamamuzic.org.rs; Mi–So 9–17 Uhr. Die Sammlung des Stifters Rajko Mamuzić wurde 1974 der Öffentlichkeit zugänglich gemacht. Die Gemälde präsentieren die jugoslawische Nachkriegsgeneration.

Theatermuseum (Pozorišni muzej Voj voidne), ul. Kralja Aleksandra 5, Tel. 6613322, www.pmv.org.rs. Eintritt frei, zu besichtigen allerdings nur während der Spielzeit.

Naturkundemuseum (Prirodnjačka zbirka/Природњачко збирка), ul. Radnička 20a, Tel. 4896302, www.pzzp.rs; Mo–Fr 8–16 Uhr, Sa nur nach Voranmeldung. Das Museum wurde 1966 gegründet. Auf 700 Quadratmetern sind etwa 60 000 Objekte ausgestellt, darunter ein Mammutskelett, das 1947 bei Novi Bečej an der Theiß gefunden und hierher transportiert wurde.

Fantasy Museum (Muzej igračka-fantasy/Музеј играчка-фантаси), ul. Šafarikova 27, Tel. 060/655336, www.muzej fantasy.com; tgl. außer Mo 9-17 Uhr. Das Spielzeugmuseum öffnete auf Initiative von Frau Velbabović 2008. Spielzeug und Puppen von 1880 bis 2006.

Planetarium und astronomisches Observatorium, Tel. 063/8455371, www.adnos.org. Besichtigung nur nach Voranmeldung.

Landwirtschaftsmuseum (Muzej Poljoprivedin/Музеј Пољоприведин), Trg Oslobođenja 7, Tel. 786266, Kulpin, Mo–Fr 9–15 Uhr, Anmeldung wird erbeten unter Tel. 2286266.

Galerien

In den Kasematten der oberen Festung von Petrovaradin sind die Galerien seit vielen Jahren etabliert. Zeitweise sind mehr als 80 Galerien zu besuchen.

Radošević-Galerie. Hier erhält man Informationen und Souvenirs, beispielsweise kunstvoll bedruckte T-Shirts.

Atelje broj-12, www.kiridzic.com. Hier stellt der akademische Maler Bojan Kiridžić aus.

Atelje broj 1, www.boboivanovic.com. S. D. Ivanović Bobo hat sich auf Graphiken spezialisiert.

Atelje 61 (Ustanova Za izradu Tapiserija Atleje 61) Festung 9, Tel. 6431519, www.atelje61.org.rs; tgl. 9-17 Uhr, Juli/August geschlossen. Einziges serbisches Atelier für kunstvolle Webteppiche. Gegründet von Künstlern wie Boško Petrović, Jovan Soldatović und Stevan Maksimović.

Galerie Most (Zavod za kulturu Vojvodine), ul. Vojvode Putnika 2, Tel./Fax 4754128, zkvojvodina@nscable.net.

Kafe-galerija IZBA, ul. Železnička 4, Tel. 452503, www.izba.org.rs.

Klub-Galerija Prometej, Trg Marije Trandafil 11, Tel. 422245.

Galerie Mali Likovni Salon, Bul. Mihaj lo Pupina 11.

Galerija Foto kino i video saveza Vojvodine, ul. N. Pašića 34, Tel.064/8884531, www.fkvsv.om; Mo-Fr 15-20, Sa 11-14 Uhr.

Im Foyer des Jugendtheaters

Novi Sad am Abend

Ticketverkauf

Gigstix, ul. Kralja Aleksandra12, Tel. 4814816, www.gigstix.com; Mo–Fr 10–18, Sa 10–15 Uhr.

Eventim, Narohnih Heroja 2, www.eventim.rs.

Theater

Serbisches Nationaltheater (Srpsko narodno pozorište/Српско Народно позориште), Pozorišni Trg 1, Tel. 520091, www.snp.org.rs. Zwei Bühnen – ›Scena Jovan Đorđević‹ und ›Scena Pera Dobrinović‹ – für Musik, Tanz und Drama.

Jugendtheater (Pozorište Mladih/Позориште Младих), ul. Ignjata Pavlasa 2–4 (im Sokolski dom), Tel. 521826, www.pozoristemladih.co.rs. Mit kleinem und großem Saal und einem hinreißenden Programm für Kinder.

Städtisches Theater (Novosadsko Pozorište/Новосадско Позориште/Újvidéki Szinház), ul. Jovana Subotića 3–5, Tel. 525552, www.uvszinhaz.co.rs. Dramen auf Ungarisch und Serbisch.

Brod Teatar, Novosadskog Sajma 48, www.brodteatar.rs.

Teatar 34, ul. Nikole Pašića 34, Tel./Fax 6613328, www.veselakornjaca.com, www.scena34.org. Mit einer Bühne für Kinder – ›Scena Vesela Kornjača‹ – und einer für Erwachsene.

Matica srpska Sala Svečana, ul. Mstice srpske 1, www.maticesrpska.org.rs, Tel. 527622. Hier finden Konzerte mit klassischer Musik statt.

Akademie, Multimedia Zentrum AU, ul. Đura Jakšića 7, Tel. 422176, www.akademija.uns.ac.rs.

Musikhochschule Isdior Bajić, ul. Njegoševa 9, Tel. 529866, www.isdorbajic.edu.rs.

Kino/Kultureinrichtungen

Arena Cineplex, Bul. Mihajla Pupina 3, Tel. 447690 www.arenacineplex.com. Hier finden auch das Filmfest und Retrospektiven statt.

Kulturni Centar Novog Sada (KCNS), Katolička porta 5, Tel. 528972, www.kcns.org.rs. Junges Kulturzentrum mit Kinosaal, klub ›Tribina mladih‹ und Ausstellungsräumen.

Muzička Omladina Novog Sada, Katolička Porta 2/II, Tel. 452344, www.muzickaomladina.org.

Omladiski Centar CK 13, Vojvode Bojovića 13, Tel. 4737601, www.ck13.org.

Studio M, ul. Ignjata Pavlasa 3 (direkt beim Donaupark), www.rtv.o.rs. Kulturzentrum des RTV (Radio Televisija Vojvodine). Das Studio verfügt über eine Bühne und brilliert mit gelungenen Ausstellungen. Während der Ausstellungen tgl. 12–22 Uhr.

Studentski culturni centar, ul. Dr. Ilije Đurčića 3, Tel. 6350744, www.skcns.org.

Gradska biblioteka, ul. Dunavska 1, Tel. 525540, www.gbns.rs; tgl. 7.30–20 Uhr. Interessante Ausstellungen, u.a. während des internationalen Prosafestes.

Serbische Akademie der Wissenschaften (Srpske Akademije Nauke i Umetnosti/Српске Акдемије Науке и Уметности), ul. Nikole Pašića 6. Vortragssaal für Konzerte und Diskussionen, Ausstellungsräume.

Ruski Centar, ul. Zlatene Grede 4, im Zmaj-Gymnasium, Tel. 021/529185, mail. nenad.spasic@ruskicentar.edu.rs www.ruskicentar.edu.rs.

Rusinski Kulturni Centar, ul. Jovana Subotića 8. Kulturtreff der Rusinen.

Institut Francais, ul. Nikole Pašića 33, Tel. 4722900, www.institutfrancais-novisad.rs.

Veranstaltungen

April

NOMUS (Novosadske muzičke svečanosti/Новосадске музичке свечаности), www.muzickaomladina.org. Musikfestival klassischer Musik, Konzerte in der Synagoge, der Stadthalle, im Studio M. Mitte April

Mai

Museumsnacht, www.nocmuzeja.rs.

Sterijino Pozorje. Festival serbischer und internationaler Theatergruppen, die serbische Stücke aufführen; gegründet 1956 anlässlich des 150. Geburtstages von Jovana Popović Sterija. Alljährlich Ende Mai bis Anfang Juni im Serbischen Nationaltheater.

Juni

Internationales Filmfestival (besser bekannt als ›FEST‹), www.fest.rs. Besteht seit 40 Jahren, Veranstaltungsort ist das Arena Cineplex.

Cinema City Film und Media Festival, www.cinemacity.org. Während des alljährlichen Kinofestivals im Juni werden an die 150 Filme gezeigt.

Internationales Festival des alternativen und neuen Theaters Infant, www.kcns.org.rs, Juni/Juli, im Kulturzentrum Novi Sad.

Zmaj Kinderspiele, www.zmajevedecjeigre.org.rs.

Internationales Weinfest, www.interfest.org.rs. Weinbauern aus vielen Ländern Europas mit Weintradition nehmen am Fest teil.

Internationaler Tag der Donau.

Juli

EXIT, Tel. 4754222, www.exitfest.org, info@exitservices.co.rs. Seit 2001, mehrtägiges Musikfestival auf der Festung Petrovaradin mit stets hunderttausenden von Besuchern, Tickets über das Internet. Im In- und Ausland sehr populäres Festival mit Schwerpunkt auf Rock und elektronischer Musik, mehrere Bühnen.

Novosadsko Muzičko Leto (Musikalischer Sommer von Novi Sad). 17. Juli bis 24. August, großes Repertoire an klassischer Musik, die auf den Plätzen der Stadt (Vrt Srednjoškolskog doma), in den Kirchen und in der Synagoge aufgeführt werden.

August

Euro NS –Tage des europäischen Films, letzte Augustwoche im Kulturzentrum KCNS. Vorführungen europäischer Filme vor allem im Kino Bioskop Cineplex, mit anschließenden öffentlichen Diskussionen.

September

Internationales Literatur-Festival im September 2011 fand es zum 6. Mal unter internationaler Beteiligung statt. Drei Tage lang wurden Theaterstücke, Lesungen und Ausstellungen von Schriftstellern aus Schweden, Deutschland, Belgien, Polen und ganz Südosteuropa geboten. In den Theatern, Bibliotheken und dem Aufführungssaal in der Matice Srpska waren sie zu sehen und zu hören. Das Festival findet unregelmäßig statt.

November

Novi Sad Jazz-Festival, www.kcns.org.rs. Multikulturelle Veranstaltung mit internationalen Jazz-Größen im Studio M, Scena, klub ›Trema‹ im Serbischen Nationaltheater und Kulturzentrum KCNS Klub ›Tribina Mladih‹.

Sportveranstaltungen

Fruška Gora Marathon, erstes Wochenende im Mai, www.psdzelenznicarns.org.rs.

VIP Beach Master – CEV Challenger, im Juli,www.beachmasters.rs www.ossrb.org.

Jetz Ski Race – Novi Sad super Cup, im Juli am Strand von Novi Sad, www.motojetns.com.

Messen (Sajam)

Infos zu allen Messen: www.sajam.net.

Internationale Buchmesse (März).

Internationale Bootsmesse (April).

Internationale Landwirtschaftsmesse (Mai).

Internationale Motorrad-, Fahrrad- und Zubehör-Messe.

Einkaufen

Flohmärkte werden zu bestimmten Zeiten rund um die Altstadt und am Donaukai veranstaltet. Bauernmärkte mit reichhaltigem Angebot regionaler Produkte gibt es in jedem Stadtteil; Empfehlungen:

Riblja pijaca, in der Altstadt.

Limanska pijaca, bul. Cara Lazara. Einer der größten Märkte der Stadt.

Najlon pijaca, bul. Temerinska (im Stadtteil Vidovdansko Naselje).

Kleinere Geschäfte

The Manual Co, www.themanualco.com, office@manual.rs, in Novi Sad gleich drei Mal: ul. Zmaj Jovina br. 18 und 23 sowie ul. Dunavska br. 10. Handgefertigte Lederwaren, Handtaschen, Gürtel, Cowboystiefel.

Antikvarnica, Mirjana Laličič, ul. Njegoševa 2.

The English Book, ul. Niegoševa 14.

Ivko Boutique, ul. Zmaj Jovina 24. Hochwertige modische serbische Strickwaren.

Souvenirs findet man in den Passagen der Fußgängerzone.

Einkaufszentren

Mercator, bul. Oslobođenja 102 (neben dem Nis-Gebäude; tgl. 8–22 Uhr.

Bazaar, bul. Oslobođenja 1 (im Zentrum), mit Fitnessstudio im Obergeschoss und Bar ›Giardino‹ sowie Dachterrasse; Mo–Sa 9–21, So 10–18 Uhr.

New York, Montag bis Samstag 9 bis 21 Uhr, Sonntag 10–18 Uhr.

Das ›Bazaar‹ im Zentrum bietet sogar eine Dachterrasse

Für Kinder/Mit Kindern

Bei einem Urlaub mit Kindern bieten sich v.a. an: Das Strandbad an der Donau und das Jugendtheater (→ S. 290). In den Parkanlagen finden sich die üblichen Spielplätze, am Sunčani Kej vor der Brücke zur Insel liegen Tennisplätze un die Wassersportclubs. Außerdem befinden sich große Sportanlagen im SPENS.

Sportmöglichkeiten

SPENS, www.spens.rs. 200 000 Quadratmeter Fläche, mit Freibad.

Stadion Slana Bara, eines der neuesten Sportstadien im gleichnamigen Stadtteil.

Tennisplätze in der Altstadt am Donaupark.

Fitnesscenter im Einkaufszentrum ›Bazaar‹ (Adresse s.o.).

Donaukai und Fischerinsel: div. Sportmöglichkeiten, u.a. neue Lauf-, Rad-Skaterstrecke.

Čenej, Međunarodni put 257, www.akns.rs. Sportfliegen.

Angeln und Jagen im Naturpark Begečka jama und an der Donau sowie im Sumpfgebiet Kovilj.

Ärztliche Hilfe

Klinik-Zentrum, Tel. 4883484, ul. Dr. Nedeljka Ercegovla 39.

Privatpraxis Medlab, ul. Ilije Ognjanovića 1, Tel. 422-332

Ambulance Clinic Centar Vojvodina BBB, ul. Hajduk Veljka 1, T. 4843484, Notfallaufnahme, 24-Stunden-Bereitschaft.

Privatpraxis Pekić, ul. Grčkoškolska 3, Tel. 525261; tgl. 8–20 Uhr, Sa 8–4 Uhr, So geschlossen.

Zahnarztpraxis Oral B Čukić, ul. Narodnog fronta 20, Tel. 467006, werktags 10–20, Sa 10–13 Uhr, So geschlossen

Apotheke Viva, Bul. Oslobođenja 105, Tel. 6622334. 24-Stunden-Service.

Kardiologische Klinik (allg. Institut genannt), Put doktora Goldmana 4, Sremska Kamencia, Tel. 6622881, Call-Center 4805880, 6624122. Bus Nr. 71 ab Bahnhof.

Neu angelegt: Radweg und Trimmpfad am Donauufer

Unaufgeregt, beschaulich und gemütlich und sehr erholsam präsentiert sich das Umland von Novi Sad. Einzigartig ist der Nationalpark Fruška Gora: Neben einem überreichen Bestand an seltenen Tier- und Planzenarten weist er kulturhistorisch wertvolle Klöster in erstaunlich großer Zahl auf.

Kloster Novo Hopovo in der Fruška Gora

DIE UMGEBUNG VON NOVI SAD

Wandern in der Fruška Gora, Radeln an der Donau, eine Weinverkostung in einem der zahlreichen Weingüter oder zu einem Salaši nach Cernej, das hübsche Ortsbild von Sremski Karlovci oder ein Spaziergang im Dendrologischen Park von Kamenica bereichern einen Aufenthalt in Novi Sad. Zusätzlich bietet sich gleich ein Dutzend Klöster für einen Besuch an.

Weinanbau in der Vojvodina

Weinanbau gibt es auf serbischem Boden seit der Römerzeit. Von Nord nach Süd sind die Weingebiete verteilt. Der Legende nach hat Kaiser Probus aus Sirmium Weinreben aus Asien nach Europa mitgebracht und diese zuerst in der Fruška Gora anpflanzen lassen. Erstaunlicherweise handeln alte Publikationen vom Wein: Zaharije Orfellin, Mitglied der Akademie in Wien schrieb 1783 sein Buch ›Der erfahrenen Winzer‹. Prokopije Bolić, Archimandrit im Kloster Rakovica, verfasste 1816 die erste Abhandlung über Weinbau. Das Sremgebiet um Sremski Karlovci, Erdevik und Irig in der Fruška Gora hat eine lange Weinanbautradition, die nur während der osmanischen Besetzung zum Erliegen kam. Bekanntestes Produkt ist der ›Bermet‹, ein Dessertwein, der am ehesten mit dem italienischen Vermouth vergleichbar ist. Er wird mittels 20 verschiedenen Kräutern zubereitet. Alte Reben sind Vranac und Portugieser. Lokal entwickelte Kreuzungen sind Župljanka aus Prokupac und Schwarzem Burgunder, Neoplanta aus Smederevka und rotem Traminer, Sila aus Kevedinka und Chardonnay und Liza aus Schwarzem Burgunder und Kumburat. Vielfach werden heute Reben aus dem Mittelmeerraum angepflanzt und zu Spitzenweinen ausgebaut. Der italienische Riesling ist einer der spritzigen Weine. In der Fruška Gora werden derzeit rund 60 Weingüter gezählt, von denen einige über gebuchte Ausflüge besucht werden können. Auch in der Südbačka um Novi Sad wird Wein angebaut. Vor Kurzem wurde das Weingut ›Vidulo‹ in Temerin zum Sieger der serbischen Weine gekürt.

i Weinanbau in der Vojvodina

Von Sremski Karlovci werden Fahrten zu den Klöstern der Fruška Gora und den Weinkellern angeboten.

Die Touristeninformation gibt Broschüren zu den Weinrouten und Adresslisten heraus.

Sehr zu empfehlen ist **Weingut Vindulo**, 12 Kilometer von Novi Sad entfernt an der Straße nach Bečej: Gehöft Nr. 84 auf der rechten Seite. Tel. 021/843773, www.vindulo.com. Weinproben für größere Gruppen sollten angemeldet werden. Es gibt exzellente Weiß- und Rotweine.

In Sremski Karlovci sind die Weinbauern im oberen, dörflichen Teil der Siedlung am Hang ansässig. Es empfiehlt sich, sie zu Fuß aufzusuchen: **Vinarija Mrđanin**, ul. Jovana Grosa 16, Tel. 064/3652738; **Vinarija Kurjak**, ul. Žarka Zrenjanina 17, Tel. 064/3652738. Mitten in den Weinbergen oberhalb von Sremski Karlovci liegt das Weingut mit Weinhandlung **Đurđić**, ul. Atar Raša, Tel. 063/517759, www.djurdjic.com. Die Zufahrt ist nicht asphaltiert, ein Fußweg von etwa 30 Minuten führt durchs Weindorf in die Weinberge.

Im Ortszentrum gleich um die Ecke von der Touristeninformation bietet das **Weingut Došen**, ul. Karlovačkih đaka 10, Tel. 064/3494011, in seinem schönen Hof Verkostung vieler Variationen von Bermet und auch von Likören.

Podrum Bajilo, ul. Patrjarha Rajačića 9, Tel. 063/667895 ist der Weinkeller des außerhalb gelegenen Gutes schräg gegenüber der Touristeninformation.

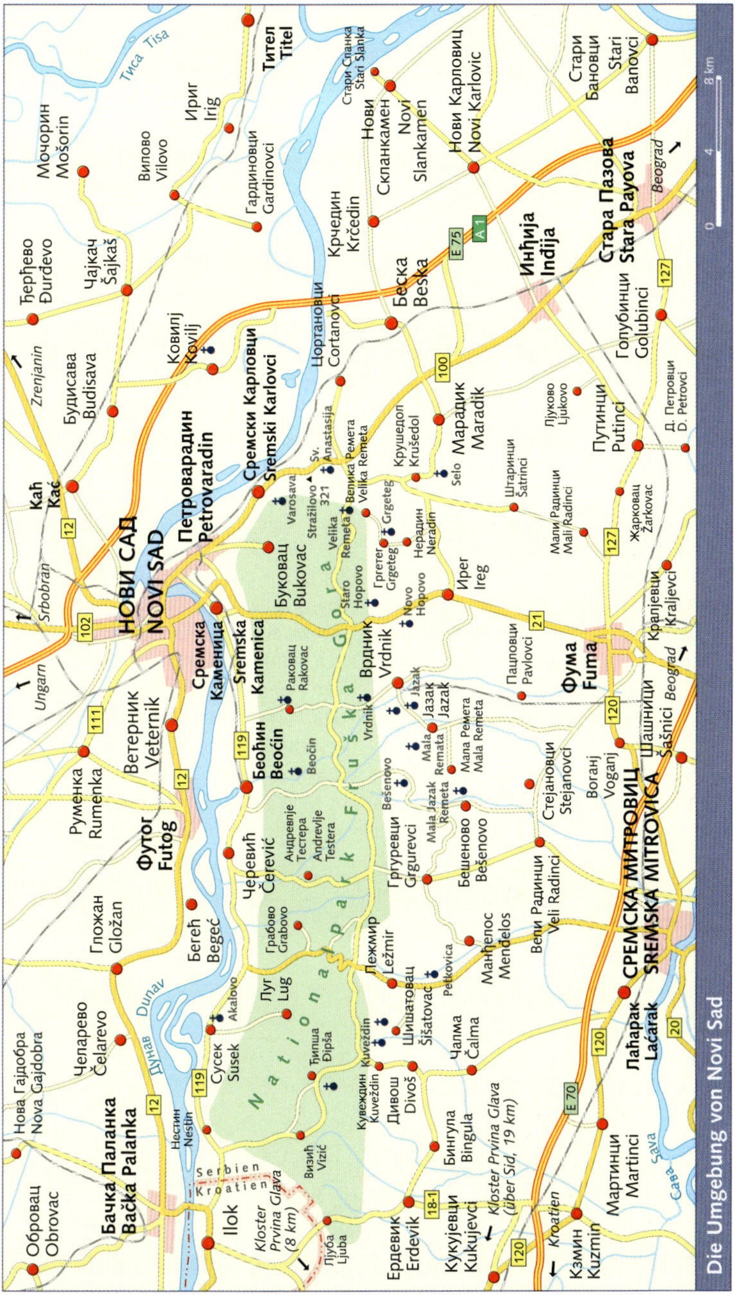
Die Umgebung von Novi Sad
Нови Сад
Novi Sad
Петроварадин
Petrovaradin
Сремски Карловци
Sremski Karlovci
Сремска Каменица
Sremska Kamenica
Бачка Паланка
Bačka Palanka
Обровац
Obrovac
Нова Гајдобра
Nova Gajdobra
Челарево
Čelarevo
Гложан
Gložan
Руменка
Rumenka
Будисава
Budisava
Ђурђево
Đurđevo
Чајкач
Šajkaš
Мочорин
Mošorin
Вилово
Vilovo
Ириг
Irig
Тител
Titel
Тиса Tisa
Каћ
Kać
Ковиљ
Kovilj
Гардиновци
Gardinovci
Стари Сланка
Stari Slanka
Нови Сланкамен
Novi Slankamen
Крчедин
Krčedin
Беска
Beska
Цортановци
Čortanovci
Нови Карловци
Novi Karlovic
Инђија
Inđija
Стара Пазова
Stara Pazova
Стари Бановци
Stari Banovci
Голубинци
Golubinci
Марадик
Maradik
Крушедол
Krušedol
Ириг
Ireg
Футог
Futog
Ветерник
Veternik
Бегеч
Begeč
Беочин
Beočin
Черевић
Čerević
Буковац
Bukovac
Сусек
Susek
Нестин
Nestin
Ilok
Kloster Prvina Glava (8 km)
Serbien
Kroatien
Дунав Dunav
Nationalpark Fruška Gora
Врдник
Vrdnik
Лежмир
Ležmir
Шишатовац
Šišatovac
Кувеждин
Kuveždin
Ђипша
Đipša
Визић
Vizić
Љуба
Ljuba
Ердевик
Erdevik
Кукујевци
Kukujevci
Kloster Prvina Glava (über Šid, 19 km)
Бингула
Bingula
Чалма
Čalma
Дивош
Divoš
Манђелос
Manđelos
Бешеново
Beшenovo
Гргуревци
Grgurevci
Велики Радинци
Veli Radinci
Стејановци
Stejanovci
Пављовци
Pavlovci
Фума
Fuma
Сремска Митровица
Sremska Mitrovica
Лаћарак
Laćarak
Мартинци
Martinci
Кузмин
Kuzmin
Шашинци
Šašinci
Вогањ
Voganj
Краљевци
Kraljevci
Жарковац
Žarkovac
Путинци
Putinci
Љуково
Ljukovo
Д. Петровци
D. Petrovci
Шатринци
Šatrinci
Мали Радинци
Mali Radinci
Sava
Zrenjanin
Srbobran
Ungarn
Beograd
Kroatien
A 1
E 75
E 70
0 4 8 km

Krušedolski Put, Podrum Fruškogorski, Lipovac 122. Direkt an der Nebenstraße zum Kloster Krušedol.

Čarda Kod Braše, Begečka Jama Nr. 56., **Čarda na jami**, Begečka Jama bb.

Sremska Kamenica

Die kleine Ortschaft Sremska Kamenica (Сремска Каменица, ung. Kamanc) ist nur einen Steinwurf von Novi Sad entfernt und mit der Stadt durch die Freiheitsbrücke verbunden. Am schönsten ist Sremska Kamenica mit dem Fahrrad zu erreichen: Man fährt über die Freiheitsbrücke und abwärts über die Rampe direkt in den verwunschenen, dicht bewachsenen Kamenica-Park und durch ihn hindurch bis ins kleine Zentrum. Das Städtchen hat gut 12 000 Einwohner, unter ihnen Slowaken, Kroaten, Ungarn und etwa 9000 Serben, von denen viele aus Bosnien und Kroatien nach dem jüngsten Krieg hierher geflüchtet sind.

Sremska Kamenica besteht aus mehreren Ortsteilen, dem oberen (Gornja) und unteren (Donja) Kamenica. Es gehört mit den Dörfern Bukovac, Ledinci und Stari Ledinci zum Verwaltungsgebiet von Petrovaradin. Der Name ist slawischen Ursprungs und leitet sich vom Wort Kamen (der Stein) ab. In Kamenica befinden sich zwei für die Bevölkerung wichtige Einrichtungen: mitten im Wald das bedeutende kardiologische und onkologische Krankenhaus, kurz ›Institut‹ genannt, und seit dem Jahr 2005 die Mittelschule des Innenministeriums, das Zentrum für die polizeiliche Grundausbildung Serbiens.

Geschichte

Der Ort wurde 1237 erstmals als Villa Comanch erwähnt, vermutlich war er aber bereits zur Römerzeit besiedelt. Während des mittelalterlichen ungarischen Reichs war die Stadt befestigt. Wie alle Ortschaften der Region eroberten sie die Osmanen 1526. Ein Zwischenspiel war die Herrschaft Radoslav Čelniks, einem osmanischen Vasall. Danach wurde der Ort in den Sandžak Syrmien eingegliedert und war direkt dem Sultan unterstellt. Im Jahr 1699 lösten die Habsburger als Herren die Osmanen ab; von 1747 bis 1775 gehörte der Ort zur Militärgrenze.

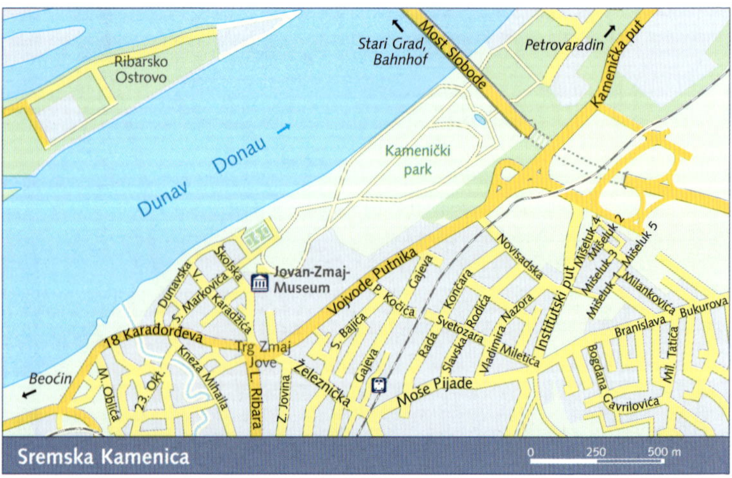

Sremska Kamenica

Blick über die Donau auf Sremska Kamenica

Sehenswürdigkeiten

Das untere Kamenica liegt am Donauufer. Im kleinen Zentrum begrüßt der Arzt und Dichter Jovan Jovanović Zmaj (1833–1904) mit einem Kind an der Hand die Besucher. Der in Serbien überaus populäre Dichter lebte von 1875 bis zu seinem Tod hier. Sein Wohnhaus wurde zum **Museum** umgestaltet. Zu seinen Ehren werden seit 1958 alljährlich die Zmaj-Kinderfestspiele abgehalten. Auch der romantische Maler Novak Radonić (1826–1890) lebte und starb hier.

Zwei barocke **Kirchen** sind ebenso sehenswert: die katholische Kirche (1811) ist der Auffindung des Heiligen Kreuzes geweiht. Die serbisch-orthodoxe Maria-Geburtskirche entstand 1758. Ihre Wandmalereien (1760) sollen auf den Mönch Amvrosije Janković zurückgehen. Mihajlo Radosavljević malte die Muttergottesikone 1786, den Rahmen (Oklad) schnitzte 1793 Marko Vujatović. Die Ikonostase ist hingegen das Werk von Stefan Gavrilović von 1802.

Kamenički-Park

Der Kamenički-Park (Каменички Парк) unmittelbar an der Donau ist nicht nur für Dendrologen, sonder für alle Besucher eine Attraktion. Er ist mit über acht Hektar die größte Parkanlage von Novi Sad und wurde glücklicherweise im Jahr 2008 zum schützenswerten Naturdenkmal erklärt. Über 16 000 Bäume, darunter Zürgelbäume, Linden, Schwarzkiefern, Stiel- und Zerreichen, gewöhnliche Robinien und Bergahorn, finden sich auf der Fläche.

Der Park wurde von 1834 bis 1836 um das Landhaus der adeligen Familien Marcibanji di Puho und Karačonji angelegt. Der größere Teil entspricht stilistisch einem Englischen Garten, der kleinere Abschnitt rund um das Gebäude einem Französischen.

Ziel ist es, das Besondere des Parks – die verschiedenen gewachsenen, unabhängigen Bereiche wie das Haus mit seiner französischen Gartenanlage und die Verwilderung um die Brücke – zu bewahren. Leider wirkt das Areal derzeit etwas verwahrlost.

Unmittelbar beim Park ist das SOS-Kinderdorf angesiedelt. Es besteht seit 1975 und war die erste Einrichtung dieser Art im Land. Es wurde während des Krieges 1991 in Mitleidenschaft gezogen, mittlerweile aber wieder renoviert.

Sremska Kamenica

www.novisad.rs Sremska Kamenica hat keine eigene Internetpräsenz, Informationen zum Ort und seinen Sehenswürdigkeiten bietet aber die offizielle Homepage von Novi Sad.

Vorwahl: 021; **PLZ**: 21208.

Informationen beim Tourismusbüro in Novi Sad.

Restoran und Pension Olimp, ul. Miloša Obilića 8, Tel./Fax 463295. Abseits vom lärmigen Umfeld hat Jelena Šolak ihr Elternhaus zu einer Pension umgebaut. 5 Zimmer, 16 Betten; Zimmer ab 3000 Dinar.

Buslinien 68, 69 von Novi Sad.

Museum Jovan Jovanović Zmaj (Spomen zbirka Jovana Jovanović Zmaj/Спомен Збирка Јован Јовановић Змај), ul. J. Jovanovića Zmaja 1, Tel. 4622810, www.museumns.rs; Mo–Sa 9–16 Uhr. Die Zmaj-Gedenkstätte gehört zum Stadtmuseum von Novi Sad.

Sremski Karlovci

Sremski Karlovci (Сремски Карловци, dt. Sirmisch-Karlowitz, ung. Karlóca, türk. Karlofća), nur acht Kilometer von Novi Sad entfernt, ist seit einer Volksabstimmung 1989 wieder eine politisch selbständige Stadt. Obwohl es im Sremgebiet liegt, gehört es wegen seiner Nähe zu Novi Sad verwaltungsmäßig zum Bezirk (Okrug) Süd-Bačka. Die Wähler des knapp 9000 Seelen zählenden Städtchens sorgten bei der Wahl 2008 für einen Bruch mit der Vergangenheit: Milenko Filipović von der DS – er amtiert bis heute –konnte mit seinem proeuropäischen Kurs die Wahl eindeutig für sich entscheiden. Für die serbische Freiheitsbewegung im 19. Jahrhundert besitzt das Städtchen eine große Bedeutung. Dank prächtiger Gebäude immer schon sehr sehenswert, hat Sremski Karlovci in jüngster Zeit ungeheuren Charme entwi-

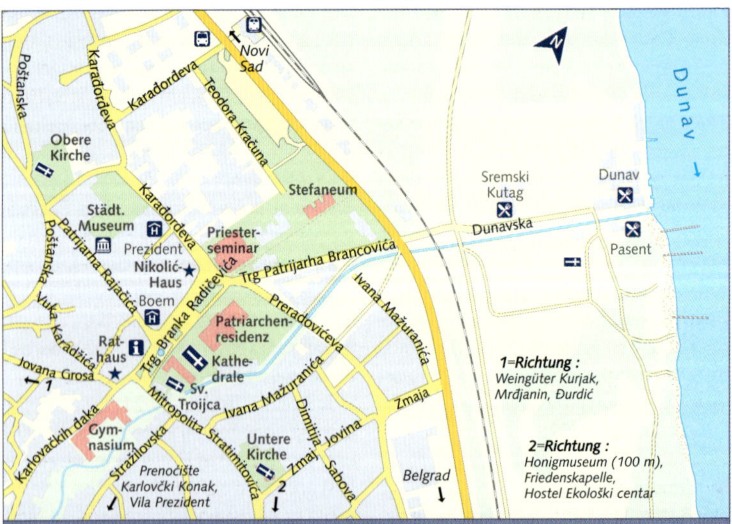

Sremski Karlovci

ckelt. Und seit der motorisierte Verkehr verbannt wurde, pulsiert das Leben auf der Piazza: unter anderem Märkte, Cafés, Restaurants, Weinhandlungen und Hochzeiten in der beliebten Kathedrale.

Geschichte

Im Mittelalter befand sich an der Stelle des heutigen Sremski Karlovci die ungarische Festung Karom, die zeitweilig auch unter fürstlich serbischer Herrschaft stand. Die Türken eroberten Sremski Karlovci 1521 und herrschten hier in den nächsten 160 Jahren. 1533 wurde der Ort erstmals schriftlich als Karlovci belegt. Im Jahr 1698 begann hier der Kongress, auf dem Österreich mit seinen Verbündeten Russland, Polen und Venedig auf der einen und das Osmanische Reich auf der anderen Seite verhandelten. Er endete 1699 mit dem ›Frieden von Karlowitz‹.

Nach der großen Flucht der Serben aus Südserbien entwickelte sich der Ort zum kulturellen und religiösen Zentrum der Serben im Habsburgerreich. 1713 wurde er Sitz eines Metropoliten, der anfangs für Serben und Rumänen zuständig war. 1726 wurde die erste Schule eingerichtet, an der auch russische Lehrer wie Maxim Suvorov und Emanuel Kožaski unterrichteten. 1734 kam hier das erste serbische Theaterstück zur Aufführung, weitere serbische Bildungseinrichtungen folgten: 1791 das serbische Gymnasium und drei Jahre später das Priesterseminar, eines der ältesten Seminare; nur die orthodoxe Akademie von Kiev ist älter. 1745 wurde Sremski in die Militärgrenze eingegliedert.

Viele Dichter und Künstler ließen sich im 19. Jahrhundert in der Stadt nieder. Am 13. Mai 1848 hielt man in Sremski Karlovci eine illegale Nationalversammlung ab. Dieser Tag wird bis heute als ›Fest der Maiversammlung‹ begangen. Auf der Versammlung ernannte man den serbischen Erzbischof zum Patriarchen, die serbische Vojvodschaft wurde deklariert und ein weltlicher Vertreter, ein Vojvode, bestimmt. Ende des gleichen Jahres bestätigte Kaiser Franz Joseph in einem Manifest die Wahl des Patriarchen. Die ›serbische Vojvodschaft‹ wurde eingerichtet, die Ungarn damit geschwächt und das serbische militärische Potential für kaiserliche Interessen genutzt. Die Magyaren räumten das Banat und wurden zurückgedrängt. Der Patriarch verlegte seinen Sitz ins heutige Zrenjanin, und Serbisch wurde zur Amtssprache. Im Jahr 1849 endete das Ganze: Die Ungarn eroberten mit Unterstützung der Deutschen die Gebiete zurück, und bald schon amtierte in Pančevo ein von Ungarn und Deutschen unterstützter Magistrat. Ein dunkles Kapitel ist die Besetzung der Region durch die Kroaten während des Zweiten Weltkriegs.

Heute ist Sremski Karlovci ein Städtchen, das einen besonderen kulturellen Status genießt, nicht zuletzt, weil der Patriarch hier seinen Sommersitz hat. Das Zentrum, das etwas abseits der Donau liegt, hat sich sein historisches Stadtbild bewahrt, alle wichtigen historischen Bauten stehen hier unmittelbar beieinander.

Trg Branka Radičevića

Herz der Stadt ist der trg Branka Radičevića (трг Бранка Радичевића), dessen Namensgeber der beliebte serbische Romantiker ist. In der Platzmitte sprudelt der sogenannte **Vier-Löwen-Brunnen**, der 1799, anlässlich der Fertigstellung der Wasserleitung, aus rotem Naturstein erbaut wurde. Hier finden die lebhaften Märkte wie der Honigmarkt und der Kunsthandwerkermarkt sowie das Weinfest statt.

Den Platz säumen Gebäude des 18. und 19. Jahrhunderts: das **Rathaus** von 1811,

Bürgerhäuser, darunter die Wohnhäuser von Branko Radičević und Dimitrije Anastasijević Sabov, die alte **Apotheke** von 1890 sowie das frühere **Hotel Boem**; dazu kommen der **Kirchenfond** von 1900, das **Bogoslovski-Seminar** (Priesterseminar) von 1901, das nach Patriarch Arsenije benannt ist. Auf der anderen Platzseite befinden sich die **Patriarchenresidenz** (Patrijaršijski Dvor) mit **Schatzkammer** von 1894, die katholische Dreifaltigkeitskirche von 1768, zwischen den Kirchen ein **Verwaltungsgebäude** von 1940 sowie das **Gymnasium** von 1891, das auf die Entwürfe der Architekten Lechner und Partos zurückgeht. Es entstand auf einem Vorgängerbau. Besondere Beachtung verdienen die Nikolauskathedrale und das Stefaneum.

■ Kathedrale

Die serbisch-orthodoxe Kathedrale (Saborna crkva/Саборна Црква) wurde von 1758 bis 1762 nach Plänen von von Kosta Cincarin und dem deutschen

Die orthodoxe Kathedrale

Die Friedenskapelle

Meister Johannes zur Zeit des Metropoliten Pavle Nenadović errichtet. Der einschiffige Bau mit halbrunder Apsis war ursprünglich von einer Kuppel überdacht und ist dem heiligen Nikolaus geweiht. Die Westfassade wird von zwei hohen Glockentürmen flankiert, die Zaharije Orfelin entwarf. Sie wurde nach einem Brand 1799 erneuert und 1909 nach Entwürfen des Architekten Vladimir Nikolić, der Elemente des Neoklassizismus einbezog, restauriert. Die prägnante Zweiturmfassade zeigt deutlich den westlichen Einfluss auf den serbisch-orthodoxen Kirchenbau – er erinnert eher an Salzburg denn an den serbischen Kulturkreis. Vom Ursprungsbau ist eine geschnitzte Ikonostase erhalten, Teodor Kračun und Jakov Orfelin malten die Ikonen 1781. Die Ikone mit der Enthauptung Johannes des Täufers vermag zu erschrecken und zugleich durch ihre realitätsnahe Wiedergabe zu beeindrucken.
An die Kathedrale schließt sich die katholische **Dreifaltigkeitskirche** an.

■ Untere Kirche

Die sogenannte Untere Kirche steht um die Ecke des Hauptplatzes in einer Grünanlage mit einer geschützten uralten

▶ Karte S. 300

Platane davor. Sie ist von 1718. Der Holzschnitzer Marko Vujatović fertigte die Ikonostase, die Ikonen und Wandmalereien stammen von Dimitrije Bratoglić. Leider ist die Kirche fast immer geschlossen.
Das Café ›Platan‹ auf dem Kirchhof ist leider derzeit ebenso geschlossen.

Stefaneum

Sremski Karlovci war und ist ein Bildungszentrum. Eine wichtige Schuleinrichtung ist das sogenannte Stefaneum, benannt nach Stefan Stratimirović, in der ersten Hälfte des 19. Jahrhunderts Patriarch von Serbien und Metropolit von Karlovci. Das Stefaneum wurde als Bildungseinrichtung von Patriarch Georgije Branković Anfang des 20. Jahrhunderts ins Leben gerufen, das Gebäude dafür schuf Vladimir Nikolić im Stil des Eklektizismus (1903).

Museen im Zentrum

In den Seitenstraßen vom trg Branka Radičevića finden sich Wein- und Buchhandlungen und Souvenirläden sowie einige sehenswerte Museen, die sämtlich in historischen Gebäuden untergebracht sind: das **städtische Museum** im ehemaligen Haus des Patriarchen Josif Rajačić von 1890; das **Honigmuseum** zur Erinnerung an Jovan Živanović, der die Bienenhaltung in der Region modernisiert hat; das **Gugelhupfmuseum**. Der Gugelhupf oder Napfkuchen dürfte auf die Habsburger zurückgehen und gilt als hiesige Spezialität, die hier traditionell im Kessel gebacken wird.
Der **Patriarchenpalast** schließlich ist nicht nur eine Sitz des Patriarchen, sondern auch der **Schatzkammer**, in der sich auch Objekte aus zerstörten Klöstern finden.

Außerhalb des Zentrums

Außerhalb des Zentrums und an der Stelle, wo 1699 die Unterzeichnung des Friedensvertrags von Karlovac stattfand, steht seit 1817 die **Friedenskapelle** (Kapela Mira/Капела мира) zum Gedenken an diesen Friedenschluss. Der Entwurf stammt von Vladimir Nikolić, danach wurde der Bau mehrfach renoviert.
An der Donau befinden sich private Wohnhäuser und **Gaststätten**, darunter das feine neue Restaurant ›Pesant‹ mit herrlichem Blick auf die Donaulandschaft. Hier lassen sich wunderbar Donaufischsuppe oder Kugelhupf genießen.
An der Straße zwischen Novi Sad und Sremski Karlovci, ungefähr auf halber Strecke, steht die **Kirche Santa Maria im Schnee**. Sie entstand zur Erinnerung an die siegreiche Schlacht gegen die Türken 1881 auf einem Vorgängerbau. Man erkennt sie gut an ihrer prägnanten Zweiturmfassade.

Sremski Karlovic

www.sremski-karlovci.com Offizielle Seite der Stadt.
Vorwahl: 021.
Postleitzahl: 21205.
Touristeninformation (Turistička organizacija opštine Sremski Karlovci), Trg Branka Radičevića 1, Tel. 882127, www.sremski-karlovci.org.rs, www.karlovci.org.rs; tgl. 8–18 Uhr.
Von Sremski Karlovci werden Fahrten zu den Klöstern der Fruška Gora und den Weinkellern angeboten.

Regelmäßige Bus- und Bahnverbindungen von Novi Sad; Nr. 61 und 62 ab Novi Sad-Bahnhof. Der Busbahnhof in Sremski Karlovci liegt am Bahnhof.

Hotel Prezident, 5 Sterne, ul. Karađorđeva 2, Tel. 884111, www.premierprezidenthotel.com, reservations@premierprezidenthotel.com. Beim Priesterseminar, barock eingerichtet, mit großem eleganten Spa.

Danube Hotel, Dragan Radović, ul. Dunavska 5, Tel. 021/884051, www.hoteldunav.co.rs. Direkt an der Donau.
Prenoćište Karlovčki Konak, ul. Belilo 61, Tel. 884-290 www.sremski-karlovic.co.rsm, Kleines Privathotel mit wenigen Zimmern.
Hostel Ekološki centar, ul. Mitropolita Stratimirovića 5, Tel. 881027, www.ekoloskicentar.org 22 Plätze.
Hotel Vila Prezident ul. Belilo 71, an der Straße nach Stražilovo, Tel. 883325, www.vilaprezident.com. Gehört zur Best-Western-Kette, mit Weinbar und Ethno-Restaurant.
Die Hütte **Stražilovo** in der Fruška Gora, 6 km von Sremski Karlovci entfernt, ist fertiggestellt; Auskünfte über die Touristen-information oder Tel. 063/8079337, www.strazilovo.org.

Restaurant Pasent, ul. Dunavska 7, Tel. 881696, www.pasent.rs. Direkt an der Donau, herrliche Terrasse. Liebevoll eingerichtet, leckere serbische Küche und einheimische Weine, tgl. ab 10 Uhr.
Bermet Villa, Trg Branka Radičevića 5, Tel. 884544. Mitten am Hauptplatz.
Restoran Sremski Kutag, ul. Mitropolita Stratimirovića 2, Tel. 883358. Gerichte und Weine aus der Region Srem.
Gostiona Četiri Lava (Zu den vier Löwen), Trg Branka Radičevića 3, Tel. 063/524456. Direkt im Zentrum in altem Gewölbe mit guter Hausmannskost.
Fischrestaurant Stari Dunav, ul. Dunavska 3a, Tel. 881666, mobil 063/354855. Seit langem hier ansässig, direkt an der Donau, sehr zu empfehlen: die Fischsuppe.

Regionale Sammlung Sremski Karlovci (Zavičajna zbirka Sremski Karlovci/Завичајна збирка Сремски Карловци), ul. Patrijarha Rajačića 16, Tel. 881637, Mo–Sa 9–17 Uhr. Die Sammlung untersteht dem Stadtmuseum von Novi Sad.
Schatzkammer im Patriarchenpalast, trg Branka Radičevića 8, Mo–Fr 8–14, Sa 8–12 Uhr.
Museum der Bienenzucht, im Haus der Familie Živanović (Muzej pčelarstva i Viskna kuća Živanović/Музеј пчеларства и Вискна кућа Живановић), ul. Mitropolita Stratimirovića 86, Tel. 881071, www.muzejzivanovic.com, tgl. 10–19 Uhr.
Museum des Gugelhupf (Muzej Kuglofa i kolača/Музеј Куглофа и колача), trg Branka Radičevića 5 Mitropolita Stratimirovića 86b, Tel. 888071. Der Gugelhupf ist typisch für Sremski und ist Kultgebäck.
Streichhölzermuseum, ul. Mitropolita Stratimirovića 72, Tel. 884147, www.muzejsibica.com. 2013 eröffnet.
Galerie des Kulturzentrums, trg Branka Radičevića 7. Die Galerie ist während der Ausstellung der Künstlerkolonie geöffnet.
IP Kairos, www.kairos.rs. Buchhandlung, Antiquariat, Galerie, Souvenirs, Patrijarha Rajačića 1, Mo 8–15, Di–Sa 8–20 Uhr.

Infos: www.sremskikarlovci.org.rs.
Künstlerkolonie, Juni; **Fest des Guglhupfs** (Kuglofa), Tel. 065/ 5528747. Letztes Wochenende im Juni; **Karlovacer Weintage** und **Tage des Traubenpflückens** (Grožđenbal), Ende September; **Filmfestival Bdenje Duše**, Oktober, gemeinsam mit Novi Sad.

Erzengelkloster und Sumpfgebiet Kovilj

▲ Karte S. 300

In südöstlicher Richtung von Novi Sad, fast an der Autobahn, liegt das **Erzengelkloster** von Kovilj (Ковиљ). Die Anlage steht tagsüber allen Besuchern offen. Das Kloster steht am Ende des gleichnamigen Dorfes mit 15 Bewohnern, man erreicht es über Kać.
Das Kloster ist heute eines der wichtigsten Männerklöster der serbisch-orthodoxen Kirche. Seine Gründung wird einerseits auf den heiligen Sava persönlich zurückgeführt, andere Quellen be-

richten andererseits von der Errichtung durch Mönche im 15. Jahrhundert auf den Ruinen eines Franziskanerklosters. Damals besaßen die Mönche nur eine kleine Kirche, die sie 1651 ausmalen ließen. In den Jahren von 1686 bis 1697, während der großen Kriege zwischen Habsburgern und Türken, zerstörten die Türken nicht weniger als viermal das Kloster. Bei seiner Wiederherstellung von 1705 bis 1707 baute man neben der alten kleinen Kirche ein neueres größeres Gotteshaus. Diese große neue Kirche brannte jedoch während der Revolution von 1848 aus und mit ihr auch die Ikonenwand des Teodor Ilić Češljar. Das Kloster war während des Kommunismus verlassen. Erst seit einigen Jahren haben sich hier wieder junge engagierte Mönche niedergelassen. Sie haben ein spirituelles Zentrum eingerichtet und unterhalten eine Ikonenmalschule. Seitdem die Renovierungs- und Wiederaufbauarbeiten abgeschlossen sind, gelangt man durch ein Tor in einen weiten ummauerten und begrünten Vorhof. Ein zweites Tor führt sodann ins eigentliche Kloster. Die heutige Kirche ist der Restaurierung im 19. Jahrhundert zu verdanken. Es handelt sich um einen dreischiffigen Bau mit Apsis und zwei Nebenapsiden. Das Mittelschiff ist von zwei Kuppeln überwölbt, die von weither den Weg zur Kirche weisen. Die Außenwände sind mit Naturstein verkleidet und durch Arkaden gegliedert. Deutlich vermengen sich in ihr serbisch-orthodoxe mit barocken westlichen Elementen. Die Ikonenwand geht auf Aksentije Marodić von 1870 bis 1890 zurück. Besonders kostbare Ikonen schuf Dimitrije Bačević.

Im linken Seitenschiff ist der große serbische Aufklärer, Archimandrit und Historiograph Jovan Rajić (1726–1801) bestattet. Der Gelehrte, ein Schüler Emanuilo Kozačinskis, wurde in Sremski Karlovci

Das Erzengelkloster von Kovilj

geboren, wirkte dort als Professor und trat später ins Kloster Kovilj als Mönch ein. Mit seiner ›Geschichte der slawischen Völker‹ wurde er berühmt.

Sowohl auf der Süd- als auch auf der Westseite wurde je ein neuer **Konak mit Mönchszellen** angelegt. In diese Mönchszellen ist wiederum eine kleine Kirche integriert.

In Kovilj wurden Dimitrije Avramović (1815–1855), der bedeutende Maler des Klassizismus, und der Dichter Lazar Kostić (1841–1910) geboren.

Das Kloster liegt am Rande des **Sumpfgebietes Kovilj**, einem Naturreservat von 4840 Hektar. Der weitläufige Sumpf entstand in den Altarmen der Donau und ist eine geschützte Brutstätte für seltene Vögel. **Arkanj** (Аркањ) ist ein Standort für Angler. Auskunft gibt die Anglervereinigung ›Danube‹, Tel. 021/881042 (Kontaktperson Vlada Čolić).

Nationalpark Fruška Gora

Die hügelige Fruška Gora (Фрушка Гора, ung. Tarcal hegység) schiebt sich wie ein Querriegel in die flache Vojvodina. Geologisch ist sie nichts anderes als ein weit nach Osten vorgeschobener Ausläufer der Alpen, der höchste Punkt ist der Crveni Čot (539 m).

Der Bergkamm wird in seinem östlichsten Teil nach der nahegelegenen Ortschaft Iriški Venac (Иришки Венац) genannt. Dort steht auf 516 Meter Höhe der **Fernsehturm**, eine Stahlbetonkonstruktion von 1979, die 1999 durch die NATO schwer beschädigt wurde. Bis zum Jahr 2008 konnte der 170 Meter hohe Turm unter großem finanziellen Aufwand wieder hergestellt werden. Beim Iriški Venac befindet sich auch ein **Informationszentrum** mit Restaurant. Unweit davon steht seit 1951 ein **Kriegsdenkmal** vom Bildhauer Streten Stojanović zu Ehren all derer, die sich um die Befreiung Jugoslawiens verdient gemacht haben.

Der Frankenwald, wie der Höhenzug von den Habsburgern genannt wurde, ist das einzige Gebirge in der Vojvodina. Laubwald dominiert das unter Schutz gestellte Gebiet, die fruchtbaren Hänge sind dicht mit Reben, aber auch mit Obstbäumen – vor allem Pflaumen, Pfirsiche und Äpfel – bewachsen und reichen bis unmittelbar an das Donauufer. Die frühere römische Präsenz wird durch die Reste eines römischen Castrums im Wald von Čortanovci und die römische Festung Acuncium im heutigen Stari Slankamen belegt. Der Name Frankenwald – die alte deutsche Bezeichnung für den Bergzug – soll auf die frühere Präsenz der Franken in dieser Region hinweisen.

Wandern in der Fruška Gora

Das kleine Gebirge ist ein beliebtes Ausflugsziel der Bewohner von Novi Sad und auch der Belgrader. Fünf Rundwege sind ausgeschildert, auch Routen zu den Klöstern sind markiert. Die kürzeste Wanderung beträgt gut 3, die längste 81 Kilometer.

Die Auskünfte in Novi Sad und in Sremski Karlovci zu den Wandermöglichkeiten sind leider – noch – eher dürftig. Auch deshalb ist man auf Wanderungen fast immer allein im Wald.

■ Wanderungen um den Stražilovo

Ein guter Ausgangspunkt ist der vier Kilometer von Sremski Karlovci entfernte Berg Stražilovo (321 m); eine asphaltier-

Laubwald dominiert im Nationalpark Fruška Gora

▲ Karte S. 297

te Straße führt dorthin. Hier gibt es einen großen Parkplatz, Kinderspielplätze, Grill- und Picknickmöglichkeiten und ein Restaurant. Wanderwege starten rund um die Spiel- und Grillplätze und sind hinreichend markiert. Obligatorischer Schulausflug ist der ›Brankov-Pfad‹, der auf die Spuren von Branko Radičević (1824–1853) führt: am Stražilovo steht eine Statue des Dichters. Hinter dem einzigen Restaurant steigt der Pfad zu seinem Grab auf einer Länge von einem Kilometer steil an.

Von diesem Punkt führt ein Weg zum Kloster Veliki Remeta; fast allein ist man auf dieser einstündigen Wanderung. Der weiß-blau-weiß markierte Weg führt ebenfalls steil nach oben durch den Wald. Dann folgt man ihm an Feldern entlang; ein Abschnitt von 200 Metern verläuft auf einer asphaltierten Straße. Anschließend geht es wieder durch Wald und vorbei an Wochenendhäusern. Weitere Routen sind zum Kloster Krušedol und zum Kloster Grgeteg ausgeschrieben. Oberhalb vom Stražilovo befindet sich die ›Planinarski Dom‹ (Планинарски Дом), übersetzt etwa: die Berghütte. Ein sehr steiler Weg führt in zehn Minuten hin. Von hier beginnt die Transversale der Fruška Gora auf einer Strecke von zehn Kilometern; sie verläuft immer auf der Höhe.

Wanderungen rund um Bukovac

Das ursprüngliche Dorf Bukovac (Буковац, 138 m), nur wenige Kilometer südlich von Petrovaradin gelegen, bietet sich ebenfalls als Ausgangspunkt für Wanderungen in die Fruška Gora an. Einer der Wege beginnt am Ende der ul. Karađorđeva. Man folgt der Straße bis zum letzten Haus und anschließend einem Schotterweg gemächlich nach oben. Bei der Gabelung beginnt eine Markierung. Hier hält man sich links

Traditionelles Gehöft in Bukovac

und wandert stets entlang der Flanke der Fruška Gora, wobei man einen wunderbaren Ausblick auf den dichten Wald und die Felder genießt. Die Wege teilen sich: einer führt direkt nach Sremski Karlovci (roter Punkt), ein anderer über die Fasanerie nach Sremski Karlovci. Ein dritter Wanderweg führt etwas abwärts zur ›Planinarski Dom‹ (Berghütte), die dem örtlichen Skiclub gehört, der Skitouren organisiert. Die Hütte liegt auf 284 Meter Höhe, man kann in ihr übernachten. Ein anderer Ausgangspunkt ist **Popovica** unweit von Sremska Kamenica, wo auch Hütten – darunter die Tri gazde – zur Verfügung stehen; hier startet der Fruška Gora Marathon.

Im Dorf **Ledinci** befindet sich das Gut der Familie Miljević, die auf Anmeldung Wein, einheimische Küche und wenige Zimmer anbietet: Stari Ledinci, ul. Sime Šolaje 41. www.podrum-miljevic.co.rs.

Die Klöster in der Fruška Gora

Die Fruška Gora mit ihren 17 Klöstern aus dem 15. bis 18. Jahrhundert ist ein Refugium der serbisch-orthodoxen Kirche, was ihr den Namen ›heiliger Berg Serbiens‹ oder auch ›Athos von Serbien‹ eingetragen hat. Im und am Rande des Gebirges sind 15 renovierte oder nach Zerstörungen wieder aufgebaute Klöster zu besichtigen.

Die Klöster Fenek und Obed werden auch zum heiligen Berg gezählt, obwohl sie in der Nähe von Belgrad, fast an der Save, liegen. Alle Klöster wurden während des Zweiten Weltkriegs, als die Fruška Gora mit dem Sremgebiet unter dem Einfluss von Hitler-Deutschland Kroatien zugeschlagen wurde, von der Ustaša im Kampf gegen die Partisanen in schwerste Mitleidenschaft gezogen: entweder geplündert oder mutwillig zerstört. Um die verbliebenen Preziosen zu schützen, wurden viele dieser Kunstgegenstände nach dem Krieg an Museen verteilt, nach Sremska Mitrovica, Belgrad, Novi Sad und Sremski Karlovci.

Von Ost nach West führt eine asphaltierte Straße, von Nord nach Süd verlaufen mehrere asphaltierte Straßen durch das Gebirge. Die Beschilderung wurde in den vergangenen Jahren stark verbessert worden. Alle Klöster sind wunderschön in die Landschaft eingebettet und mal mehr und mal weniger darin versteckt. Von besonderem Wert sind wegen ihrer Malereien die Klöster Krušedol, Novo Hopovo und Petkovica, die älteste Anlage.

Kloster Krušedol

Das Kloster Krušedol (Крушедол) hat zu Recht Priorität bei den Reiseveranstaltern, denn es beeindruckt unter künstlerischen und architektonischen Gesichtspunkten besonderers. Der Komplex wird von Nonnen bewirtschaftet und liegt außerhalb der gleichnamigen Ortschaft. Die Anlage ist eine Stiftung der Familie Branković von 1515. Đorđe Branković und seine Mutter Angelina wurden in ihren Absichten vom russischen Fürsten Vasilij Ivanovič und dem walachischen Vojvoden Ion Neagoe Basarab unterstützt. Đorđe war ein Sohn des Despoten Stefan und der später heiliggesprochenen Angelina. Er folgte 1486 seinem Vater als Despot und trat 1496 die Herrschaft an seinen Bruder Jovan ab, um als Mönch Maximus (serbisch Maksim) ins Kloster einzutreten. Kurz darauf wurde er Metropolit der serbischen Kirche und ließ nach 1512 hier in Krušedol das Mausoleum seiner Familie bauen. In der Krypta sind er und seine Mutter begraben. Maksim wurde bereits 1526 kanonisiert und genießt eine große Verehrung.

▶ Karte S. 297

Kloster Krušedol, einer der Hauptanziehungspunkte der Fruška Gora

Teils haben sich die originalen Wandmalereien erhalten

Besichtigung

Die **Muttergottes-Verkündigungskirche** ist ein klassischer Dreikonchenbau mit einer polygonalen Kuppel, wie er in der Moravaschule häufig angewandt wurde. Die Rahmen der Fenster sind plastisch verziert. Während der Barockisierung wurde ein Turm abseits der Kirche hinzugebaut. Das Kloster wurde mehrfach beschädigt und immer wieder erneuert. Der Konak geht auf den Meister Radivoje Obrenović aus dem Jahr 1759 zurück. Das Innere wurde im 16. Jahrhundert mit Wandmalereien ausgestattet, die zwei Jahrhunderte später durch Ölmalereien überdeckt wurden. Die ursprüngliche Malschicht tritt an den Säulen hervor. Die Wandbilder aus Öl zeigen Propheten, Apostel und Einsiedler. Dank einer Signatur konnte der Stifter und Metropolit Maksim identifiziert werden. Es ist eine der seltenen Darstellungen eines Herrschers des 16. Jahrhunderts.

Von 1750 bis 1756 wurden Vorhalle und Naos neu mit Öl bemalt. Die Meister sind unbekannt. Im Naos erkennt man die Hochzeit in Kanaa, die Vertreibung der Händler, die Begegnung Jesu mit Martha und Maria. Der Künstler legte Wert auf Details wie Hausgerät, Einrichtung, Gewänder. In der Vorhalle sehen wir Soldatenheilige, an der Westwand Maria Entschlafen und an der Südwand die Ermordung der Unschuldigen. Außen an der Westwand wurden Reste einer Darstellung aus dem 16./17. Jahrhundert entdeckt, die das Jüngste Gericht zeigt. Die Ikonostase weist drei Ränge auf und ist nicht in einem Schritt entstanden. Ältester und wertvollster Teil ist die Deesisdarstellung. Die Kreuzigung mit den Nebenikonen und das ›nichtschlummernde Auge‹ sind Werke eines unbekannten Meisters von 1653. Die Ikonen von Christus und der Muttergottes von 1745 werden dem Kiewer Ivan Vasilevič zugeschrieben, die Pforte einem Holzschnitzer südlicher Herkunft. Künstler aus Serbien, Russland, Österreich und Ungarn ließen die Einflüsse verschiedener Kulturen zu einem neuen Ganzen verschmelzen.

Das Kloster besaß ursprünglich die reichste **Schatzkammer** der Vojvodina, die wertvollsten Exponate wurden allerdings nach Belgrad gebracht. Heute sind noch Werke von Jakov Orfelin, Stefan Tenecki und Teodor Kračun sowie handgeschriebene und gedruckte Bücher zu sehen. Im Kloster sind der Patriarch Arsenije, der Despot Đorđe Branković und seine Mutter Angelina, der Vojvode Stefan Šuplijiac, Oberst Atanasije Rašković, Fürstin Ljubica Obrenović, König Milan Obrenović und mehrere Klostervorsteher sowie der wichtige Bischof Makarije Borđević von Sretenski (1903–1978) bestattet. Deswegen ist das Kloster auch für die Serben von besonderer Bedeutung.

Im Dorf steht das einschiffige **Kirchlein zur Begegnung des Herrn** (Sretenjska crkva/Сретењска црква, 1512–1516), mit Vorhalle und polygonaler Apsis. Bedeutend ist ihre Innenmalerei von 1634: in der Vorhalle Einsiedlerfiguren, darüber Medaillons mit Soldatenheiligen; an der Nordwand des Naos sind Persönlichkeiten aus dem Herrscherhaus der Nemanjiden, an der Südwand die Heiligen Demetrios und Georg in üppiger Kriegsaufmachung zu sehen. Die Ikonostase geht auf Dimitrije Bačević und Teodor Kračun zurück.

Kloster Novo Hopovo

Das Mönchskloster Novo Hopovo (Ново Хопово) ist besonders schön, viel besucht und leicht zu finden. Man zweigt von der Hauptstraße durch die Fruška Gora ab, an der an vielen Obstständen die Produkte der Vojvodina angeboten werden. Dass das Kloster stets viel besucht wird, erkennt man schon am großen Parkplatz.

▲ Karte S. 297

Laut Inschrift über dem Westportal wurde die Nikolauskirche 1576 von Lacko und Marko Jovšič aus Srpski Kovina gestiftet. Neuere Untersuchungen aus dem Jahr 1979 bestätigten, dass an dieser Stelle ein älteres Kloster bestand. Im 16. Jahrhundert unterhielt Hopovo eine bedeutende Schreibstube. Die Türken beschädigten die Anlage auf ihrem Rückzug im Jahr 1688. Nur ein Jahr später begann der Wiederaufbau. Die Konaci wurden 1728, die Kirche 1750 renoviert. Eine Malschule wurde eingerichtet, die die Maler Arsenije und Nil leiteten. 1758 trat der große serbische Aufklärer Dositej Obradović (1742–1811) für einige Zeit ins Kloster ein.

In der Kirche werden die Gebeine des Theodor Tiron verehrt, die nach der Eroberung Konstantinopels hierher vor den Türken gerettet wurden. Der Heilige stammte aus dem Orient und diente im Heer des Kaisers Maximianus. Bei Ausbruch der Christenverfolgung steckte er um 306 den Tempel der Kybele in Amasena in Brand, weswegen er auch als Theodor von Amasena bekannt ist. Er erlitt den Märtyrertod während der Christenverfolgungen, die unter Kaiser Diokletian eingeleitet wurden. Als Patron des byzantinischen Heeres ist er einer der wichtigen Soldatenheiligen, sein Kult von Ost bis West verbreitet. In Serbien wird er häufig zusammen mit Theodor Stratilates dargestellt, beispielsweise in den Klöstern Kalenić, Poganovo und Ravanica.

■ Kirchenbesichtigung

Der Blick auf die Kirche, einen Dreikonchenbau aus Haustein und Ziegelschmuck mit drei polygonal gebrochenen Apsiden im Osten, ist durch die hohen Mauern von außen verstellt. Die den Bau beherrschende Zeltdachkuppel ruht auf einem polygonalen Tambour und wird im Inneren von vier Stützen getragen. Der Außenbau ist durch Fenster, Wandvorlagen und Blendbögen untergliedert. Die Fassade wird durch ein Gesims in zwei Geschosse geteilt, wovon das obere durch Blendarkaden belebt ist. Im Jahr

1754 fügte man einen hohen barocken Glockenturm an.
Das Innere besteht aus Narthex, Naos und Altarraum. Der Narthex überwölbt eine Tonne, während der Naos durch ein Kreuzgewölbe nach oben abgeschlossen ist. Beeindruckend sind die vollständig mit **Malereien** bedeckten Wände. Das Auge benötigt eine Weile, um sich an das dämmerige Licht zu gewöhnen. Selten wird durch elektrisches Licht nachgeholfen. Hieromonachos Mitrofan schuf 1608 die Malereien des Naos. Der Narthex wurde erst 1654 ausgemalt. Während des Zweiten Weltkriegs zerstörten Angehörige der Ustaša den westlichen Deckenteil. Die darauffolgenden Renovierungsarbeiten offenbarten ältere Malereien, die kretischen Einfluss erkennen lassen und die Meister des Berges Athos ausführten. Die Darstellungen sind sehr lebendig. Alle vier Stützen des Naos sind mit Heiligen bemalt. In der Nordapsis erkennt man die Hochzeit zu Kanaa und die wunderbare Brotvermehrung, in der Südapsis sind das Abendmahl und der Bethlehemitische Kindermord zu sehen. In der Apsis sitzt die Muttergottes mit dem Jesuskind auf dem Thron. Sehr schön ist auch der Terrakottaboden des Naos.
Die jüngeren Malereien des Narthex sind dunkler, konventioneller und traditioneller. Sie knüpfen an das 14. Jahrhundert an. Ein Teil wurde zerstört, vor allem das Tonnengewölbe und teilweise die Lünetten. Im unteren Rang sieht man an den Wänden Heiligengestalten, darunter Soldatenheilige auf der Südseite, im Westen neben dem Eingang heilige Könige und serbische Herrschergestalten. Im zweiten Rang folgen abermals Heilige, darunter die zwölf Apostel. Die Westseite beleben Säulenheilige. Alle sind nackt, drei davon behaart. Den dritten Rang bilden wie so häufig die Medaillons von Heiligen, während im vierten Rang kleinteilige Szenen aus dem Neuen Testament Platz fanden. Im Westen zur Nordwand hin erkennt man sehr schön ›Christus heilt den Blinden‹. An der Nordseite zwischen den Fensteröffnungen ist das Abendmahl dargestellt, während auf der Ostseite, der Eingangsseite zum Naos, der Einzug Christi in Jerusalem zu

Kloster Novo Hopovo passt sich elegant in die Landschaft ein

Kloster Rakovac

erkennen ist. Die Lünette der Ostseite ziert die Verkündigung.

Das Kloster besaß eine kostbare Ikonostase. Deren Holzrahmen schnitzten Anton und Paul Roeßner aus Sremski Karlovci 1770, ihre Ikonen malte Teodor Kračun. Der Zweite Weltkrieg hinterließ davon nur noch Fragmente, die in Novi Sad aufbewahrt werden.

An der Südseite der Kirche sind viele **Grabsteine** zu sehen. Der Ostflügel der barocken **Herbergen** (Konak) von 1728 wurde nach dem Krieg restauriert.

Kloster Staro Hopovo

Das Kloster von Staro Hopovo (Alt Hopovo/Старо Хопово) wurde 2006 komplett erneuert. Es ist über einen Fußweg von 2,5 Kilometern ab Novo Hopovo zu erreichen; der Weg beginnt am Parkplatz. Das Kloster war eine Stiftung des Bischofs Maximus, einem Sohn des Despoten Stevan Branković. Eine dem Nikolaus geweihte Holzkirche fiel einem Erdbeben zum Opfer. Danach folgte ein Steinbau, den man dem Panteleimon weihte. Die neue einschiffige Kirche mit polygonaler Apsis ist von einer Kuppel über einem hohen, untergliederten Tambour bekrönt. Die äußere obere Wandzone der Kirche ist durch ein Gurtgesims und Blendarkaden gegliedert.

▲ Karte S. 297

Weitere Klöster

Da viele der Klöster recht dicht zueinander liegen, kann man gleich mehrere von ihnen im Rahmen einer Rundfahrt besuchen. Sremski Karlovci und vor allem Novi Sad bieten sich als Ausgangspunkt für eine solche Tour an.

Kloster Rakovac

Nur drei Kilometer von Novi Sad liegt das Dorf Rakovac (Раковац), das aus zwei Siedlungen besteht. Die jüngere entstand nach dem Zweiten Weltkrieg am Anfang des Tals. Hier fand man Spuren der Bronze- und Hallstattzeit und Reste aus der römischen und byzantinischen Epoche. Am Ort Dombo (Домбо) wurden Reste eines mittelalterlichen Komplexes entdeckt, die vermutlich zu einem katholischen Kloster gehörten. Die gefundenen Fragmente mittelalterlicher Plastik wurden nach Novi Sad gebracht. Der ältere Dorfteil liegt in der Niederung und war Besitz des Klosters Rakovac. Es geht auf Raka Milošević, Kämmerer des Despoten Jovan Branković, zurück. Eine Inschrift in der Vorhalle der **Kirche** weist auf das Jahr 1533, eine am Ostflügel des **Konak** auf das Renovierungsjahr 1656/57 hin. Das Kloster besaß ein bedeutendes Skriptorium, in dem im Jahr 1700 der Dušankodex und 1714 der Srbljak (Lebensbeschreibung der serbischen Heiligen) von Rakovac geschrieben wurden. Der zierliche Dreikonchenbau besteht aus Naturstein. Über einem oktogonalen Tambour erhebt sich die erneuerte Kuppel. Reste von Steinplastik, Flechtbänder und Palmetten sind zu sehen. Besonders ist stolz man auf eine wundertätige Ikone ›Muttergottes Hodegetria‹, die im Zweiten Weltkrieg entwendet und 2007 von Zagreb zurückgegeben wurde. Der Komplex wurde 1943 schwer in Mitleidenschaft gezogen und vieles unwiederbringlich vernichtet, darunter die Malerei der Kirche bis auf die Pantokratordarstellung, ebenso die Ikonostase von Vasa Ostojićs, die Konaci und ihre Malereien von Amvrosije Janković. Auf dem **Friedhof** befindet sich eine **Kapelle** aus Haustein, die an Kirchen in Dalmatien erinnert. Ihre Ikonen stammen von Janko Halkozović. Das Kloster ist von Mönchen bewohnt, die die Renovierung leiten.

Kloster Beočin

Die Ortschaft Beočin (Беочин) ist zersiedelt, aber vieles wurde in jüngerer Zeit renoviert. Hier ist der Zementkonzern Lafarge ansässig. Ein Abzweig ins Gebirge führt nach 3,5 Kilometern zum Kloster, das mitten in einem Naturpark liegt. Hinter dem Kloster sind Wanderwege ausgeschrieben.

Kloster Beočin wurde erstmals 1622 erwähnt, als der Igumenos Longin Spenden für dessen Wiederaufbau sammelte. Vermutlich war es in den Auseinandersetzungen zwischen Österreichern und Türken zu Schaden gekommen. 1697 ließ Patriarch Arsenije III. Mönche aus Rača das verlassene Kloster erneuern. Von außen präsentiert sich dem Besucher eine aus Westeuropa vertraute barocke Anlage, die Mitte des 18. Jahrhunderts entstand. Manche meinen, die westliche Orientierung im Stil sei Vorgabe der Habsburger gewesen. Das Kloster wurde als eines der wenigen nicht zerstört, sondern nur geplündert. Nur ein Teil des Klosterbesitzes wurde bislang zurückgegeben.

Westlich orientiert: Kloster Beočin

Kloster Dipša

An den Südflügel des **Konaci** schließt der **Klosterpark** mit einer Kapelle an, die 1905 nach Plänen des Architekten Vladimir Nikolić fertiggestellt wurde.

Kloster Dipša

Entlang der Donau geht es von Beočin weiter in Richtung kroatische Grenze. Auf verschlungenen Wegen kommt man über viele, aber gute Nebenstraßen durch den Wald zum Kloster Dipša oder Divša (Дипша). Man fühlt sich hier wie am Ende der Welt. Mit der 2008 abgeschlossenen Renovierung kam das Leben in das Kloster zurück.

Die Überlieferung spricht von einer Spende des Despoten Jovan Branković im 15. Jahrhundert. In den Privilegien Kaiser Josephs I. wurde das Kloster 1706 als zum Kloster Kuveždin gehörig angeführt. 1753 wurde die **Kirche**, ein Dreikonchentypus mit polygonal gebrochener Apsis, renoviert, später um einen **Glockenturm** und **Konak** ergänzt. Teodor Stefanović, genannt der Kahlköpfige, malte 1753/54 die Bilder der Ikonostase, die Holzschnitzereien wurden in Novi Sad gefertigt. Fragmente der Ikonostase wurden ins Museum gebracht. Auf dem Areal befindet sich ein kleiner Friedhof, auf dem auch Gefallene des Zweiten Weltkriegs ruhen.

Kloster Kuveždin

Das Männerkloster Kuveždin (Кувеждин) außerhalb der gleichnamigen Ortschaft wurde nach seiner Zerstörung im Zweiten Weltkrieg äußerlich wieder aufgebaut. Die Schäden waren aber so schwer, dass die Renovierungsarbeiten einem Neubau gleichkamen.
Laut mündlicher Überlieferung ließ der Despot Stefan Stiljanović das orthodoxe Kloster errichten. Schriftlich erwähnte es ein Menäum (liturgisches Monatsbuch) des Dreifaltigkeitsklosters in der Ovčar-Kablar-Schlucht von 1569. Eine dritte Quelle von 1753 nennt eine Steinkirche mit Schindeldach. In den Jahren 1815/16 entstand auf alten Fundamenten ein Neubau, eine klassizistische einschiffige **Kirche** mit hoher elliptischer Kuppel, halbrunder Apsis und **Wohnbauten**.
Unweit des Klosters steht auf einer Anhöhe eine kleine **Kapelle**. Ihre Wandmalereien, leider nur noch in Spuren erhalten geblieben, sind das Werk von Pavle Simić aus dem Jahr 1853. In die Kapelle wurde die Ikonostase des Klosters gerettet, deren Ikonen sich heute teilweise in Novi Sad befinden. Außerdem birgt sie auch einen Teil der Ikonenwand aus dem Kloster Dipša.

Kloster Šišatovac

Das Männerkloster Kloster Šišatovac (Шишатовац) wurde von den vor den Türken geflohenen Mönchen des bedeutenden Klosters Žiča 1520 auf den Fundamenten des Eremitenklosters Sveti Nikola gegründet. Das Kloster war vermutlich zerstört worden, denn eine Ur-

▲ Karte S. 297

Kloster Mala Remata

kunde berichtet von der Billigung des Wiederaufbaus durch die Türken im Jahr 1634. Von 1758 bis 1778 erfolgte ein Neubau als **Dreikonchentypus** mit einer oktogonalen Kuppel auf hohem durchfenstertem Tambour. Flache Wandvorlagen gliedern die Außenwände. Ohne Glockenturm und Anbau erinnert es an die klassischen mittelalterlichen Klöster Serbiens. Der **Glockenturm** an der Westseite wurde barockisiert. Die leider zerstörten Wandmalereien und die Ikonenwand stammten von Grigorije Davidović Obšić, einem Maler aus Čalma. Von 1812 bis 1827 war der Dichter Lukijan Mušicki (1777–1837) Klostervorsteher. Er ist der Autor von ›Stimme der Harfe von Šišatovac‹. Eine Zeitlang hielt sich hier der große Gelehrte Vuk Karadžić auf, um Volkslieder des Guslasängers Filip Višnjić aufzuzeichnen.
Im **Kloster** wird ein Triptychon von Dimitrije Bačević aufbewahrt. Die Kirche ist Maria Geburt geweiht.

Kloster Petkovica

Das Kloster Petkovica (Петковица) steht auf einer Besitzung von Kloster Šišatovac, nur wenig von diesem entfernt. Seine Entstehungszeit liegt im Dunkeln. Besonders wertvoll sind **Malereien** von 1588,

von denen ein großer Teil gesichert werden konnte. Sehr schön sind die Anastasis, der Abstieg Christi in die Hölle und die Figuren der Soldatenheiligen. In der Apsis thront die Muttergottes mit dem Christus. Darunter findet die Apostelkommunion statt. Die linke Apside zeigt die Verklärung. Die beschädigte Ikonenwand stammt aus dem Jahr 1735.
Dem zierlichen Dreikonchentyp mit polygonaler Kuppel wurde an der Westseite ein **Glockenturm** aufgesetzt.

Kloster Privina Glava

Das Kloster Privina Glava (oder Pribina Glava, Прибина Глава) in der westlichen Fruška Gora nahe der mittelalterlichen Ortschaft Berkasovo ist vollständig renoviert; jetzt fehlt nur noch die Patina. Das Kloster wurde nach einer Überlieferung von einem Edelmann namens Priba im 12. Jahrhundert gestiftet und 1496 von Vladika Maksim und Jovan Branković renoviert. Im Kloster soll sich folgende Begebenheit abgespielt haben: Es wurde erzählt, dass der Patriarch Pajsije 1627 hier ein reich illustriertes Buch fand, an dem er Korrekturen vornahm, es neu binden und danach an Ort und Stelle zurückbringen ließ. Ein österreichischer Offizier entwendete es 1688, und heute ist es als Münchner Psalter sehr berühmt. In den Jahren 1741 bis 1760 entstand an der Stelle des alten Gotteshauses die heutige **Georgskirche**, ein Dreikonchenbau nach dem Vorbild des Klosters Hopovo. An der Westfassade wurde ein barocker Turm angefügt. Die **Konaci** sind an ihrer Süd- und Westseite durch schmale, flache Wandvorlagen und Stuckarbeiten gegliedert. Die **Malereien** der Ikonenwand schuf Kuzman Kolarić 1791. Die feinen **Schnitzarbeiten** sind das Werk eines unbekannten Meisters. Am Westkonak befindet sich eine weitere, der Muttergottes geweihte **Kirche**.

Kloster Bešenovo

Am Ende des Dorfes Bešenovački Prnjavor (Бешеновачки Прњавор), abseits der Hauptstraße, stand bis zum Zweiten Weltkrieg das Kloster Bešenovo (Бешеново). Hier hielten sich Partisanen verborgen. Für die Besatzer war dies Grund genug, das Kloster zu zerstören. Eine **Gedenkstätte** hält die Erinnerung an den Komplex wach; er ist in den Karten eingezeichnet und soll in Kürze wieder entstehen.

Kloster Mala Remeta

Mala Remeta (Мала Ремета) erreicht man am besten über Jazak. Das ursprüngliche Nonnenkloster liegt malerisch in einer Lichtung inmitten des Gebirges. Der Überlieferung nach wurde es von König Dragutin gegründet. Neuere Erkenntnisse sprechen von einem Bau auf den Fundamenten eines katholischen Eremitenklosters.
Eine schlichte **Kreuzkuppelkirche** aus Haustein mit polygonaler Apsis steht inmitten eines Gartens, an den sich der Wald anschließt. Stanko Milinković aus Šuljma stiftete den Bau 1739, der dem Muttergottes Leichentuch geweiht ist. Laut einem mit der Bruderschaft abgeschlossenen Vertrag waren die Baumeister Todor und Nikola. Die Mauern sind aus verschiedenfarbigem Stein gefügt. Ein Kranzgesims teilt sie in zwei Zonen, die obere schmücken Zwillingsfenster und Blendarkaden. Der **Konak** entstand 1758. Vier gut erhaltene Ikonen gehen auf den Maler Janko Halkozović 1757 bis 1759 zurück. Im Kloster werden Ikonen, Handschriften und andere Preziosen aufbewahrt.

Kloster Jazak

Der Despot Jovan Branković soll Kloster Nova Jazak (Нова Јазак) gegründet haben, schriftlich wurde es 1522 erstmals erwähnt. Die heutige **Kirche** entstand 1736 auf einem Vorgängerbau, kurz da-

Wandmalerei in Velika Remata

rauf die **Konaci**. Die Renovierungen von 1926 bis 1930 beließen die Ursprünglichkeit. Die im Zweiten Weltkrieg erlittenen Beschädigungen wurden beseitigt. Im Zentrum steht der **Dreikonchenbau** mit hohem Tambour und noch höherem barocken Westturm, sein Mauerwerk besteht wechselweise aus Stein und Ziegel. Die **Malereien** der Ikonostase gehen auf den serbischen Barockmaler Dimitrije Bačević zurück. Den Muttergottesthron soll Teodor Kračun 1770 geschaffen haben. Im Kloster ruhten von 1706 bis 1941 die Gebeine von Zar Uroš, die aus Nerodimlje hergebracht worden waren. Heute erinnert nur noch der Thron von Uroš daran. Im **Konak** hängen historische Porträts: der Patriarch Stefan Stratimirović, gemalt von Pavle Đurković, und ein Archimandrit, gemalt von Novak Radonić.

Kloster Vrdnik

Das Kloster Vrdnik (Врдник) liegt fast am Ortsausgang des gleichnamigen Kurortes, in dem Hotels zur Erholung einladen. Das Kloster, erstmals im Jahr 1589 erwähnt, wurde von geflohenen Mönchen aus Ravanica (Zentralserbien) 1697 belebt. Kurz darauf wurden auch die Gebeine Fürst Lazars, kostbarste Reliquie von Ravanica, hierher in Sicherheit gebracht. Seitdem sprach man vom Kloster Sremska Ravanica oder nur Ravanica (Раваница). Anstelle einer schlichten Kirche des 17. Jahrhunderts entstand 1801 bis 1811 nach Plänen von Kosta Zmijenović der **einschiffige Neubau** mit oktogonaler Kuppel und halbkreisförmiger Apsis. Stilistisch ist er dem Klassizismus verwandt, während der **Glockenturm** noch dem Barock verhaftet ist. Die Außenmauern sind rundherum durch Pilaster gegliedert. Ein Meister Kornelije aus Novi Sad führte die Planung aus. Die Kirche wurde der Himmelfahrt Christi geweiht. Das Innere bestimmt eine kühle klassizistische **Ikonenwand** von Dimitrije Avramović aus dem Jahr 1853, Amvrosije Janković malte den Speisesaal 1776 aus. Einige Preziosen konnten gerettet werden und werden in der eigenen **Schatzkammer** gezeigt.
Auf einer Anhöhe unweit des Klosters ragen spärliche Reste der mittelalterlichen **Festung** Vrdnička kula auf. Die Quellen erwähnen sie erstmals 1315.

Kloster Grgeteg

Von Vrdnik fährt man wieder durch den unendlich scheinenden Wald, erreicht Felder und Ackerlandschaften und schließlich Kloster Grgeteg; man fühlt sich völlig allein auf der Welt. Das Kloster Grgeteg (Гргетег) wird von Nonnen bewirtschaftet. Eng schmiegen sich die **Konaci** wie eine Mauer um die **Kirche** und lassen wenig Raum für einen Garten.
Vuk Branković, einer der letzten serbischen Despoten, stiftete die Anlage. Ein türkisches Dokument aus dem Jahr 1619 erwähnt das Kloster. Mehrfach zerstört und wiederaufgebaut, stammt die heutige Kirche im Kern von 1770/71, die Konaci sind wenig älter. Der Architekt Hermann Bollé nahm 1901 eine gründliche Renovierung des Klosters vor, die der Zweite Weltkrieg wieder zunichte machte. Die Restaurierung aus dem Jahr 1950 rette-

▲ Karte S. 297

te es immerhin vor dem Verfall. Die alte barocke Ikonenwand von 1774 von Jakob Orfelin ist von 1902 bis 1904 durch eine moderne von Uroš Predić ersetzt worden. Im **Glockenturm** befand sich eine kleine Kapelle mit einer Ikonenwand von Petar-Pjer Križanić. Nur eine Ikone überstand den Krieg, sie wird in der Kirche aufbewahrt.

Der Historiker Ilarion Ruvarac lebte von 1874 bis zu seinem Tod 1905 als Abt im Kloster. Im Konak ist eine Ruvarac-Gedächtnisstätte eingerichtet.

Kloster Velika Remeta

Das Frauenkloster Velika Remeta (Велика Ремета) ist mit seinem gelb getünchten, überaus hohen **Glockenturm** von weitem sichtbar. Die Legende schreibt die Gründung des Klosters König Dragutin zu. Schriftlich wird es jedoch erstmals in einem Ferman (Erlass) vom Sultan von 1534 erwähnt. Auf diese Zeit gehen die Darstellung des heiligen Demetrius an der südlichen Außenwand der Kirche und Malereien im Diakonikon zurück. Nach der Brandstiftung durch die Türken von 1716 wurde das Kloster zügig wieder aufgebaut, 1722 folgte der Konak, 1735 der Glockenturm mit einer Johannes dem Täufer geweihten Kapelle. Die einschiffige, dem heiligen Nikolaus geweihte **Kirche** mit großer Apsis hat im Zweiten Weltkrieg die Kuppel eingebüßt. Die Ikonenwand stammt von einem unbekannten Künstler des 18. Jahrhunderts. Einst hingen hier vier große russische Ikonen von 1687, Werke der russischen Hofmaler Leontij Stefanov, Ivan Maksimov und Spyridon Grigorev.

Nationalpark Fruška Gora

Infotelefon: 021/463666.
Infos: www.npfruskagora.co.rs; natipfg@eunet.rs.
Von Sremski Karlovci werden Fahrten zu den Klöstern und Weinkellern angeboten.
Jagdverein Stražilovo, Sremska Karlovci, ul. Petrovardinska, Kontaktperson Đorđe Horvat, Tel. 064/8249097.

Die Klöster in der Fruška Gora sind am besten mit dem Pkw zu erreichen. Oder Fahrt mit dem Bus nach Sremski Karlovci und von dort Wanderungen. Nach Beočin (Ortschaft) fährt die Buslinie 78 ab Novi Sad. Ab dort 3,5 km Fußweg oder per Taxi.

Weinfest in Irig, 3. Wochenende im September, turorgirig.org.rs, Tel. 022/461126.

Hotel Norcev, 3 Sterne, Partizanski put, Iriški Venac, Tel. 021/4800222, www.norcev.rs. 20 km von Novi Sad auf 507 Meter Höhe inmitten der Fruška Gora, geeignet auch für festliche Anlässe und Kongresse.
Restoran Stražilovo, Borko Pekez, Tel. 021/883530, 060/3298601, Stražilovo. Mitten im Wald an der Ausgangsstation zu den Wanderwegen.
Hotel Termal, ul. Karađorđeva 6, Vrdnik, Tel. 022/465-102, -122, www.termal-vrdnik.com, marketing.termal@gmail.com; DZ 30 Euro. Anstelle der aufgelassenen Kohlegruben entstand ab 1962 das Thermalzentrum, in den 1990er wurde es renoviert. Thermalbecken mit Wassertemperaturen von 33,8 Grad.
Hotel Premier Aqua, 5 Sterne, ul. Martina Klasića 16, Vrdnik, Tel. 022/2155333, www.hotelpremieraqua.com, rezervacije@hotelpremier.rs. 40 luxuriöse Zimmer, Wellness, Physiotherapeutischer Bereich.

Öko-Camping Fruška Gora, im Nationalpark, Stražilovo, Tel. 021/882511, www.campingfruskagora.com; Mai–Sept., 4 km von der Regionalstr. 22.1 entfernt; einziges Ökocamp Serbiens, 30 Stellplätze.

Sprachführer

Für die serbische Sprache liegen mittlerweile eigene Wörter- und Grammatikbücher im deutschen Buchhandel und in Serbien überarbeitete Werke vor. Es gibt jedoch immer noch Divergenzen. Die Quelle für diesen Sprachführer ist vorrangig das Wörterbuch Nemačko-srpski/srpsko-nemački rečnik, von Slobodan Zečević im ›Jacen‹-Verlag in Belgrad 2007 herausgegeben. Im Land wird wird jedoch auch das eng verwandte Kroatisch verstanden.

Das serbische Alphabet

lateinisch	kyrillisch	Aussprache
A, a	А, а	a
B, b	Б, б	b
V, v	В, в	v wie deutsches w in Wasser
G, g	Г, г	g
D, d	Д, д	d
Đ, đ	Ђ, ђ	stimmhaftes dschj wie Karađorđe
E, e	Е, е	e
Ž, ž	Ж, ж	stimmhaftes sch, wie Journal
Z, z	З, з	stimmhaftes s, wie Rose
I, i	И, и	i
J, j	Ј, ј	j
K, k	К, к	k
L, l	Л, л	hartes l, wie in ›Wall-Street‹
Lj, lj	Љ, љ	weiches l, wie in leise
M, m	М, м	m
N, n	Н, н	n
Nj, nj	Њ, њ	weiches n, wie in Cognac
O, o	О, о	o
P, p	П, п	p
R, r	Р, р	r, immer Zungen -›r‹
S, s	С, с	stimmloses s, wie Kasse
T, t	Т, т	t
Ć, ć	Ћ, ћ	tschj weich wie in Andrić
U, u	У, у	u
F, f	Ф, ф	f
H, h	Х, х	ch wie ach
C, c	Ц, ц	z wie deutsch Zimmer
Č, č	Ч, ч	tsch wie in Kutsche
Dž, dž	Џ, џ	stimmhaftes dsch wie in englisch John
Š, š	Ш, ш	stimmloses sch wie Flasche

Allgemeines

Guten Morgen!	dobro jutro!
Guten Tag!	dobar dan!
Guten Abend!	dobro vece!
Gute Nacht!	laku noć!
Hallo!	Zdravo!
Auf Wiedersehen!	do viđenja!
Tschüß!	Ćao
Ja/nein	da/ne
Vielleicht	možda
Bitte/danke	izvolite/hvala
Bitte schön!	Izvolite lepo!
Bitte! (um etwas bitten)	molim!
Entschuldigen Sie bitte!	Izvolite molim!
und	i
oder	ili
in	u
mit/ohne	sa/bez
bis, zu	do
dieser, diese, dieses	taj, ta, to
suchen, ich suche	tražiti, tražim
haben, ich habe	imati, imam
zahlen, ich zahle	platiti, platim
sprechen, ich spreche	govoriti, govorim
kaufen, ich kaufe	kupiti, kupim
Ich möchte, wir möchten ...	Želim, želimo ...
Ich möchte ...	Želim ...
Ich habe	Ja imam ...
Ich bin	Ja sam ...
Hilfe!	Pomoć!

Fragen

Was?	Što/Šta?
Was ist das?	Šta je to?
Was für ein Dokument ist das?	Kakav je to papir?
wie?	Kako?
Wie heißt ... auf serbisch?	Kako se kaže ... na srpskom?
wer?	Kto?
Wer ist Herr/Frau ...?	Ko je gospodin/gospođa?
Welche?	Koj?
Welche Straße führt nach ...?	Koj put vodi sa ...?
Wann?	Kad(a)?
Wann fährt der Autobus/Zug?	Kada polasi autobus/voz?
wo?	Gde?
Wo ist die Toilette?	Gde toalet?
woher?	Odakle?
Woher kommst du/kommenSie?	Odakle si/ste?
wieviel?	Koliko?
Wieviel kostet das?	Koliko je sati?

Unterhaltung

Herr/Frau	gospodin/gospođa
ich/er/sie	ja/on/ona
Mein Name ist ...	Zovem se ...
Ich komme aus Deutschland/ Österreich/der Schweiz.	Ja dolazim iz Nemačke/Austrije/ Švajcarske
Wie geht es Dir/Ihnen?	Kako si/ste?
Uns/mir geht es gut.	Dobro smo/sam.
Es tut mir/uns leid.	Žao mi/nam je.
Gestatten Sie?	Dozvolite?
Wie geht es Ihnen?	Kako ste?
Danke, gut!	Dobro, hvala!

Na, geht so.	Pa, tako.
Wie heißt Du/heißen Sie?	Kako se zoveš/zovete?
Wie spät ist es?	Koliko je sati?

Zahlen

1	jedan (weibl. jedna, sächl. jedno)
2	dva (weibl. dve)
3	tri
4	četiri
5	pet
6	šest
7	sedam
8	osam
9	devet
10	deset
11	jedanaest
12	dvanaest
13	trinaest
14	četrnaest
15	petnaest
16	šesnaest
17	sedamnaest
18	osamnaest
19	devetnaest
20	dvadeset
21	dvadeset jedan (jedna, jedno)
22	dvadeset dva (dve)
30	trideset
40	četrdeset
50	pedeset
60	šezdeset

70	sedamdeset
80	osamdeset
90	devedeset
100	sto
200	dvesto
300	tristo
400	četiristo
500	petsto
600	šesto
1000	hiljada

Zeit

Montag	ponedeljak
Dienstag	utorak
Mittwoch	sreda
Donnerstag	četvrtak
Freitag	petak
Samstag	subota
Sonntag	nedelja
heute	danas
morgen	sutra
gestern	juče
morgens	ujutro
mittags	u podne
abends	uveče
Monat/e	mesec/meseci
Januar	januar
Februar	februar
März	mart
April	april
Mai	maj

Juni	juni, jun
Juli	juli, jul
August	avgust
September	septembar
Oktober	oktobar
November	novembar
Dezember	decembar
Wie spät ist es?	Koliko je sati/Koliko ima sati?
Es ist ein (zwei) Uhr	Sada je jedan (dva) sat
Um wieviel Uhr?	U koliko sati?
halb	pola

Farben

dunkel	tamno
hell	svetlo
blau	plavo
rot	crveno
schwarz	crno
weiß	beo
grün	zeleno
bunt	šareno
grau	sivo

Orientierung

hier/dort	tu/onde (tamo)
rechts/links	desno/levo
geradeaus	pravo
zurück	nasad/natrag
immer weiter	vse dalje
gegenüber	prekoputa
weit	daleko
nah	blizu

(gleich) hier	(odmah) ovde
(genau) da	(baš) tu
Kreuzung	raskrsnica
Ampel	semafor
im Zentrum	u centru
außerhalb der Stadt	izvan grada
um die Ecke	iza ugla
Wo ist ...?	Gde (gdje) je ...?
Ich suche ...	Tražim ...
Bitte, wo ist das Hotel ›Slavija‹?	Molim, gde je hotel ›Slavija‹?
Wie komme ich ins Zentrum der Stadt?	Kako dolazim u centar grada?
Brücke, Brücken	most, mostovi
Festung	tvrđava
Friedhof	groblje
Hof, Schloss	dvor
Kirche	crkva
Kloster	manastir
Markt	pijaca
Moschee	džamija
Museum	muzej
Platz	trg
Rathaus	opština
Stadt	grad
Straße	ulica
Theater	pozorište
Abgrund	bezdan
Bach	potok
Berg/Gipfel	brdo/vrh, vrhonac
Bergkessel	gorska kotlina

Feldweg	poljiski put
Fluss	reka
Gebirge	gora/planina
Gebirgspass	klisura
Höhle	pećina
Meer	more
Natur	priroda
Quelle	vrelo
See	jezero
Schlucht	klisura
Tal	dolina
Wald	šuma
Wasserfall	vodopad
Weg, Wege	put, putovi
Wiese	livada

Unterwegs

Fahrrad	bicikl
Fahrradfahrer	biciklista
Flughafen	aerodrom
Bahnhof	železnička stanica
Zug	voz
Beovoz	eine Art S-Bahn in Belgrad
reservieren	reservisati
pünktlich	točan
Bus	autobus
Linienbus	autobus na redovnoj liniji
Busbahnhof	Autobuska stanica
Haltestelle	stanica
Ankunft	dolazak
Abfahrt	polazak/odlazak

Abfahren, ich fahre ab	krenuti, krenem
Abfahrtszeit	polazka vreme
Abflug	polet, poletanje
Schiff	lađa/brod
Ablegestelle	pristanište
Fahrkarte	putnička karta
Fahrt	vožnja
Fahrkartenschalter	šalter za putničke karte
Fahrplan	red vožnje
Fahrpreis	cena karta za vožnju
Ich möchte einen Fahrschein nach	Hoću jednu kartu za ...
Tankstelle	benzinska stanica

Unterkunft

Zimmer/Doppelzimmer	soba, sobe/dvokrevetna soba
Schlüssel	ključ, ključevi
Fahrstuhl, Lift, Aufzug	dizalo
Treppe	stepenice
Dusche/Bad, Toilette	tuš/kupatilo, zahod (toalet)
Ich suche ein Zimmer.	Tražim sobu.
Haben Sie ein Doppelzimmer?	Imate li slobodnu dvokrevetnu sobu?
für eine Nacht?	za jednu noć?
Was kostet das Zimmer für eine Nacht?	Koliko košta soba na dan?
Wecken Sie mich bitte um sechs Uhr.	Molim vas probudite me u šest sati.
Wann gibt es Frühstück?	Kada je doručak?
Machen Sie mir bitte die Rechnung.	Spremite molim račun.

Bank und Post

Bank	Banka
Geld	para/novac
Wechselstube	menjačnica

Post	pošta
Briefumschlag	kuvert
Postkarte	dopisni/poštanska karta
Briefmarke	poštanska marka
Deutschland	Nemačka
Schweiz	Švajcarska
Österreich	Austrija

Notfälle

Arzt	lekar
Apotheke	apoteka
Krank	bolestan
Krankenhaus	bolnica
Zeuge	svjedok
Panne, Schaden	kvar, kvarovi
Ich möchte einen Unfall (Überfall) anzeigen.	želim prijaviti nestanak nesreću (prepad).
Wo ist die nächste Tankstelle/ Telefonzelle?	gde je benzinska stanica/telefonska kabina?

Einkaufen

Ich hätte gerne einen ...	Želim jedan ...
Kasse	blagajna
prekrasan, prekrasna, -no	wunderschön
teuer	skup, a, o
Eingang	ulaz
Ausgang	izlaz
Notausgang	rezervni izlaz
Können Sie mir bitte wechseln?	Možete li mi usitniti novac?
Öffnungszeiten	radno vreme

Essen und Trinken

Restaurant/Gaststätte	restoran/gostinica
Grillrestaurant	rostilje

Café	Kafana
Speisekarte	jelovnik
Frühstück	doručak
frühstücken, ich frühstücke	doručkovati, -ujem
Mittagessen	ručak
Abendessen	večera
Salz/Pfeffer	so/biber
Zucker	šećer
Aschenbecher	pepljara
Wir möchten nur eine Kleinigkeit essen.	želimo samo nešto malo pojesti.
Guten Appetit!	prijatno!
ausgezeichnet/schmackhaft	odlično/ukusno
Die Rechnung, bitte.	Račun molim.
Es stimmt so.	U redu je.
Essen, Speise	jelo
Getränk	piće
gebacken	pečen
gebraten	pržen
gekocht	kuvan
vom Rost	na žaru
paniert	pohan
blau, gesotten	lešo, kuhan
süß	sladak
kalt	hladan

Frühstück

Brot/Weißbrot/Brötchen	hleb/beli hleb/kifla
Butter	putra
Konfitüre	džem
Honig	med

Käse	sir
serbischer Rahm	užički kajmak
Schafskäse, Hartkäse	kačkavalj
Schafskäse	ovčji sir
Ziegenkäse	kozji sir
Quark, Topfen	beli sir
Wurst	kobasica
Schinken	šunka
Ei, Eier	jaje, jaja
gekochtes Ei	kuvano jaje
Spiegelei/Rührei	jaje na oko/jaje kajgana

Vorspeisen

Eintopf	čorba
Fischsuppe	riblja juha/čorba
gemischter Salat	mešana salata
Rote Beete-Salat	salata od cikle
Gurkensalat	salata od krastavaca
Krautsalat	salata od kupusa
serbischer Salat	srpska salata
grüner Salat	zelena salata
serbische Bohnen	srpski pasulj

Fleisch und Fisch	**meso/riba**
Schweinefleisch/Rindfleisch/ Kalbfleisch	svinjetina/govedina/teletina
Hähnchen/Gans/Ente	pile/guska/patka
Hase/Reh	zec/srna
Kutteln	tripice
Leber	jetra
Kalbsbraten	pečeno teleće
gegrillte Fleischklößchen verschiedener Fleischsorten	ćevapčići

Reisgericht mit Gemüse und verschiedenem Fleisch	ďuveč
Würstchen	kobasica
Fleischspieße vom Rind/Schwein	ražnjići
gefüllter Blätterteig	burek
geschnetzeltes Fleisch und Gemüse	mućkalica
Hackfleischsteak	plješkavica
Hackfleischsteak mit Rahm	plješkavca na kajmaku
geschnetzeltes oder gehacktes, mit Reis vermischtes Fleisch in Kohl-, Wein- oder Bohnenblättern	sarma
Gefüllte Paprikaschoten	punjene paprike
Fisch	riba
Makrele/Forelle	skuša/pastrmka
Karpfen/Zander	šaran/smuđ
Lachs/Goldbrasse	losos/orada

Beilagen und Gemüse **prilozi i povrće**

Röstkartoffeln/Bratkartoffeln/	restani krompir/pečeni
Salzkartoffeln	krompir/kuhani krompir
Reis	riža
Ködel	okruglice
Polenta	žganci
Gemüse	povrće
Tomaten	paradajza
grüne Bohne	buranija
Sellerie	celer
Blumenkohl	cvjetača
Knoblauch/Zwiebeln	češnjak/luk
Pilze	gljive
Linsen	leća
Kürbis	tikva

Oliven	masline
gedünstete Tomaten und Paprika	sataraš
gefüllte Zucchini	punjene tikvice
Paprika- oder Auberginenpaste, wird kalt wie Ketchup benutzt	ajvar
Pfeffer	biber
Salz	so
salzig	slan
Nachtisch	**desert**
Obst	voće, voća
Obstsalat	voćna salata
Äpfel	jabuke
Apfelsinen	narandže
Aprikosen	kajsije
Birnen	kruške
Erdbeeren	jagode
Heidelbeeren	borovnice
Himbeeren	maline
Kirschen	trešnje
Pfirsiche	breskve
Pflaumen	šljive
Preisselbeeren	brusnice
Wassermelone	lubenica
Weintrauben	grožđe
Zuckermelone	dinja
Eis	sladoled
Kuchen	kolač
Sahne	vrhnja
Pfannkuchen mit Quark	palačinke sa sirom
Apfelstrudel	savijača s jabukama

Getränke	pića
Getränkekarte	karta pića
Tee, Tees	čaj, čajevi
Tee mit Zitrone	čaj sa limunom
Kaffee	kafa
Milch	mleko
Zucker	šećer
Kaffee (Espresso) mit Milch	kafa (espresso) sa mlekom
Türkischer Kaffee	turska Kafa
Mineralwasser	mineralna voda
mit/ohne Kohlensäure	gazirana/negazirana
Glas Wasser	čaša vode
Glas	čaša
halber Liter	pol litar
Flasche	boca
Orangensaft	sok od narandže
Traubensaft	sok od grožđa
Limonade	limunada
Wein	vino
trocken/mild	suvo/blago
leicht	lako
süß	slatko
herb	trpko
Weißwein/Rotwein	vino belo/vino crno
Roséwein	ružica
Sekt	penušac
Flaschenwein	vino u boci
Bier/einheimisches Bier	pivo/pivo domaće
helles Bier/dunkles Bier	pivo svetlo/pivo tamno (crno)
vom Faß	iz bureta

Likör	liker
Schnaps	rakija
Anisschnaps	mastika
Birnenschnaps	kruškovac
Pflaumenschnaps	šljvovica

Schilder

Pažnja!	Achtung/Vorsicht!
zabranjeno	verboten
Pozor!	Achtung!
Granica	Grenze
Carina	Zoll
pasoš	Reisepass
Obilazak	Umleitung
Obilazna cesta	Umgehungsstraße
Cesta s prednošću prolaza	vorfahrtberechtigte Straße
Izlaz	Ausfahrt
Prestrojavanje!	Bitte einordnen!
Radovi na cesti	Straßenarbeiten
Zaustavljanje zabranjeno!	Halten verboten!
Parkiranje zabranjeno!	Parken verboten!
Javna garaža	Parkhaus
Kamenje pada	Steinschlag
Kamenje pršti	Rollsplit
Oštećen kolnik	schlechte Fahrbahn
Opasnost na cesti	Gefahrenstelle
Najveća dopuštena brzina	Höchstgeschwindigkeit
Autocesta/Autoput	Autobahn
Radilište	Baustelle
Prometni čep	Verkehrsstau
Pešačka zona	Fußgängerzone

Reisetipps von A bis Z

Anreise mit dem Auto

Wer sich für die Anreise mit dem eigenen PKW entschließt, hat mehrere Möglichkeiten: Soll die Serbienreise in der Vojvodina beginnen, fährt man am besten über Ungarn. Ab dem Grenzübergang Nickelsdorf hinter Wien beginnt die sehr gute ungarische Autobahn, die über einen vierspurigen Ring Budapest umgeht und nach dem Grenzübergang Röszske/Horgoš direkt an das serbische Autobahnnetz angeschlossen ist. Für die Einreise nach Serbien ist mit Wartezeiten zu rechnen.

Wer seine Serbienreise in Zentralserbien starten möchte, kann über die E 70 über Slowenien und Kroatien sowie Bosnien und Herzegowina nach Serbien einreisen. Von Ljubljana in Slowenien bis Belgrad beträgt die Entfernung 520 Kilometer. Der Ausbau der Autobahn ist noch nicht vollständig abgeschlossen. Innerhalb Kroatiens ist die Autobahn in bestem Zustand, allerdings wie in Slowenien, Österreich, Ungarn und Serbien auch mautpflichtig.

In Serbien werden auf Autobahnen und autobahnähnlichen Straßen wie andernorts Gebühren erhoben, die streckenabhängig und am günstigsten bar und in Landeswährung, aber auch per Kreditkarte entrichtet werden. Für die Strecke Šid–Belgrad zahlt man ca. 2,50 Euro.

Straßeninformationen: www.putevisrbije.rs Tel. 011/3040655, 064/8617117.

Anreise mit der Bahn

Von Deutschland gibt es täglich eine Direktverbindung München–Belgrad mit Intercity-Bus ab München–ZOB Hackerbrücke bis Ljubljana und dort Umsteigen in den Schnellzug bis Belgrad; Fahrtdauer insgesamt ca. 14 Stunden. Oder man nimmt den Nachtzug ab München-Hauptbahnhof mit Umsteigen in Salzburg und Budapest; Fahrtdauer 20 Stunden. Infos und Preise: www.bahn.de.

Von der Schweiz gibt es derzeit täglich eine Direktverbindung ab Zürich nach Belgrad mit Umsteigen in Budapest; Fahrtdauer fast 20 Stunden, www.sbb.ch.

Von Wien bis Belgrad bestehen zwei Varianten:

Wien–Belgrad; Direktverbindung 1x täglich, Fahrtdauer 11 Stunden.

Wien–Belgrad über Ljubljana und Za-greb mit Umsteigen in Dobova (Slowenien), Fahrtdauer 16 Stunden. www.oebb.at, www.serbianrailways.com, www.zelenicesrbije.rs (engl./serb)

Anreise mit dem Bus

Viele Arbeitsemigranten nutzen die preiswerten Busverbindungen. Nach Serbien starten Busse von vielen großen Städten Deutschlands (Touring ›Eurolines‹ oder ›Lasta‹ Eurolines). Eine Fahrt von München nach Serbien mit ›Eurolines‹ kostet je nach Ziel einfach zwischen 62 und 90 Euro, hin und zurück zwischen 87 und 145 Euro. Tickets können online gebucht werden und werden im Postversand zugestellt. www.touring.de, www.euroli nes.de, Tel. Deutschland 069/7903501.

Anreise mit dem Flugzeug

Serbien verfügt über zwei internationale Flughäfen: Nikola Tesla Belgrad-Surčin und Konstantin Veliki Niš (Flughafencode INI). Der Billigfluganbieter Wizz-Air fliegt regelmäßig von Basel nach Niš. Von Deutschland starten täglich Direktflüge der Lufthansa nach Belgrad.

Die serbische Fluggesellschaft Air Serbia fliegt mehrmals täglich ab Wien, Zürich, Berlin, Frankfurt nach Belgrad. Daneben werden Zubringerflüge von allen Städten

Deutschlands nach Wien angeboten. Austrian Airlines und Air Serbia fliegen täglich 2x von Wien direkt nach Belgrad. Die Flugzeit von München nach Belgrad beträgt eine Stunde und zehn Minuten.

Air Serbia (vormals JAT)
Bulevar Kralja Aleksandra 17, Belgrad. Gebührenfreie Rufnummer von Serbien 0800111528, vom Ausland 00381/ 11/3112123; www.airserbia.com.

Air Serbia (Frankfurt)
Hugo-Eckner-Ring (Gebäude 149)
Tel. 069/690265850
frankfurt@airserbia.com
Im Flughafen Frankfurt: Terminal 2, Halle E, Schalter 930, C/O Acciona/Ibero, Tel. 069/690265850.

Ärztliche Versorgung

Die medizinische Versorgung ist zwar flächendeckend, die technische Ausstattung der Krankenhäuser jedoch oft recht einfach. Die Versorgung mit Medikamenten ist im Land generell gut, die Mitnahme einer Grundausstattung an Medikamenten aber angebracht.

Trotz Sozialversicherungsabkommen zwischen Deutschland und der Republik Serbien empfiehlt es sich, eine Auslandskrankenversicherung mit Rückholversicherung abzuschließen und die gängigen Schutzimpfungen aufzufrischen. Wer sich zu einem Jagd-, Land oder Sportaufenthalt in den Wäldern aufhält, sollte sich einer Impfung gegen Tollwut unterziehen und sich gegen Zecken schützen.

Autofahren

Das Länderkennzeichen ist seit 2011 SRB. In Serbien wurden in jüngerer Zeit die Verkehrsregeln verschärft. Es besteht ganzjährig Tag und Nacht Lichtpflicht, das Telefonieren ist nur mit Freisprechanlage erlaubt, die Winterreifenpflicht läuft vom 1. November bis zum 1. April. Ein Abschleppseil ist mitzuführen.

Serbien verfügt über ein gut ausgebautes Tankstellennetz. Alle Treibstoffarten werden angeboten: Diesel (Dizel), Super bleifrei (Super 98), Normal bleifrei (Bezolovni). Nur vor längeren Waldstrecken sollte man sich vorsehen; Strecken, auf denen mehr als 40 Kilometer keine Ortschaft und auch keine Tankstelle anzutreffen ist, sind in Serbien nicht selten.

In Serbien gelten für Autofahrer 0,3 Promille als Höchstgrenze. Die Geschwindigkeitsbegrenzungen sind für Pkw: innerorts 50 km/h, außerorts 80 km/h, auf Landstraßen 100 km/h, auf Autobahnen 120 km/h. In der Regel gelten in Serbien die gleichen Verkehrszeichen wie in der Europäischen Union. Mancherorts wurden aber die alten Verkehrszeichen noch nicht durch die neuen ersetzt, beispielsweise das rote Dreieck mit schwarzem Punkt. Es steht vor allem noch in der Vojvodina und ist gleichbedeutend mit dem Verkehrszeichen rotes Dreieck mit Ausrufezeichen (Gefahrenstelle, keine Randbefestigung etc.). In Serbien ist es wie in ganz Südosteuropa üblich, mit der Lichthupe vor Radarfallen und Polizeiposten zu warnen.

Die **Pannenhilfe des AMSS** (Automoto Association Serbija) bietet 24-Stunden-Bereitschaft und hat die Notrufnummer 987; www.amss.org.rs.

ADAC Belgrad, Tel. 011/3331111.

AMSS-Zentrale Belgrad
ul. Ruzveltova 27
Tel. 011/3331100.

Diplomatische Vertretungen

In Deutschland:

Botschaft der Republik Serbien
Taubertstr. 18
14193 Berlin
Tel. 030/8957700
Fax 030/8252206
info@botschaft-serbien.de
http://berlin.mfa.gov.rs

Generalkonsulat der Republik Serbien
Klosterstr. 79
40211 Düsseldorf
Tel. 0211/239550274
Fax 0211/6798636
info@gksrbijedis.de
http://www.duesseldorf.mfa.gov.rs

Konsulat der Republik Serbien
Thüringer Str. 3
60316 Frankfurt a. M.
Tel. 069/90436760, Fax 433149
info@gksrbfra.de
www.frankfurt.mfg.gov.rs

Konsulat der Republik Serbien
Böhmerwaldplatz 2
81679 München
Tel. 089/9824750, Fax 981319
gk.muenchen@mfa.rs
www.munich.mfa.gov.rs

In Österreich:
Botschaft der Republik Serbien
Ölzeltgasse 3
1030 Wien
Tel. 01/7132595, Fax 7132597
embassy.vienna@mfa.rs
www.vienna.mfa.gov.rs
Konsularabteilung
Gumpendorferstraße 83, 3. Stock
1060 Wien
Tel. 01/5447585222, Fax 5447595
Consulate.vienna@mfa.rs
Weitere Konsulate gibt es in Graz und Salzburg.

In der Schweiz:
Botschaft der Republik Serbien
Seminarstr. 5
3006 Bern
Tel. 031/3526353, Fax 3514474
www.ambasadasrbije.ch
info@ambasadasrbije.ch
Weitere Konsulate gibt es in Zürich und Genf.

Vertretungen in Serbien:
Botschaft der Bundesrepublik Deutschland
Ul. Neznanog junaka 1a
11040 Belgrad
Tel. 011/3064300, Fax 3064303
Öffnungszeiten 8–16 Uhr, Fr 8–14 Uhr
Rechts- und Konsularreferat
Birčaninova 19a
Tel. 011/3064400
Fax 011/3064402
Bereitschaftsdienst für Notfälle: Tel. 063/219362
www.belgrad.diplo.de
visa@belg.diplo.de

Botschaft der Republik Österreich
ul. Kneza Sime Markovica 2
11000 Belgrad
Tel. 011/3336500
Fax 011/2635606
Belgrad-ob@bmeia.gv.at
www.aussenministerium.at/belgrad

Botschaft der Schweiz
Bulevar Oslobođenja 4
11001 Belgrad
Tel. 011/3065820
Fax 3620818
bel.vertretung@eda.admin.ch
www.eda.admin.ch

Ein- und Ausreisebestimmungen

Zur Einreise nach Serbien reicht seit 2010 die Mitnahme eines Personlausweises, ein Reisepass ist nicht mehr erforderlich. Bei Aufenthalten bis zu drei Monaten benötigen EU-Bürger und Schweizer kein Visum. Ausländer müssen sich innerhalb von 24 Stunden polizeilich anmelden. Bei Unterkunft in einem Hotel wird die Anmeldung von diesem übernommen. Für die Einreise mit dem Pkw werden der internationale Führerschein und Kfz-Papiere verlangt.

Feiertage

Neujahr 1. Januar.
Weihnachten 7. Januar.
Tag der Verfassung 15. Februar.
Ostern (beweglich)
Tag der Arbeit 1. Mai.
Befreiung Belgrads 11. November.

Fotografieren und Filmen

Klöster und Kirchen unterstehen dem Patriarchat in Belgrad; sie dürfen generell von außen, aber nur in Ausnahmefällen von innen fotografiert werden. Vorsicht ist an militärischen Anlagen und besonderen, mit Verbotsschildern ausgewiesenen Zonen geboten.

Informationen

Serbien hat mittlerweile ein exzellentes Informationsnetz aufgebaut. In allen großen und mittelgroßen Städten gibt es eine oder mehrere Touristeninformationen, die auch an Wochenenden besetzt sind. Außerdem sind alle größeren und kleineren Ortschaften mit durchweg guten Internetseiten präsent, so dass man sich vor Reisebeginn gut informieren kann. In allen größeren Städten in Serbien werden sogenannte ›Vodič‹ (Fremdenführer) kostenlos herausgegeben. In ihnen sind die Veranstaltungen und wichtige Informationen in der Landessprache und in Englisch aufgeführt. Weitere Informationen im Internet: www.srbija.gov.rs.

Nationale Tourismus-Organisation Serbiens
Ulica Čika Ljubina 8
11000 Belgrad
Tel. 00381/11/6557-100
www.serbian.travel

Air Serbia Berlin
In Deutschland:
Flughafen Berlin (Terminal)
Tel. 030/2132003, 2177362
Fax 2185514
berlin@airserbia.com
In der Schweiz:
Am Flughafen Zürich, Tel. 0041/43/816887, zurichto@airserbia.com.
In Österreich.
Flughafen Wien/Terminal 1, Tel. 0043/720/775338, callcenter@airserbia.com.
In Serbien:

Goethe-Institut
ul. Kneza Mihajlova 50
11000 Belgrad
Tel. 011/2622823, 4427100
Fax 2636746
www.goethe.de/belgrad
Mo–Do 9–17, Fr 9–14.30 Uhr.

Gesellschaft für internationale Zusammenarbeit (GIZ)
ul. Župana Vlastimira 6
11000 Belgrad
Tel. 2666544
www.giz.de
www.giz-serbien@giz.de

Internet

In allen großen und kleinen Städten gibt es Internetcafés. Die neuen Hotels verfügen häufig über W-Lan. Auf dem Land ist diese Versorgung eher dürftig.

Notrufe

Polizei: Tel. 92.
Feuerwehr: Tel. 93.
Notarzt: Tel. 94.

Öffnungszeiten

Es gibt in Serbien keine einheitlichen Öffnungszeiten. Die Supermärkte haben sehr großzügige Verkehrszeiten. In Belgrad täglich 6–21, Sa 8–15 und sogar So 10–15 Uhr; Banken: täglich 8–19, Sa 8–15 Uhr. Museen: in der Regel Di–So 10–18 Uhr.

Post und Telekommunikation

In den meisten Regionen sind die Postämter während der Woche täglich, einschließlich Samstag Vormittag, geöffnet.

Der Ländercode aus Serbien lautet auf Briefen und Postkarten ›Germania‹ für Deutschland, ›Austria‹ für Österreich und ›Švajcarska‹ für die Schweiz.
Serbien verfügt über ein gutes Telefonnetz. Völlig problemlos sind Direktwahlgespräche von Telefonzellen und Hotels. An allen Postämtern, Tankstellen und Kiosken gibt es Telefonkarten in verschiedenen Einheiten. Das Telefonieren mit Mobiltelefonen ist im D1- und D2-Netz sowie mit dem E-Plus Handy Traveller auch im E-Netz möglich. Das Telefonieren nach Europa ist sehr einfach – und relativ teuer!–, statt der doppelten Null wählt man 99, also für Deutschland 9949 plus Ortsvorwahl ohne Null plus Teilnehmernummer. Die Vorwahl von Deutschland nach Serbien ist 00381 plus Ortsvorwahl ohne Null plus Teilnehmernummer. Der Ländercode für Serbien im Internet ist ›rs‹.

Reiseveranstalter

Regelmäßig bieten diese Veranstalter Reisen dorthin an:

Eberhardt Travel
Zschoner Ring 30
01723 Kesselsdorf
Tel. 035204/92112
Kostenlose Hotline: 0800/2221575
www.eberhardt-travel.de
Belgrad und Novi Sad im Rahmen von Rundreisen durch mehrere Länder.

Ex Oriente Lux Reisen
Neue Grünstr. 38
10179 Berlin
Tel. 030/62908205
www.eol-reisen.de
Rundreisen durch Serbien oder in Kombination mit Makedonien-Rundreise.

Paradeast
Orhalm 6a
93177 Altenthann
Tel. 09408/869270
www.paradeast.com

Studiosus Reisen
Riesstraße 25
80992 München
Te. 089/50060-0
www.studiosus.com
Div. Balkan-Rundreisen.

Souvenirs

Wer sich eine kleine Erinnerung aus Serbien mitbringen möchte, sollte sich an den Verkaufsständen an den Straßen und vor Klöstern sowie in den zahlreichen neu eingerichteten Souvenirläden ein wenig Zeit nehmen. In der Vojvodina findet man farbige Stickereien der verschiedenen Volksgruppen. Im ganzen Land werden Korbwaren und hölzerne Gebrauchsartikel angeboten sowie rustikale Keramik. Die Touristeninformation in Belgrad und größeren Städten bietet wunderschöne Detailaufnahmen aus den Klöstern an, während schön gedruckte Postkarten und Beschreibungen der Denkmäler in englischer oder deutscher Sprache noch wenig zu finden sind. Wer kulinarische Souvenirs schätzt, dem sei-

Kunsthandwerk in der ul. Knez Mihailova

en Wein, Schnaps und Honig, eingelegtes Kraut und der hervorragende weiße Schafskäse, Feta, empfohlen. Überall werden auch CDs der traditionellen Musik vor allem der Roma und der Serben angeboten.

Sprache

Im ganzen Land wird Serbisch gesprochen. Die Verständigung ist teilweise in Englisch möglich. Einige Serben waren als Gastarbeiter in deutschsprachigen Ländern und können auch Deutsch, daneben spricht man je nach Region Ungarisch, Kroatisch, Slowakisch, Rumänisch und Albanisch. Manchmal kommt man auch mit Russisch zurecht.

Strom

Die Stromversorgung im Land wird von dem staatlichen Unternehmen ›Elektro Privreda Srbije‹ geregelt. Die Stromspannung beträgt überall im Land 220 Volt, 50 Hz. Mitgebrachte Geräte können ohne Adapter angeschlossen werden.

Trinkwasser

Serbien hat immer wieder Engpässe in der Trinkwasserversorgung, zumal es in den letzten Jahren immer wieder zu langen Trockenperioden gekommen ist. Es empfiehlt sich, kein Leitungswasser zu trinken, sondern das herausragende Mineralwasser, das aus den vielen Quellen abgefüllt wird.

Zahlungsmittel

Die Landeswährung ist der Dinar. Der internationale Kürzel ist RSD. Ein Dinar besteht aus 100 Para. Es gibt Scheine der Landeswährung zu 10, 20, 50, 100, 200, 500, 1000 und 5000 Dinar und Münzen zu 1, 2, 5, 10 und 20 Dinar. Die Münzen mit der Prägung Yugoslawien sind seit dem 1.1.2009 ungültig. Das Wechseln in die Landeswährung empfiehlt sich an Grenzübergängen, Banken und in größeren Hotels. Vorsicht vor Wechselangeboten auf der Straße ist geboten. Von Reiseschecks in Euro oder US-Dollar sei abgeraten. Es ist zu schwierig, eine der wenigen Banken oder offiziellen Wechselstuben (menjačnica) zu finden, in der sie eingelöst werden. Kreditkarten, bevorzugt Visa, akzeptieren größere Hotels, einige private Restaurants und Geschäfte sowie internationale Autovermietungen. Beim Wechseln sollte man darauf achten, kleine Scheine zu erhalten. Die Bevölkerung verfügt über so wenig Einkommen, dass auf einen 1000-Dinar-Schein häufig das Wechselgeld nicht herausgegeben werden kann. An Bankomaten sind mittlerweile überall Abhebungen bis zu 30 000 Dinar täglich möglich.
Der Wechselkurs derzeit (März 2016) ca: 1 Euro=126 RSD, 100 RSD=0,8 Euro. Der Euro wird dem Dollar gegenüber bevorzugt. Die Lebenshaltungskosten sind für Touristen noch günstig, nicht aber für Einheimische.

Zeit

In Serbien gilt die mitteleuropäische Zeit. Das Land stellt wie Westeuropa auf Winter- und Sommerzeit um, so dass keine Zeitverschiebungen entstehen.

Zollbestimmungen

Ein- und Ausfuhr von Waffen, Drogen, Munition und Jagdtrophäen ist verboten. Jagdwaffen dürfen nur im Rahmen organisierter Gruppenreisen ein- und ausgeführt werden. Devisen dürfen ohne Einschränkung eingeführt werden, allerdings sind Beträge über 2000 Euro bei der Einreise anzumelden und der Beleg bis zur Ausreise aufzuheben.
Ausgeführt werden dürfen 1 Liter Wein oder 0,7 Liter Spirituosen, 200 Zigaretten oder 50 Zigarren oder 250 g Tabak.

Glossar

Aromunen auch Mazedorumänen und Zinzaren genannt, die sich über Aromunisch, eine als selbständig anerkannte Sprache, die eng verwandt mit dem Dakorumänisch ist, definieren. Sie leben verteilt auf dem Balkan.

Baba (serb.) Großmutter, weise Frau.

Beograd: deutsch Belgrad, osmanisch Dar al-ğıhad, habsburgisch Weißenburg, ungarisch Nándor Fehérvár.

Čaršija (serb.) Markt, Innenstadt.

Ćepenaki, žefenaki Läden eines traditionellen Geschäfts in der Čaršija.

Ciganin (sg.), Cigani (pl.) Zigeuner.

Čukur-česma Brunnen ım Belgrader Viertel Dorćol, an dem der Streit, der 1862 die Bombardierung auslöste, begann.

Dar al-ğıhad (arab.) Haus der Vereinigung, osmanischer Name Belgrads.

Divanhan (pers. Diwanhane) Empfangs- und Aufenthaltsraum im ersten Stock u.a. balkanischer Stadthäuser.

Domaćin (serb.) Hausherr, Hausvater, Gastgeber.

Dorćol (von türk. Dört yol) Belgrader Altstadtquartier.

Društvo (serb.) Gesellschaft.

Džamija (arab. ğamı'a) Moschee.

Esnaf (serb.) Handwerkerkooperation, Zunft; auch Bezeichnung für das Zunftmitglied und für die Berufsgruppe.

Familija (serb.) Bezeichnung für den Familienhaushalt.

Ferman Erlass des Sultans.

Fes (Fez) orientalisch-balkanische Kopfbedeckung; krempenloser roter Filzhut, ursprünglich aus Fest (Marokko) stammend, häufig rot, manchmal mit Troddel; Anfang des 19. Jahrhunderts im Osmanischen Reich eingeführte Kopfbedeckung.

Gospodar (serb.) Herr, Titel der Brüder des Fürsten Miloš.

Grad (serb.) Stadt, Festung, Festungsstadt.

Gusla südslawisches einsaitiges Streichinstrument.

Guslar Spieler einer Gusla, der dabei epische Gesänge vorträgt.

Han (türk.) Gasthof.

Hattišerif (arab.) Erlass des Sultans.

Hieromonk Priester.

Hodža osmanisch-muslimischer Geistlicher.

Janitscharen (osm. Yeniçerı) Eliteeinheit der osmanischen Truppen, 1826 abgeschafft und durch die Nizami ersetzt.

Jatagan Krummsäbel.

Kadija (türk. kadi), Richter nach Scharia-Recht.

Kafana (serb.) Kaffehaus.

Kalemedgan Belgrader Park auf dem Festungsgelände. Wörtlich: Feld vor der Festung, von arab. qal'a (Festung) und türk. meydan (Platz, Feld).

Kapija (serb.) Tor.

Knez (auch knjaz, pl kneževi oder knezovi) lokaler Würdenträger, Leiter einer Knežina, Titel des serbischen Fürsten.

Knežina (serb.) Untereinheit eines Distrikts, einer Nahija.

Kolo Reihentanz, serbischer Nationaltanz.

Konak (serb/türk.) großes Haus, Residenz, Palast, auch: Gästehaus.

Kosovo polje serbisch von kos (Amsel) und polje (Amselfeld); Ort der Schlacht von 1389.

Krćma (serb.) Kneipe.

Kuća (serb.) Haus, Familie (urspr. Herd, Bezeichnung für den Balkanfamilienhaushalt).

Licej (Lyzeum) Vorgängerinstitution der Velika Škola, 1838 ging daraus das Gymnasium von Kragujevac hervor, später die Universität.

Mahala, mala (türk. Mahalle, arab. Mahalla) in Serbien Stadtviertel.

Mehana (serb.) Gaststätte, Kneipe.

Millet (von arab. Millä: Volk, Religion) Religionsgemeinschaft; im späten Osmanischen Reich Bezeichnung für die nichtmuslimischen rechtlich-administrativen Gruppierungen der Christen und Juden.

Muhafiz (osm.) Kommandant einer größeren Festung.

Nahija (osm. Nahiye) Distrikt, Verwaltungseinheit innerhalb einer Provinz eines Pašaluks.

Narodna kancelarija oberster serbischer Gerichtshof unter Fürst Miloš mit zwölf Mitgliedern.

Nizam (pl. Nizami, von arab. Nizam: Ordnung) regulärer Soldat der 1826 gegründeten osmanischen Armee.

Okrug (pl. Okruzi) in Serbien Verwaltungseinheiten, Kreise.

Opština (serb.) Gemeinde, auch Gemeindeversammlung.

Palanka befestigtes Dorf.

Para osmanische, später serbische Geldeinheit.

Paša hoher osmanischer Ehrentitel.

Pašaluk Verwaltungsbereich eines Paša.

Pečenje (serb.) gebratenes Fleisch, meist Lamm oder Spanferkel.

Pijaca (von ital. Piazza) Marktplatz.

Raitzen alte habsburgische Bezeichnung für Serben (ungarisch rácz).

Raja ursprünglich alle, später nur die nicht-muslimischen Unteranen des Osmanischen Reiches.

Rakija (türk. Raki oder Arak, arab. Araq) Schnaps.

Rum baši (osm.) Patriarch, Vorsteher des orthodoxen Millets.

Rum millet: (osm.) Orthodoxe Religionsgemeinschaft im europäischen Teil des Osmanischen Reiches.

Rumeli (osm.) Rumelien, der europäische Teil des Osmanischen Reiches.

Saborna crkva (serb.) Kathedrale.

Sa preka serbische Bezeichnung von jenseits der Save und Donau Zugewanderte aus dem Habsburgerreich.

Savamala Belgrader Quartier.

Selo (serb.) Dorf.

Slava Fest des Familienheiligen, Hauspatronsfest mit Slavakerze, die den ganzen Tag brennt; ihr Ausgehen wird als schlechtes Omen betrachtet.

Sokak (türk.) Gasse.

Stambul kapija Istanbul-Tor, Haupttor der 1862 abgerissenen Belgrader Stadtbefestigung sowie der Festung.

Starešina (serb.) Hausherr, Vorsteher.

Šanac Schanze, Befestigung.

Tekija (türk. Tekke, arab. Takya) Derwisch-Haus.

Terazije (von pers. Terazu: Wasserreservoir) Platz im Zentrum Belgrads.

Topčider (türk) Waldgebiet außerhalb Belgrads, in dem Fürst Miloš seine Residenz baute.

Trgovina (serb.) Handel (Trg=urspünglich Handelsplatz).

Varoš Stadt mit Verwaltungsfunktion.

Velika seoba große Auswanderungswelle serbischer Flüchtlinge, die sich nach 1690 in der habsburgischen Donauebene niederließen.

Velika Škola Belgrader Hochschule, 1863 als Nachfolgerin des Licej gegründet, 1905 zur Universität aufgewertet.

Vidovdan 15/28. Juni, Veitstag, serbischer Gedenktag, der an die Niederlage auf dem Amselfeld 1389 erinnert.

Vinograd serbisch Weinberg, auch: kleines Landhaus, Sommerfrische.

Vladika (serb.) Bischof der orthodoxen Kirche

Vojvoda Führer.

Vožd, Vrhovni vožd Führer, oberster Führer, Titel von Karađorđe.

Zadruga Genossenschaft nach Vuk Karadžič, 1818 erstmals erwähnt.

Zanat (osm. Sanat) Gewerbe, Handwerk.

Zimmi (osm. Arab.) nichtmuslimische Untertanen des Osmanischen Reichs, im Wortsinn ›Beschützte‹.

Zograph Ikonenmaler.

Literaturempfehlungen

Zu Belgrad und Novi Sad findet sich in Serbien viel Literatur, aber leider gibt es nur wenige Übersetzungen in deutscher Sprache. Im deutschen Buchhandel sind Bücher über Serbien noch eher rar. Einige ältere Ausgaben sind in den Bibliotheken zu finden.

Geschichte

Branko Andrić/Ulrich Gansert, Kriegsruinen in Jugoslawien. Journal einer Reise nach Novi Sad und Belgrad im Jahr 2002, Hanser Verlag, München und Wien 2004. Deutsch/serbisch.

Slavenka Drakulić, Keiner war dabei. Kriegsverbrechen auf dem Balkan vor Gericht. Paul Zsolnay Verlag, Wien 2004.

Wladimir Fischer, ›Schlafend träumte ich, daß ich Pluderhosen anhätte‹. Dositej Obradović und serbische Geistesgeschichte als ›Creolité‹. In: Das Osmanische Reich und die Habsburgermonarchie, Oldenbourg Verlag, Wien 2005.

Nataša Mišković, Basare und Boulevards. Belgrad im 19. Jahrhundert. Zur Kunde Südosteuropas II/29, Böhlau Verlag, Wien 2008.

Aleksandar Mošić, Die Juden in Belgrad, Eine kurzgefasste Übersicht ihrer Geschichte; Berlin 1997. Broschüre des Berliner Arbeitskreises Europäische Sicherheit und Zusammenarbeit, Veröffentlichungen Nr.13, Edition Neue Wege, 1997.

Gerhard Neweklowsky, Dositej Obradović – Leben und Abenteuer, Verlag der österreichischen Akademie der Wissenschaften, Wien 1998.

Holm Sundhaussen, Geschichte Serbiens. 19.–21. Jahrhundert, Böhlau Verlag, Wien 2007.

Detlef Vogel, Operation Strafgericht. Die rücksichtslose Bombardierung Belgrads durch die deutsche Luftwaffe am 6. April 1941. In: Gerd R. Ueberschär/Wolfgang Wette, Kriegsverbrechen im 20. Jahrhundert, Primus Verlag, Darmstadt 2001.

László Végel, Novi Sad: eine Stadt am Rande Europas. Essay, Frankfurt 2009, Suhrkamp Verlag.

Reiseführer/Bildbände

Ljubica Čorović, Belgrade Tourist Guide, Belgrad 2009. Zu erwerben in der Tourismusinformation in der Knez-Mihailo-Straße.

Slobodan Glumac, Bildband, Revija Verlag, Belgrad 1984.

Belletristik

Luise Danschen/Felix Soren Meyer, Belgrad keine Weiße Stadt (A Grad beo nije), Verlag in der Hochschule für Bildende Kunst in Hamburg, Hamburg 2005.

Milan Jazbec, Ein Slowene in Belgrad 1987–1991. Mahorjeva Verlag, Klagenfurt, Ljbubljana und Wien 2006. Ein Slowene erlebt den persönlichen Verlust Belgrads während des Zerfalls Jugoslawiens.

Lydia, Das rote Irrlicht, Erich Pabel Verlag, Rastatt 1961. Spannend beschriebene Situation im Jahr 1944, als Deutsche und Gruppierungen serbischer Befreier um Belgrad kämpfen.

Goran Petrović, Die Villa am Rande der Zeit, dtv, München 2011. Protagonist Adam, ein ewig klammer Student, soll kleine Korrekturen an einem längst vergriffenen Buch vornehmen. Darüber sieht er sich plötzlich in die Handlung versetzt und begibt sich auf eine Zeitreise ins untergehende Bürgertum Belgrads.

Vladimir Pištalo, Millennium in Belgrad (Milenijum u Beogradu), Berlin, Dittrich Verlag 2011. Der Roman spielt im Belgrad des Jahres 1980 und beleuchtet die Umstände vor dem Beginn des Krieges.

Ursula Rütten (Hg.), Belgrad, mein Belgrad, 5 Autoren beschreiben ihre Stadt, Rotbuch Verlag, Hamburg 1998. Die Beschreibungen vermitteln ein gutes Bild von der Zerrissenheit der Menschen während der Milošević-Ära.

Jörg Schulte (Hg.), Belgrad, Wieser Verlag, Klagenfurt 2000 (Reihe ›Europa erlesen‹).

Alexander Tišma, Das Buch Blam, dtv, München 1997.

Sreten Ugričić, An den unbekannten Helden, Dittrich Verlag, Berlin 2011. Einer der 27 Titel, die zur Leipziger Buchmesse ins Deutsche übersetzt wurden.

Petan Žarko, Das herrliche Leben des Josip B. Tito. Eine Farce in Prosa. Styria Verlag, Gaz Wien und Köln, 1992. Betrachtet das Leben Titos einmal ironisch.

Internethinweise

Serbien im Internet

www.serbia.travel Offizielle Seiten der Tourismus Organisation in Belgrad. Englisch und Serbisch.

www.voiceofserbia.org/de Webseite des Internationalen Radio Serbien mit Sitz in Belgrad. Das Internationale Radio Serbien strahlte über Kurzwelle sein Programm in Serbisch für die Diaspora und 11 weiteren Sprachen, darunter Deutsch und Russisch, in die ganze Welt rund um die Uhr aus. Es nahm seine Tätigkeit im März 1936 auf und war einer der ältesten Kurzwellensender Europas. Politische Einflussnahmen der jeweiligen Machthaber haben Programmstruktur und Informationen teilweise nachhaltig beeinflusst. Der Sender wurde 2007 modernisiert und präsentiert sich mit einer übersichtlichen und sehr informativen Webseite zu vielen Bereichen, dar unter Politik und Kultur. Leider musste er seine Arbeit im Juli 2015 einstellen.

www.srbija.travel/kalendar-dogadjaja Mehrsprachige Webseite der Tourismus-Organisation Serbiens.

www.rts.rs radio-televizija srbije Serbische Nachrichten online. Serbisch (kyrillische und lateinische Lettern).

www.hramsvetogsave.com Offizielle Seite der serbisch-orthodoxen Kirche.

Belgrad im Internet

Jeder Stadtteil hat zusätzlich zur Hauptseite www.beograd.rs seine eigene Webseite, also ist z.B. www.novibeograd.rs die Webseite des Stadtbezirks Novi Beograd, www.Palilula.rs die des Stadtteils Palilula usw.

www.travel-belgrade.com Offizielle Seite der Tourismus-Organisation in Belgrad. Englisch und Serbisch.

www.Beograd2020.com Webseite, die anlässlich der Bewerbung zur Kulturhauptstadt eingerichtet wurde.

www.beogradsatvrdjava.co.rs Webseite zur Festung.

www.beoskop.rs Elektronische Ausgabe der Zeitschrit ›Beoskop‹, mit aktuellen Informationen zu Veranstaltungen.

www.adaciganlija.rs Webseite zur Freizeitinsel Ada.

Novi Sad im Internet

www.novisad.rs Offizielle Webseite der Stadt, serbisch (kyrillisch/lateinisch) und englisch.

www.visitnovisad.rs serbisch/englisch

www.sremski-karlovci.org.rs

Die Autorin

Birgitta Gabriela Hannover Moser hat Kunstgeschichte, Theaterwissenschaft und Archäologie in München und Wien studiert. Reisen nach Ost- und Südosteuropa folgte ein einjähriger Aufenthalt in Moskau, der mit einer Tätigkeit am Theater verbunden war. Ihre jahrelange Tätigkeit als Studienreiseleiterin führte zu einer kontinuierlichen und intensiven Verbindung zu den im Umbruch befindlichen Ländern im Osten, seit Jahren durchstreift sie den Balkan in eigener Regie, unter anderem auch Belgrad und Novi Sad. Ihre Begeisterung für diese beiden Kulturmetropolen haben diesen Stadtführer begründet.

Von Birgitta Gabriela Hannover Moser sind im Trescher Verlag bislang folgende Reiseführer erschienen: ›Rumänien‹ (5. Aufl. 2015), ›Serbien‹ (4. Aufl. 2016), ›Siebenbürgen‹ (2. Aufl. 2015), ›Bukarest‹ (3. Aufl. 2014).

Birgitta Gabriela Hannover Moser

Bildnachweis

Alle Fotos von Birgitta Gabriela Hannover Moser, außer:

Belgrade tourism (S. 12); Hinnerk Dreppenstedt (S. 44, 278/79); igor/fotolia (S. 234/35); Ivan Ivanović/Tourist Information Center Novi Sad (S. 316, 271); Branko Jovanović/Belgrad Tourism (S. 129, 177, 198/99, 338); Pavle Jovanović/Tourist Information Center Novi Sad (S. 249); Dejan Knežević/ Tourist Information Center Novi Sad (S. 13, 312, 313, 315); Diana Kosaric (S. 59); Bosko Martinović/fotolia (S. 245); NTOS/National Tourism Organisation of Serbia (S. 10, 48, 51, 54, 16/17, 60/61, 63, 75, 116, 125, 148, 167, 168, 189, 226, 246, vordere und hintere Klappe); rewiner/fotolia (Titel); TIC/Tourist Information Center Novi Sad (S. 258); Aleksandar Todorović/ fotolia (S. 294/95).

Register

Anhang

Kartenlegende

- Autofähre
- Bahnhof
- Bank
- Brunnen
- Burg/Festung
- Burgruine
- Busbahnhof
- Campingplatz
- Denkmal
- Dorfkirche
- Flughafen
- Hafen
- Höhle
- Hotel
- Kirche
- Kloster
- Klosterruine
- Krankenhaus
- Markt
- Moschee
- Museum
- Naturschutzgebiet
- Oper
- Post
- Restaurant
- Ruine/Ausgrabungsstätte
- Sehenswürdigkeit
- Strand

- Synagoge
- Theater
- Tor
- Touristeninformation
- Turm
- Zoo

- Sehenswürdigkeit
- Burg
- Kirche
- Friedhof
- Zeltplatz
- Berggipfel
- Seilbahn

- Autobahn
- Schnellstraße
- Hauptstraße
- sonstige Straßen
- E 65 Europastraße
- A 65 Autobahn
- 243 Bundesstraße
- Eisenbahn
- Grenzübergang
- Staatsgrenze
- Hauptstadt
- Stadt/Ortschaft

Kartenregister

TRESCHER VERLAG
MEHR WISSEN.
BESSER REISEN.
REISEFÜHRER AUS DEM TRESCHER VERLAG
TRESCHER VERLAG
Marko Plešnik
BOSNIEN UND HERZEGOWINA
Unterwegs zwischen Adria und Save
Trescher Verlag
Birgitta Gabriela Hannover Moser
SERBIEN
TRESCHER VERLAG
Matthias Koeffler
DALMATIEN
Mit Adriaküste, Zadar, Šibenik, Split und Dubrovnik
TRESCHER VERLAG
Matthias Koeffler, Matthias Jacob
KROATIEN
Unterwegs zwischen Istrien, Slawonien und Dalmatien
Trescher Verlag
Birgitta Gabriela Hannover Moser
RUMÄNIEN
TRESCHER VERLAG
Birgitta Gabriela Hannover Moser
SIEBENBÜRGEN
Rund um Kronstadt, Schäßburg und Hermannstadt
Trescher Verlag
Uwe Mauch
ZAGREB
Trescher Verlag
Marko Plešnik
SARAJEVO
Sehenswürdigkeiten, Kultur, Szene, Umland, Reiseinfos
Trescher Verlag
Birgitta Gabriela Hannover Moser
BUKAREST
Die rumänische Hauptstadt und ihre Umgebung
trescher-verlag.de